CLASSIQUES JAUNES

Lettres médiévales

Le Chevalier de la charrette

Réimpression de l'édition de Paris, 2010.

Chrétien de Troyes

Le Chevalier de la charrette

Lancelot

Traduction et édition critique par Alfred Foulet et Karl D. Uitti

Préface de Daniel Poirion

PARIS
CLASSIQUES GARNIER
2020

Spécialiste de la littérature française médiévale, nous devons à Alfred Foulet plusieurs éditions de référence, comme *Le Couronnement de Renard, poème du* XIII*e siècle* ou *Le Chevalier de la charrette*. Il renouvela l'approche philologique des textes médiévaux et la théorisa dans l'essai intitulé *On Editing French Texts*.

Les travaux de Karl David Uitti s'intéressent aux grands motifs de la poésie médiévale, qu'il a étudiés dans *Story, myth and celebration in Old French narrative poetry, 1050-1200*. Il a établi et traduit plusieurs grands textes, dont *Le Chevalier de la charrette*. Il est également spécialiste de Rémy de Gourmont et du roman symboliste.

ISBN 978-2-8124-2748-0
ISSN 2417-6400

Margaret Mc Mahon Foulet
(1900-1970)
IN MEMORIAM

REMERCIEMENTS

Nous tenons à exprimer notre reconnaissance au Princeton University Committee on Research in the Humanities and Social Sciences, au Foulet Fund for Publications in Romance Medieval Literature et à l'American Council of Learned Societies de l'aide matérielle qu'ils nous ont accordée ; nous avons pu, grâce à elle, voir les manuscrits et en obtenir des photocopies qui nous ont permis de mener à bien notre travail. Nous remercions aussi les spécialistes de la Firestone Library (Université de Princeton), de la Bibliothèque Nationale, de la Bibliothèque de l'Institut de France, de la bibliothèque du Real Monasterio de San Lorenzo del Escorial, du Musée Condé et de la Section romane de l'Institut de Recherche et d'Histoire des Textes (Paris) qui ont bien voulu répondre toujours avec amabilité et efficacité à nos questions.

Que nos jeunes assistantes – Mme Olivia Farrar-Wellman (Princeton '83, '85), Mlle Surekha Raghavan (Princeton '87) et Mlle Sheila Halsted (Princeton '87) – trouvent ici, elles aussi, l'expression de notre gratitude la plus sincère.

Alfred Foulet - Karl D. Uitti

Princeton (N.J.) avril 1987

POST-SCRIPTUM : La soudaine disparition d'Alfred Foulet – survenue le 15 avril 1987 – a privé notre travail en commun, au moment même où celui-ci touchait à sa fin, des perfectionnements que lui auraient apportés sa remarquable intelligence, sa compréhension parfaite de la mentalité de Chrétien de Troyes, sa haute compétence philologique. Avec l'aide précieuse de Mme Irena Datchev et de Mme Sovathana Fisher, candidates au doctorat en langues romanes à Princeton – sans oublier celle, généreusement offerte, de Mme Jacqueline Freeman et celle de Mme Alice Kayser-Roca, candidate au doctorat à l'Université de Paris III – je me suis efforcé de mener à bien cette entreprise à laquelle mon regretté ami avait bien voulu associer son savoir et son nom.

K.D.U.

Octobre 1988

AVANT-PROPOS

L'apparition du roman, comme genre littéraire, au XIIe siècle doit beaucoup, peut-être l'essentiel, à Chrétien de Troyes. Ce nom que se donne l'auteur d'*Erec et Enide* est confirmé par d'autres auteurs, parfois continuateurs, qui justement soulignent son rôle de modèle et d'initiateur. Il situe l'origine, et sans doute le principal séjour de notre écrivain, dans la capitale de la Champagne, Troyes, ville alors très importante pour son marché, et dont la cour va se distinguer par son activité littéraire. La comtesse, Marie de Champagne, est la fille de Louis VII et d'Aliénor d'Aquitaine, reine dont l'influence a été décisive, surtout après son remariage avec Henri II Plantagenêt, dans la création d'une vie culturelle associant le travail des clercs aux distractions des nobles.

Il faut se rappeler les conditions dans lesquelles s'est constituée une nouvelle littérature en langue d'oïl. À côté d'une activité surtout orale, dont trouvères et jongleurs sont responsables pour remplir toutes les fonctions du chant lyrique ou épique, tandis que les conteurs font circuler à partir de légendes orientales, germaniques et celtiques (comme la légende de Tristan) tout un répertoire d'histoires brèves articulant plus ou moins bien divers thèmes narratifs, l'ambition culturelle de cours royales, surtout celle des Plantagenêts, a fait traduire et adapter quelques grandes épopées antiques, comme l'*Enéide*, pour fonder la monarchie sur un transfert d'autorité à partir de l'Italie ancienne. Répondant sans doute à la demande d'autres milieux aristocratiques, notamment la cour de Champagne, Chrétien cherche à composer des récits remplissant une autre fonction artistique et morale. C'est ce qu'il appelle la « mise en roman », assimilant d'abord son travail à celui d'un traducteur (en langue romane) pour bientôt désigner plus simplement et par métonymie l'œuvre elle-même comme « roman ».

Ce genre, appelé à jouer un rôle central dans la littérature moderne, va se substituer à l'épopée, représentée par la chanson de geste, pour résumer les pensées des hommes d'une époque à partir des mythes fondamentaux de leur société. L'épopée latine a d'abord servi de modèle à l'élaboration des actions et des dialogues illustrant les idées sur la guerre et sur l'amour. Les contes arthuriens vont maintenant fournir un autre décor à leur mise en scène. Cependant la lecture, se substituant à l'austère incantation de la chanson de geste, est faite pour porter à la rêverie émerveillée plus qu'à l'envoûtement mobilisateur. Elle flatte les secrets désirs, comme le conte, développant leur opposition aux dures contraintes de la vie sociale. Ce qui domine, c'est l'appel de l'aventure qui projette l'action du héros vers le monde mystérieux de la forêt, avec ses fées et ses demoiselles, ses nains et ses géants, ses fragiles pucelles et ses redoutables guerriers. Le roman joue ainsi avec la peur, qui contrarie le désir.

Chrétien de Troyes n'a pas inventé tout cela, mais il a su donner une forme écrite séduisante à cette imagination nourrie par les contes. En même temps il a su poser les questions soulevées par les difficultés de la société féodale, suggérant des réponses inspirées par la sagesse des vieux mythes. Questions touchant la fonction du chevalier dont il faut mettre le désir guerrier en accord avec la morale chrétienne. Questions concernant les rapports de la noblesse avec la monarchie. Questions soulevées par le désir amoureux dont les troubadours ont fait un principe de raffinement social – *fin'amor* – sans chercher à le concilier avec le bonheur, dont les institutions sociales inspirées par l'Église (notamment celle du mariage) cherchent à établir la valeur rationnelle.

Pour remplir ce programme il importait de donner au récit une structure démonstrative, comme dans les vieux récits mythiques dont le sens naît de la narration successive de fautes et de réparations. Ainsi dans *Erec et Enide* la plainte d'Enide, après son mariage, constitue une faute, tout en soulignant une autre faute, celle d'Erec, coupable d'avoir abandonné la quête chevaleresque. Les épreuves que le héros va imposer au couple vont lui permettre de réparer ces deux fautes. Yvain, dans

Le Chevalier au Lion, oublie de regagner le château où l'attend Laudine à la date convenue. Il va payer sa faute par la folie avant de regagner l'estime de sa dame par ses prouesses. Une telle construction démonstrative implique un ajustement précis des divers épisodes. C'est ce que Chrétien appelle, dans son premier roman, une belle « conjointure » : notion clé de son esthétique romanesque, en harmonie avec le thème nuptial d'*Erec et Enide*, mais dont la formule s'adaptera aussi aux autres thèmes traités dans ses œuvres, avec d'intéressantes variations dans l'ordre de la composition. La conjointure peut s'organiser pour suivre la ligne d'une quête, d'une conquête ou d'une reconquête. À l'intérieur de ce schéma les unités narratives, ou paragraphes, correspondent à des scènes illustrant un motif généralement emprunté à la tradition des contes. Mais cette recomposition des récits transforme les légendes et leur donne un autre sens. Au lieu de transmettre le mythe, celtique ou autre, elle tend à en créer un autre. Elle y parvient avec le dernier roman, pourtant inachevé, de Chrétien, créant le mythe du Graal dont imitateurs et continuateurs du romancier champenois ont donné des interprétations divergentes.

La vocation « mytho-poiétique » de notre auteur est contrôlée voire freinée par l'éclairage rationnel et réaliste qu'il projette sur les personnages et les événements. Cette rationalisation limitée et intermittente, dont le meilleur exemple est sans doute la représentation d'un autre monde – ou autre pays – dans *Le Chevalier de la Charrette*, ne détruit pas la féerie des contes mais lui substitue le *merveilleux*, dont l'esthétique joue sur l'hésitation entre le naturel et le surnaturel. Cette hésitation est favorisée par le style elliptique, par la discontinuité du récit projeté sur la continuité rythmique des octosyllabes, par la stratégie du silence, ou du retard dans l'information, dont le narrateur fait preuve à l'égard de son public. Équilibre instable, maintenu au prix de discrètes interventions d'auteur, et d'une habile régie du texte par un narrateur qui dépasse l'art des conteurs et des jongleurs : on parvient à un art de l'écriture qui suppose une culture déjà littéraire. La *merveille* elle-même est la traduction littéraire de l'étonnement devant l'étrangeté des traditions appartenant à une autre culture, antique, orientale, celtique ou même autochtone mais folklorique, donc à distance de la mentalité courtoise.

Cette notion de courtoisie, si nous ne la confondons pas avec la *fin'amor* des troubadours, peut caractériser la mentalité, les manières, la vision du monde, des milieux où a pu travailler Chrétien, entre 1160 et 1190, soit la cour de Champagne, désignée par le prologue du *Chevalier de la Charrette*, ou la cour de Philippe de Flandre auquel est dédié *le Conte du Graal*, peut-être la cour d'Angleterre. L'idéal courtois associe, en effet, un effort de raffinement dans les mœurs, une volonté de respecter ou de faire respecter les dames et les demoiselles, au souci de l'honneur chevaleresque, mesuré par les prouesses, et à l'ambition de se cultiver se manifestant par la lecture, sinon directe, du moins faite par des clercs. C'est à la conciliation de ces deux derniers aspects de l'idéal moral, celui de la chevalerie et celui de *clergie*, que Chrétien semble avoir appliqué surtout sa pensée, depuis *Erec et Enide*, où il formule clairement cette prétention de la noblesse, jusqu'au *Conte du Graal*, où il passe de la conciliation à la conversion, insistant sur la vocation chrétienne de la chevalerie. Mais c'est aussi l'art d'aimer qui définit une société, et Chrétien de Troyes semble avoir voulu proposer aux dames et aux jeunes chevaliers un idéal de relation amoureuse associant la joie d'amour et le bonheur social. La légende de Tristan, à laquelle il dit avoir consacré un poème, qui n'a pas été retrouvé, celle d'Enée racontée dans l'*Eneas*, celle de Guenièvre, qu'il a trouvée dans les récits arthuriens des conteurs bretons et des auteurs anglo-saxons, lui suggèrent les questions que ses romans posent en des termes nouveaux. Car Chrétien ne souhaite ni la révolte du désir amoureux contre l'ordre social, ni la soumission de la prouesse à l'autorité monarchique. Ses héros essaient de concilier la quête d'un idéal personnel et le service du bonheur collectif dans une sorte de libre improvisation de l'action, dont les traducteurs, imitateurs et continuateurs de Chrétien essaieront de réduire les effets perturbateurs en récupérant l'aventure héroïque au bénéfice de l'Église, de la monarchie ou de l'Empire (dans le cas des traducteurs allemands). L'aventure de Lancelot, racontée dans le roman ici édité et traduit par Karl Uitti et Alfred Foulet, illustre parfaitement cette tentative de conciliation, et ce parallélisme ambigu, entre aventure personnelle et aventure collective.

L'idée première, présidant à la composition de ce roman, est le rapt de la reine, évoqué dans la légende arthurienne telle que nous la raconte, par exemple, Wace, dans le *Roman de Brut*. Toutefois on l'attribue à Modred (ou Mordret), personnage dont on fera le fils incestueux d'Arthur dans *La Mort Artu*. Chez Chrétien le ravisseur, Méléagant, évoque aussi le ravisseur mythique de Perséphone, Hadès, et nous nous trouvons d'emblée devant cette ambiguïté qui caractérise son interprétation « merveilleuse » de l'aventure : le romancier raconte une histoire qui n'appartient totalement à aucune tradition particulière, mais les évoque toutes. Ainsi la fascination du romancier pour la légende de Tristan, où l'épisode de la harpe et de la rote nous montrait l'amoureux d'Yseut la disputant à son ravisseur joueur de harpe, dans une sorte de concours musical pour instruments à cordes, nous permet aussi d'évoquer le mythe d'Orphée. Quoi qu'on dise il est évident que Chrétien va présenter ici une histoire d'amour, tirée de la légende celtique, dans la perspective de la mort. C'est une façon d'approfondir, philosophiquement, les idées que pouvaient avoir la comtesse de Champagne, qui lui a commandé ce travail (ce à quoi fait allusion le Prologue), et son milieu courtois avec ses propres préoccupations morales, qui lui font mesurer l'amour à l'épreuve de la mort.

On trouvera dans l'Introduction rédigée par les deux éditeurs un découpage précis du texte. Je ne fais ici qu'orienter la lecture en esquissant la ligne du récit. La première séquence comporte le défi fait au roi Arthur par un chevalier inconnu (en fait Méléagant), mettant en jeu le sort des prisonniers retenus dans son royaume de Gorre, contre celui de la reine Guenièvre, qui devrait être confiée à l'un des chevaliers d'Arthur pour la défendre contre l'inconnu, dans un combat singulier. Keu obtient d'être le champion de la reine, s'en va avec elle affronter l'autre chevalier, mais on ne retrouve un peu plus tard que son cheval : lui et la reine ont disparu. Arrive alors un autre chevalier inconnu (Lancelot) qui part à la recherche de la reine sur un cheval frais que lui prête Gauvain. Mais il perd à son tour ce cheval dans une embuscade qui ne nous est pas racontée. Toutefois le récit commence alors à suivre ses mouvements et à rapporter sans interruption ses faits et gestes. Le récit nous le montre d'abord au moment où il se voit proposer de monter dans une charrette conduite par un nain qui prétend le conduire là où est la reine. C'est ainsi qu'il part à la recherche de Guenièvre, d'une manière déshonorante pour un chevalier, non seulement parce qu'il a abandonné sa monture normale, mais parce que s'attache à une telle charrette une sorte de honte, de peur et de répulsion. Gauvain, pour éviter cette honte qui va d'abord marquer Lancelot, suit la charrette à cheval, profitant du guide qui la conduit. Ainsi s'explique le titre du roman. Lancelot a accepté d'emblée le déshonneur que symbolise cet instrument de transport dégradant pour un chevalier, mais c'est afin de retrouver celle qu'il aime, le narrateur nous le fera comprendre bientôt. Cette image infâmante est le contraire d'un blason glorieux comme le lion d'Yvain. C'est une tache que devra effacer le chevalier de la charrette, à la différence du chevalier au lion : ce dernier doit conquérir et mériter l'honneur de porter comme symbole héraldique un lion, ce qui lui permet, dans une certaine mesure, de reconquérir l'amour de sa dame.

Le déroulement des aventures qui font suite à ce premier épisode de *La Charrette* peut se répartir en deux séries, avant et après le passage du Pont de l'Épée qui se situe au milieu du livre, marqué par une intervention de l'auteur (v. 3181-86). On énumère ainsi d'abord le Château de La Lance Enflammée, épreuve dont triomphe avec calme Lancelot, la croisée des chemins (où Gauvain se sépare de Lancelot), le combat du gué qui souligne la distraction de Lancelot absorbé par ses pensées amoureuses, l'épreuve du lit de la demoiselle amoureuse qui souligne sa fidélité, la découverte du peigne abandonné illustrant son adoration pour tout ce qui touche et représente sa dame, la tentative d'enlèvement d'une demoiselle accompagnant Lancelot par un jeune prétentieux, la rencontre du père de ce prétendant, le cimetière futur où Lancelot peut soulever la dalle de la tombe qui lui est réservée. Puis on passe dans un autre pays et l'on arrive chez un vavasseur, au Passage des Pierres, au Château aux portes coulissantes ; c'est ensuite la bataille avec le Chevalier Orgueilleux, dont la Demoiselle à la Mule fauve demande la tête – et l'obtient –, enfin l'arrivée au Pont de l'Épée que Lancelot franchit en montrant le plus grand courage, non sans se blesser.

La deuxième liste d'aventures ne suit plus cette progression naturelle comme une série d'épreuves graduées. On note successivement la discussion de Méléagant avec son père Bademagu, le duel sous les yeux de la reine et la révélation du nom de Lancelot, l'interruption du combat et la délivrance des prisonniers au royaume de Gorre, le mauvais accueil fait par la reine à son libérateur, la double méprise qui fait croire à Lancelot que la reine est morte, et vice versa, la nuit d'amour enfin obtenue comme récompense, non sans la blessure faite par les barreaux de la fenêtre qu'il a fallu écarter, les taches de sang sur les draps qui accusent Guenièvre et le combat pour disculper le sénéchal Keu soupçonné d'être le coupable, puisqu'il dort, blessé depuis le premier épisode, de son combat avec Méléagant, dans la chambre de la prisonnière, l'enlèvement de Lancelot, sa participation incognito au tournoi de Noauz, son nouvel emprisonnement dans une tour où il est emmuré, sa délivrance par la sœur de Méléagant qui se trouve être la Demoiselle à la Mule Fauve, le dernier combat contre Méléagant, mis à mort par Lancelot.

Dans l'ensemble le roman est construit comme une narration linéaire ; le héros se déplace dans une quête, puis doit échapper aux pièges qu'on lui tend. La composition suit le modèle du voyage épique, avec ses étapes, le déplacement étant jalonné par des batailles. On a donc affaire à une série de scènes, dont l'organisation est peut-être influencée par la peinture et la sculpture. Mais ce sont ces scènes qui nous font pénétrer dans la pensée où s'élaborent les problèmes, le drame de la morale héroïque. Contrairement à ce que voulait Wace, qui est une des sources de Chrétien, on quitte l'imagination épique pour explorer le monde des merveilles. Les scènes font surgir, en effet, des événements merveilleux comme l'attaque, sur un lit, d'une lance enflammée, mais tout en supposant la fixation imaginaire du regard sur les gestes et les objets, elles obligent à l'interprétation, faute d'informations suffisantes de la part du narrateur. Comme si, pour signifier, le roman comptait encore plus sur l'image que sur le discours. Ainsi quand Lancelot aperçoit d'une tour un cortège suivant une bière où gît un chevalier blessé ou mort, et conduit par un autre grand chevalier accompagné de la reine, nous nous interrogeons sur la signification de ce défilé.

On se tourne donc, pour être éclairé, vers les paroles du discours direct, attribué aux personnages. Il tient une place importante, et l'on est surpris de constater qu'il y a plus de dialogues que d'actions. C'est que l'art d'écrire, au XIIe siècle, est d'abord un art de parler, et que l'art poétique s'appuie essentiellement sur la rhétorique, bien qu'il en critique l'excès dans son Prologue, refusant l'hyperbole banale pour flatter la comtesse, tout en lui attribuant subtilement tout le mérite de son ouvrage. Dans son roman on distinguera plusieurs fonctions de la parole et de sa rhétorique.

La parole chevaleresque se manifeste dans le défi comme dans la foi jurée : dans les deux cas elle engage. Devant Arthur, Méléagant et Keu construisent leur ruse dialectique, mettant en jeu leur vie selon l'institution du dire qui défie, ou « fait don ». La parole énigmatique, celle de Guenièvre au moment de partir, renvoie à un monde de la communication magique que Chrétien n'a pas pris la peine de rationaliser. Mais bientôt l'opposition se dessine entre un excès et un manque, trop de paroles, chez le fils qui, plus bavard que le sénéchal, se vante d'avoir la demoiselle à sa merci, pas assez de paroles chez Guenièvre et Lancelot, par là conduits à un malentendu. Il est probable que s'élabore ici le thème que développera le *Conte du Graal*. Le silence observé par Lancelot sur son nom, silence qui limite la portée du message déchiffré sur la tombe qui lui est réservée (par qui ?), est sans doute un bon artifice romanesque, maintenant la curiosité du public. Mais c'est aussi le signe négatif de l'extrême importance du nom propre auquel s'attache quelque pouvoir, au-delà des vertus de l'identification de la personne : le chevalier aventureux avance casqué, masqué, anonyme, ne se désignant que par son emblème ou blason.

D'autre part le monologue reste la meilleure voie vers la

connaissance du monde intérieur. Riche de l'expérience de la tradition lyrique, de celle aussi des premiers narrateurs qui traduisirent la *Thébaïde* ou l'*Enéide*, l'auteur soumet au formalisme un peu lourd du discours les plaintes et les délibérations de ses personnages en proie à l'amour. Le roman s'appuie donc sur la plus ancienne tradition de la poésie médiévale, celle des *planctus*, associant la découverte de la vérité sur soi-même à la réflexion sur la mort. C'est le cas, par exemple, du monologue de la reine, après la première disparition de Lancelot, et il faut la force du désespoir pour que se découvre, à la pensée de sa mort, son propre désir sexuel dans toute sa force (v. 4242-49). Au moins atteignons-nous, par ce moyen d'exploration, une certitude que ne retrouvent pas nos procédés modernes d'analyse. Symétriquement, le monologue suivant de Lancelot nous fait participer à son désespoir et à son doute qui lui font un instant remettre en cause le sacrifice de l'honneur figuré par la charrette (v. 4366-70). Il faut alors attendre le dialogue suivant, qui accompagne les retrouvailles des deux amoureux, pour que se révèle et se comprenne l'importance attachée, contrairement aux premières apparences, par Guenièvre à cette épreuve de la honte comme signe d'amour extrême (v. 4502-03). Ces passages au style direct ne sont peut-être pas ceux qui nous plaisent le plus aujourd'hui, car nous préférons exercer plus librement notre herméneutique sur l'ambiguïté des symboles ; mais ils représentaient sans doute, dans leur théâtralité même, l'art littéraire sous sa forme considérée alors comme la plus parfaite. Dans cette esthétique, essentiellement dramatique, il y a une évidence de la parole. En elle se résume la confrontation de la loi et de l'amour, de la liberté et du destin.

Toutefois, le récit lui-même met en avant une forme narrative d'où se dégage aussi un sens : c'est l'aventure. Les actions du héros ont ici une logique, une progression et une cohérence qui dépassent la valeur exemplaire de l'action épique, au fond répétitive. Pour n'avoir pas la progression rigoureuse des aventures d'Erec, celles de Lancelot constituent un système dont le principe repose sur une certaine dialectique de l'honneur et de la honte. L'action héroïque fait apparaître une crise des valeurs chevaleresques dans la confrontation avec l'amour et avec la mort.

Comme le héros épique dont il dérive, le héros de ce roman doit sans cesse affronter la mort. Ce risque est inscrit dans sa fonction héritée des héros antiques, tel Héraclès, ou celtiques, tel Lug. Le nom d'Héraclès, confondu avec Héraclius, se retrouve dans deux personnages de roman contemporains et pour ainsi dire rivaux : *Eracle*, dans le roman de Gautier d'Arras, et *Erec*, dans le roman de Chrétien de Troyes. Au-delà de l'affrontement guerrier qui comporte naturellement le danger de mort, le héros affronte le royaume de la mort pour lui arracher une victime. Du côté celtique, le héros devait affronter la mort pour conquérir la souveraineté sous l'apparence d'une femme. Le nom de Lac désigne d'une part (et encore dans *Erec et Enide*) un personnage mythique, roi d'Orcanie (mais on songe à Orcus, qui était aussi Pluton, le roi des Enfers), et le monde subaquatique où une fée l'a élevé. Sans chercher une logique trop rigoureuse dans ces parentés approximatives des noms propres, non plus qu'une mythologie cohérente, reconnaissons le souci éthique et métaphysique de la mort dans les aventures héroïques racontées par Chrétien.

Ce récit d'aventure diffère du récit épique par sa projection dans la durée, par l'attente anxieuse et curieuse à la fois qu'il provoque et nourrit chez son public. Mélange de désir et de peur, la quête de l'aventure par Lancelot va jusqu'au bout du risque puisqu'elle lui fait suivre, selon un itinéraire jalonné de combats qui peuvent toujours être mortels, un chemin qui semble le conduire au royaume des morts. On a pu contester ce dernier aspect, car nous n'avons pas affaire, c'est évident, à une descente aux enfers, à un voyage dans l'Autre Monde en bonne et due forme. Comme toujours Chrétien a effacé les contours magiques et la cohérence mythique des thèmes dont il s'inspire. Mais il a laissé en place les signes et les motifs qui balisent sa route aux couleurs de la mort. D'abord avec la charrette, sur le passage de laquelle il faut faire le signe de croix. Ensuite avec la lance enflammée lancée par une puissance invisible. Puis c'est le cortège qui comporte une « bière » (civière, mais aussi bière au sens moderne) où gît un chevalier dont on ne sait s'il est mort ou simplement blessé. Ce sont là comme les éléments disjoints de la cohorte de la mort. Nous pouvons songer, par exemple, à la vision que raconte le moine normand Ordéric Vital, au début du XIIe siècle, et où il assiste en rêve au défilé de la Maisnie Hellequin, avec des civières et des bagages. Aucun motif n'est en soi-même suffisamment convaincant, mais la série entière, avec la visite au cimetière, l'inscription tombale, le passage des pierres (passage étroit comme dans un site souterrain) et le franchissement d'un torrent, rappelle d'autres voyages dans l'au-delà. L'idée même d'un pays d'où l'on ne revient pas, même déguisé en pays ennemi où des gens sont retenus prisonniers, entraîne l'assimilation de l'aventure à une mission eschatologique. De là à faire de Lancelot une image du Christ, il y a un écart à éviter. L'aventure n'est ni rationnelle ni religieuse. Elle est « merveilleuse », c'est-à-dire d'une étrangeté qui surprend dans un monde apparemment naturel. Cette esthétique de la « merveille », servie par le style impressionniste de Chrétien et la discontinuité du récit romanesque, joue avec notre inquiétude de la mort, comme avec notre curiosité à l'égard de cette puissance du mal qui pèse sur notre destin à tous. Mais au lieu d'en attendre et d'en subir les effets, Lancelot va à sa rencontre.

Cette puissance de la mort a aussi son héros, armé et déguisé en chevalier : il s'appelle Méléagant. Le nom a peut-être été choisi à partir de Maheloas, Malevas, dieu des morts en gallois. En latin Geoffroy de Monmouth l'appelle *Malvasius*, le Mauvais. Chrétien lui a donné une famille presque normale, un père très courtois, roi de Gorre, Bademagu, et une sœur d'allure diabolique, puisqu'elle se déplace sur une mule fauve, et ne craint pas de demander la tête du chevalier orgueilleux que Lancelot a vaincu. Mais elle lui en sera reconnaissante et lui permettra de sortir de la tour où il sera emmuré sur ordre de Méléagant. En fait ce royaume de Gorre n'a pas de cohérence. Le mirage infernal se dissipe malgré l'acharnement de Méléagant à incarner le mal, et malgré les pièges où Lancelot va encore tomber avant de pouvoir regagner la cour d'Arthur pour le tournoi final. Tout se passe comme si le monde de la mort, ou ce que l'on prenait pour tel, devait s'évanouir, comme les lions qu'il avait cru voir de l'autre côté du Pont de l'Épée, devant le courage et la force du héros. La vraie mort, ce n'est donc pas cela, ce n'est pas cette série de menaces et de dangers dont la peur est à l'origine des coutumes, des superstitions et des fantasmes qu'affronte Lancelot.

Mais si l'autre monde, à peine suggéré, se désintègre ainsi sous les pas du héros, ce n'est pas pour faire de celui-ci le champion de la sagesse et de la raison. Certes, il peut déjouer les enchantements, mais avec l'aide d'un anneau magique qu'une fée lui a donné (la Dame du Lac, comme on appellera par la suite celle qui l'a élevé). Il y a donc une magie blanche qui l'aide plus que la raison. Cette magie, par l'intermédiaire de la fée nourricière, nous renvoie au pouvoir de la mère, de la femme, de l'amour. Ce qui triomphe des mirages de la mort avec Lancelot, ce n'est pas la raison, c'est l'amour.

Toute esthétique suppose une hiérarchie des valeurs, et tire son originalité, ou du moins sa définition, du principe qui détermine cette hiérarchie. Dans le *Chevalier de la Charrette* l'histoire de Lancelot est racontée dans la perspective de la toute-puissance de l'amour, ou plus exactement de la supériorité de l'amour sur toutes les autres forces actives dans le monde, force guerrière, forces du mal, de la violence ou de la ruse, contraintes exercées par la société, directement, ou indirectement par l'opinion et par les valeurs en cours. Le roman propose d'emblée un renversement des valeurs, puisque le chevalier choisit la honte pour obéir à l'amour qui le pousse à retrouver la reine : « Que de la honte ne li chaut/Puis qu'Amors le comande et vialt » (v. 380-81). Le débat allégorique entre Raison et Amour remplace l'opposition entre la bouche et le cœur, exprimée par Chrétien dans d'autres œuvres, notamment dans *Le Chevalier au Lion*. La bouche, par où passe le *logos* de la raison, le discours raisonneur, est opposée au cœur, où s'élaborent les ordres du désir amoureux auquel Lancelot a décidé d'obéir. Pour Gauvain, qui représente le chevalier raisonnable, la sagesse courtoise, le choix fait par Lancelot est folie : « Quant messire Gauvain l'oï,/Si le tint a molt grant folie... » (v. 392-93). Mais c'est cette folie qui, bravant tous les interdits, va triompher des menaces de punition et des obstacles.

Ainsi après avoir accepté la honte qui s'attache à la charrette, Lancelot va supporter sans broncher les sarcasmes et la réprobation de l'opinion publique. L'affrontement entre les interdits que renforce autour de lui le sentiment de sa honte, et cette force non mesurée à l'échelle du possible que lui donne l'amour, va marquer les principales étapes de son voyage, à commencer par l'épreuve du lit enflammé : on le lui refuse « ... puis qu'il a esté en charrete » (v. 491). Dès le lendemain, pour la demoiselle obligeante qui s'offre de leur indiquer le chemin, Lancelot corrige la formule de politesse courtoise utilisée à son égard par son compagnon Gauvain, pour dire qu'il se met totalement à sa disposition, sans aucune réserve, car Amour le rend riche, puissant et hardi (v. 625-38). Les nuances du langage courtois, encore neuf et plein de bon sens, traduisent son engagement jusque dans l'hyperbole. Le roman du *Chevalier au Lion* illustre à sa manière le rapport étroit entre le dire et le faire, entre l'élégance du langage et la courtoisie des manières, le sénéchal Keu, l'anti-Gauvain, se trouvant justement réprimandé pour sa rudesse de langage. Dans le *Chevalier de la Charrette*, le même sénéchal s'est fait remarquer par sa maladresse et l'emportement dénué de courtoisie qui a causé la perte de la reine. Il faut donc de l'audace, de l'ambition, mais inspirée par l'amour, nous enseigne l'exemple de Lancelot.

Chaque épisode apporte ainsi sa leçon, enrichissant le portrait de cet amoureux sublime jusqu'au paradoxe. L'épisode du gué, où Lancelot arrive absorbé par ses pensées amoureuses au point d'avoir pour ainsi dire perdu conscience (v. 718-19), illustre le ravissement, la contemplation intérieure qui apparentent l'amoureux au saint ravi par ses pensées mystiques. L'épisode du peigne abandonné par Guenièvre nous montre une adoration fétichiste pour les cheveux, qui nous rappelle l'émotion d'Alexandre, dans le roman *Cligès*, frottant avec délices sur son corps la chemise brodée d'un cheveu de Soredamor. De même Lancelot met les cheveux de Guenièvre entre son corps et sa chemise (v. 1481), après s'être un peu remis du premier choc, douloureux au point de lui faire perdre connaissance, de son désir pervers (v. 1447). Car cet amour passionné a bien, aux yeux de la sagesse médiévale, un aspect pathologique. Enfin cette sorte d'anesthésie qui lui permet d'affronter la lame tranchante du Pont de l'Épée sans se soucier de ses blessures fait de lui, en amour, l'égal du saint, en religion. Tout au long de l'histoire poétique du Moyen Age un perpétuel échange spirituel et formel se poursuit entre registre amoureux et registre religieux, à la faveur de la sublimation élevant la sensualité, au moins par le langage, au-dessus des pratiques attestées d'autre part, dans d'autres genres littéraires comme le fabliau. Il est vain de prétendre établir une antériorité, et donc une sorte de précellence, entre poésie religieuse et poésie amoureuse, en raison même de cet échange qui traduit une seule mentalité. Ainsi, au moment de la joie d'amour, Lancelot prend une attitude religieuse : « Et puis vint au lit la reïne, / Si l'aore et se li ancline, / Car an nul cors saint ne croit tant » (v. 4669-71). Quoi qu'il en soit, il est clair qu'au XIIe siècle, la littérature hagiographique sert parfois d'exemple à une littérature plus profane comme celle des romans. La philosophie de l'amour s'approfondit moins ainsi qu'elle ne s'exalte à l'idée du sacrifice le plus douloureux et parfois le plus cruel. Au Pont de l'Épée Lancelot porte au sublime l'idée du sacrifice amoureux.

Le premier duel avec Méléagant, qui se déroule sous les yeux de Guenièvre avec pour enjeu la libération de la reine et de tous les autres prisonniers, illustre le pouvoir du regard, l'énergie que l'amoureux puise dans les yeux de l'aimée. En fait, durant le combat, où pour la première fois il se nomme, répondant à une question que lui pose une suivante de la reine, Lancelot reste tourné vers Guenièvre, une fois qu'il apprend sa présence, et doit s'arranger pour placer son adversaire entre elle et lui pour pouvoir se battre avec efficacité et vaincre. Ce déterminisme physique nous situe à la limite de l'humain, Lancelot apparaissant comme un automate entièrement manœuvré par la dame. Mais ce n'est qu'une extrapolation de la toute-puissance de l'aimée, et de la soumission pour ainsi dire masochiste du chevalier amoureux. Vainqueur de cette première partie du combat (l'issue en est différée et reportée à un an, sur la demande de Bademagu), Lancelot doit supporter le dédain que la reine affiche à son égard, refusant de lui parler. Se précise ainsi le fantasme d'un amour qui semble chercher la jouissance dans sa propre souffrance. Il semble ne plus y avoir de limite dans la torture toujours renouvelée que s'inflige l'amoureux par sa fidélité soumise. Pourtant après l'épreuve, cette fois équitablement partagée, de la fausse nouvelle qui fait croire à chacun des deux que l'autre est mort, Lancelot peut atteindre au but et connaître la joie suprême (« la plus delitable », v. 4701) dans le lit de Guenièvre. Mais ce ne sera pas sans avoir subi une ultime blessure, puisqu'il se blesse aux doigts en écartant les barreaux pour entrer dans sa chambre, assez grièvement pour perdre, avec une phalange, beaucoup de sang dans la chambre et sur les draps. Troublant symbole d'une castration vécue en fait dans chaque épisode de cet itinéraire douloureux.

Cet itinéraire, qu'on aurait pu concevoir comme une descente, puisqu'il s'inspire d'un voyage dans l'autre monde, et que Chrétien de Troyes connaît bien le récit virgilien, au moins tel que le raconte l'*Eneas*, donne l'impression d'une montée, du moins dans l'intensité d'une passion qui ne triomphe que pour une nuit. Cette poussée du désir amoureux trouve logiquement détente et déclin, au moins provisoirement, avec sa satisfaction. Le plan du roman peut correspondre à ce schéma, la seconde partie, après la nuit d'amour, risquant d'apparaître au lecteur moderne comme une déconstruction de ce qui précède, du moins par rapport au désir sexuel. Les deux incarcérations de Lancelot le condamnent à l'inaction, à l'exception du tournoi de Noauz où il se livre à une nouvelle démonstration de son obéissance à Guenièvre, jusqu'à l'humiliation en plein combat, puisqu'il accepte de mal combattre pour satisfaire à son caprice. Triomphant enfin de Méléagant, dans la dernière bataille du roman, il est rendu sans doute à sa liberté, mais nous ne savons pas ce qu'il en fera par rapport à son amour pour Guenièvre dont il est à peine question après l'emprisonnement dans la tour, c'est-à-dire depuis que Godefroi de Leigni a pris la plume pour terminer l'œuvre de Chrétien. Lancelot semble avoir fait une promesse amoureuse à la fille de Bademagu, qui l'a libéré de sa prison : « Par vos sui de prison estors, / Por ce pöez mon cuer, mon cors, / Et mon servise et mon avoir, / Quant vos pleira, prandre et avoir » (v. 6705-08). Il ne s'agit plus ici d'une formule de politesse courtoise étendant à d'autres dames le « service » (non amoureux) dont l'aimée avait été l'inspiratrice (v. 637-38). S'il y a une leçon, un message concernant l'art d'aimer, la fin du roman semble les ramener à une conception plus banale de l'amour courtois, celle que représente plutôt Gauvain. Lancelot ne vient-il pas de s'exprimer, dans notre dernière citation, exactement comme Gauvain l'avait fait aux vers 627-29, avant d'être corrigé par un Lancelot alors plus exalté ?

Peut-être l'intuition poétique de Chrétien a-t-elle pourtant recréé dans le personnage de Lancelot un type d'amoureux plus profond qu'on ne l'imagine, à première vue, en cherchant à retrouver en lui les traits traditionnels de l'amant courtois. Il est clair que dans chacun de ses romans il s'écarte en effet du modèle de chevalier courtois représenté par Gauvain, comme du repoussoir anti-courtois que figure le sénéchal Keu. Ce qui frappe dans l'histoire de Lancelot, c'est l'abondance des traits négatifs, sombres, dépressifs, depuis l'infâmante charrette dont l'emblème pèse sur son destin assumé librement, jusqu'à la tentative de suicide qui fait suite à la fausse nouvelle concernant la mort de Guenièvre. Il y a bien dans la folle exaltation de cet amoureux d'une reine, qui lui est évidemment interdite, un jeu avec la mort qui traduit une tentation de l'autodestruction, comme si le désir coupable devait à chaque instant de son évolution être expié par une punition. Ce jeu personnel avec la mort, au moins dans la partie non revendiquée par Godefroi, a pu altérer l'image du champion héroïque allant jusque dans l'autre monde au secours d'une reine. Cette culpabilité, qui vient troubler à la fois le désir guerrier et le désir amoureux, explique peut-être que le personnage n'ait pas réussi à s'imposer dans l'imagination populaire au même titre que Tristan pourtant également coupable. Elle fait se dissiper, en tout cas, la cohérence du héros libérateur d'un peuple, thème qui vient étrangement redoubler celui du champion amoureux de la reine.

On s'est intéressé en effet, dans une perspective historique ou sociologique, à l'action libératrice de Lancelot s'exerçant au bénéfice du peuple arthurien, royaume de Logres, dont une partie semble retenue prisonnière ou en servage, à partir du Château aux portes retombantes, et jusqu'à l'autre rive du Pont de l'Épée. Sa mission, à cet égard, a été définie par l'inscription sur la dalle de la tombe, qui fait allusion aux prisonnières et aux prisonniers qui ne peuvent sortir de cette contrée une fois qu'ils y sont entrés, alors que les gens du pays circulent librement (v. 1912-21). Remarquons qu'ici on ne fait pas allusion au sort de la reine, et que la mission collective de Lancelot semblerait, d'après ce passage, essentielle, alors que sa fonction à l'égard de Guenièvre serait donc accidentelle. Mais ce second type d'aventure, qui peut être aussi fondamental pour la royauté dont l'autorité est menacée en la personne de la reine, a fait éclater le premier type d'aventure collective, l'intérêt du roman s'étant déplacé dans la direction de l'histoire d'amour. Se confirmerait ainsi que, tout en combinant sans doute plusieurs modèles héroïques, Chrétien a voulu faire prévaloir une conception individualiste du héros amoureux, faisant passer au second plan le souci de la société.

Au lieu de définir Lancelot comme un héros « social », selon une mode critique qui aujourd'hui a passé sauf dans certains milieux attachés à ce sociologisme, il faut revenir à l'impressionnante peinture de ce désir excessif, où l'on peut voir les premières atteintes d'une maladie qui va marquer l'évolution ultérieure du personnage, notamment dans le *Lancelot en prose*. Le diagnostic en a été fait, à propos de ce dernier roman, par Jacques Roubaud (« Galehaut et l'éros mélancolique : une fiction rhétorique », dans *Mezura*, n° 1, 1979). L'auteur s'appuie du reste sur un article de John Livingston Lowes qui invoquait les théories médicales du Moyen Age pour identifier dans le *Knight's Tale* de Chaucer un cas de « The loveres maladye of heroes ». On trouve chez notre Lancelot quelques-uns des symptômes déjà énumérés par les médecins arabes. Quelques-uns, mais non pas tous, car Chrétien n'a pas poussé son héros jusqu'à la fatale mélancolie à laquelle succombera Galehaut (d'ailleurs victime d'un amour homosexuel pour Lancelot). Il se pourrait que Godefroi de Leigny, terminant le roman avec un bon sens tempérant tous les excès, ait été pour Lancelot un bon médecin, sinon un grand poète. Pendant ce temps Chrétien aggravait chez Yvain, dans *Le Chevalier au Lion*, la folie d'amour. Mais il avait alors recours, pour l'en guérir, aux remèdes merveilleux des fées guérisseuses. Dans ce roman, qu'il faut lire parallèlement au *Chevalier de la Charrette* parce qu'il est symétriquement opposé, comme dans un diptyque, une mission collective et pour ainsi dire sociale a été aussi un instant évoquée à propos de l'épisode où Yvain lutte pour délivrer de leur servage, effet d'un pouvoir magique, des femmes astreintes à travailler pour une puissance du mal. Mais il est clair que l'intérêt ici encore se porte sur le destin du couple, celui d'Yvain et de Laudine, construit sur un modèle de conte définissant le contrat entre une fée et un guerrier. Ce que tend à nous montrer Chrétien, en racontant la passion du chevalier, c'est le pouvoir terrible de l'*amour héroïque*, celui dont la raison aristotélicienne entreprend déjà de dénoncer les ravages.

Si donc nous cherchons le sens de nos romans, il faut bien sûr considérer le contexte de la société chevaleresque et courtoise comme milieu sémantique où s'élaborent les valeurs auxquelles il est fait référence : l'honneur et la honte, la prouesse et la récréantise, et même les notions à la fois économiques et féodales du service et de sa récompense. Mais il faut aussi tenir compte de la tradition sémiologique du conte, de sa définition des fonctions narratives, de sa typologie des puissances surnaturelles. Derrière la logique naturelle et rationnelle des aventures, il faut bien reconnaître la présence d'éléments merveilleux, facilement identifiables d'après les modèles des contes féeriques. Le roman de Chrétien de Troyes reste un roman merveilleux dont la signification hésite entre le rationnel et le surnaturel.

Ainsi l'explication de l'œuvre renvoie finalement au système des valeurs esthétiques que le romancier cherche à faire passer dans son style. J'ai, après d'autres, proposé que l'on définisse ce système des valeurs par rapport à une esthétique du symbole (*Résurgences. Mythe et littérature à l'âge du symbole*, Paris, PUF, Écriture, 1986, p. 135-215). Relevons simplement ici quelques images qui participent au système symbolique du roman, modifiant les diverses traditions mythiques dont il s'inspire pour recréer, autour de Lancelot, quelque chose comme un mythe de la *fin'amor* dépassant en un certain sens l'idéal, déjà banal à la fin du XIIe siècle, de l'amour courtois. Il y a d'abord l'image de la charrette, qui joue le rôle d'emblème pour le roman, et dont l'ambiguïté faisant allusion à la honte et à la mort domine et organise l'ensemble du texte : elle fait de Lancelot un héros paradoxal qui brave les interdits. Il y a l'image du lit, qui réapparaît à plusieurs reprises, jalonnant l'itinéraire du désir sexuel (dont il figure l'objet, par métonymie), tout en évoquant l'interdiction, la punition à quoi la transgression doit faire face, puisqu'il s'agit, en dernier ressort, du lit de Guenièvre, mais aussi du lit royal et matrimonial où Lancelot veut s'introduire. C'est autour du lit que se construisent diverses scènes riches de sens, d'abord scène de la lance enflammée, puis le viol simulé par une demoiselle comme pour provoquer un désir pervers, puis scène du coucher où Lancelot demeure chaste par fidélité à sa dame, enfin la scène de la joie, au lit du château de Bademagu où Guenièvre accueille, à côté du lit d'hôpital où repose le sénéchal blessé, un Lancelot également tout saignant de sa blessure aux doigts. On pourrait reprendre ainsi tous les décors, la fontaine où le peigne a été abandonné, le cimetière où une tombe attend Lancelot, le Château aux portes retombantes (dont le piège sert aussi à retenir Yvain dans *Le Chevalier au Lion*), le pont fait d'une lame d'épée, pour admirer la manière dont leur suggestion de sens vient donner une richesse polysémique à la structure linéaire du récit. C'est sans doute cette richesse, aisément perçue par des lecteurs habitués à regarder les fresques et les sculptures des églises, qui a incité les narrateurs en prose des Aventures du Graal (*Lancelot-Graal*) à construire autour de Lancelot, dans le premier tiers du treizième siècle, cette grande machine signifiante qu'est *Le Lancelot en prose*. Mais, il faut bien dire, rien ne laisse prévoir chez Chrétien que Lancelot engendrera un jour Galaad, sauf peut-être ces curieux rapports avec la Demoiselle à la Mule Fauve, tels que Godefroi du moins les alourdit, car dans toute cette affaire du Graal, à quoi Chrétien s'attaque aussitôt après *Lancelot*, la voie du Paradis est pavée de mauvaises intentions, et la sœur de Méléagant ne doit pas en manquer. Guenièvre, par comparaison, est dans ses caprices et sa faute toute innocence, ou du moins toute simplicité. Elle doit somme toute à son royal époux d'avoir connu plus de célébrité populaire que son amant d'une nuit.

Daniel POIRION

INTRODUCTION

REMARQUES PRÉLIMINAIRES

Chrétien de Troyes est l'auteur de cinq romans arturiens : *Erec et Enide*, *Cligès*, *Le Chevalier de la Charrette (Lancelot)*, *Le Chevalier au Lion (Yvain)*[1] et *Le Conte du Graal (Perceval)*. À huit reprises il se nomme lui-même, ou est nommé par son continuateur Godefroi de Leigni, « Crestïens » d'habitude, une seule fois « Crestïens de Troies »[2]. Ses prologues et épilogues fournissent plusieurs renseignements plus ou moins certains sur lui[3] Ainsi *Cligès* nous apprend que :

Cil qui fist d'Erec et d'Enide
Et les comandemanz d'Ovide
Et l'art d'amors en romans mist,
Et le mors de l'espaule fist,
Del roi Marc et d'Ysalt la blonde,
Et de la hupe et de l'aronde
Et del rossignol la muance,
Un novel conte rancomance
D'un vaslet qui an Grece fu
Del linage le roi Artu.[4]

Erec et Enide a survécu et nous possédons un remaniement de « La Hupe... » dans l'*Ovide moralisé*, une compilation du début du 14e siècle, mais les quatre autres œuvres, si elles ont jamais existé, ne nous sont pas parvenues.

---

1. Puisque les mots de *Charrette* et *Lion* font partie intégrante du nom des deux chevaliers en question, nous préférons imprimer le « C » et le « L » en lettres majuscules.

2. *Les Romans de Chrétien de Troyes, édités d'après la copie de Guiot (Bibl. nat. fr. 794)*, I, *Erec et Enide*, éd. Mario Roques. C.F.M.A., 80 (Paris : Champion, 1966), v. 9. (On est généralement d'accord pour ne pas attribuer à Chrétien *Guillaume d'Angleterre*, bizarre roman pseudo-hagiographique [mais signé «Crestïens», v. 1, 18].)

3. Aucun document, charte ou chronique, ne fournit d'indication biographique sur Chrétien.

4. *Les Romans de Chrétien de Troyes, édités d'après la copie de Guiot (Bibl. nat. fr. 794)*, II, *Cligés*, éd. Alexandre Micha. C.F.M.A., 84 (Paris : Champion, 1970), v. 1-10.

Le Prologue du *Lancelot* nous fait savoir que c'est la comtesse [Marie] de Champagne qui a demandé au poète de composer ce *romans*[1] ; celui du *Perceval* que Chrétien a écrit cet ouvrage à la requête du comte Philippe de Flandre[2].

Chrétien avait sans nul doute reçu une formation de clerc[3], bien qu'il ne se dise pas clerc comme Godefroi de Leigni le fait dans l'Épilogue du *Lancelot*. Lecteur de Virgile, traducteur d'Ovide, il leur doit, ainsi qu'à la pratique – glose et imitation – du canon des auteurs classiques appréciés à son époque, une connaissance probablement solide de la langue latine. Ses connaissances en matière de littérature et de langue vulgaires sont, elles aussi, à la fois étendues et profondes, et comprennent l'écriture hagiographique, les chansons de geste, les textes historico-romanesques de Wace, les romans dits « antiques » ou « de Rome » (*Enéas*, *Thèbes*, *Troie* et certaines parties du *Roman d'Alexandre*) et, comme le confirme le Prologue déjà cité de *Cligès*, l'histoire de Tristan et Iseut. En outre, on attribue à Chrétien deux poèmes lyriques appartenant à la nouvelle tradition du grand chant courtois. Il représente bien cette *somme* de *clergie* dont il a fait l'apologie aux v. 28-33 de *Cligès*.

La production littéraire de Chrétien s'échelonne entre 1160 environ et 1191, l'année où mourut Philippe de Flandre. Philippe, dépeint comme bien vivant dans le Prologue du *Perceval*, l'était encore au moment où, au beau milieu d'un épisode, la maladie ou la mort ont interrompu le romancier.

L'Épilogue du *Lancelot* (v. 7120-34) contient un renseignement dont l'intérêt est considérable : la dernière partie du roman (v. 6167-7134) ne serait pas de Chrétien, mais d'un clerc nommé Godefroi de Leigni[4]. Nous apprenons également que Godefroi

---

1. Au temps de Chrétien, *roman(s)* < lat. *ROMANICE* signifie "œuvre d'une certaine longueur écrite en français" (le plus souvent un récit).

2. *Le Roman de Perceval ou le Conte du Graal*, éd. William Roach. 2ᵉ éd. T.L.F., 71 (Genève : Droz ; Paris : Minard, 1959), v. 168.

3. Voir l'étude devenue classique d'Edmond Faral, *Les Arts poétiques du XIIᵉ et du XIIIᵉ siècle : recherches et documents sur la technique littéraire du moyen âge*. Bibliothèque de l'École des Hautes Études, 238 (Paris : Champion, 1962), surtout le ch. iv, « Les Sources de la doctrine » (p. 99-103).

4. Il s'agit peut-être de Lagny (Seine-et-Marne, arr. Meaux).

aurait mené à bien sa tâche avec la pleine approbation de Chrétien, et même à sa demande[1].

Nous remarquons aussi que la comtesse de Champagne, qui figure de façon si prééminente dans le Prologue, n'est pas mentionnée par Godefroi, qui, en effet, se contente de s'adresser aux lecteurs-auditeurs du roman en général (v. 7120 : *Seignor*). On est en droit de se demander si le roman du *Chevalier de la Charrette*, promis par Chrétien à la comtesse Marie, lui a jamais été remis, une fois achevé, par Chrétien ou par Godefroi.

D'ailleurs, pourquoi Chrétien aurait-il renoncé à terminer lui-même le *Lancelot* ? On a parlé de scrupules moraux, on a affirmé que c'est à contrecœur qu'il avait accepté de raconter l'histoire d'un adultère, mais le fait que Chrétien n'insiste pas sur l'aspect illicite des amours de son protagoniste, le plaisir si évident qu'il prend à narrer les aventures de son héros, semblent infirmer cette hypothèse. Force est de constater la déclaration de l'abandon sans prétendre l'expliquer d'une manière entièrement satisfaisante.

Aux v. 25-27 du Prologue, Chrétien déclare que la comtesse de Champagne lui a donné les « matiere et san » de son livre. Comment interpréter le sens de ces deux mots ? Par *matiere* il faudrait sans doute comprendre le sujet du roman, les événements racontés dans le récit ; *san* serait plutôt la signification de celui-ci, la manière dont il faut l'interpréter[2]. A notre avis, la restitution de la reine à son époux par Lancelot fait partie de la *matiere* ; l'amour absolu qu'éprouve Lancelot pour Guenièvre, ainsi que les conséquences qui en découlent, appartiendrait au domaine du *san*.

Par suite d'un don contraignant arraché par surprise, Artur se voit enlever la reine Guenièvre, son épouse. Le Chevalier de la Charrette – c'est-à-dire Lancelot dont le nom ne sera révélé

1. Toutes ces indications proviennent du texte même de la *Charrette* ; nous ne possédons aucun renseignement supplémentaire sur Godefroi. Ce clerc ne serait-il qu'une simple invention de Chrétien ? La tradition du « continuateur » semble pourtant bien ancrée dans les usages du 12e siècle, même avant Chrétien (on songe à l'exemple de Wace et de Benoît de Sainte-Maure).

2. Bien que les mots *san* et *sans* soient difficiles à distinguer l'un de l'autre quant au sens (les mss., tous du 13e siècle, tendent plutôt à les confondre), Chrétien y parvient dans son Prologue (v. 23 et 26), tout comme le fait Marie de France dans le Prologue de ses *Lais* (v. 16 et 20).

qu'au v. 3676, point médian du roman – s'efforce de la reprendre à son ravisseur, Méléagant, le fils outrecuidant du roi de Gorre, Bademagu. Après avoir surmonté toutes sortes d'obstacles et trois fois combattu Méléagant, Lancelot finit par délivrer Guenièvre. Voilà, très rapidement esquissé, le sujet du *Lancelot* de Chrétien.

Le sens de l'œuvre peut se formuler comme suit. Il s'agit de l'exemplarité de Lancelot en tant que « fin amant ». Le chevalier qui aime vraiment sa dame ne doit aimer qu'elle. Il doit être capable de tout lui sacrifier, même sa vie, même son honneur (c'est-à-dire sa réputation parmi les hommes). Tel un martyr des premiers temps du Christianisme, il aimera ses souffrances. Il prendra un plaisir exaltant – une *joie* – à les endurer. Ayant accepté cette définition (apparemment féminine) de l'Amour, le « fin amant » accepte de se plier aux exigences de celle qu'il aime. N'oublions pas que Lancelot fut élevé par une fée (voir les v. 2347-62), et que dans l'imagination du 12e siècle, les fées incarnent à la fois la puissance magique et mystérieuse de ce « savoir amoureux » féminin et les droits que la femme aimée se croyait autorisée à réclamer. Initié dès son enfance à cette « vérité » de l'Amour, Lancelot se trouve, tout au long du *Chevalier de la Charrette*, protégé par la Femme. Enfin, rappelons que, dans le *Lancelot*, l'amour est à maintes reprises personnifié sous les traits d'une femme, d'une sorte de femme-déesse comme Vénus (ou comme une fée celtique), jamais sous ceux d'un Cupidon plus traditionnel ou classique, comme c'est le cas dans *Cligès*.

L'œuvre semble s'inspirer surtout de trois traditions : la légende de Tristan, la matière de Bretagne considérée comme une tradition historique et *Le Proto-Lanzelet*.

Le schéma d'une reine enlevée à la suite d'un « don contraignant » et reprise au ravisseur et ramenée à son mari par un chevalier de la cour se trouve déjà dans un épisode du *Tristan* de Thomas (env. 1165-70) où le roi se nomme Marc, la reine Iseut, le libérateur Tristan[1]. Comme Lancelot est

---

1. *Le Roman de Tristan*, éd. Joseph Bédier. I. Société des Anciens Textes Français (Paris : Firmin Didot, 1902), p. 168-75 (épisode de la Harpe et de la Rote).

amoureux de l'épouse d'Artur, Tristan l'est aussi de la femme du roi Marc[1]. Très amplifié, ce schéma sous-tend tout le *Lancelot*.

Le *Lancelot* semble parfois se dérouler dans les brumes dont se dégagent des mythes celtiques. On pense en premier lieu au rôle joué par les fées dans ce roman. Ensuite au thème du royaume dont nul étranger n'est revenu, ce qui a incité certains savants à rechercher des textes gallois ou irlandais ayant pu servir directement d'inspiration à Chrétien pour sa création du royaume de Gorre. Maigre récolte, en fin de compte : retenons à la rigueur la *Vita sancti Gildae* par Caradoc de Lancarfan où l'on trouve un certain roi Melvas (Méléagant ?), ravisseur de Guennevar, femme du roi Artur. Cependant, Melvas finit par rendre la reine à son époux, grâce à l'intervention de Gildas et de l'abbé de Glastonbury (*Glas* = Voire, Gorre ?). À aucun moment Caradoc ne parle de Lancelot.

Une deuxième tradition celtique, plus « savante », mérite davantage d'être prise en considération, car Chrétien la connaissait fort bien. Il s'agit des légendes « historiques » élaborées par Geoffroi de Monmouth (*Historia regum Britanniae*) et reprises par Wace (*Le Roman de Brut*). Selon ces mythes, la reine Guenièvre (Ganhumara chez Geoffroi) aurait trompé Artur avec le neveu de celui-ci, Modred, qui cherche à s'emparer de la couronne au moment où le roi allait s'emparer de Rome ; cette trahison finira par amener la destruction du monde arturien. Cette tradition-là met l'accent sur l'équivalence adultère-trahison, alors que dans la *Charrette*, Chrétien évite soigneusement de souligner cet aspect de l'« histoire ». En revanche, la faiblesse et l'imprudence du roi Artur que souligne Geoffroi et Wace est une des données de base du *Lancelot*. Car chez Chrétien, c'est l'amant de la reine qui, en brûlant d'un amour « illégitime » pour elle, accomplit la prouesse

1. Comme nous le verrons, le thème de l'infidélité de Guenièvre, développé dans l'*Historia regum Britanniae* de Geoffroi de Monmouth (env. 1136) et aussi par Wace dans *Le Roman de Brut* (env. 1150-55), fournit à Chrétien un des fils qui servent à relier certaines données de l'histoire de Tristan et Iseut à la matière arturienne – matière à prétentions « historiques ». Évidemment, le Lancelot de Chrétien n'a rien d'autre en commun avec le traître Modred.

chevaleresque indispensable afin de rétablir l'ordre du royaume – ordre qui avait été sérieusement perturbé par l'incapacité de son époux[1]. Enfin, l'existence du triangle « légendaire » Artur-Guenièvre-Modred suggère au moins l'existence d'une reine dont les mœurs, que l'on hésiterait peut-être à qualifier de légères, ne sont pas non plus celles d'une prude.

En somme, chez Godefroi et Wace le triangle se compose d'un Artur héroïque mais trahi, de Guenièvre et de Modred. Chrétien (ou Marie de Champagne) innove en remplaçant le traître Modred par un Lancelot fidèle, et en empruntant le don contraignant à Thomas. Reste la question de la restitution de la reine – de l'épouse de ce roi plus ou moins incompétent qu'on nomme Artur.

Le *Lanzelet* d'Ulrich de Zatzikhoven représente une traduction en moyen haut allemand, faite à la fin du 12e siècle ou bien au début du 13e, d'un roman français qui malheureusement ne nous est pas parvenu (nous l'avons appelé le *Proto-Lanzelet*)[2].

---

1. Rappelons l'existence de la coutume (expliquée dans l'épisode du Soupirant Importun de la *Charrette*, aux v. 1512-1840) selon laquelle une dame ou une pucelle seule a le droit d'être respectée et même protégée par tout chevalier qu'elle pourra croiser. Par contre, si elle est accompagnée par un autre chevalier et que celui qui la rencontre parvient à vaincre ce dernier ou à l'obliger de la lui céder sans combat, le vainqueur est autorisé à disposer d'elle selon sa volonté. C'est là, dans le fond, précisément le cas d'Artur qui abandonne Guenièvre à l'outrecuidant et peu courtois Méléagant. Dans un sens, le roi a renoncé à ses droits sur sa femme. Dans l'épisode du Soupirant Importun, Chrétien insiste tout particulièrement sur l'importance de cette coutume. En effet, c'est elle qui explique la joie sans bornes du prétendant lorsqu'il voit l'objet de sa passion accompagné d'un chevalier : il n'aura qu'à la lui prendre afin de faire d'elle, sans se déshonorer, ce qu'il voudra (« Qant en tel meniere vos truis / Qu'avoec moi mener vos an puis / Or androit, que n'i avrai honte » [v. 1589-91]). En revanche, si elle s'était trouvée seule, il lui aurait fallu respecter ses volontés. Les craintes que ressent la jeune dame (ou fée) devant l'indifférence possible de Lancelot à son égard sont donc loin d'être sans fondement. Vu dans le contexte global du roman, l'épisode sert en quelque sorte à légitimer la passion du héros pour la reine : leur « adultère » est censé ne pas *compter*. (Ajoutons que le Soupirant Importun et Méléagant se ressemblent comme deux gouttes d'eau, tout comme le père du premier ressemble en sagesse au roi Bademagu, père de Méléagant et protecteur, contre son propre fils, de la reine.) Chrétien attire notre attention sur le fait que ce n'est pas à Artur que Lancelot enlève Guenièvre ; Artur, lui, ne la possède plus. C'est à Méléagant qu'il l'enlève ! Et la conséquence immédiate de son succès c'est la libération du peuple de Logres tenu captif au royaume de Gorre.

Il s'agit d'un conte d'aventures, d'un récit biographique – en somme d'un *Bildungsroman* – au cours duquel, à deux reprises, le héros intervient en faveur de la reine Guenièvre, menacée par un ravisseur ; mais il n'est jamais question d'amour entre lui et la femme d'Artur.

Il nous paraît vraisemblable que le *Proto-Lanzelet* a dû être un de ces joyeux contes d'aventures mal ordonnés que de « vilains conteurs » colportaient « devant rois et comtes » et qui ont inspiré l'ironie méprisante exprimée par Chrétien aux v. 19-22 du Prologue de son *Erec et Enide*, texte que, rappelons-le, Chrétien caractérise très exactement comme la refonte d'un de ces mauvais contes « d'avanture » – refonte effectuée selon le principe de la « belle conjointure » (v. 13-14). Or, le récit d'Ulrich de Zatzikhoven n'a rien qui ressemble au *san* du *Chevalier de la Charrette* : l'amour n'y figure guère que comme une sorte de franc et joyeux désir libidineux. Il est donc très tentant de voir dans *Le Chevalier de la Charrette* la *matière* d'un conte proche du *Proto-Lanzelet* mais transformée par Chrétien selon les instructions (le *san*) qui lui avaient été fournies par la comtesse Marie : à la différence de Lanzelet, le héros de la *Charrette* éprouve pour la reine un amour pur et absolu. C'est du moins ainsi que nous voyons ce récit.

En plus du *Tristan* de Thomas et de celui de Béroul, on peut aligner, à côté du *Brut* et du *Proto-Lanzelet* hypothétique, comme sources françaises du *Lancelot* trois textes additionnels : *Le Chastoiement d'un père à son fils* (une adaptation française de la *Disciplina clericalis* de Pierre Alphonse), le poème de *Piramus et Tisbé* (env. 1160) et, croyons-nous, *Les Lais* de Marie de France (env. 1160-65 ?)[3].

2. *Lanzelet*, éd. K.A. Hahn (1845) (réimpr. : Berlin : Walter de Gruyter, 1965). Traduction anglaise de Kenneth G.T. Webster (New York : Columbia University Press, 1951). (Rappelons que, dans ce roman, lorsque Guenièvre subit l'épreuve du Manteau Mal Taillé, ce vêtement ne lui convient pas entièrement, ce qui suggère que sa vertu, sans être particulièrement suspecte, n'est pourtant pas à toute épreuve.)

3. Alexandre Micha a cru voir dans la *Charrette* l'influence de *L'Espurgatoire de saint Patrice*, ouvrage souvent attribué à Marie de France. Pour lui, Marie aurait composé ce poème avant les *Lais*. Voir « Sur les Sources de la *Charrette* », *Romania*, 71 (1950) 345-58. Dans cet article, Micha ne mentionne qu'en passant le *Lanzelet*.

Au v. 24 du Prologue, Chrétien nomme son roman *Le Chevalier de la Charrette*. À la même époque (années 1177-79), peut-être conjointement, le romancier avait mis sur pied une autre œuvre, qu'il intitulera *Le Chevalier au Lion* (éd. Mario Roques, C.F.M.A., 89, v. 6804). On notera que *de la* semble s'opposer à *au*. La préposition *de*, a-t-on dit, souligne le caractère déshonorant de la charrette – Lancelot dépend de la charrette, fait en quelque sorte partie d'elle – tandis que *au* est honorifique : le lion, bête noble, appartient à Yvain, il consacre son héroïsme. Mais tout cela n'est vrai qu'au niveau de l'honneur tel que la société le conçoit. Dans le domaine « intérieur » de l'amour passion, Lancelot se fait gloire d'avoir sacrifié sa dignité de chevalier à son idéal du service amoureux. Pour lui la charrette infamante est un attribut de son martyre, comparable *mutatis mutandis* à la roue dentée de sainte Catherine ou aux flèches dont fut percé saint Sébastien.

Lancelot n'est pas le titre choisi par Chrétien, mais cette appellation a le mérite, déjà reconnu par certains scribes du 13e siècle (dont celui du ms. B.N. f. fr. 794[1]), de la brièveté et va de pair avec *Erec*, *Cligès*, *Yvain* et *Perceval*.

L'octosyllabe, mesure très employée au Moyen Age, ne connaît ni césure ni hémistiche – ce qui le distingue du vers décasyllabique et de l'alexandrin, qui, eux, se composent de deux hémistiches. Virtuose de l'octosyllabe, Chrétien, de temps à autre, coupe son vers en deux parties d'égale longueur. L'octosyllabe ainsi martelé, devient facilement emphatique :

> Ne set ou va, ne set don vient (v. 723)
> « Or an ai honte, or an ai duel » (v. 1121)
> « Cist vient por mal ! Cist vient por mal ! » (v. 2217)

Chrétien pratique l'enjambement, et parfois de façon fort libre, comme dans le passage suivant :

1. Voir l'*explicit* de ce texte (f° 54*ra*) : *Ci faut le romans de lancelot / de la charrete.*

« Dame, por Deu et por le *vostre*
Preu vos requier et por le nostre,
Que le non a ce chevalier,
Por ce que il li doie eidier,
Me dites, se vos le savez. » (v. 3667-71)

L'auteur du *Lancelot*, par souci d'eurythmie et aussi d'emphase rhétorique, emploie à l'occasion l'allitération à base de répétition :

Ses ostes qu'ele ot ostelez (v. 473)
« Boens jorz vos soit hui ajornez » (v. 1300)
Cil i va tost et tost revient (v. 2390)
Qui de gros fers estoit ferree (v. 4603)

Dans le *Lancelot*, les rimes riches sont fréquentes. Ainsi sur quinze couplets, le Prologue en compte sept qui riment richement. Deux cas particuliers de rime riche méritent d'être signalés : la rime cloisonnée et la rime divisée.

La rime cloisonnée est fort bien définie par Henri Morier dans son excellent manuel de poétique : « *Une voyelle d'appui* dans la syllabe précédente donne à la rime une richesse supérieure, à notre avis, à celle que donne une consonne d'appui ; en effet, la voyelle est un son plus audible ; pendant longtemps, la poésie s'est contentée de l'assonance, prouvant par là que la voyelle était, pour elle, la note dominante. Ainsi "h*atem*" rime richement avec "Jérus*alem*", et de même pour "*aurore*" et "*onore*", "r*ivage*" et "*image*"[1]. » Le premier couplet du *Lancelot* nous offre un exemple de rime cloisonnée :

Des que ma dame de Ch*anpaigne*
Vialt que romans a faire *anpraigne*,
Je l'anprendrai molt volentiers

La rime divisée est une rime riche qui s'étend sur deux mots, ou bien sur un seul mot et une partie du mot qui le précède.

1. *Dictionnaire de poétique et de rhétorique* (Paris : Presses Universitaires de France, 1961), p. 350.

Exemple :

Si deïst, et jel tesmoignasse,
Que ce est la dame qui passe
Totes celes qui sont v*ivanz*
Tant con les funs passe l*i vanz*
Qui vante en mai ou en avril. (v. 913)

Chrétien rattache volontiers un couplet au précédent, en reprenant un mot à la rime et en lui donnant une nouvelle forme grammaticale (*adnominatio*). Le passage suivant servira d'exemple :

Au chevalier fu bel et buen
Quant ele tant nel vost *atendre*
Que il li aidast a *descendre*.
Tantost qu'ele fu *descendue*
Sanz demore et sanz *atandue*
Tresqu'a une chanbre s'an cort. (v. 1016-21)

A remarquer le chiasme en *abba* : atendre : descendre / descendue : atendue.

Pour paradoxal qu'à première vue cela puisse paraître, ce sont les deux œuvres de Chrétien qu'il a laissées inachevées – le *Lancelot* et le *Perceval* – qui ont connu le plus grand retentissement et qui ont exercé la plus grande influence. Pourtant le fait que Godefroi de Leigni eût pu présenter sa continuation comme approuvée par Chrétien lui-même n'a sans doute pas été sans inspirer les quatre continuateurs du *Conte du Graal*[1].

Le phénomène de la continuation, que l'on retrouve un peu partout au cours du 13e siècle (on pense à Jean de Meun qui s'est identifié dans le texte même de son poème comme le continuateur du *Roman de la Rose* de Guillaume de Lorris), se confond avec une deuxième tendance poétique, elle aussi

1. Trois de ces quatre suites ont été éditées par William Roach, 6 vols. (Philadelphie : American Philosophical Society, 1949-83) ; la quatrième, œuvre de Gerbert de Montreuil et éditée par Mary Williams (T. 1 et 2) et Marguerite Oswald (T. 3), a paru dans les Classiques Français du Moyen Age, 28, 50 et 101 (Paris : Champion, 1922, 1925 et 1975).

caractéristique du processus littéraire médiéval, à savoir le remaniement, ou la refonte, et la mise-en-prose des textes du 12e siècle. Ainsi l'immense compilation du *Lancelot en prose*, qui raconte toute l'« histoire » du monde arturien, recycle-t-elle le *Lancelot* de Chrétien afin de le placer au beau milieu de cette énorme somme romanesque qui se termine par *La Quête du saint Graal* et *La Mort le roi Artu*. Bientôt les histoires de Lancelot, de Perceval et de la Table Ronde trouveront des interprètes dans toutes les langues de l'Europe occidentale. Les versions en prose (15e siècle) que nous devons à sir Thomas Malory (par exemple *The Book of Sir Launcelot and Queen Guinevere* et *The Tale of the Sankgreal*) constituent d'authentiques chefs-d'œuvre du moyen-anglais. C'est le prestige de ces romans français en prose[1] qui a amené Dante, dans le *De vulgari Eloquentia* (env. 1303), à reconnaître la primauté de la langue française – la langue d'oïl – dans le domaine de la littérature narrative.

Ainsi Lancelot, martyr de l'amour, a-t-il longtemps incarné le type du parfait amant[2] alors que Guenièvre a certainement joué un rôle dans la création du type littéraire de la Belle Dame sans Merci. Quant au *Perceval*, c'est sans doute le mystère qui s'attachera de plus en plus au *graal* qui a surtout séduit les imaginations.

En l'absence de grammaire et de dictionnaires, et de toute orthographe sanctionnée officiellement, auteurs et scribes médiévaux étaient libres de choisir leurs graphies. Non seulement ils n'étaient pas d'accord entre eux sur la manière d'épeler les mots, mais leur orthographe individuelle variait constamment.

---

1. Voir *The Vulgate Cycle of Arthurian Romances*, éd. H. Oskar Sommer, 8 vols. (Washington, D.C. : Carnegie, 1909-16) et les éditions, plus récentes, d'Alexandre Micha, *Lancelot : Roman en prose du XIIIe siècle*, 9 vols., T.L.F., 247-49, 262, 278, 283, 286, 307, 315 (Genève : Droz, 1978-83), ainsi que celle, d'Elspeth Kennedy, du *Lancelot do Lac*, 2 vols. (Oxford : Clarendon Press, 1980).

2. Pour Gaston Paris, le roman de la *Charrette*, c'est l'« épopée » de ce qu'il a baptisé du nom d'« amour courtois » ; Chrétien de Troyes aurait été le « poète épique de l'amour courtois ». Voir Gaston Paris, « *Lancelot du Lac. II. Le Conte de la Charrette* », *Romania*, 12 (1883), p. 459-534.

Chez Guiot l'examen des rimes fait clairement ressortir l'instabilité des graphies, p. ex. *-aigne* : *-aingne* v. 697-98, *-alt* : *-aut* v. 149-50, *-andrai* : *-endrai* v. 1729-30, *-eignent* : *-iegnent* v. 1785-86, *-einte* : *-ainte* v. 321-22, *-uevrent* : *-oevrent* v. 871-72, *-uiez* : *-oiez* v. 3167-68. Bien que ces rimes puissent nous paraître défectueuses par rapport à nos habitudes modernes, pour Guiot elles ont dû sembler parfaitement acceptables. Nous n'avons donc pas prétendu les régulariser en *-aigne* : *-aigne*, ou bien en *-aingne* : *-aingne*, etc. Par contre, nous avons corrigé *vindrent* : *pristrent* en *vindrent* : *prindrent* v. 2453-54, l'écart étant par trop grand entre les deux graphies.

Nous avons également corrigé *conuis*, impér. 2 de *conoistre*, en *conois* v. 1805, parce que *conuis* a trop l'air d'un passé simple. Même observation pour *conuis*, ind. pr. 1 v. 6376, et *conuist*, ind. pr. 3 v. 4393.

Un cas spécial est celui de la conjonction *se* (fr. mod. *si*) à la place de l'adverbe *si* (fr. mod. *ainsi*, *et*). Ainsi, par exemple, aux v. 837, 1160, 1371, 3524, 3726, 3810, 4135, 4225, 4336, 4430, 6022, Guiot écrit *se* au lieu du *si* qu'on attend et que nous avons réintroduit dans le texte pour la commodité du lecteur. Mais, comme la plupart des éditeurs d'aujourd'hui, nous avons laissé *se li*, où la graphie *se* s'explique par un souci de dissimilation (v. 901, 1407, 2429, 2745, 3753, 4023, 6106).

ÉTABLISSEMENT DU TEXTE

Les manuscrits

Huit manuscrits du *Chevalier de la Charrette* – textes plus ou moins complets ou fragmentaires – sont parvenus jusqu'à nous.

• A Chantilly 472 [Musée Condé]. Fin du 13e siècle, ms. picard-wallon. Commence au v. 31 et s'arrête au v. 5873 ; fos 196*ra*-213*va*. Contient, en plus du fragment de la *Charrette*, dix textes : *Rigomer*, *Le Cimetière périlleux*, *Erec et Enide*, *Fergus*, *Gauvain et Humbaut*, *Guinglain ou le Bel Inconnu*, *La Vengeance Radiguel*, *Yvain*, *Li Estore del Graal* (fragment), neuf branches du *Roman de Renart*. Le scribe se nomme au f° 112 (Colins li Fruitiers) ; on a cru relever plusieurs écritures différentes.

• C Bibliothèque Nationale, f. fr. 794. Premier tiers du 13ᵉ siècle ; langue champenoise. F^os^ *27rb-54ra* ; *Ci faut li romans de lancelot de la charrete*. Transcrit à Provins par un scribe qui se nomme Guiot (f° 105*rc*). Omet les v. 30, 32, 363-64, 757-62, 1083-84, 2435-36, 3243-44, 3717-18, 4781-82 et 6691-92. Décrit par Mario Roques dans la *Romania*, 73 (1952) 177-99. Contient les cinq romans de Chrétien de Troyes : les textes d'*Erec et Enide*, de la *Charrette*, de *Cligès* et d'*Yvain* précèdent ceux d'*Atys et Profilias* (d'un certain Alexandre), de *Troie* (Benoît de Sainte-Maure), du *Brut* (Wace) et des *Empereurs de Rome* (Calendre) ; *Perceval li vieil* termine le codex. Notre ms. de base[1].

• E Escurial, Real Monasterio de San Lorenzo, M.iii.21. Première moitié du 13ᵉ siècle, dialecte du nord-ouest de la France. F^os^ 132 ; le f° 32 s'arrête au v. 5763. Contient aussi *Le Roman de Fierabras*. Décrit par H. Knust dans le *Jahrbuch für romanische und englische Literatur*, 9 (1868), p. 43-44.

• F Bibliothèque Nationale, f. fr. 1450. 13ᵉ siècle, ms. picardisant. Par suite de la disparition de deux cahiers, le ms. ne commence qu'au v. 5652 ; f°s 221*r*-225*r*. (Le scribe insère les cinq romans de Chrétien de Troyes dans sa transcription du *Brut* de Wace ; au moment précis où il y est question de la Table Ronde et de la véracité de ce qu'ont conté les « Bretons » au sujet du roi Artur, le scribe fait appel au témoignage de « Crestïens » [f° 139*v*].) Contient *Le Roman de Troie*, *Le Roman d'Enéas*, le *Brut* (début), *Erec et Enide*, *Perceval*, *Cligès*, *Yvain*

1. B.N. f. fr. 794 a servi, bien entendu, de ms. de base aux éditions Classiques Français du Moyen Age des romans de Chrétien de Troyes. Quant aux éditions de la *Charrette* proprement dite, voir notre Bibliographie. Nommons pourtant dès maintenant les deux éditions que l'on cite le plus souvent de nos jours : (1) Christian von Troyes, *Sämtliche erhaltene Werke*, éd. Wendelin Foerster. Grosse Ausgabe, 4 (Halle : Niemeyer, 1899 [réimpr. : Amsterdam : Éditions Rodopi, 1965]), édition composite, d'une grande valeur littéraire, mais de peu d'utilité comme document linguistique ; (2) *Les Romans de Chrétien de Troyes, édités d'après la copie de Guiot (Bibl. nat. fr. 794)*, III, *Le Chevalier de la charrete (Lancelot)*, éd. Mario Roques. C.F.M.A., 86 (Paris : Champion, 1958), édition par trop fidèle au texte de Guiot.

(suivi de la *Charrette*), le *Brut* (suite), le *Dolopathos* ; le ms. s'efforce évidemment de rattacher la *matière de Rome* à la *matière de Bretagne*.

• **G** Université de Princeton, Garrett 125. Fin du 13ᵉ siècle, ms. picard. F[os] *34rb* (début ; f° *34ra* donne la fin d'*Yvain*), *34v*, *8rv*, *39rv*, *21rv22rv*, *11rv12rv*, *15rv16rv* (env. 1638 vers). Contient les v. 1-288, 951-1292, 1461-1630, 2306-2455, 2628-2978 et 3624-3958 (ces chiffres correspondent à ceux de Roques-Guiot). Décrit par L.J. Rahilly dans la *Romania*, 94 (1973) 407-10. (Ms. inconnu de Foerster et de Roques.) Des fragments importants d'*Yvain* (quelque 6200 vers), du *Roman de Judas Macchabée* (Gautier de Belleperche) et de *Garin de Monglane* (en vers alexandrins).

• **I** Institut de France 6138 (anciennement 4676). 13ᵉ siècle. Assez court fragment qui, avec un certain nombre de vers de *Cligès*, contient les v. 3615-54, 3735-74 et 4741-899 du *Lancelot*. (Ms. inconnu de Foerster, jamais cité par Roques.)

• **T** Bibliothèque Nationale, f. fr. 12560. 13ᵉ siècle, dialecte champenois ou de l'est de l'Île de France. F[os] 41*rb*-83*rb* (*Hic explicit de la charete*, puis : *Ci fenist li romanz dou chevalier de la charrete*) ; une interpolation de 118 vers à partir du v. 223. Contient aussi le fragment d'un pénitentiel (*ou il ait geu a beste charnelment, il en a VII. anz*), *Yvain*, *Cligès*, des vers (« De tel oisel ai le cuer lié »).

• **V** Vatican, Regina [Christine de Suède] 1725. Deuxième moitié du 13ᵉ siècle (?), ms. picardisant. F[os] 1*r*-34*rb*, *Ci faut li romanz de la charrete*. Commence au v. 861. Contient *Yvain*, *Guillaume de Dole* (par Jean Renart) et *Méraugis de Portlesguez*.

Les versions modernes du texte

Il existe plusieurs versions modernes – tant françaises qu'étrangères – du *Chevalier de la Charrette*. La meilleure version française demeure celle du regretté Jean Frappier : *Le Chevalier de la Charrette (Lancelot)*, 2ᵉ éd. revue (Paris : Champion, 1970) ; cette traduction est fondée sur le texte donné par Mario Roques, dans la série des Classiques Français du Moyen Age, mais elle corrige ce texte à maintes reprises. Citons également la version de Jean-Pierre Foucher : Chrétien de Troyes, *Romans de la Table Ronde* (Paris : Gallimard « Folio », 1970/75), p. 154-244 (les vers attribués à Godefroi de Leigni ne sont pas traduits). En langue anglaise, il existe la version, devenue en quelque sorte classique, de W.W. Comfort : Chrétien de Troyes, *Arthurian Romances*. Everyman's Library (Londres : Dent/NewYork : Dutton, 1914 [de fréquentes réimpressions]) ; Comfort traduit le texte de Foerster (p. 270-359, 371-72).

Plus récemment, M. William W. Kibler a publié une nouvelle édition du *Lancelot*, avec, comme ms. de base, le texte de Guiot, qu'il a cru bon de corriger à de nombreux endroits ; cette édition est assortie d'une version en langue anglaise située, tout comme la version en français moderne que nous offrons ici, en regard des pages du texte originel[1].

La présente édition

Notre version moderne – disons-le tout de suite – ne cherche à répondre qu'à deux seules considérations de principe :

— nous avons voulu fournir une version intelligible et littéralement exacte du poème de Chrétien de Troyes (tout en conservant, autant que possible, certains traits de son style et même en reproduisant son usage grammatical – par exemple, sa tendance à mélanger ou à « confondre » syntaxiquement les diverses temporalités verbales, souvent à l'intérieur d'une seule phrase) ;

— nous avons essayé de faciliter la compréhension des mots et des phrases de Chrétien en suivant aussi fidèlement que nous l'avons pu l'ordre des vers. Bref, nous nous sommes efforcés de « rendre » le texte du *Lancelot*, sans plus.

Par conséquent, toute considération de type esthétique ou « poétique » est rigoureusement subordonnée à ces deux objectifs.

Les corrections que nous avons apportées au ms. *C*, notre ms. de base, sont de trois sortes. Elles visent soit le sens, soit la versification, soit le style. Presque sans exception elles sont empruntées aux autres manuscrits (principe de la « collégialité »). Le lecteur trouvera en fin de volume les leçons de *C* que nous avons jugé bon de rejeter.

---

1. Voir notre Bibliographie.

En corrigeant notre ms. de base, nous nous sommes servis de ce qu'ailleurs nous avons nommé une « grille éditoriale[1] ». Notre grille n'a rien de mécanique ni d'automatique ; il s'agit tout simplement d'un outil – d'une liste de quelques principes dérivés d'une façon purement empirique de notre lecture attentive du poème de Chrétien – que nous avons cru nécessaire d'élaborer afin de justifier d'assez nombreux choix éditoriaux. Qu'on nous permette de reproduire cette liste ici :

1. Chrétien évite les contresens, ce qui est loin d'être toujours le cas chez Guiot ;
2. Dans l'ensemble, Chrétien respecte les normes grammaticales de l'ancien français (p. ex. la déclinaison à deux cas) ; les irrégularités sont plus fréquentes dans le texte de Guiot ;
3. Chrétien rejette les rimes dites « du même au même » ; Guiot ne fait guère d'effort pour les éviter ;
4. Chrétien affectionne les rimes riches ; Guiot ne s'en soucie que fort peu ;
5. Il arrive parfois que Chrétien se sert de rimes divisées ou « cloisonnées » ; ce procédé laisse Guiot indifférent ;
6. Chrétien a un faible pour l'*adnominatio* ; cette figure ne semble guère intéresser Guiot ;
7. L'emploi du chiasme caractérise le style de Chrétien ; Guiot tend à éliminer les constructions chiasmatiques ;
8. Bien souvent Guiot semble indifférent à l'humour et au sourire dont l'œuvre de Chrétien est imprégnée[2].

---

1. Pour cette idée de « grille éditoriale », voir, d'Alfred Foulet, « Appendix I : On Editing Chrétien de Troyes », *in* Douglas Kelly, éd., *The Romances of Chrétien de Troyes : A Symposium*. The Edward C. Armstrong Monographs on Medieval Literature, 3 (Lexington, KY : French Forum, Publishers, 1985), p. 387-404, ainsi que les articles de Foulet (avant tout) et de K.D. Uitti dans le numéro spécial de *L'Esprit Créateur* intitulé « The Poetics of Textual Criticism » (printemps 1987).

2. Dans son article de *L'Esprit Créateur*, Foulet donne des exemples textuels précis de toutes ces déficiences de Guiot. Ainsi, au v. 2768 d'*Yvain* (de l'édition Roques), Guiot donne *tresposa*, corrigé en *trespassa* par Roques. Pourtant ce dernier a retenu le *dit* erronné du vers précédent : mes tant *dit* que traïz nos a / qui a ma dame *trespassa*. Ces vers n'ont toujours pas de sens. Foerster, lui, donne le bon texte : Mes tant *di*, que traïz nos a / Qui a ma dame *t'esposa* («Mais j'affirme que celle qui vous a marié à ma dame nous a trahis»).

En somme, à bien des égards, Guiot offre une version non poétique du texte de Chrétien. Nous n'avons donc pas hésité à corriger ou à amender notre manuscrit de base lorsque cela nous a paru nécessaire ; en revanche nous avons pris soin de respecter l'orthographe et, dans la mesure du possible, les formes grammaticales et lexicales de Guiot.

CONCORDANCE AVEC L'ÉDITION DE MARIO ROQUES

Notre édition comporte 7134 vers, tout comme l'édition de W. Foerster, c'est-à-dire 22 vers de plus que l'édition de Mario Roques. Voici la concordance des deux éditions :

Notre Édition	*L'Édition Roques*
1-29	1-29
30	0
31	30
32	0
33-362	31-360
363-364	0
365-756	361-752
757-762	0
763-1082	753-1072
1083-1084	0
1085-2434	1073-2422
2435-2436	0
2437-3242	2423-3228
3243-3244	0
3245-3716	3229-3700
3717-3718	0
3719-4780	3701-4762
4781-4782	0
4783-6690	4763-6670
6691-6692	0
6693-7134	6671-7112

BIBILIOGRAPHIE

Nous ne donnons qu'un choix restreint de textes et de travaux concernant Chrétien de Troyes et *Le Chevalier de la Charrette*. Le lecteur consultera avec profit l'ouvrage bibliographique de Douglas Kelly (cité ci-dessous) ainsi que les divers répertoires bibliographiques publiés annuellement depuis 1974, comme ceux de la Modern Language Association of America, la *Bibliographie d'histoire littéraire française – Bibliographie der franzözischen Literaturwissenschaft*, éd. O. Klapp (Francfort : V. Klostermann, 1956) et du *Year's Work in Modern Languages* (Cambridge), et le *Bulletin de la Société Internationale Arthurienne* (Paris, 1949-66 ; Hull, 1967-).

Pour le vocabulaire de Chrétien, voir Wendelin Foerster, *Kristian von Troyes : Wörterbuch zu seinen sämtlichen Werken*. Romanische Bibliothek, 21. (Halle, 1914) ; revu par Hermann Breuer (Tübingen : Niemeyer, 1964).

I - ÉDITIONS CRITIQUES (par ordre chronologique) :

– Signalons les éditions, aujourd'hui dépassées, de P. TARBÉ (Paris, 1849 ; ms. de base : B.N. f. fr. 12560) et de W.J. JONCKBLOET (La Haye, 1850 ; ms. de base : B.N. f. fr. 794).

FOERSTER Wendelin, éd. : Christian von Troyes, *Sämtliche erhaltene Werke*. Grosse Ausgabe, 4 (Halle : Niemeyer, 1899 [réimpr. : Amsterdam : Éditions Rodopi, 1965]).

ROQUES Mario, éd. : *Les Romans de Chrétien de Troyes, édités d'après la copie de Guiot (Bibl. Nat. fr. 794)*, III, *Le Chevalier de la charrete (Lancelot)*. Classiques Français du Moyen Age, 86 (Paris : Champion, 1958).

KIBLER William W., éd. et tr. : *Lancelot or, The Knight of the Cart (Le Chevalier de la Charrete)*. Garland Library of Medieval Literature, 1, Series A (New York et Londres : Garland Publishing, Inc., 1981) ; cette édition comporte une traduction anglaise.

II - OUVRAGES GÉNÉRAUX

FRAPPIER Jean, *Chrétien de Troyes : l'homme et l'œuvre* (Paris : Boivin, 1957 [1969]).

KELLY Douglas, éd., *The Romances of Chrétien de Troyes : A Symposium*. The Edward C. Armstrong Monographs on Medieval Literature, 3 (Lexington, KY : French Forum, Publishers, 1985).

KÖHLER Erich, *Ideal und Wirklichkeit in der höfischen Epik : Studien zur Form des frühen Artus und Graldichtung*. Beihefte zur Zeitschrift für romanische Philologie, 97 ; 2e éd. (Tübingen : Niemeyer, 1970) ; trad. fr. par Éliane Kaufholz : *L'Aventure chevaleresque : Idéal et réalité dans le roman courtois : Études sur la forme des plus anciens poèmes d'Arthur et du Graal* (Paris : Gallimard, 1974).

SHERMAN LOOMIS Roger, *Arthurian Tradition and Chrétien de Troyes* (New York : Columbia University Press, 1949).

TOPSFIELD Leslie T., *Chrétien de Troyes : A Study of the Arthurian Romances* (Cambridge : Cambridge University Press, 1981).

UITTI Karl D., *Story, Myth and Celebration in Old French Narrative Poetry 1050-1200* (Princeton : Princeton University Press, 1973).

VINAVER Eugène, *A la Recherche d'une poétique médiévale* (Paris : Nizet, 1970).

III - QUESTIONS TEXTUELLES

FOULET Alfred, « Appendix I », *in* : D. Kelly, éd., *The Romances...*, p. 287-304.

« » (en collaboration avec Mary B. Speer), *On Editing Old French Texts*. The Edward C. Armstrong Monographs on Medieval Literature, 1 (Lawrence, KS : The Regents Press of Kansas, 1979).

« » « On Grid-Editing Chrétien de Troyes », *in* : *The Poetics of Textual Criticism*, éd. Karl D. Uitti, numéro spécial de *L'Esprit Créateur*, 27 : 1 (1987) 15-23.

RAHILLY L.J., « La Tradition manuscrite du *Chevalier de la charrette* et le manuscrit Garrett 125 », *Romania*, 95 (1974) 395-413.

REID T.W.B., « Chrestien de Troyes and the Scribe Guiot », *Medium Ævum*, 45 (1976) 119.

ROQUES Mario, « Le Manuscrit fr. 794 de la Bibliothèque Nationale et le scribe Guiot », *Romania*, 73 (1952) 177-99.

UITTI Karl D., « Autant en emporte *li funs* : Remarques sur le Prologue du *Chevalier de la Charrette* de Chrétien de Troyes », *Romania* 105 (1984) 270-91.

« » (avec Alfred Foulet), « on Editing Chrétien de Troyes : Lancelot's Two Steps and Their Context », *Speculum* 63 (1988) 271-92.

VINAVER Eugène, « Les deux Pas de Lancelot », *in* : *Mélanges pour Jean Fourquet* (Paris : Klincksieck, 1969), p. 355-61.

IV - ÉTUDES DU LANCELOT

CHAURAND Jacques, « Quelques Réflexions sur l'hyperbole dans *Le Chevalier de la charrete* », *in* : *Études de langue et de littérature du moyen âge offertes à Félix Lecoy* (Paris : Champion, 1973), p. 43-54.

FRAPPIER Jean, « Le Prologue du *Chevalier de la charrette* et son interprétation », *Romance Philology*, 93 (1972) 337-77 ; réponse à Jean Rychner, « Le Prologue du *Chevalier de la charrette* », *Vox Romanica*, 26 (1967) 1-23.

KELLY Douglas, *« Sens » and « Conjointure » in the « Chevalier de la charrette »* (La Haye : Mouton, 1966).

MÉNARD Philippe, « Note sur la date du *Chevalier de la charrette* », *Romania*, 92 (1971) 118-26.

PARIS Gaston, « Études sur les romans de la Table Ronde. Lancelot du Lac, I. Le *Lanzelet* d'Ulrich de Zatzikhoven ; Lancelot du Lac, II. Le *Conte de la charrette* », *Romania*, 10 (1881) 465-96 ; 12 (1883) 459-534 ; 16 (1887) 100-01.

ZADDY Z.P., « *Le Chevalier de la charrete* and the *De amore* of Andreas Capellanus », *in* : *Studies... Frederick Whitehead* (Manchester : Manchester University Press, 1973), p. 363-99.

LES ÉPISODES DU RÉCIT

Le sectionnement du roman en épisodes est dû aux deux éditeurs.

1 / (vers 1-30) ***Prologue*** : Chrétien déclare avoir reçu de la comtesse de Champagne le sujet et le thème du *Chevalier de la Charrette*.

2 / (31-198) ***Le don contraignant*** : Artur, roi de Logres, se voit défier en pleine cour par Méléagant, fils de Bademagu, roi de Gorre (ni nommé, ni identifié avant le v. 641). Qu'Artur envoie un chevalier de sa cour dans la forêt voisine pour lutter contre lui en combat singulier : si le dit chevalier l'emporte, tous les gens de Logres prisonniers au pays de Gorre seront libérés, mais au cas contraire la reine Guenièvre ira les rejoindre. Grâce à une ruse, le sénéchal Keu force Artur à relever le défi et à faire de lui son champion.

3 / (199-322) ***Disparition de la reine*** : Remplie de tristesse et d'appréhension, Guenièvre part en compagnie de Keu. Gauvain, le neveu d'Artur, se met en route dans l'espoir de les retrouver. Sur son chemin il rencontre successivement le cheval de Keu dépourvu de son cavalier et un autre chevalier désireux de protéger la reine. C'est Lancelot du Lac (dont le nom ne sera révélé qu'au v. 3676).

4 / (323-586) ***La charrette infamante*** : Après un moment d'hésitation Lancelot grimpe dans une charrette patibulaire conduite par un nain. En ce temps-là, explique le narrateur, ce genre de charrette servait de pilori. Le nain, Lancelot et Gauvain arrivent dans une petite ville, où Gauvain est fort bien reçu, mais où Lancelot se voit railler par la jeune châtelaine chez qui lui et Gauvain trouvent à se loger pour la nuit. Lancelot subit victorieusement l'épreuve de la lance enflammée. Le lendemain matin il regarde passer dans la vallée en contrebas un cortège nombreux comprenant Méléagant, Guenièvre et un grand blessé (Keu).

5 / (587-713) ***Les deux ponts périlleux*** : Lancelot et Gauvain croisent une demoiselle qui leur décrit les deux ponts qui mènent à Gorre, le Pont de l'Épée et le Pont sous l'Eau. Les deux compagnons se séparent.

6 / (714-937) ***Le gué interdit*** : Lancelot combat un chevalier qui, posté à un gué, en défend l'accès à tout venant.

7 / (938-1292) ***La demoiselle impudique*** : Lancelot passe la deuxième nuit de sa quête chez une demoiselle qui cherche en vain à le séduire (et qui pourrait bien être une fée).

8 / (1293-1511) ***Le peigne de Guenièvre*** : Chevauchant de pair, Lancelot et son hôtesse de la veille découvrent sur la margelle d'une fontaine un peigne abandonné auquel adhèrent encore de longs cheveux d'or étincelants. En apprenant que le peigne a appartenu à Guenièvre, Lancelot place les cheveux contre sa poitrine ; il est saisi d'une émotion si forte qu'il est près de se pâmer.

9 / (1512-1840) ***Le soupirant importun*** : Survient un chevalier qui somme Lancelot de lui céder sa compagne. Lancelot refuse, mais le combat qu'on attend n'aura pas lieu.

10 / (1841-2022) ***Le tombeau prophétique*** : Lancelot, toujours accompagnée de la Demoiselle Impudique, arrive à un monastère dont le cimetière avoisinant contient les futures tombes de Gauvain et d'Yvain ainsi que la sienne propre. Cette dernière porte une inscription annonçant que celui qui parviendra à soulever la dalle funéraire est destiné à libérer les prisonniers venus de Logres. Lancelot y réussit sans peine. Peu après, lui et sa compagne se séparent.

11 / (2023-2266) ***Le Passage des Pierres*** : Lancelot passe la troisième nuit de sa quête chez un vavasseur, dont deux des fils demandent à l'accompagner. Le lendemain, ils se frayent un passage à travers un étroit défilé.

12 / (2267-2518) ***Révolte des gens de Logres*** : Lancelot et ses deux compagnons prennent part à un combat que les prisonniers venus de Logres livrent aux gens de Gorre.

13 / (2519-2955) ***Punition d'un chevalier arrogant*** : Le lendemain au soir, Lancelot se voit forcé de combattre un chevalier qui l'insulte sur un ton d'une extrême arrogance. A la demande instante d'une demoiselle qui se déclare lésée par le chevalier arrogant, Lancelot lui tranche la tête et la remet à celle qui la lui réclame.

14 / (2956-3155) ***Le Pont de l'Épée*** : Le cinquième jour de sa quête, Lancelot parvient enfin au Pont de l'Épée, un pont constitué en tout et pour tout d'une longue lame tranchante comme un rasoir. Rampant le long de cette lame, Lancelot réussit à atteindre la rive d'en face, mais non sans se blesser cruellement.

15 / (3156-3490) ***Bademagu et Méléagant*** : Père et fils ont été témoins de l'exploit inouï de Lancelot. Alors que le premier est frappé d'admiration, le second est furieux du succès de son rival. Bademagu accueille Lancelot en hôte généreux et courtois.

16 / (3491-3941) ***Lancelot combat Méléagant*** : Sous les yeux de Guenièvre, Lancelot combat Méléagant. Affaibli par ses blessures, le champion de la reine, qui ne peut détacher ses regards d'elle, est bien près d'être vaincu, mais il se ressaisit à temps, tant et si bien que Bademagu est obligé d'intercéder auprès de Guenièvre pour qu'elle demande à Lancelot d'épargner la vie de Méléagant.

17 / (3942-4124) ***Froideur inattendue de Guenièvre*** : A la surprise de tous, la reine refuse de s'entretenir avec son sauveur.

18 / (4125-4414) ***Lancelot tente de s'étrangler*** : Lancelot part à la recherche de Gauvain. Le bruit qu'il serait mort parvient à la cour de Bademagu. Douleur intense de Guenièvre. Sa pâleur, puis son dépérissement suscitent une nouvelle rumeur : elle n'est plus en vie. En l'apprenant, Lancelot essaie de s'étrangler. Mais quand il entend que la reine est toujours vivante, il reprend espoir.

19 / (4415-4920) ***La nuit d'amour (accusations de Méléagant)*** : Guenièvre révèle à son adorateur l'explication de son étrange conduite : Lancelot a hésité un instant à grimper dans la charrette patibulaire ! Sur quoi elle lui accorde un rendez-vous pour la nuit suivante. (Le lendemain Méléagant découvre des taches de sang sur les draps de la reine. Elles proviennent de Lancelot qui s'est blessé aux mains en descellant les barreaux de la fenêtre de la chambre de Guenièvre, mais c'est Keu qu'accusera Méléagant.)

20 / (4921-5063) ***Lancelot combat Méléagant de nouveau*** : Guenièvre maintient qu'elle n'a pas commis d'adultère avec Keu, et demande à Lancelot de défendre son honneur contre les allégations de Méléagant. Le combat judiciaire qui s'ensuit est interrompu à la demande de Bademagu.

21 / (5064-5378) ***Disparition de Lancelot*** : Pour la seconde fois, Lancelot part à la recherche de Gauvain. Traîtrise d'un nain qui le fait tomber entre les mains de Méléagant. Au reçu d'une lettre de Lancelot (un faux), qui affirme qu'il se trouve déjà à la cour d'Artur, Guenièvre, Gauvain et Keu quittent Gorre.

22 / (5379-6076) ***Le tournoi de Noauz*** : Avec la permission de la femme de son geôlier, le sénéchal de Méléagant, Lancelot participe incognito à un tournoi que préside Guenièvre. Il triomphe aisément de tous ceux qui s'opposent à lui. Pour découvrir s'il s'agit bien de Lancelot et aussi jusqu'à quel point il l'aime, la reine lui enjoint en secret de se laisser vaincre par tous ses adversaires. Au grand étonnement des spectateurs et à la grande joie de Guenièvre, Lancelot obéit.

23 / (6077-6166) : ***Lancelot emmuré*** : Lorsque, selon la promesse donnée à sa geôlière, Lancelot retourne au pays de Gorre, Méléagant le fait emmurer dans une tour spécialement construite pour lui servir de prison perpétuelle.

24 / (6167-6393) ***Bademagu sermonne son fils*** : Méléagant refuse d'écouter son père qui lui prêche la réconciliation avec Lancelot.

25 / (6394-6728) ***Lancelot libéré*** : La fille de Bademagu finit par découvrir la tour où se trouve emmuré Lancelot. Après l'avoir délivré, elle le soigne tant et si bien qu'il retrouve sa force habituelle.

26 / (6729-7119) ***Mort de Méléagant*** : Pour la troisième fois Lancelot se mesure avec son ennemi mortel. Il triomphe comme lors de leur première rencontre, mais cette fois-ci il lui tranche la tête.

27 / (7120-7134) ***Épilogue*** : Godefroi de Leigni nous apprend qu'il a composé la partie finale de la *Charrette* avec la pleine approbation de Chrétien.

Le Chevalier de la Charrette (Lancelot)

Des que ma dame de Chanpaigne
Vialt que romans a feire anpraigne,
Je l'anprendrai mout volentiers,
Come cil qui est suens antiers
De quanqu'il puet el monde feire,
Sanz rien de losange avant treire.
Mes tex s'an poïst antremetre
Qui i volsist losenge metre,
Si deïst, et jel tesmoignasse,
Que ce est la dame qui passe
Totes celes qui sont vivanz,
Tant con les funs passe li vanz
Qui vante en mai ou en avril.
Par foi, je ne sui mie cil
Qui vuelle losangier sa dame ;
Dirai je : « Tant com une jame
Vaut de pelles et de sardines,
Vaut la Contesse de reïnes » ?
Naie, je n'en dirai ja rien,
S'est il voirs maleoit gré mien ;
Mes tant dirai je que mialz oevre
Ses comandemanz an cest oevre
Que sans ne painne que g'i mete.
Del CHEVALIER DE LA CHARRETE
Comance Crestïens son livre ;
Matiere et san li done et livre
La Contesse, et il s'antremet
De panser, si que rien n'i met
Fors sa painne et s'antancion.
Des or comance sa reison.

Du moment que ma dame de Champagne
Désire que j'entreprenne un récit en français,
Je l'entreprendrai très volontiers,
Comme quelqu'un qui lui appartient entièrement,
Prêt à lui obéir en toute chose,
Sans recourir à la moindre flatterie.
Mais tel ou tel pourrait à ma place
Avoir recours à la flatterie :
Il dirait – et j'en porterais témoignage –
Que c'est la dame qui surpasse
Toutes les autres en ce monde,
Tout comme sur les effluves du sol l'emporte la brise,
Qui souffle en mai ou en avril.
Certes, je ne suis pas homme
À vouloir flatter sa dame ;
Dirai-je : « Telle une gemme
Dont la valeur surpasse perles et sardoines,
La Comtesse surpasse les reines » ?
Bien sûr, je ne dirai rien de pareil,
Et pourtant c'est un fait que je ne saurais nier.
Je dirai cependant qu'est plus efficace
En mon entreprise son commandement
Que mon intelligence et la peine que je me donne.
Du CHEVALIER DE LA CHARRETTE
Chrétien commence son livre ;
Matière et orientation lui sont fournies
Par la Comtesse, et lui se met
À l'œuvre, en n'y apportant rien
Que son application et son effort intellectuel.
Et voici qu'il commence sa narration.

V. 1 : Marie, fille de Louis VII le Jeune et d'Aliénor d'Aquitaine, femme d'Henri Ier comte de Champagne. Dans le ms. *C* le *P* du *Puis* initial porte une miniature représentant une dame assise qui est vraisemblablement Marie de Champagne.

V. 12 : Le mot *funs* fait difficulté. Karl D. Uitti en détermine le sens probable dans *Romania*, 105 (1984) 270-91. (Voir la note aux v. 4975-76.)

V. 16 : Par *jame* "gemme" Chrétien entend peut-être qu'une pierre précieuse, taillée ou polie par un orfèvre ou un joaillier, l'emporte sur une perle ou une sardoine restées à l'état brut. Voir Uitti, *op. cit. op. cit.* 283-84.

A un jor d'une Acenssion
Fu venuz de vers Carlion
Li rois Artus et tenu ot
Cort molt riche a Camaalot,
Si riche com au jor estut.
Aprés mangier ne se remut
Li rois d'antre ses conpaignons ;
Molt ot en la sale barons,
Et s'i fu la reïne ensanble ;
Si ot avoec li, ce me sanble,
Mainte bele dame cortoise,
Bien parlant an lengue françoise ;
Et Kex qui ot servi as tables
Manjoit avoec les conestables.
La ou Kex seoit au mangier,
A tant ez vos un chevalier
Qui vint a cort molt acesmez,
De totes ses armes armez.
Li chevaliers a tel conroi
S'an vint jusque devant le roi
La ou antre ses barons sist,
Nel salua pas, einz li dist :
« Rois Artus, j'ai en ma prison
De ta terre et de ta maison
Chevaliers, dames et puceles,
Mes ne t'an di pas les noveles
Por ce que jes te vuelle randre ;
Einçois te voel dire et aprandre
Que tu n'as force ne avoir

V. 26 : Bien que *san* et *sans* (v. 23) soient fréquemment synonymes dans les mss. de Chrétien (ainsi que dans les textes d'autres romanciers), ici du moins le poète leur donne une valeur différente, tout comme le fait Marie de France dans le Prologue de ses *Lais* (v. 16 et 20). (Noter le chiasme «à retardement» formé par *sans ne painne* [v. 23] et *painne et s'antancion* [v. 29].)

V. 32 : Carlion, aujourd'hui Caerleon-upon-Usk, au Pays de Galles.

V. 34 : Camaalot ou Camelot, résidence mythique du roi Artur.

V. 36-37 : Au début du *Chevalier au Lion (Yvain)*, il est dit qu'Artur, ayant dîné, se retire avec Guenièvre dans leur chambre, où il finit par s'endormir.

V. 42 : C'est à tort, croyons-nous, que le lecteur verrait en ce vers une simple cheville.

Un jour de fête de l'Ascension
Était venu en provenance de Carlion
Le roi Artur afin de rassembler
Une cour plénière à Camaalot –
Une cour digne d'un jour de grande fête.
Après le repas le roi
Ne délaissa point ses compagnons.
La salle était remplie de barons,
Et la reine était aussi de l'assemblée,
Entourée, comme je crois,
De mainte et mainte belle et courtoise dame
Parlant fort bien le français.
Et Keu qui avait servi les gens à table
Mangeait avec les chambellans.
Là précisément où il était attablé
Parut un chevalier
Très soigné dans sa mise, qui venait à la cour
Armé de pied en cap.
Le chevalier ainsi équipé
S'en vint jusque devant le roi,
Assis au milieu de ses barons.
Sans le moindre salut il lui dit :
« Roi Artur, je retiens prisonniers,
De tes terres et de ta maisonnée
Chevaliers, dames et demoiselles.
Mais je ne t'apporte pas de leurs nouvelles
Dans l'intention de te les rendre.
Au contraire, je veux te dire et t'apprendre
Que tu n'as ni la force ni les moyens

Chrétien serait plutôt en train de faire une analogie flatteuse en assimilant la cour de Marie de Champagne, fille d'Aliénor d'Aquitaine et de Louis VII, à celle du roi Artur et de la reine Guenièvre. Cette cour-là, où l'on parle un français pur, l'oppose-t-il à celle, francophone elle aussi, des Plantagenêt ? Dans sa *Vie de saint Thomas Becket*, Guernes de Pont-Sainte-Maxence (1174) n'allait-il pas, lui aussi, insister justement sur la haute qualité de son français « de France », associant la pureté de sa langue à la vérité de son témoignage ? (Voir Guernes, *Vie*, éd. Emmanuel Walberg. C.F.M.A, 77 [Paris : Champion, 1936], v. 6261-65.)

V. 49-52 : Bien que Chrétien ne précise pas, une miniature du ms. *G* montre Méléagant resté à cheval, alors qu'il défie Artur.

Par quoi tu les puisses ravoir ;
Et saches bien qu'ainsi morras
Que ja aidier ne lor porras. »
Li rois respont qu'il li estuet
Sofrir, s'amander ne le puet,
Mes molt l'an poise duremant.
Lors fet li chevaliers sanblant
Qu'aler s'an voelle, si s'an torne,
Devant le roi plus ne sojorne,
Et vient jusqu'a l'uis de la sale ;
Mes les degrez mie n'avale,
Einçois s'areste et dit de la :
« Rois, s'a ta cort chevalier a
Nes un an cui tu te fiasses
Que la reïne li osasses
Baillier por mener an ce bois
Aprés moi, la ou je m'an vois,
Par un covant l'i atandrai
Que les prisons toz te randrai
Qui sont an essil an ma terre
Se il la puet vers moi conquerre
Et tant face qu'il l'an ramaint. »
Ce oïrent el palés maint,
S'an fu la cort tote estormie.
La novele en a Kex oïe,
Qui avoec les sergenz manjoit ;
Le mangier leit, si vient tot droit
Au roi, si li comance a dire
Tout autresi come par ire :
« Rois, servi t'ai molt longuemant
Par boene foi et lëaumant ;
Or praing congié si m'an irai
Que ja mes ne te servirai ;
Je n'ai volenté ne talant
De toi servir d'ore en avant. »

Pour les ravoir.
Sache bien que tu mourras
Avant de pouvoir jamais leur apporter de l'aide. »
Le roi répond que force lui est
De s'incliner s'il ne peut pas remédier à la situation,
Mais son chagrin lui pèse bien fort.
Alors le chevalier agit comme s'il voulait
S'en aller : il fait demi-tour ;
En s'éloignant du roi,
Il gagne la porte de la salle,
Mais il ne descend point les marches ;
Il s'arrête d'abord et, de là, il proclame :
« Roi, si à ta cour il se trouve un chevalier
À qui tu accordes la confiance nécessaire
Afin de lui assigner la mission
De conduire la reine, en me suivant, dans ce bois
Où je me dirige,
J'accepterai de l'y attendre.
Je te rendrai tous les prisonniers
Qui sont exilés dans mes terres
Si ce chevalier parvient à me vaincre
Et à ramener la reine ici. »
Un grand nombre des gens du palais entendirent ces paroles,
Et la cour s'en trouva toute ébranlée.
Keu a eu vent de la nouvelle
Alors qu'il mangeait avec les serveurs ;
Il cesse de manger et s'en vient tout droit
Au roi, et il commence à lui parler
En homme tout à fait indigné :
« Roi, je t'ai longuement servi
De bonne foi et avec loyauté ;
À présent je prends congé de toi et m'en irai
De sorte que jamais plus je ne te servirai.
Je n'ai ni volonté ni désir
De te servir désormais. »

V. 80-81 : Sous-entendu : au cas contraire, la reine et Keu se verront obligés de suivre Méléagant dans son royaume.

Au roi poise de ce qu'il ot,
Mes, quant respondre mialz li pot,
Si li a dit eneslepas :
« Est ce a certes ou a gas ? »
Et Kex respont : « Biax sire rois,
Je n'ai or cure de gabois,
Einz praing congié trestot a certes ;
Je ne vos quier autres dessertes
N'autre loier de mon servise ;
Ensi m'est or volantez prise
Que je m'an aille sanz respit.
– Est ce par ire ou par despit,
Fet li rois, qu'aler an volez ?
Seneschax, si con vos solez,
Soiez a cort, et sachiez bien
Que je n'ai en cest monde rien
Que je por vostre remenance
Ne vos doigne sanz demorance.
– Sire, fet Kex, ce n'a mestier ;
Ne prandroie pas un sestier,
Chascun jor, d'or fin esmeré. »
Ez vos le roi molt desperé ;
Si est a la reïne alez.
« Dame, fet il, vos ne savez
Del seneschal que il me quiert ?
Congié demande et dit qu'il n'iert
A ma cort plus, ne sai por coi.
Ce qu'il ne vialt feire por moi
Fera tost por vostre proiere ;
Alez a lui, ma dame chiere !
Quant por moi remenoir ne daigne,
Proiez li que por vos remaigne
Et einz l'an cheez vos as piez,
Que ja mes ne seroie liez
Se sa conpaignie perdoie. »
Li rois la reïne i anvoie
Au seneschal, et ele i va ;
Avoec les autres le trova,

Le roi s'afflige de ce qu'il entend,
Mais dès qu'il se trouve en mesure de répondre dignement,
Il lui demanda sans la moindre hésitation :
« Parlez-vous sérieusement ou plaisantez-vous ? »
Et Keu d'enchaîner : « Beau sire roi,
La plaisanterie ne m'intéresse guère en ce moment ;
J'ai bien la ferme intention de vous quitter.
Je ne cherche à recevoir de vous aucune récompense
Ni pour mes années de service, nulle indemnité ;
Ma décision est sans appel :
Je pars sans plus tarder.
– Est-ce colère ou dépit, fait le roi,
Qui vous pousse à partir ?
Sénéchal, c'est ici votre place,
Restez donc à la cour, et sachez bien
Qu'en ce monde, je n'ai rien
Qu'afin de vous garder ici,
Je ne vous donne aussitôt.
– Sire, fait Keu, c'est inutile ;
Je n'accepterais point même de me voir offrir chaque jour
Le cadeau d'un setier rempli d'or fin. »
Plein de désespoir,
Le roi s'est approché de la reine.
« Dame, fait-il, vous ne savez pas
Ce que le sénéchal exige de moi ?
Il réclame son congé, et il dit qu'il ne fera plus partie
De ma cour – j'ignore pourquoi.
Ce qu'il se refuse à faire pour moi,
Il s'empressera de le faire pour vous si vous l'en priez.
Allez à lui, ma dame chère !
Puisqu'il ne daigne rester pour moi,
Suppliez-le de rester pour vous.
Et, au besoin, jetez-vous à ses pieds,
Car je n'éprouverais plus aucune joie
S'il m'arrivait de perdre sa compagnie. »
Sur ce, le roi envoie la reine
Auprès du sénéchal, et elle accepte de s'y rendre.
Elle le retrouva au milieu des autres,

Et quant ele vint devant lui,
Si li dit : « Kex, a grant enui
Me vient, ce sachiez a estros,
Ce qu'ai oï dire de vos.
L'an m'a conté, ce poise moi,
Que partir vos volez del roi ;
Don vos vient, et de quel corage ?
Ne vos an tieng or mie a sage
Ne por cortois, si con ge suel ;
Del remenoir proier vos vuel :
Kex, remenez, je vos an pri.
– Dame, fet il, vostre merci,
Mes je ne remanroie mie. »
Et la reïne encor l'an prie
Et tuit li chevalier a masse,
Et Kex li dit qu'ele se lasse
De chose qui rien ne li valt.
Et la reïne de si haut
Come ele estoit as piez li chiet.
Kex li prie qu'ele se liet,
Mes ele dit que nel fera :
Ja mes ne s'an relevera
Tant qu'il otroit sa volenté.
Lors li a Kex acreanté
Qu'il remandra, mes que li rois
Otroit ce qu'il voldra ainçois,
Et ele meïsmes l'otroit.
« Kex, fet ele, que que ce soit
Et je et il l'otroierons ;
Or an venez si li dirons
Que vos estes einsi remés. »
Avoec la reïne an va Kes,
Si sont devant le roi venu.
« Sire, je ai Keu retenu,
Fet la reïne, a grant travail ;

Et lorsqu'elle parvient à le joindre,
Elle lui dit : « Un grand trouble
Me vient – n'en doutez point –
De ce que j'ai entendu dire de vous.
L'on m'a conté – c'est ce qui me désole –
Que vous voulez quitter le roi.
D'où vous vient cette intention, quel sentiment vous meut ?
Je ne vois plus en vous l'homme sage
Et courtois que j'y voyais autrefois ;
Je veux vous prier de rester :
Keu, restez ici, je vous en prie.
– Dame, fait-il, de grâce !
Je ne demeurerai point. »
Et la reine continue de le supplier,
Ainsi que tous les chevaliers ensemble,
Et Keu lui dit qu'elle se fatigue inutilement
À vouloir faire l'impossible.
Et de toute sa hauteur de reine,
Elle se laisse choir à ses pieds.
Keu la prie de se relever,
Mais elle refuse de le faire :
Plus jamais elle ne se relèvera
A moins qu'il ne lui octroie ce qu'elle veut.
Alors Keu lui a promis
De rester, à la condition que le roi
Lui accorde par avance ce qu'il lui demandera,
Et qu'elle-même en fasse autant.
« Keu, fait-elle, n'importe quoi !
Moi et lui nous vous l'accorderons.
Venez donc, et nous lui dirons
Qu'ainsi vous acceptez de rester. »
Keu accompagne la reine
Jusque devant le roi.
« Sire, j'ai obtenu que Keu demeure auprès de nous,
Fait la reine, en me donnant bien du mal.

V. 156-59 : Techniquement, c'est Guenièvre, non Artur, qui accorde un don (contraignant) au sénéchal Keu, un don que le roi se verra dans l'obligation d'entériner.

Mes par un covant le vos bail
Que vos feroiz ce qu'il dira. »
Li rois de joie an sopira
Et dit que son comandemant
Fera, que que il li demant.
« Sire, fet il, ce sachiez dons
Que je voel, et quex est li dons
Don vos m'avez asseüré ;
Molt m'an tieng a boeneüré
Quant je l'avrai, vostre merci :
Sire, ma dame que voici
M'avez otroiee a baillier ;
S'irons aprés le chevalier
Qui nos atant an la forest. »
Au roi poise, et si l'an revest,
Car einz de rien ne se desdist,
Mes iriez et dolanz le fist,
Si que bien parut a son volt ;
La reïne an repesa molt,
Et tuit dïent par la meison
Qu'orguel, outrage et desreison
Avoit Kex demandee et quise.
Et li rois a par la main prise
La reïne, et si li a dit :
« Dame, fet il, sanz contredit
Estuet qu'avoec Keu en ailliez. »
Et cil dit : « Or la me bailliez,
Et si n'an dotez ja de rien,
Car je la remenrai molt bien
Tote heitiee et tote sainne. »
Li rois li baille et cil l'an mainne.

Aprés ax deus s'an issent tuit ;
N'i a un seul cui molt n'ennuit.
Et sachiez que li seneschax
Fu toz armez et ses chevax
Fu enmi la cort amenez ;
Uns palefroiz estoit delez,

Je le remets entre vos mains, en stipulant toutefois
Que vous ferez ce qu'il dira. »
Le roi pousse un soupir d'aise,
Et dit qu'il obéira à son commandement,
Quelle que soit la nature de celui-ci.
« Sire, fait-il, apprenez donc
Ce que je désire, et quel don
Vous m'avez promis.
Je me tiendrai pour l'homme le plus fortuné
Quand je le recevrai par votre grâce :
Sire, ma dame, la reine, ici présente,
Vous l'avez confiée à ma protection ;
Nous irons à la rencontre
Du chevalier qui nous attend dans la forêt. »
Ces mots désolent le roi, néanmoins il le revêt
De la mission, car jamais il ne manqua à sa parole,
Mais il le fit dans la tristesse et à contrecœur,
Si bien qu'il y parut à sa mine.
Le deuil de la reine fut grand lui aussi,
Et la cour toute entière affirmait
Qu'orgueil, outrecuidance et déraison
Avaient inspiré la requête de Keu.
Le roi a pris la reine
Par la main, et lui a dit :
« Dame, fait-il, il faut absolument
Que vous partiez avec Keu. »
Et ce dernier de dire : « Vite ! confiez-la-moi,
Et n'ayez aucune crainte,
Car je la ramènerai en parfait état,
Toute saine et sauve. »
Le roi la lui confie, et il l'emmène.

Derrière le couple, tous quittent le palais,
Chacun, sans exception, ressentant la plus vive inquiétude.
Et sachez que l'on arma le sénéchal
Et que son cheval
Fut amené au milieu de la cour ;
Un palefroi se tenait à ses côtés –

Tex com a reïne covient.
La reïne au palefroi vient,
Qui n'estoit braidis ne tiranz ;
Mate et dolante et sopiranz,
Monte la reïne et si dist
An bas por ce qu'an ne l'oïst :
« Ha ! ha ! se vos ce seüssiez,
Ja, ce croi, ne me leissessiez
Sanz chalonge mener un pas ! »
Molt le cuida avoir dit bas,
Mes li cuens Guinables l'oï,
Qui au monter fu pres de li.
Au departir si grant duel firent
Tuit cil et celes qui la virent,
Con s'ele geüst morte en biere.
Ne cuident qu'el reveigne arriere
Ja mes an trestot son aage.
Li seneschax par son outrage
L'an mainne la ou cil l'atant.
Mes a nelui n'an pese tant
Que del sivre s'antremeïst,
Tant que messire Gauvains dist
Au roi son oncle, en audïence :
« Sire, fet il, molt grant anfance
Avez feite, et molt m'an mervoil ;
Mes se vos creez mon consoil,
Tant com il sont ancor si pres
Je et vos irïens aprés
Et cil qui i voldront venir.
Je ne m'an porroie tenir

Digne monture de reine !
La reine s'approche du palefroi
Qui n'était ni ombrageux ni tirant sur la bride.
Abattue, triste et en poussant bien des soupirs,
La reine monte en selle et dit
Tout bas afin que personne ne l'entendît :
« Ha ! ha ! si vous saviez ce qui se passe ici,
Je ne crois pas que vous me laisseriez,
Sans vous y opposer, emmener d'un seul pas ! »
Elle crut avoir parlé tout doucement
Mais le conte Guinable l'entendit,
Qui se trouvait à ses côtés lorsqu'elle montait en selle.
À son départ, les plaintes
De ceux et de celles qui la voyaient partir furent
Comme si elle était morte et mise en bière.
Ils ne pensent pas qu'elle revienne parmi eux
Jamais, de toute sa vie.
Ce fut par son outrance habituelle que le sénéchal
L'emmène là où l'autre l'attend.
Mais nul ne s'en afflige au point
Qu'il accepte de suivre le couple ;
Enfin, messire Gauvain dit
Au roi son oncle, en confidence :
« Sire, fait-il, ce que vous avez fait
Est bien puéril, et j'en demeure stupéfait ;
Mais si vous admettiez le bien-fondé de mon conseil,
Pendant qu'ils sont encore tout près,
Vous et moi pourrions nous mettre à leur poursuite,
Avec ceux qui voudront bien nous accompagner.
Quant à moi, rien ne saurait me retenir

V. 211 : Le « vous » auquel s'adresse tout bas Gueniévre, c'est Lancelot, absent de la cour ce jour-là.

V. 215 : Chrétien nous laisse deviner que le rôle du comte Guinable sera d'aller prévenir Lancelot du grave danger qui menace la reine.

V. 218 : La leçon *la virent* (mss. *AEG*) est supérieure à *l'oïrent* des mss. *CT*, puisque le comte Guinable était le seul spectateur à entendre les paroles de Guenièvre.

Qu'aprés n'alasse maintenant.
Ce ne seroit pas avenant
Que nos aprés ax n'alessiens,
Au moins tant que nos seüssiens
Que la reïne devandra
Et comant Kex s'an contandra.
– Alons i, biax niés, fet li rois,
Molt avez or dit que cortois.
Et des qu'anpris avez l'afeire,
Comandez les chevax fors treire
Et metre frains et anseler,
Qu'il n'i ait mes que del monter. »
Ja sont li cheval amené
Apareillié et anselé ;
Li rois monte toz primerains,
Puis monta messire Gauvains
Et tuit li autre qui ainz ainz ;
Chascuns an volt estre conpainz,
Si va chascuns si con lui plot :
Armé furent, de tex i ot,
S'an i ot sanz armes asez.
Messire Gauvains fu armez,
Et si fist a deus escüiers
Mener an destre deus destriers.
Et einsi com il aprochoient
Vers la forest, issir an voient
Le cheval Keu, sel reconurent
Et virent que les regnes furent
Del frain ronpues anbedeus.
Li chevax venoit trestot seus,
S'ot de sanc tainte l'estriviere,
Et de la sele fu derriere
Li arçons frez et peçoiez.
N'i a nul qui n'an soit iriez,
Et li uns l'autre an cingne et bote.
Bien loing devant tote la rote
Messire Gauvains chevalchoit ;
Ne tarda gaires quant il voit

De me mettre en chemin dès maintenant.
Il ne serait point convenable
De refuser de courir après eux,
Au moins jusqu'à ce que nous sachions
Ce qu'il adviendra de la reine
Et comment Keu se conduira.
– Allons-y, beau neveu, fait le roi,
Vous venez de parler en homme bien courtois.
Et puisque vous avez saisi l'initiative,
Commandez donc qu'on fasse sortir les chevaux,
Et qu'on leur mette freins et selles,
De sorte qu'il ne nous reste qu'à monter. »
Les chevaux sont vite amenés,
Harnachés et sellés ;
Le roi monte tout premier,
Alors monta messire Gauvain,
Ensuite tous les autres à qui mieux mieux ;
Chacun voulut être de la partie,
Mais en y allant à sa guise :
Certains portaient leur armure,
Beaucoup d'autres n'en portaient point.
Messire Gauvain portait la sienne,
Et il fait par deux écuyers
Mener à sa droite deux destriers.
Et comme ils approchaient
De la forêt, ils en voient sortir
Le cheval de Keu, qu'ils reconnurent
Et dont ils virent que les rênes
Avaient été toutes deux rompues de la bride.
Le cheval venait tout seul,
L'étrivière tachée de sang,
Et de la selle l'arçon de derrière
Était brisé et mis en pièces.
Nul spectateur n'échappe à la tristesse,
Et l'on échange des clins d'œil, des coups de coude.
Bien loin, devant toute la compagnie,
Messire Gauvain chevauchait ;
Il ne tarda guère à voir

Venir un chevalier le pas
Sor un cheval duillant et las
Et pantoisant et tressüé.
Li chevaliers a salüé
Monseignor Gauvain primerains,
Et puis lui messire Gauvains.
Et li chevaliers s'arestut,
Qui monseignor Gauvain conut,
Si dist : « Sire, don ne veez
Con mes chevax est tressüez
Et tex qu'il n'a mes nul mestier ?
Et je cuit que cist dui destrier
Sont vostre, or si vos prieroie,
Par covant que je vos randroie
Le servise et le guerredon,
Que vos, ou a prest ou a don,
Le quel que soit me baillissiez. »
Et cil li dit : « Or choisissiez
Des deus le quel que il vos plest. »
Mes cil cui grant besoigne en est
N'ala pas querant le meillor,
Ne le plus bel, ne le graignor ;
Einz sailli molt tost sor celui
Que il trova plus pres de lui,
Si l'a maintenant eslessié ;
Et cil chiet morz qu'il a lessié,
Car molt l'avoit le jor pené
Et traveillié et sormené.
Li chevaliers sanz nul arest
S'an vet poignant par la forest,
Et messire Gauvains aprés
Lo siut et chace com angrés,
Tant qu'il ot un tertre avalé.
Et quant il ot grant piece alé,

Venir un Chevalier au pas
Sur un cheval souffrant et fatigué,
Pantelant et baigné de sueur.
Le Chevalier a salué
Messire Gauvain le premier,
Et ensuite messire Gauvain lui a rendu son salut.
Et le Chevalier s'arrêta –
Il reconnut messire Gauvain,
Et lui dit : « Sire, ne voyez-vous donc pas
Que mon cheval est tout trempé de sueur,
De sorte qu'il ne vaut plus rien ?
Et je crois que ces deux destriers
Sont à vous ; pourrais-je alors vous prier,
En promettant toutefois que je vous rendrais
Le service et une juste récompense,
De me prêter ou de m'offrir en cadeau
L'un d'eux, n'importe lequel ? »
Et messire Gauvain lui répondit : « Choisissez donc
Celui des deux qui vous plaît le plus. »
Mais celui dont le besoin est grand
Ne s'attarda pas afin d'en sélectionner le meilleur,
Ni le plus beau ni le plus grand ;
Il préféra bondir sur celui
Qu'il trouva le plus près de lui,
Et il l'a vite lancé en avant, à bride abattue ;
Et l'autre, qu'il a laissé derrière lui, tombe raide mort,
Car il l'avait beaucoup fait souffrir ce jour-là,
Et se fatiguer et se surmener.
Sans jamais s'arrêter, le Chevalier
Éperonne sa monture à travers la forêt,
Et messire Gauvain, derrière lui,
Le suit, en lui donnant farouchement la chasse,
Jusqu'à ce qu'il eût descendu la pente d'une colline.
Lorsqu'il eut traversé beaucoup de terrain,

V. 273 : Dans notre traduction. nous écrivons *Chevalier* afin de désigner Lancelot parmi les nombreux chevaliers du roman ; le nom de Lancelot n'est révélé (par Guenièvre) pour la première fois qu'au v. 3676.

Si retrova mort le destrier
Qu'il ot doné au chevalier,
Et vit molt grant defoleïz
De chevax, et grant froisseïz
D'escuz et de lances antor ;
Bien resanbla que grant estor
De plusors chevaliers i ot ;
Se li pesa molt et desplot
Ce que il n'i avoit esté.
N'i a pas granmant aresté,
Einz passe outre grant aleüre
Tant qu'il revit par aventure
Le chevalier tot seul a pié,
Tot armé, le hiaume lacié,
L'escu au col, l'espee ceinte,
Si ot une charrete atainte.
(De ce servoit charrete lores
Don li pilori servent ores,
Et en chascune boene vile,
Ou or en a plus de trois mile,
N'en avoit a cel tans que une,
Et cele estoit a ces comune,
Ausi con li pilori sont,
Qui traïson ou murtre font,
Et a ces qui sont chanpcheü,
Et as larrons qui ont eü
Autrui avoir par larrecin
Ou tolu par force an chemin :
Qui a forfet estoit repris
S'estoit sor la charrete mis
Et menez par totes les rues ;
S'avoit puis totes lois perdues,
Ne puis n'estoit a cort oïz
Ne enorez ne conjoïz.
Por ce qu'a cel tens furent tex
Les charretes et si crüex,
Fu premiers dit : « Quant tu verras
Charrete et tu l'anconterras,

Il retrouva mort le destrier
Qu'il avait offert au Chevalier,
Et, autour, il vit le sol tout piétiné
Par des chevaux et couvert d'impressionnants débris
De boucliers et de lances ;
En toute apparence, de féroces combats
Menés par de nombreux chevaliers s'y étaient déroulés ;
Il était mécontent, et regretta
De ne pas y avoir participé lui-même.
Le lieu ne l'a guère longtemps retenu,
Il préfère pousser en avant, à vive allure.
Alors, par hasard, il revit
Le Chevalier, à pied, tout seul,
Tout vêtu de son armure, le heaume lacé,
L'écu pendu au col, l'épée ceinte,
Qui était arrivé devant une charrette.
(À l'époque, on utilisait les charrettes
Comme l'on use du pilori de nos jours,
Et dans chaque bonne ville
Où, à l'heure actuelle, l'on en trouve plus de trois mille,
Il n'y avait alors qu'une seule,
Et celle-ci était commune,
Comme le sont aujourd'hui les piloris,
Aux traîtres et aux assassins,
Aux vaincus des combats judiciaires
Et aux voleurs qui se sont emparés
Des biens d'autrui en volant furtivement
Ou par la force sur les grands chemins :
Tout repris de justice était mis
Dans la charrette
Et mené par toutes les rues ;
Ainsi se trouvait-il désormais hors toute loi,
Et n'était plus écouté à la cour,
Ni honoré ni reçu avec dignité.
C'est parce qu'à cette époque-là on jugeait
De la sorte les charrettes, comme des choses cruelles,
Que l'on entendit dire alors pour la première fois :
« Quant charrette verras et rencontreras,

Fei croiz sor toi et te sovaigne
De Deu, que max ne t'an avaigne. »)
Li chevaliers a pié, sanz lance,
Aprés la charrete s'avance
Et voit un nain sur les limons,
Qui tenoit come charretons
Une longue verge an sa main.
Et li chevaliers dit au nain :
« Nains, fet il, por Deu, car me di
Se tu as veü par ici
Passer ma dame la reïne. »
Li nains cuiverz de pute orine
Ne l'an vost noveles conter,
Einz li dist : « Se tu viax monter
Sor la charrete que je main,
Savoir porras jusqu'a demain
Que la reïne est devenue. »
Tantost a sa voie tenue,
Qu'il ne l'atant ne pas ne ore.
Tant solemant deus pas demore
Li chevaliers que il n'i monte.
Mar le fist et mar en ot honte
Que maintenant sus ne sailli,
Qu'ils s'an tendra por mal bailli !
Mes Reisons, qui d'Amors se part,
Li dit que del monter se gart,
Si le chastie et si l'anseigne
Que rien ne face ne n'anpreigne
Dont il ait honte ne reproche.
N'est pas el cuer, mes an la boche,
Reisons qui ce dire li ose ;

V. 362-65 : Pour ces vers, en particulier les v. 363-64 omis par Guiot (ms. *C*), voir notre « On Editing Chrétien de Troyes : Lancelot's Two Steps and Their Context », *Speculum*, 63 (1988) 271-92.

V. 366-68 : Le jour viendra où Lancelot sera puni d'avoir hésité un instant à monter sur la charrette patibulaire. Voir les v. 4490 et suiv.

V. 369 : Pour l'emploi d'*amors* au régime singulier, voir Jean Frappier, *Romania*, 88 (1967) 433-74.

Fais sur toi le signe de la croix et souviens-toi
De Dieu, pour que malheur ne t'arrive point. »)
Le Chevalier, à pied et sans lance,
S'avance vers la charrette
Et voit sur les limons un nain
Qui, en bon charretier, tenait
Dans sa main une longue baguette.
Et le Chevalier dit au nain :
« Nain, fait-il, pour Dieu, dis-moi tout de suite
Si tu as vu par ici
Passer ma dame la reine. »
Le nain perfide et de vile extraction
Ne voulut point lui en donner des nouvelles,
Mais se contenta de dire : « Si tu veux monter
Sur la charrette que je conduis,
D'ici demain tu pourras savoir
Ce qu'est devenue la reine. »
Sur ce, il a maintenu sa marche en avant
Sans attendre l'autre l'espace d'un instant.
Le temps seulement de deux pas
Le Chevalier hésite à y monter.
Quel malheur qu'il ait hésité, qu'il eût honte de monter,
Au lieu de sauter sans tarder dans la charrette !
Cela lui causera des souffrances bien pénibles !
Mais Raison, qui s'oppose à Amour,
Lui dit de bien se garder de monter ;
Elle l'exhorte et lui enjoint
De ne rien faire ni entreprendre
Qui puisse lui attirer honte ou reproche.
Ce n'est point dans le cœur mais plutôt sur les lèvres
Que réside Raison en osant lui dire pareille chose ;

V. 369 et suiv., passim : Alors que dans *Cligès* Amour, armé d'un arc et d'un carquois de flèches, est du sexe masculin (figurant Cupidon), dans ce poème, comme dans *Yvain*, Amour est une femme. Telle une déesse (Vénus ?) ou une dame féodale, celle-ci impose ses lois et entend faire respecter ses droits. (Parfois sa grande dignité se trouve comme reflétée jusque dans le langage très soigné de Chrétien. Voir, à ce sujet, le chiasme des v. 4392-93 : Amors ensi les suens essaie, / Ensi conoist ele les suens.)

Mes Amors est el cuer anclose
Qui li comandë et semont
Que tost an la charrete mont.
Amors le vialt et il i saut,
Que de la honte ne li chaut
Puis qu'Amors le comande et vialt.
Et messire Gauvains s'aquialt
Aprés la charrete poignant,
Et quant il i trueve seant
Le chevalier, si s'an mervoille ;
Puis dit au nain : « Car me consoille
De la reïne, se tu sez. »
Li nains dit : « Se tu tant te hez
Con cist chevaliers qui ci siet,
Monte avoec lui, se il te siet,
Et je te manrai avoec li. »
Quant messire Gauvains l'oï,
Si le tint a molt grant folie
Et dit qu'il n'i montera mie,
Car trop vilain change feroit
Se charrete a cheval chanjoit.
« Mes va quel part que tu voldras
Et g'irai la ou tu iras. »
A tant a la voie se metent.
Cil chevalche, cil dui charretent,
Et ansanble une voie tindrent.
De bas vespre a un chastel vindrent,
Et ce sachiez que li chastiax
Estoit molt riches et molt biax.
Tuit troi antrent par une porte.
Del chevalier, que cil aporte
Sor la charrete, se mervoillent
Les genz, mes mie n'an consoillent,
Einz le huient petit et grant,
Et li veillart et li anfant
Parmi les rues a grant hui ;
S'ot molt li chevaliers de lui
Vilenies et despit dire.

Mais Amour est dans le cœur enclos
Lorsqu'il lui ordonne et semonce
De monter sans délai dans la charrette.
Amour le veut, et le Chevalier y bondit,
Car la honte le laisse indifférent
Puisqu'Amour le commande et veut.
Et messire Gauvain se met à la poursuite
De la charrette en galopant,
Et lorsqu'il y trouve assis
Le Chevalier, il s'en étonne beaucoup ;
Alors il dit au nain : « Instruis-moi
Au sujet de la reine, si tu sais le faire. »
Le nain dit : « Si tu te détestes autant
Que ce Chevalier assis ici,
Monte avec lui, si cela te convient,
Et je t'emmènerai avec lui. »
Quand messire Gauvain l'eut entendu,
Il jugea qu'accepter la proposition serait insensé
Et il dit qu'il n'y monterait point,
Qu'échanger son cheval contre la charrette
Serait un échange par trop infâme.
« Mais où que tu veuilles aller
J'irai là où tu iras. »
Si bien qu'ils se mettent tous les trois en route,
L'un d'eux à cheval, les deux autres sur la charrette,
Et ensemble ils gardèrent le même chemin.
À l'heure des vêpres, ils atteignirent un château,
Et sachez que ce château
Était fort puissant et beau.
Ils entrent tous les trois par une porte.
La vue du Chevalier que le nain transporte
Dans la charrette frappe les habitants d'étonnement,
Mais ils ne cherchent nullement à se renseigner davantage ;
Tous se mettent à le conspuer,
Grands et petits, vieillards et enfants,
Par les rues, en poussant des huées ;
Le Chevalier entendit ainsi dire
À son sujet de viles injures et des paroles de mépris.

Tuit demandent : « A quel martire
Sera cist chevaliers randuz ?
Iert il escorchiez ou panduz,
Noiez ou ars an feu d'espines ?
Di, nains, di, tu qui le traïnes,
A quel forfet fu il trovez ?
Est il de larrecin provez ?
Est il murtriers ou chanpcheüz ? »
Et li nains s'est adés teüz,
Qu'il ne respont ne un ne el.
Le chevalier mainne a l'ostel,
Et Gauvains siut adés le nain
Vers une tor qui tot a plain
Par devers la vile seoit.
D'autre part praerie avoit,
Et par delez estoit assise
La torz sor une roche bise,
Haute et tranchiee contre val.
Aprés la charrete a cheval
Entre Gauvains dedanz la tor.
An la sale ont de bel ator
Une dameisele ancontree,
N'avoit si bele an la contree ;
Et voient venir deus puceles
Avoeques li, gentes et beles.
Tot maintenant que eles virent
Monseignor Gauvain, si li firent
Grant joie, et si le salüerent ;
Et del chevalier demanderent :
« Nains, qu'a cist chevaliers mesfet
Que tu mainnes come contret ? »
Cil ne lor an vialt reison rendre,
Einz fet le chevalier descendre
De la charrete, si s'an va ;
Ne sorent ou il s'an ala.

Tous demandent : « A quel martyre
Ce Chevalier sera-t-il condamné ?
Sera-t-il écorché vif ou pendu,
Noyé ou brûlé vif sur un bûcher d'épines ?
Dis-le-nous, nain, dis, toi qui le traînes ainsi,
De quel forfait fut-il trouvé coupable ?
L'a-t-on jugé pour vol ? Serait-ce un assassin
Ou est-il le vaincu d'un combat judiciaire ? »
Et le nain garde un silence absolu,
En ne répondant ni une chose ni l'autre.
Il conduit le Chevalier là où il sera hébergé,
Et Gauvain suit de près le nain
Qui se dirige vers une tour, laquelle, de plain-pied
Avec la ville, se trouvait à la limite de celle-ci.
Au-delà il y avait des prés,
Tandis qu'en face la tour s'élevait
Sur la cime d'un rocher gris,
Haut et taillé à pic.
Derrière la charrette, toujours à cheval,
Gauvain pénètre dans la tour.
Dans la salle, ils ont rencontré, élégamment mise,
Une demoiselle
Dont la beauté n'avait pas de rivale au pays ;
Et ils voient s'approcher deux pucelles
Avec elle, gentes et belles.
Dès qu'elles virent
Messire Gauvain, elles lui firent
Un accueil joyeux et le saluèrent ;
Et elles voulurent s'informer du Chevalier :
« Nain, quel crime ce Chevalier a-t-il commis
Que tu conduis là comme s'il était impotent ? »
Il ne veut leur offrir aucune explication,
Mais se contente de faire descendre le Chevalier
De la charrette, et puis s'en va ;
On ne sut point où il alla.

V. 426-31 : Il faut se représenter la tour comme faisant partie de l'enceinte du bourg et comme dominant un val en contrebas.

Et messire Gauvains descent ;
A tant vienent vaslet avant
Qui anbedeus les desarmerent.
Deus mantiax veirs, qu'il afublerent,
Fist la dameisele aporter.
Quant il fu ore de soper,
Li mangiers fu bien atornez.
La dameisele sist delez
Monseignor Gauvain au mangier.
Por neant volsissent changier
Lor ostel por querre meillor,
Car molt lor i fist grant enor
Et conpeignie boene et bele
Tote la nuit la dameisele.
Qant il orent assez veillié,
Dui lit furent apareillié
Anmi la sale haut et lonc ;
Et s'en ot un autre selonc,
Plus bel des autres et plus riche,
Car, si con li contes afiche,
Il i avoit tot le delit
Qu'an seüst deviser an lit.
Quant del couchier fu tans et leus,
La dameisele prist andeus
Ses ostes qu'ele ot ostelez ;
Deus liz molt biax et lons et lez
Lor mostre et dit : « A oés vos cors
Sont fet cist dui lit ça defors ;
Mes an celui qui est dela

V. 468 : A quoi cette allusion à *li contes* se réfère-t-il ? S'agit-il d'une simple formule narrative ou bien de quelque chose de plus précis ? Ces trois lits et la lance du v. 519 font penser à l'épisode que l'on trouve dans les v. 844-1112 du *Lanzelet*, roman en moyen haut allemand composé par Ulrich de Zatzikhoven (fin du 12e s.), qui prétend suivre fidèlement une source anglo-normande, aujourd'hui perdue. Trois chevaliers, dont le jeune Lanzelet, sont reçus par un riche et puissant baron ; ils passent la nuit chez lui, couchés dans trois lits rangés dans la même salle. Au milieu de la nuit, la fille du baron, enflammée de désir, s'offre, à tour de rôle, à chacun des invités de son père. Seul Lanzelet accepte cette invitation ; ses compagnons craignent la vengeance de leur hôte. Le lendemain, ce dernier, outragé par la conduite déshonorante de son invité, blesse Lanzelet légèrement

Et messire Gauvain descend de son cheval ;
Alors des valets se présentent
Afin d'ôter leur armure aux deux chevaliers.
Deux manteaux fourrés de petit-gris, qu'ils revêtirent,
Furent apportés sur ordre de la demoiselle.
Quant ce fut l'heure du souper,
Les mets furent joliment présentés.
La demoiselle prit place à côté
De messire Gauvain pendant le repas.
Pour rien au monde ils n'eussent voulu renoncer
À cette hospitalité pour en chercher une meilleure,
Car de grands honneurs,
Ainsi que compagnie bonne et belle, leur furent rendus
Au cours de toute la soirée par la demoiselle.
Quand enfin leur veille eut suffisamment duré,
On leur prépara deux lits
Hauts et longs, au milieu de la salle ;
Un troisième se trouvait tout près,
Plus beau que les autres, et plus riche,
Car, comme le déclare le conte,
Il possédait tout le charme
Que l'on pût imaginer dans un lit.
Quand l'heure du coucher arriva,
La demoiselle prit par la main
Les deux hôtes qu'elle avait accepté d'héberger ;
Elle leur montre les deux beaux lits longs et larges
Et dit : « C'est pour votre confort et repos
Que sont dressés ces deux lits que voilà, là-bas,
Mais dans celui qui se trouve de ce côté-ci,

---

au bras avec un long couteau avant d'être tué par celui-ci. Chrétien joue-t-il ici avec une scène semblable à celle reproduite par Ulrich ? L'aurait-il transformée en faisant appel à la légende du Lit Périlleux et en fonction du *san* qui lui fut indiqué par la comtesse Marie ? Ce *li contes* – la « matière » fournie par la comtesse – ne serait-il donc pas, ou à peu de chose près, le même que le *welsches buoch* ''livre français'' cité par Ulrich ? L'hypothèse mérite d'être approfondie. (On se rappellera que la jeune fille rejoint Lanzelet dans le dernier des trois lits et que c'est là qu'ont lieu leurs ébats joyeux. Or Chrétien qualifie le lit choisi par Lancelot comme ayant « tot le delit / Qu'an seüst deviser an lit » ; cette description ainsi que la présence dans la *Charrette* de *trois* lits acquièrent un sens si l'on comprend ce texte en fonction de celui d'Ulrich.)

Ne gist qui desservi ne l'a ;
Ne fu pas fez cist a vostre ués. »
Li chevaliers li respont lués,
Cil qui sor la charrete vint,
Qu'a desdaing et a despit tint
La desfanse a la dameisele.
« Dites moi, fet il, la querele
Por coi cist liz est an desfanse. »
Cele respondi, pas ne panse,
Qui en ere apansee bien :
« A vos, fet ele, ne taint rien
Del demander ne de l'anquerre !
Honiz est chevaliers an terre
Puis qu'il a esté an charrete,
Si n'est pas droiz qu'il s'antremete
De ce don vos m'avez requise,
Entesmes ce que il i gise :
Qu'il le porroit tost conparer.
L'an ne l'a mie fet parer
Si richemant por vos colchier.
Vos le conparrïez molt chier
Se il vos venoit nes an pans.
– Ce verroiz vos, fet il, par tans.
– Jel verrai ? – Voire. – Or i parra.
– Je ne sai qui le conparra,
Fet li chevaliers, par mon chief.
Cui qu'il enuit ne cui soit grief,
An cestui lit voel ge jesir
Et reposer tot a leisir. »
Maintenant qu'il fu deschauciez,
El lit qui fu lons et hauciez
Plus des autres deus demie aune
Se couche soz un samit jaune,
Un covertor d'or estelé.
N'estoit mie de veir pelé
La forreüre, ainz ert de sables ;
Bien fust a oés un roi metables
Li covertors qu'il ot sor lui ;

Seul se couche celui qui l'a mérité ;
Il ne fut pas fait pour votre agrément. »
Le Chevalier lui répond immédiatement –
Celui qui était arrivé sur la charrette –
Qu'il n'éprouvait que dédain et mépris
Pour l'interdiction prononcée par la demoiselle.
« Dites-moi, fait-il, pour quelle raison
Ce lit nous est-il défendu ? »
Elle répondit sans avoir à réfléchir,
Car elle avait déjà réfléchi à sa réponse :
« Ce n'est point vous, fait-elle, qui êtes désigné pour poser
Des questions ou pour vous enquérir de ces choses !
Honni est le Chevalier sur toute la terre,
Dès qu'il a monté dans une charrette,
Et il n'est pas juste qu'il se mêle
De ce que vous venez de me réclamer,
Et, en particulier, qu'il revendique de coucher dans ce lit :
Il pourrait bien vite avoir à s'en repentir.
On ne l'a point fait orner
Aussi richement afin que vous y dormiez.
Votre témérité risque de vous coûter bien cher,
S'il vous arrivait seulement de nourrir pareille idée.
– Vous verrez cela, fait-il, en temps voulu.
– Je le verrai ? – À coup sûr. – Qu'on me le fasse voir !
– Je ne sais pas qui aura à payer l'écot,
Fait le Chevalier, par mon chef !
Qu'on s'en fâche ou qu'on s'en attriste,
Je compte me coucher dans ce lit-là
Et y prendre à loisir mon repos. »
Dès qu'il eut enlevé ses chausses,
Dans le lit qui fut plus long et plus élevé
Que les deux autres d'une demi-aune,
Il s'étend sous une couverture
De brocart jaune étoilé d'or.
De petit-gris tout pelé n'était point faite
Sa doublure ; elle était faite de zibeline.
Elle eût été parfaitement digne d'un roi,
La couverture sous laquelle il se mit ;

Li liz ne fu mie de glui,
Ne de paille ne de viez nates.
A mie nuit, de vers les lates
Vint une lance come foudre,
Le fer desoz, et cuida coudre
Le chevalier parmi les flans
Au covertor et as dras blans
Et au lit, la ou il gisoit.
En la lance un panon avoit
Qui estoit toz de feu espris ;
El covertor est li feus pris
Et es dras et el lit a masse.
Et li fers de la lance passe
Au chevalier lez le costé
Si qu'il li a del cuir osté
Un po, mes n'est mie bleciez.
Et li chevaliers s'est dreciez,
S'estaint le feu et prant la lance,
Enmi la sale la balance.
Ne por ce son lit ne guerpi ;
Einz se recoucha et dormi
Tot autresi seüremant
Com il ot fet premieremant.
L'andemain par matin, au jor,
La dameisele de la tor
Lor ot fet messe apareillier,
Ses fist lever et esveillier.
Quant an lor ot messe chantee,
As fenestres devers la pree
S'an vint li chevaliers pansis,
Cil qui sor la charrete ot sis,
Et esgardoit aval les prez.
A l'autre fenestre delez
Estoit la pucele venue,
Si l'i ot a consoil tenue
Messire Gauvain an requoi
Une piece, ne sai de quoi ;
Ne sai don les paroles furent.

Le lit ne fut point fait de chaume,
Ni de paille ni de vieilles nattes.
À minuit, des lattes du toit
Fondit, comme la foudre, une lance,
Le fer en avant, qui menaça de coudre
Les flancs du Chevalier
À travers la couverture et les draps blancs,
Au lit, là où il était couché.
À la lance un pennon était fixé ;
Il était tout enveloppé de flammes.
Le feu prit à la couverture,
Et aux draps et à l'ensemble du lit.
Et le fer de la lance effleure
Le Chevalier au côté
Si bien qu'il lui a un peu éraflé
La peau, mais sans le blesser vraiment.
Et le Chevalier s'est dressé,
Éteint le feu, saisit la lance
Et la jette au milieu de la salle.
Cela ne le fit pas quitter son lit ;
Au contraire, il se recoucha et dormit
Avec le même sang-froid exactement
Qu'il avait montré la première fois.
Le lendemain, au lever du jour,
La demoiselle de la tour
Avait fait préparer pour eux la célébration de la messe,
Et elle les envoya réveiller et appeler.
Lorsqu'on leur eut chanté la messe,
Aux fenêtres qui donnaient sur la prairie
S'en vint le Chevalier pensif –
Celui qui s'était assis sur la charrette –
Et il regardait l'étendue des prés.
À la fenêtre voisine
Était venue la demoiselle,
Et là a pu avec elle s'entretenir
Messire Gauvain, dans un coin,
Pendant un certain temps, mais j'ignore de quoi ;
Je ne sais pas ce dont ils parlèrent.

Mes tant sor la fenestre jurent
Qu'aval les prez, lez la riviere,
An virent porter une biere ;
S'avoit dedanz un chevalier,
Et delez ot duel grant et fier
Que trois dameiseles feisoient.
Aprés la biere venir voient
Une rote, et devant venoit
Uns granz chevaliers qui menoit
Une bele dame a senestre.
Li chevaliers de la fenestre
Conut que c'estoit la reïne ;
De l'esgarder onques ne fine,
Molt antentis, et molt li plot,
Au plus longuemant que il pot.
Et quant plus ne la pot veoir,
Si se vost jus lessier cheoir
Et trebuchier aval son cors ;
Et ja estoit demis defors
Quant messire Gauvains le vit ;
Sel trait arrieres, se li dit :
« Merci, sire, soiez an pes !
Por Deu nel vos pansez ja mes
Que vos faciez tel desverie !
A grant tort haez vostre vie.
– Mes a droit, fet la dameisele ;
Don n'iert seüe la novele
Par tot de sa maleürté ?
Des qu'il a en charrete esté,
Bien doit voloir qu'il fust ocis,
Que mialz valdroit il morz que vis :
Sa vie est desormés honteuse
Et despite et maleüreuse. »

A tant lor armes demanderent

Mais ils y restèrent, penchés à la fenêtre,
Assez pour voir, à travers les prés, le long de la rivière,
Une civière que l'on emportait ;
Un chevalier y gisait, et, à côté,
Il y eut des cris de deuil perçants et désespérés
Que poussaient trois demoiselles.
Derrière la civière ils voient venir
Une escorte à la tête de laquelle se tenait
Un chevalier de grande taille qui emmenait
À sa gauche une belle dame.
Le Chevalier à la fenêtre
Reconnut que c'était la reine ;
Il ne cesse un instant de la suivre du regard,
Plongé dans la contemplation et dans le ravissement,
Aussi longtemps qu'il le put.
Et lorsqu'il ne put plus la voir,
Il voulut se laisser tomber
Et précipiter son corps dans l'abîme ;
Déjà il était à mi-corps hors de la fenêtre
Quant messire Gauvain le vit ;
Il le tire en arrière et il lui dit :
« De grâce, sire, calmez-vous ! Pour l'amour de Dieu,
Que plus jamais il ne vous revienne à l'esprit
De commettre pareille folie !
C'est bien à tort que vous haïssez votre vie.
– Non, fait la demoiselle, c'est au contraire à bon droit ;
La nouvelle ne se serait-elle donc pas répandue
Partout de son forfait malheureux ?
Puisqu'il s'est mis dans une charrette,
Il doit forcément souhaiter de mourir ;
Mort il vaudrait davantage que vivant :
Sa vie est vouée désormais à la honte,
Au mépris et au malheur. »

Là-dessus les chevaliers demandèrent leurs armures,

V. 556-58 : Le chevalier grièvement blessé porté sur une litière n'est autre que le sénéchal Keu. (L'interpolation introduite au v. 223 par le scribe du ms. *T* « explique » ce détail ; voir notre note aux v. 1314-28.)

Li chevalier et si s'armerent.
Et lors corteisie et pröesce
Fist la dameisele et largesce,
Que quant ele ot asez gabé
Le chevalier et ranponé,
Si li dona cheval et lance
Par amor et par acordance.
Li chevalier congié ont pris
Come cortois et bien apris
A la dameisele et si l'ont
Salüee, puis si s'an vont
Si con la route aler an virent ;
Mes si fors del chastel issirent
C'onques nus nes i aparla.
Isnelemant s'an vont par la
Ou la reïne orent veüe.
N'ont pas la rote aconseüe,
Qu'il s'an aloient eslessié.
Des prez antrent an un plessié
Et truevent un chemin ferré ;
S'ont tant par la forest erré
Qu'il pot estre prime de jor,
Et lors ont en un quarrefor
Une dameisele trovee,
Si l'ont anbedui salüee ;
Et chascuns li requiert et prie,
S'ele le set, qu'ele lor die
Ou la reïne an est menee.
Cele respont come senee
Et dit : « Bien vos savroie metre,
Tant me porrïez vos prometre,
El droit chemin et an la voie,
Et la terre vos nomeroie
Et le chevalier qui l'en mainne ;
Mes molt i covendroit grant painne,
Qui an la terre antrer voldroit !
Einz qu'il i fust molt se doldroit. »
Et messire Gauvains li dist :

Et ils s'en revêtirent.
Et alors fit un geste de courtoisie et de prouesse
La demoiselle, et de largesse,
Quand, au Chevalier qu'elle avait tant
Raillé et harcelé,
Elle offrit un cheval et une lance,
En témoignage de charité et de sympathie.
Les chevaliers ont pris congé
En hommes courtois et bien élevés
De la demoiselle, et l'ont
Saluée avant de s'engager
Dans la direction où ils virent passer le cortège ;
Mais ils quittèrent le château de telle sorte
Que personne n'eut l'occasion de leur adresser la parole.
Bien vite ils s'en vont par là
Où ils avaient vu la reine.
Ils n'ont pas rejoint la petite troupe,
Car elle avançait à bride abattue.
Des prés, ils entrent dans un plessis
Où ils trouvent un chemin empierré ;
Ils ont tant erré par la forêt
Qu'il pouvait bien être la première heure du jour,
Et alors, à un carrefour, ils ont
Trouvé une demoiselle,
Et l'ont tous les deux saluée ;
Et chacun la supplie et la prie
De leur dire, si elle le sait,
Où l'on a emmené la reine.
Elle répond en personne sensée,
Et dit : « Je saurais bien vous diriger – si toutefois
Vous vous engagez à me faire certaines promesses
Et à les tenir – vers le bon chemin et la bonne voie,
Et vous nommer sa destination
Et le chevalier qui l'emmène ;
Mais un gros effort incomberait
À celui qui voudrait entrer dans cette terre !
Avant d'y parvenir, il souffrirait de cruelles épreuves. »
Et messire Gauvain lui dit :

« Dameisele, si Dex m'aïst,
Je vos an promet a devise
Que je mete an vostre servise,
Quant vos pleira, tot mon pooir,
Mes que vos m'an dites le voir. »
Et cil qui fu sor la charrete
Ne dit pas que il l'an promete
Tot son pooir, einçois afiche,
Come cil cui Amors fet riche
Et puissant et hardi par tot,
Que sanz arest et sanz redot,
Quanqu'ele voldra li promet
Et tot an son voloir se met.
« Donc le vos dirai ge, » fet ele.
Lors lor conte la dameisele :
« Par foi, seignor, Meleaganz,
Uns chevaliers molt forz et granz,
Filz le roi de Gorre, l'a prise,
Et si l'a el rëaume mise
Don nus estranges ne retorne,
Mes par force el païs sejorne
An servitume et an essil. »
Et lors li redemandent cil :
« Dameisele, ou est cele terre ?
Ou porrons nos la voie querre ? »
Cele respont : « Bien le savroiz,
Mes, ce sachiez, molt i avroiz
Anconbriers et felons trespas,
Que de legier n'i antre an pas,
Se par le congié le roi non :
Li rois Bademagus a non.
Si puet l'en antrer totevoies
Par deus molt perilleuses voies
Et par deus molt felons passages.
Li uns a non LI PONZ EVAGES,
Por ce que soz eve est li ponz
Et s'a de l'eve jusqu'au fonz
Autant desoz come desus,

« Demoiselle, avec l'aide de Dieu,
Je vous promets, sans réserve aucune,
De mettre à votre service,
Dès qu'il vous plaira, tout mon pouvoir,
Mais dites-moi la vérité sur ce dont il s'agit. »
Et celui qui fut dans la charrette
Ne dit pas qu'il lui promet d'agir
Selon toutes ses capacités ; il annonce plutôt,
Comme celui qu'anoblit Amour
Ou rend puissant et hardi en tout lieu,
Que sans réserve et sans crainte
Il promet de faire tout ce qu'elle pourra désirer,
Et qu'il s'abandonne tout entier à sa volonté.
« Je dirai donc ce que vous cherchez à savoir », fait-elle.
Ainsi la demoiselle leur conte-t-elle :
« Par ma foi, seigneurs, Méléagant,
Un chevalier bien fort et grand,
Fils du roi de Gorre, l'a prise,
Et il l'a conduite au royaume
D'où nul étranger ne revient jamais,
Car il est malgré lui contraint à rester dans ce pays,
Dans la servitude et dans l'exil. »
Ils lui demandent alors :
« Demoiselle, où est cette terre ?
Où pourrons-nous en chercher le chemin ? »
Celle-ci répond : « Vous le saurez bientôt,
Mais, sachez-le, l'accès que vous y aurez
Est bien difficile et terrifiant,
Car l'on n'y entre pas aisément
Si l'on ne possède pas l'autorisation du roi.
Celui-ci a pour nom le roi Bademagu.
On peut y accéder toutefois
Par deux voies également périlleuses
Et par deux passages également terrifiants.
L'un a pour nom le Pont dans l'Eau,
Parce que ce pont est submergé,
De sorte qu'il y a autant d'eau entre le fond
Et lui qu'entre lui et la surface,

Ne deça moins ne dela plus,
Einz est li ponz tot droit en mi ;
Et si n'a que pié et demi
De lé et autretant d'espés.
Bien fet a refuser cist mes,
Et s'est ce li moins perilleus ;
Mes il a assez antre deus
Avantures don je me tes.
Li autres ponz est plus malvés
Et est plus perilleus assez
Qu'ainz par home ne fu passez,
Qu'il est com espee tranchanz ;
Et por ce trestotes les genz
L'apelent LE PONT DE L'ESPEE :
La verité vos ai contee
De tant con dire vos an puis. »
Et cil li redemandent puis :
« Dameisele, se vos daigniez,
Ces deus voies nos anseigniez. »
Et la dameisele respont :
« Vez ci la droite voie au Pont
Desoz Eve, et cele dela
Droit au Pont de l'Espee an va. »
Et lors a dit li chevaliers,
Cil qui ot esté charretiers :
« Sire, je vos part sanz rancune :
Prenez de ces deus voies l'une,
Et l'autre quite me clamez ;
Prenez celi que mialz amez.
– Par foi, fet messire Gauvains,
Molt est perilleus et grevains
Li uns et li autres passages ;
Del prandre ne puis estre sages,
Je ne sai preu le quel je praigne ;
Mes n'est pas droiz qu'an moi remaingne
Quant parti m'an avez le geu :
Au Pont desoz Eve me veu.
– Donc est il droiz que je m'an voise

664 Ni moins par ici ni plus par là :
Il est exactement au milieu ;
Et il ne mesure qu'un pied et demi
De large et autant en épaisseur.
668 Il fait bien, celui qui refuse de goûter à ce mets-là !
Et c'est bien lui le moins dangereux ;
Mais entre ces deux-là il y a beaucoup
D'aventures que je passe sous silence.
672 L'autre pont est bien pire
Et, de loin, le plus dangereux,
Car il ne fut jamais franchi par aucun homme –
Il est tranchant comme une épée ;
676 Et pour cela tous
L'appellent le Pont de l'Épée :
Je vous ai conté la vérité
Autant qu'il est en mon pouvoir de vous la dire. »
680 Et ils lui demandent encore :
« Demoiselle, daignez
Nous montrer ces deux chemins. »
Et la demoiselle répond :
684 « Voici le chemin qui mène droit au Pont
Dans l'Eau, et voilà celui qui va
Droit au Pont de l'Épée. »
Et alors le Chevalier a dit –
688 Celui qui avait joué les charretiers :
« Sire, je vous accorde sans ambages le choix ;
Prenez un de ces deux chemins,
Et cédez-moi l'autre sans conditions ;
692 Prenez celui que vous préférez.
– Par ma foi, fait messire Gauvain,
Bien dangereux et pénibles
Sont à égalité les deux passages ;
696 Un choix correct et sage ne m'est pas possible,
J'ignore lequel il me profitera le plus de prendre ;
Mais il n'est pas juste que je demeure indécis
Quand vous m'avez proposé de choisir :
700 Je me consacre au Pont dans l'Eau.
– Il est donc juste que j'aille du côté

Au Pont de l'Espee, sanz noise,
Fet l'autres, et je m'i otroi. »
A tant se departent tuit troi,
S'a li uns l'autre comandé
Molt deboneiremant a Dé.
Et, quant ele aler les an voit,
Si dit : « Chascuns de vos me doit
Un guerredon a mon gré randre,
Quele ore que jel voldrai prandre ;
Gardez, ne l'oblïez vos mie.
– Nel ferons nos, voir, dolce amie, »
Font li chevalier anbedui.

A tant s'an va chascuns par lui ;
Et cil de la charrete panse
Con cil qui force ne desfanse
N'a vers Amors qui le justise ;
Et ses pansers est de tel guise
Que lui meïsmes en oblie,
Ne set s'il est, ou s'il n'est mie,
Ne ne li manbre de son non,
Ne set s'il est armez ou non,
Ne set ou va, ne set don vient ;
De rien nule ne li sovient
Fors d'une seule, et por celi
A mis les autres en obli ;
A cele seule panse tant
Qu'il n'ot, ne voit, ne rien n'antant.
Et ses chevax molt tost l'en porte,
Ne ne vet mie voie torte,
Mes la meillor et la plus droite ;
Et tant par avanture esploite
Qu'an une lande l'a porté.
An cele lande avoit un gué
Et d'autre part armez estoit

Du Pont de l'Épée, sans discussion,
Fait l'autre, et j'y consens volontiers. »
Alors les trois prennent congé les uns des autres.
Et ils se sont recommandés mutuellement
Et de très bon cœur à Dieu.
Lorsqu'elle les voit s'en aller,
La demoiselle leur dit : « Chacun de vous doit
M'octroyer une récompense selon mon goût,
Dès l'instant que je voudrai la prendre ;
Attention ! ne l'oubliez point !
– Non, douce amie, nous ne l'oublierons pas, »
Font-ils tous les deux.

Chacun s'en va sur le chemin de son choix ;
Et celui de la charrette reste plongé dans ses pensées
Tout comme une personne privée de force et de défense
Contre Amour qui le maintient sous sa juridiction ;
Sa méditation est d'une intensité telle
Qu'il perd le sens de lui-même ;
Il ne sait pas s'il existe ou s'il n'existe pas,
Il ne se rappelle pas son nom,
Il ne sait pas s'il est armé ou non,
Il ne sait pas où il va, ni d'où il vient ;
Il ne se souvient de rien,
Hormis d'une seule chose, et, à cause d'elle,
Il a mis les autres choses en oubli ;
Il pense tant à cette seule chose
Qu'il n'entend, ne voit ni ne comprend rien.
Et son cheval l'emporte à vive allure,
En n'empruntant jamais de mauvais chemin,
Mais toujours le meilleur et le plus direct ;
Il s'empresse si habilement que par aventure,
Il l'a conduit dans une lande.
Dans cette lande, il y avait un gué
Sur l'autre rive duquel se trouvait, tout armé,

V. 707-11 : L'insistance avec laquelle la demoiselle du carrefour se fait promettre par Lancelot et Gauvain quelque future récompense, en échange de l'information fournie par elle, surprend, puisqu'il ne sera plus jamais question d'elle dans le roman.

Uns chevaliers qui le gardoit ;
S'ert une dameisele o soi
Venue sur un palefroi.
Ja estoit pres de none basse,
N'ancor ne se remuet ne lasse
Li chevaliers de son panser.
Li chevax voit et bel et cler
Le gué, qui molt grant soif avoit ;
Vers l'eve cort quant il la voit.
Et cil qui fu de l'autre part
S'escrie : « Chevaliers, ge gart
Le gué, si le vos contredi. »
Cil ne l'antant ne ne l'oï,
Car ses pansers ne li leissa,
Et totes voies s'esleissa
Li chevax vers l'eve molt tost.
Cil li escrie que il l'ost
Loing del gué, si fera que sages,
Que la n'est mie li passages.
Et jure le cuer de son vantre
Qu'il le ferra, se il i antre.
Mes li chevaliers ne l'ot mie,
Et cil tierce foiz li escrie :
« Chevaliers ! n'antrez mie el gué
Sor ma desfanse et sor mon gré,
Que par mon chief je vos ferrai
Si tost come el gué vos verrai. »
Cil panse tant qu'il ne l'ot pas,
Et li chevax eneslepas
Saut an l'eve et del chanp se soivre,
Par grant talant comance a boivre.
Et cil dit qu'il le conparra :
Ja li escuz ne l'an garra
Ne li haubers qu'il a el dos.
Lors met le cheval es galos,

Un chevalier qui en assurait la garde ;
Et celui-ci avait avec lui une demoiselle
Venue sur un palefroi.
Déjà l'heure de none avait sonné,
Pourtant, sans bouger et sans se lasser,
Le Chevalier reste enfermé dans sa méditation.
Le cheval voit la belle eau claire
Du gué – il avait très soif ;
Il court à l'eau dès qu'il la voit.
Et celui qui fut sur l'autre bord
S'écrie : « Chevalier, je garde
Le gué, et je vous en défends la traversée. »
Ce dernier ne l'entend ni ne l'écoute,
Car son penser ne le lui permet pas ;
Toutefois, avec ardeur,
Le cheval s'élança à toute vitesse vers l'eau.
L'autre lui crie de se détourner
Du gué, que ce sera prudent de sa part,
Car par là on ne trouve point de passage.
Et il jure sur le cœur qui bat dans sa poitrine
Qu'il le transpercera de sa lance s'il y met le pied.
Mais le Chevalier ne l'écoute point,
Et, pour la troisième fois, l'autre lui crie :
« Chevalier, n'entrez point dans le gué
Contre mon interdiction et contre ma volonté,
Car par mon chef je vous transpercerai de ma lance
Aussitôt que je vous verrai entrer dans le gué. »
Il pense toujours si fort qu'il ne l'entend pas,
Et soudain, le cheval
Saute dans l'eau, abandonnant le champ,
Et, en s'y adonnant à cœur joie, il commence à boire.
Et l'autre lui dit qu'il aura à le regretter :
Désormais aucun bouclier ne le protégera,
Ni le haubert qu'il a sur lui.
Alors il met son cheval au galop

V. 755 : Littéralement : *ventre*. En ancien français, *ventre* s'applique en général au tronc du corps, depuis la nuque jusqu'aux jambes.

Et des galoz el cors l'anbat
Et fiert celui si qu'il l'abat
Enmi le gué tot estandu,
Que il li avoit desfandu ;
Si li cheï tot a un vol
La lance et li escuz del col.
Quant cil sant l'eve, si tressaut ;
Toz estormiz en estant saut,
Ausi come cil qui s'esvoille,
S'ot, et si voit, et se mervoille
Qui puet estre qui l'a feru.
Lors a le chevalier veü ;
Si li cria : « Vasax, por coi
M'avez feru, dites le moi,
Quant devant moi ne vos savoie,
Ne rien mesfet ne vos avoie ?
– Par foi, si avïez, fet cil ;
Don ne m'eüstes vos molt vil,
Quant je le gué vos contredis
Trois foiees, et si vos dis
Au plus haut que je poi crïer ?
Bien vos oïstes desfïer
Au moins, fet cil, deus foiz ou trois,
Et si antrastes sor mon pois,
Et bien dis que je vos ferroie
Tantost qu'an l'eve vos verroie. »
Li chevaliers respont adonques :
« Dahez ait qui vos oï onques,
Ne vit onques mes, que je soie !
Bien puet estre, mes je pansoie,
Que le gué me contredeïstes ;
Bien sachiez que mar le feïstes,
Se au frain a une des mains
Vos pooie tenir au mains. »
Et cil respont : « Qu'an avandroit ?
Tenir me porras or androit
Au frain, se tu m'i oses prandre.
Je ne pris pas plain poing de cendre

Et, le poussant au galop le plus fort,
Il frappe au point de l'abattre,
Étendu à plat au milieu du gué,
Celui à qui il l'avait défendu,
Si bien que, d'un seul mouvement, s'envolèrent
Sa lance et le bouclier qu'il avait au cou.
Quand ce dernier se sent tout trempé, il sursaute ;
Tout effaré, il se remet debout,
Exactement comme quelqu'un qui se réveille,
Et il entend, voit et, étonné, se demande
Qui pourrait bien être celui qui l'a frappé.
C'est alors qu'il a vu le chevalier ;
Et il lui cria : « Vassal, pourquoi
M'avez-vous frappé, dites-le-moi,
Alors que je ne vous savais pas devant moi,
Et que je ne vous avais fait rien de mal ?
– Par ma foi, si, fait l'autre, vous l'aviez bien fait ;
Ne m'aviez-vous donc pas pris pour quelqu'un de méprisable
Lorsque je vous interdis la traversée du gué
À trois reprises, et vous l'annonçai
À grands cris, au plus fort que je pus ?
Vous m'avez entendu vous défier
Au moins, fait-il, deux fois ou trois,
Et pourtant vous y êtes entré contre mon gré ;
Je vous dis bien que je vous frapperais
Aussitôt que je vous verrais dans l'eau. »
Le Chevalier répond alors :
« Maudit soit celui qui jamais vous entendit
Ou qui vous vit jamais, et que je le sois moi-même !
Il se peut bien que vous m'ayez interdit le gué,
Mais j'étais plongé dans mes pensées ;
Vous sauriez bien à quel point vous fîtes mal
Si seulement par le frein, d'une main,
Je pouvais vous tenir. »
Et l'autre répond : « Que se passerait-il donc ?
Tu pourras me tenir tout de suite
Par le frein si tu oses m'y prendre.
Je n'accorde pas la valeur d'une bonne poignée de cendre

Ta menace ne ton orguel. »
Et cil respont : « Je mialz ne veul :
Que qu'il an deüst avenir,
Je t'i voldroie ja tenir. »
Lors vient li chevaliers avant
Enmi le gué, et cil le prant
Par la resne a la main senestre,
Et par la cuisse a la main destre ;
Sel sache et tire et si l'estraint
Si duremant que cil se plaint
Qu'il li sanble que tote fors
Li traie la cuisse del cors ;
Se li prie que il le lest
Et dit : « Chevaliers, se toi plest
A moi conbatre par igal,
Pran ton escu et ton cheval
Et ta lance, si joste a moi. »
Cil respont : « Nel ferai, par foi,
Que je cuit que tu t'an fuiroies
Tantost qu'eschapez me seroies. »
Quant cil l'oï, s'en ot grant honte ;
Si li ra dit : « Chevaliers, monte
Sor ton cheval seüremant,
Et je te creant lëaumant
Que je ne ganchisse ne fuie.
Honte m'as dite, si m'enuie. »
Et cil li respont autre foiz :
« Einz m'an iert plevie la foiz :
Si vuel que tu le me plevisses,
Que tu ne fuies ne ganchisses,
Et que tu ne me tocheras
Ne vers moi ne t'aprocheras
Tant que tu me voies monté ;
Si t'avrai fet molt grant bonté,
Quant je te tieng, se ge te les. »
Cil li plevist, qu'il n'an puet mes ;
Et quant il an ot la fiance,
Si prant son escu et sa lance

À ta menace ou à ton orgueil. »
Et il répond : « Je ne cherche pas mieux :
Quoi qu'il en advienne,
Je voudrais déjà te tenir là où j'ai dit. »
Le chevalier s'avance alors
Jusqu'au milieu du gué, et l'autre le saisit
Par la rêne de la main gauche,
Et de la main droite par la cuisse ;
Il le tient, le tire et le serre
Tellement fort que l'autre se plaint
Qu'il lui semble effectivement
Qu'on lui arrache du corps la cuisse ;
Et il le supplie de le laisser,
En disant : « Chevalier, s'il te plaît
Que nous nous combattions d'égal à égal,
Prends ton bouclier et ton cheval
Et ta lance, et joute avec moi. »
L'autre répond : « Je ne le ferai point, par ma foi,
Car je pense que tu t'enfuiras
Aussitôt que je t'aurai relâché. »
Quand il l'entendit, il en éprouva une grande honte,
Et il lui dit de nouveau : « Chevalier, monte
Sur ton cheval sans inquiétude,
Et je te garantis fidèlement
Que je ne me sauverai ni ne m'enfuirai.
Tu m'as dit une chose honteuse, cela me contrarie. »
Et celui-là lui répond une fois de plus :
« Donne-moi d'abord l'assurance de ta bonne foi :
Je veux que tu me jures
Que tu ne t'enfuiras ni ne te sauveras,
Et que tu ne me toucheras pas
Ni que tu ne t'approcheras de moi
Avant de me voir à cheval ;
J'aurai à ton égard fait preuve de grande bonté,
Vu que je te tiens en mon pouvoir, si je te relâche. »
L'autre le lui jura, car il ne peut plus rien faire d'autre ;
Et lorsqu'il reçut la garantie nécessaire,
Il prend son bouclier et sa lance

Qui par le gué flotant aloient
Et totes voies s'avaloient,
S'estoient ja molt loing aval ;
Puis revet prendre son cheval.
Quant il l'ot pris et montez fu,
Par les enarmes prant l'escu
Et met la lance sor lo fautre,
Puis point li uns ancontre l'autre
Tant con cheval lor porent randre.
Et cil qui le gué dut desfandre
L'autre premieremant requiert
Et si tres duremant le fiert
Que sa lance a estros peçoie.
Et cil fiert lui si qu'il l'envoie
El gué tot plat desoz le flot,
Si que l'eve sor lui reclot.
Puis se trest arriers et descent,
Car il an cuidoit bien tex cent
Devant lui mener et chacier.
Del fuerre treit le brant d'acier
Et cil saut sus, si treit le suen
Qu'il avoit flanbeant et buen ;
Si s'antrevienent cors a cors ;
Les escuz ou reluist li ors
Traient avant, et si s'an cuevrent ;
Les espees bien i aoevrent,
Qu'eles ne finent ne reposent ;
Molt granz cos antredoner s'osent
Tant que la bataille a ce monte
Qu'an son cuer en a molt grant honte
Li chevaliers de la charrete,
Et dit que mal randra la dete
De la voie qu'il a enprise,
Quant il si longue piece a mise
A conquerre un seul chevalier.
S'il an trovast en un val hier
Tex cent, ne croit il pas ne panse

Qui flottaient au milieu du gué
En aval, au fil de l'eau,
Et se trouvaient déjà bien loin ;
Puis il revient chercher son cheval.
Quant il l'eut pris et fut remonté en selle,
Il saisit le bouclier par les sangles
Et fixe la lance sur la matelassure de l'arçon,
Puis tous deux galopent l'un vers l'autre
Au plus fort qu'ils peuvent faire courir leurs chevaux.
Et celui qui dut défendre le gué
Attaque le premier son adversaire
Et le frappe si fort
Que sa lance d'un coup se met en pièces.
Et l'autre l'assène avec une telle violence qu'il l'envoie
Étendu au fond du gué
Si bien que l'eau se referme sur lui.
Ensuite il recule et descend de cheval,
Car il se jugeait fort capable
De confronter et de chasser devant lui cent hommes de cette espèce.
Du fourreau il tire son épée d'acier,
Et l'autre, en bondissant sur ses pieds, tire la sienne
Qui resplendissait, qui était bonne ;
Et ils en viennent au corps à corps ;
Les écus qui reluisent d'or,
Ils les tendent devant eux, et ils s'en couvrent ;
Ils font si bien travailler leurs épées
Que celles-ci ne s'arrêtent ni ne reposent jamais ;
Ils osent se donner des coups terribles,
Au point même que la bataille, en durant aussi longtemps,
Fait naître un sentiment de honte très grande dans le cœur
Du Chevalier de la Charrette,
Et il dit qu'il risque de rembourser bien mal
La dette contractée lorsqu'il s'est engagé sur ce chemin,
Vu qu'il a mis si longtemps
Pour venir à bout d'un seul chevalier.
S'il eût trouvé encore hier, en quelque vallon,
Une centaine d'hommes pareils, il ne croit ni ne pense

Qu'il eüssent vers lui desfanse,
S'an est molt dolanz et iriez
Qant il est ja si anpiriez
Qu'il pert ses cos et le jor gaste.
Lors li cort sore et si le haste
Tant que cil li ganchist et fuit ;
Le gué, mes que bien li enuit,
Et le passage li otroie.
Et cil le chace tote voie
Tant que il chiet a paumetons ;
Lors li vient sus li charretons,
Si jure quanqu'il puet veoir
Que mar le fist el gué cheoir
Et son panser mar li toli.
La dameisele que o li
Li chevaliers amenee ot
Les menaces antant et ot ;
S'a grant peor et se li prie
Que por li lest qu'il ne l'ocie ;
Et il dit que si fera voir,
Ne puet por li merci avoir
Que trop li a grant honte feite.
Lors li vient sus, l'espee treite ;
Et cil dit, qui fu esmaiez :
« Por Deu et por moi l'en aiez
La merci que je vos demant. »
Et cil respont : « Se Dex m'amant,
Onques nus tant ne me mesfist
Se por Deu merci me requist,
Que por Deu, si com il est droiz,
Merci n'an eüsse une foiz.
Et ausi avrai ge de toi,
Car refuser ne la te doi
Des que demandee la m'as ;

Qu'ils eussent pu se défendre contre lui,
Et il se sent bien triste et irrité
En voyant sa valeur tellement diminuée
Qu'il perd ses coups et gaspille sa journée.
Alors, il fonce sur l'autre et le presse
Si fort que celui-ci lui abandonne la partie et s'enfuit ;
Le gué – chose qui le contrarie beaucoup –
Et le passage, il les lui octroie.
Et ce dernier le pourchasse sans relâche
Jusqu'à ce qu'il tombe sur ses mains ;
Alors, celui de la charrette le rattrape
Et jure par toutes les choses visibles
Qu'il avait très mal agi en le faisant tomber dans le gué,
Et en coupant court de la sorte à sa méditation.
La demoiselle qu'avec lui
Le chevalier avait amenée
Entend et écoute ces menaces ;
Elle a très peur, et elle le supplie,
Par égard pour elle, de le libérer, de ne pas le tuer ;
Et il dit que sans faute il le tuera,
Que, pour elle, il ne lui est pas possible d'avoir pitié
De quelqu'un qui lui a fait subir un affront aussi honteux.
Il avance donc jusqu'à lui, l'épée toute prête ;
Et, épouvanté, l'autre dit :
« Pour Dieu et pour moi, accordez-lui
La grâce qu'elle implore et que je vous demande moi aussi. »
Et il répond : « Que Dieu en soit témoin,
Jamais nul ne se comporta à mon égard si méchamment
Que, s'il invoquait Dieu en me demandant grâce,
Pour Dieu, et comme il est juste,
Je refusasse de la lui accorder une seule et unique fois.
J'aurais donc pitié aussi de toi,
Car je ne dois pas te la dénier,
Puisque tu me l'as demandée ;

V. 898 : Chrétien se permet ici une légère infraction grammaticale : on attend *o lui* au lieu de *o li* ; évidemment, des infractions de ce genre apparaissent plus souvent à la rime qu'ailleurs. Ici, il s'agit d'une rime riche.

Mes ençois me fianceras
A tenir, la ou ge voldrai,
Prison quant je t'an semondrai. »
Cil li plevi, cui molt est grief.
La dameisele de rechief
Dit : « Chevaliers, par ta franchise,
Des que il t'a merci requise
Et tu otroiee li as,
Se onques prison deslias,
Deslie moi cestui prison ;
Claimme moi quite sa prison
Par covant que quant leus sera
Tel guerredon con toi pleira
T'an randrai selonc ma puissance. »
Et lors i ot cil conuissance
Par la parole qu'ele ot dite ;
Si li rant le prison tot quite.
Et cele en a honte et angoisse
Qu'ele cuida qu'il la conoisse ;
Car ele ne le volsist pas.

Et cil s'an part eneslepas ;
Et cil et cele le comandent
A Deu et congié li demandent.
Il lor done, puis si s'an va
Tant que de bas vespre trova
Une dameisele venant,
Molt tres bele et molt avenant,
Bien acesmee et bien vestue.
La dameisele le salue
Come sage et bien afeitiee,
Et cil respont : « Sainne et heitiee,
Dameisele, vos face Dex ! »
Puis li dit : « Sire, mes ostex
Vos est ci pres apareilliez

Mais c'est à la condition que tu t'engages,
Là où je voudrai, à te constituer
Prisonnier, quand je t'en donnerai l'ordre.»
L'autre donna sa parole, son chagrin reste bien fort.
De nouveau la demoiselle
Dit : « Chevalier noble et généreux,
Puisqu'il t'a demandé grâce
Et tu la lui as octroyée,
Si tu dois jamais libérer un prisonnier,
Libère ce prisonnier-ci ;
Laisse-le-moi franc de toute servitude de prison,
Et je te promets, en temps opportun,
Une récompense toute faite pour te plaire
Que je t'offrirai, dans la mesure de mes moyens. »
Alors il la reconnut
Par les paroles qu'elle avait dites ;
Et il lui remet, libéré, le prisonnier,
Et elle en éprouve honte et détresse,
Car elle pensa qu'il l'avait reconnue –
Chose qu'elle ne souhaitait point.

Et il les quitte sur-le-champ,
Et tous deux, ils le recommandent
À Dieu en lui demandant congé.
Il le leur donne, puis il s'en va
Jusqu'à l'heure des vêpres quand il rencontra
Une demoiselle qui venait vers lui,
Très belle et très charmante,
Fort élégante et bien mise.
La demoiselle le salue
Comme une personne bien rangée et bien élevée,
Et il répond : « Que Dieu vous donne,
Demoiselle, santé et bonheur ! »
Puis elle lui dit : « Sire, ma demeure,
Près d'ici, est prête pour vous recevoir,

V. 935-37 : Que la demoiselle du gué redoute d'être reconnue par Lancelot compte parmi les petits mystères du roman. S'agirait-il de la demoiselle des v. 707 et suiv. ?

Se del prandre estes conseilliez ;
Mes par itel herbergeroiz
Que avoec moi vos coucheroiz,
Einsi le vos ofre et presant. »
Plusor sont qui de ce presant
Li randissent .v.c. merciz,
Et il en fu trestoz nerciz,
Et li a respondu tot el :
« Dameisele, de vostre ostel
Vos merci ge, si l'ai molt chier,
Mes, se vos pleisoit, del couchier
Me soferroie je molt bien.
– Je n'an feroie autremant rien,
Fet la pucele, par mes ialz. »
Et cil, des que il ne puet mialz,
L'otroie si com ele vialt ;
De l'otroier li cuers li dialt,
Quant itant seulemant le blesce,
Molt avra au couchier destresce ;
Molt i avra travail et painne
La dameisele qui l'an mainne :
Espoir tant le puet ele amer,
Ne l'en voldra quite clamer.
Puis qu'il li ot acreanté
Son pleisir et sa volenté,
Si l'en mainne jusqu'an un baile,
N'avoit plus bel jusqu'an Thessaile,
Qu'il estoit clos a la reonde
De haut mur et d'eve parfonde ;
Et la dedanz home n'avoit
Fors celui qu'ele i amenoit.
Cele i ot fet por son repeire
Asez de beles chanbres feire,
Et sale molt grant et pleniere.
Chevauchant lez une riviere
S'an vindrent jusqu'au herberjage,
Et an lor ot por le passage

Si vous voulez bien en profiter ;
Mais vous vous y hébergerez à condition
Seulement que vous vous couchiez avec moi ;
Je vous l'offre et présente sous cette réserve. »
Nombreux sont ceux qui, pour ce cadeau-là,
Lui eussent rendu cinq cents mercis,
Mais lui s'en affligea,
Et a vite fait de lui répondre :
« Demoiselle, de votre hospitalité
Je vous remercie, car elle m'est précieuse,
Mais, s'il vous plaisait, quant au coucher,
Je m'en passerais fort bien.
– Dans ce cas, je ne ferai rien pour vous,
Fait la demoiselle, par mes yeux. »
Et lui, voyant qu'il ne saurait obtenir mieux,
Lui octroie tout ce qu'elle veut ;
De cet octroi il a le cœur désolé,
Mais alors qu'à présent cela le blesse seulement,
Au moment du coucher il éprouvera une accablante détresse ;
Tourment et peine attendront
La demoiselle qui l'emmène :
Peut-être l'aime-t-elle tant
Qu'elle ne voudra point lui rendre sa liberté.
Comme il lui avait accordé
Son plaisir et sa volonté,
Elle le conduit dans une enceinte fortifiée
Dont la beauté n'avait de rivale d'ici en Thessalie,
Car elle était complètement entourée
De murs élevés et d'eau bien profonde ;
À l'intérieur, il n'y avait aucun homme
Hormis celui qu'elle y conduisait.
Elle y avait fait faire pour loger
Bon nombre de belles chambres
Et une vaste et riche salle.
En chevauchant le long d'une rivière,
Ils parviennent à cette demeure,
Et afin de leur livrer passage, on avait

Un pont torneïz avalé :
Par sor le pont sont anz alé.
S'ont trovee la sale overte
Qui de tiules estoit coverte :
Par l'uis qu'il ont trové overt
Antrent anz, et voient covert
Un dois d'un tablier grant et lé ;
Et sus estoient aporté
Li mes, et les chandoiles mises
Es chandeliers totes esprises,
Et li henap d'argent doré,
Et dui pot, l'uns plains de moré,
Et li autres de fort vin blanc.
Delez le dois, au chief d'un banc
Troverent deus bacins toz plains
D'eve chaude a laver lor mains ;
Et de l'autre part ont trovee
Une toaille bien ovree,
Bele et blanche, as mains essüier.
Vaslet, ne sergent, n'escüier
N'ont trové leanz ne veü.
De son col oste son escu
Li chevaliers, et si le pant
A un croc, et sa lance prant
Et met sor un hantier an haut.
Tantost de son cheval jus saut,
Et la dameisele del suen.
Au chevalier fu bel et buen,
Quant ele tant nel vost atendre
Que il li eidast a descendre.
Tantost qu'ele fu descendue
Sanz demore et sanz atandue
Tresqu'a une chanbre s'an cort ;
Un mantel d'escarlate cort
Li aporte, si l'an afuble.
La sale ne fu mie enuble,
Si luisoient ja les estoiles ;
Mes tant avoit leanz chandoiles

Abaissé un pont-levis :
Ayant franchi le pont, ils sont entrés à l'intérieur.
Ils ont bien trouvé la salle ouverte,
Avec sa toiture couverte de tuiles :
Par la porte qu'ils ont trouvée ouverte
Ils y pénètrent, et voient
Une table couverte d'une nappe longue et large ;
Et l'on y avait apporté
Les mets, et disposé les chandelles
Toutes allumées dans leurs chandeliers,
Et des hanaps en argent doré,
Et deux pots, l'un rempli de vin de mûre
Et l'autre d'un vin blanc bien généreux.
Tout près de la table, au bout d'un banc,
Ils trouvèrent deux bassins tout pleins
D'eau chaude pour se laver les mains ;
Et de l'autre côté ils ont trouvé
Une serviette belle et blanche,
De tissu de qualité, pour s'essuyer les mains.
Là ils n'aperçurent
Ni valet, ni serveur, ni écuyer.
Le Chevalier ôte son écu
De son cou et le pend
À un croc ; il prend sa lance
Et la place en haut d'un porte-lance.
Il saute vite de son cheval
Et la demoiselle du sien.
Le Chevalier fut fort content
Qu'elle ne voulût pas attendre
Qu'il l'aidât à descendre.
Sitôt descendue,
Sans attendre ni demeurer,
Elle court à une chambre ;
Elle apporte un manteau court d'écarlate
Afin d'en vêtir le Chevalier.
La salle n'était point obscure,
Pourtant déjà les étoiles luisaient,
Mais il y avait là, allumées,

Tortices, grosses et ardanz,
Que la clartez estoit molt granz.
Quant cele li ot au col mis
Le mantel, si li dit : « Amis,
Veez ci l'aigue et la toaille,
Nus ne la vos ofre ne baille,
Car ceanz fors moi ne veez ;
Lavez vos mains, si asseez
Quant vos pleira et boen vos iert ;
L'ore et li mangiers le requiert,
Si con vos le pöez veoir. »
Cil leve, si se va seoir
Molt volantiers, et si li siet ;
Et cele delez lui s'asiet,
Et mangierent ansanble et burent
Tant que del mangier lever durent.
Qant levé furent del mangier,
Dist la pucele au chevalier :
« Sire, alez vos la fors deduire,
Mes que il ne vos doie nuire,
Et seulemant tant i seroiz,
Se vos plest, que vos panseroiz
Que je porrai estre couchiee.
Ne vos enuit ne ne dessiee,
Que lors porroiz a tans venir,
Se covant me volez tenir. »
Et cil respont : « Je vos tendrai
Vostre covant, si revandrai
Quant je cuiderai qu'il soit ore. »
Lors s'an ist fors, et si demore
Une grant piece enmi la cort,
Tant qu'il estuet qu'il s'an retort,
Car covant tenir li covient.
Arriere an la sale revient,
Mes cele qui se fet s'amie
Ne trueve, qu'el ni estoit mie.
Quant il ne la trueve ne voit,
Si dit : « An quel leu qu'ele soit

Tant de grosses chandelles torses
Que la clarté était grande.
Quand elle eut attaché à son cou
Le manteau, elle lui dit : « Ami,
Voici l'eau et la serviette :
Personne ne vous l'offre et présente,
Car ici vous ne voyez que moi.
Lavez vos mains et asseyez-vous
Dès qu'il vous plaira :
Comme vous pouvez le voir,
L'heure du repas est venue. »
Le Chevalier lave ses mains et va s'asseoir
Fort volontiers,
Et la demoiselle s'assied près de lui.
Ils mangent et boivent tous deux,
Tant que leur repas fut terminé.
Quant ils se furent levés de table,
La demoiselle dit au Chevalier :
« Messire, allez là-dehors passer le temps,
Mais que cela ne vous ennuie,
Car vous n'avez qu'à attendre
Le moment que vous penserez
Que je pourrai être couchée.
Que rien donc ne vous déplaise d'ici là,
Car le moment voulu vous me rejoindrez
Afin de tenir votre promesse. »
Et celui-ci lui répond : « Je la tiendrai,
Et retournerai
Lorsque je croirai le moment venu. »
Il sort alors et reste dehors
Longtemps dans la cour,
Tant qu'il se sent obligé de rentrer ;
Soucieux de tenir sa promesse
Il retourne dans la salle,
Mais celle qui se dit son amie
Ne s'y trouve point.
Quand il ne la voit pas,
Il dit : « Où qu'elle soit,

Je la querrai tant que je l'aie. »
Del querre plus ne se delaie
Por le covant que il li ot.
En une chanbre antre, si ot
An haut crïer une pucele,
Et ce estoit meïsmes cele
Avoec cui couchier se devoit.
A tant d'une autre chanbre voit
L'uis overt, et vient cele part
Et voit tot enmi son esgart
C'uns chevaliers l'ot anversee,
Si la tenoit antraversee
Sor le lit, tote descoverte ;
Cele, qui cuidoit estre certe
Que il li venist en aïe,
Crioit en haut : « Aïe ! aïe !
Chevaliers, tu qui es mes ostes,
Se de sor moi cestui ne m'ostes,
Ne troverai qui le m'an ost ;
Et se tu ne me secors tost,
Il me honira, veant toi ;
Ja te doiz tu couchier o moi,
Si con tu m'as acreanté.
Fera donc cist sa volanté
De moi, veant tes ialz, a force ?
Gentix chevaliers, car t'esforce,
Si me secor isnelemant ! »
Cil voit que molt vileinnemant
Tenoit la dameisele cil
Descoverte jusqu'au nonbril ;
S'en a grant honte et molt l'en poise
Quant nu a nu a li adoise ;
Si n'en ert il mie jalos
Ne ja de lui ne sera cos.
Mes a l'entree avoit portiers

V. 1098 : Le mot *cos* n'appartient pas à la langue courtoise, mais les auteurs courtois l'emploient à l'occasion, ainsi Marie de France dans « Guigemar » (*Les Lais*, éd. Jean Rychner. CFMA, 93 [Paris : H. Champion, 1968], v. 214-16 : Kar ceo purporte la nature /

Je vais la chercher et la retrouver. »
Sans tarder davantage, le Chevalier,
Lié par sa promesse, cherche la demoiselle.
Il pénètre dans une chambre d'où il entend
Une jeune femme qui poussait des cris déchirants,
Et c'était celle même
Avec qui il avait promis de coucher.
Voyant ouverte la porte
D'une chambre voisine, il s'en approche
Et aperçoit dans l'autre pièce
La demoiselle. Un chevalier l'avait renversée
En travers d'un lit,
La robe retroussée très haut.
Croyant fermement
Que son hôte viendrait à son secours,
Elle criait bien fort : « Aide-moi, aide-moi,
Chevalier, toi qui es mon invité !
Si tu ne me débarrasses de cet individu,
Je ne trouverai personne pour le faire ;
Si tu ne me secours au plus tôt,
Il va me violer devant tes yeux.
Tu dois te coucher avec moi,
Selon ta promesse ;
Va-t-il donc faire sa volonté
De moi, en ta présence ?
Noble Chevalier, agis donc,
Secours-moi à l'instant ! »
Lui, il voit que le truand
Maintenait la demoiselle
Retroussée jusqu'au nombril.
Il est indigné d'être témoin
De ce contact de chair contre chair,
Mais il n'en éprouve nulle jalousie
Ni l'émotion d'un mari trompé.
Mais deux chevaliers armés

Ke tuit li vieil seient gelus, / Mult het chascuns ke il seit cous). Il s'agit d'une formule : *cos* se trouve normalement à la rime, où ce mot rime avec *gilos* "jaloux", l'époux de la mal-mariée.

Trestoz armez, deus chevaliers
Qui espees nues tenoient ;
Aprés quatre sergent estoient,
Si tenoit chascuns une hache
Tel don l'en poïst une vache
Tranchier outre parmi l'eschine,
Tot autresi con la racine
D'un genoivre ou d'une geneste.
Li chevaliers a l'uis s'areste
Et dit : « Dex, que porrai ge feire ?
Meüz sui por si grant afeire
Con por la reïne Guenievre.
Ne doi mie avoir cuer de lievre
Quant por li sui an cest queste ;
Se Malvestiez son cuer me preste
Et je son comandemant faz,
N'ateindrai pas ce que je chaz ;
Honiz sui se je ci remaing.
Molt me vient or a grant desdaing,
Quant j'ai parlé del remenoir ;
Molt en ai le cuer triste et noir ;
Or an ai honte, or an ai duel
Tel que je morroie mon vuel,
Quant je ai tant demoré ci.
Ne ja Dex n'ait de moi merci,
Se jel di mie por orguel,
Et s'asez mialz morir ne vuel
A enor que a honte vivre.
Se la voie m'estoit delivre,
Quele enor i avroie gié,
Se cil me donoient congié
De passer oltre sanz chalonge ?
Donc i passeroit, sanz mançonge,
Ausi li pires hom qui vive ;
Et je oi que cest chestive
Me prie merci molt sovant
Et si m'apele de covant
Et molt vilmant le me reproche. »

Gardaient la porte,
L'épée à la main.
Derrière eux se dressaient quatre sergents,
Dont chacun tenait une hache
Capable de trancher en deux
Une vache à travers l'échine
Aussi aisément que la racine
D'un genévrier ou d'un genêt.
Le Chevalier s'arrête devant la porte
Et se dit : « Dieu ! que pourrai-je faire ?
Je suis parti à la recherche de la reine Guenièvre,
Une affaire d'une extrême importance.
Ce n'est pas le moment d'avoir peur,
Quand pour elle j'ai entrepris une telle quête.
Si Lâcheté me prête son cœur
Et si je me laisse dominer par elle,
Je n'atteindrai jamais mon but.
Je suis honni si je m'arrête ;
Mais quand je parle de ne pas avancer,
Je suis plein de mépris pour moi-même.
Une grande tristesse m'envahit,
Et j'éprouve honte et souffrance,
Au point que je voudrais mourir
Quand je me suis tant attardé.
Que Dieu jamais ne me pardonne,
Si l'orgueil me fait parler
Quand je dis préférer périr
Honorablement à vivre honteusement.
Si j'avais la voie libre,
Et si ces six adversaires me permettaient
De passer sans résistance,
Où serait mon mérite ?
Dans ce cas, l'homme le plus lâche du monde
Entrerait par la porte, j'en suis certain ;
Et j'entends cette malheureuse
Qui réclame sans arrêt mon aide
Et me rappelle ma promesse
Et me fait honte par ses reproches. »

Maintenant jusqu'a l'uis s'aproche
Et bote anz le col et la teste
Et esgarde amont vers le feste :
Si voit deux espees venir ;
Arriers se tret et retenir
Li chevalier lor cos ne porent.
De tel aïr meüz les orent
Qu'an terre les espees fierent
Si qu'anbedeus les peçoierent.
Quant cil voit qu'eles sont brisiees
Moins en a les haches prisiees
Et moins les an crient et redote ;
Entr'ax se lance et fiert del cote
Un sergent et un autre aprés ;
Les deus que il trova plus prés
Hurte des codes et des braz
Si qu'andeus les abat toz plaz ;
Et li tierz a a lui failli,
Et li quarz qui l'a asailli
Fiert si que lo mantel li tranche,
Et la chemise et la char blanche
Li ront anprés l'espaule tote,
Si que li sans jus an degote,
Et cil qui rien ne se delaie
Ne se plaint mie de sa plaie,
Einz vet et fet ses pas plus emples,
Tant qu'il aert parmi les temples
Celui qui esforçoit s'ostesse.
Randre li voldra sa promesse
Et son covant einz qu'il s'an aut.
Volsist ou non, le dresce an haut,
Et cil qui a lui failli ot
Vient aprés lui plus tost qu'il pot
Et lieve son cop de rechief ;
Sel cuide bien parmi le chief
Jusqu'as danz de la hache fandre :
Et cil qui bien s'an sot desfandre
Li tant le chevalier ancontre,

Il s'approche alors de la porte,
Avance à l'intérieur sa tête,
Et levant les yeux vers le plafond,
Il aperçoit deux épées qui descendent sur lui.
Il retire vivement sa tête,
Et les deux chevaliers ne purent retenir leurs coups.
Ils ont abattu les épées
Si violemment contre le sol
Qu'elles éclatèrent en morceaux.
Quand le Chevalier voit qu'elles sont brisées,
Il attache moins d'importance aux haches,
Qui lui semblent bien moins redoutables.
Il se lance parmi les sergents,
En en frappant l'un du coude et un autre de même.
Les deux plus proches de lui,
Il les heurte des coudes et des bras,
Si bien qu'il les projette contre terre ;
Le troisième ne l'atteint pas,
Mais le quatrième
Lui tranche son manteau,
Déchire sa chemise et sa chair,
Le blesse à l'épaule,
Assez pour que le sang coule.
Mais il ne ralentit pas ses efforts,
Et ne se plaint pas de sa blessure.
Au contraire, il allonge le pas
Et attrape par les tempes
Celui qui malmenait son hôtesse.
Il entend s'acquitter de sa promesse
Avant de s'en aller.
Qu'il le veuille ou non, il redresse l'agresseur ;
Et le sergent qui avait manqué son coup
Revient à la charge au plus tôt
Et lève sa hache de nouveau :
Il pense lui fendre la tête
De son arme jusqu'aux dents.
Celui qui bien savait se défendre
Se sert du chevalier agresseur comme d'un bouclier,

Et cil de la hache l'ancontre
La ou l'espaule au col se joint
Si que l'un de l'autre desjoint.
Et li chevaliers prant la hache,
Des poinz isnelemant li sache,
Et leisse cel que il tenoit,
Car desfandre le covenoit,
Que li chevalier sus li vienent
Et cil qui les trois haches tienent,
Si l'asaillent molt crüelmant ;
Et cil saut molt delivremant
Antre le lit et la paroi
Et dit : « Or ça, trestuit a moi !
Que s'or estïez vint et set,
Des que ge ai tant de recet,
Si avroiz vos bataille assez,
Ja n'en serai par vos lassez. »
Et la pucele qui l'esgarde
Dit : « Par mes ialz, vos n'avrez garde
D'or en avant la ou ge soie. »
Tot maintenant arriere anvoie
Les chevaliers et les sergenz ;
Lors s'an vont cil hors de laienz
Sanz arest et sanz contredit ;
Et la dameisele redit :
« Sire, bien m'avez desresniee
Ancontre tote ma mesniee.
Or an venez, je vos an main. »
An la sale an vont main a main,
Mes celui mie n'abeli,
Qu'il se soffrist molt bien de li.
Un lit ot fet enmi la sale,
Don li drap n'erent mie sale,
Mes blanc et lé et delïé.
N'estoit pas de fuerre esmïé
La couche ne de coutes aspres.
Un covertor de deus diaspres
Ot estandu desor la couche ;

Et le sergent le frappe de sa hache
Là où l'épaule rejoint le cou,
Les séparant l'un de l'autre,
Et le Chevalier lui arrache
La hache des mains,
Mais relâche le blessé,
Car il lui fallait se défendre
Contre les deux chevaliers de la porte
Et trois porteurs de hache :
Tous les cinq l'attaquent férocement.
Lui saute d'un bond
Entre le lit et la paroi
Et s'écrie : « Allez-y, attaquez-moi !
Vous seriez trente et plus,
Dès que je suis ainsi protégé,
Vous aurez de quoi combattre,
Ne croyez pas me lasser. »
Et la demoiselle, qui le regarde faire,
Annonce : « Par mes yeux ! ne craignez plus rien,
En ma compagnie. »
Sur-le-champ elle renvoie
Chevaliers et sergents.
Eux s'en vont de là
Sans s'arrêter et sans dire mot.
Et la demoiselle reprend :
« Messire, vous m'avez bien défendue
Contre les gens de ma maison.
Venez-vous-en maintenant, je vous emmène. »
Ils s'en vont dans la salle, se tenant par la main.
Mais cela ne plaisait guère au Chevalier,
Qui se serait fort bien passé d'elle.
Un lit était dressé dans la salle,
Dont les draps étaient bien propres,
Blancs, amples et doux au toucher.
Le matelas n'était ni bourré de paille hachée,
Ni d'un contact rugueux.
Comme couverture on avait étendu sur la couche
Deux étoffes de soie à ramages.

Et la dameisele s'i couche,
Mes n'oste mie sa chemise.
Et cil a molt grant poinne mise
Au deschaucier et desnüer :
D'angoisse le covint süer ;
Totevoies parmi l'angoisse
Covanz le vaint et si le froisse.
Donc est ce force ? Autant se vaut ;
Par force covient que il s'aut
Couchier avoec la dameisele :
Covanz l'en semont et apele.
Et il se couche tot a tret,
Mes sa chemise pas ne tret,
Ne plus qu'ele ot la soe treite.
De tochier a li molt se gueite,
Einz s'an esloigne et gist anvers,
Ne ne dit mot ne c'uns convers
Cui li parlers est desfanduz,
Quant an son lit gist estanduz ;
N'onques ne torne son esgart
Ne devers li ne d'autre part.
Bel sanblant feire ne li puet.
Por coi ? Car del cuer ne li muet ;
S'estoit ele molt bele et gente,
Mes ne li pleist ne atalante
Quanqu'est bel et gent a chascun.
Li chevaliers n'a cuer que un
Et cil n'est mie ancor a lui,
Einz est comandez a autrui
Si qu'il nel puet aillors prester.
Tot le fet an un leu ester
Amors, qui toz les cuers justise.
Toz ? Nel fet, fors cez qu'ele prise.
Et cil s'an redoit plus prisier

La demoiselle se couche,
Mais sans retirer sa chemise.
Le Chevalier comme au ralenti
Se déchausse et met ses jambes à nu.
Il transpire abondamment.
Cependant, la parole donnée
L'emporte sur son anxiété.
Est-ce donc force majeure ? Tout comme.
Il se trouve forcé
De se mettre au lit avec la demoiselle.
Parole donnée l'y pousse et convie.
Il se couche lentement,
Mais il ne retire pas sa chemise,
Pas plus qu'elle n'avait fait.
Il prend bien soin de ne pas la toucher,
Mais il s'écarte d'elle et, couché sur le dos,
Il garde le silence à l'instar
D'un frère convers à qui la parole est défendue,
Lorsqu'il est allongé sur son grabat ;
Il ne tourne pas davantage ses regards
Vers elle ou ailleurs.
Il se trouve incapable de lui faire bon visage.
Pourquoi donc ? Parce que son cœur s'y refuse,
Bien qu'elle fût belle et charmante.
Ce qui enchante tout un chacun,
Il ne le désire aucunement.
Le Chevalier n'a qu'un cœur,
Et même celui-là ne lui appartient plus,
Mais il l'a confié à autrui,
De sorte qu'il n'en dispose plus.
Amour, qui gouverne tous les cœurs,
Immobilise le sien en un seul lieu.
Tous les cœurs ? Non, seulement ceux qu'Amour estime.
Et celui que cette déesse daigne régenter

V. 1237 : La leçon du ms. *C* (Qu'aillors a mis del tot s'antante) est sémantiquement possible, mais elle ne mène point aux v. 1238-39 (Mes ne li plaist ne atalante / Quanqu'est bel et gent a chascun). En outre, Guiot se trouve contredit par les mss. *AEGTV*.
V. 1245 : Voir la note au v. 384.

Cui ele daigne justisier.
Amors le cuer celui prisoit
Si que sor toz le justisoit
Et li donoit si grant orguel
Que de rien blasmer ne le vuel
S'il lait ce qu'Amors li desfant
Et la ou ele vialt antant.
La pucele voit bien et set
Que cil sa conpaignie het
Et volentiers s'an sofferroit,
Ne ja plus ne li requerroit,
Qu'il ne quiert a li adeser,
Et dit : « S'il ne vos doit peser,
Sire, de ci me partirai.
En ma chanbre couchier m'irai
Et vos an seroiz plus a eise :
Ne cuit mie que molt vos pleise
Mes solaz ne ma conpaignie.
Nel tenez pas a vilenie,
Se je vos di ce que je cuit.
Or vos reposez mes enuit,
Que vos m'avez randu si bien
Mon covant que nes une rien
Par droit ne vos puis demander.
Si vos voel a Deu comander ;
Si m'an irai. » Lors si se lieve ;
Au chevalier mie ne grieve,
Einz l'an leisse aler volentiers
Con cil qui est amis antiers
Autrui que li ; bien l'aparçoit
La dameisele et bien le voit ;
Si est an sa chanbre venue
Et si se couche tote nue,
Et lors a dit a li meïsmes :

S'en doit estimer davantage.
Amour prisait le cœur du Chevalier
Au-dessus de tous les autres
Et lui donnait une telle fermeté de propos
Que je me refuse à le blâmer
S'il évite de faire ce qu'elle lui défend
Et se dirige dans la direction qu'elle désire.
La demoiselle voit bien et comprend
Que le Chevalier hait sa compagnie
Et s'en passerait volontiers,
Et qu'il ne va rien lui demander,
Puisqu'il ne cherche pas à mettre la main sur elle.
Elle lui dit alors : « Messire,
Ne vous fâchez pas si je vous quitte.
J'irai me coucher dans ma chambre,
Ce qui vous mettra à l'aise.
Je ne crois pas que ma compagnie
Et ma conversation vous plaisent.
Ne m'accusez pas d'impolitesse
Si je vous parle franchement.
Reposez-vous bien le reste de cette nuit,
Car vous m'avez si bien tenu parole
Que je ne puis rien
Vous réclamer de plus.
Que Dieu vous ait en sa garde !
Je vous quitte. » Alors elle se lève ;
Le Chevalier ne ressent aucune tristesse,
Mais la laisse partir très volontiers,
Comme quelqu'un qui est entièrement attaché
À une autre qu'elle. La demoiselle s'en aperçoit bien
Et le constate ;
Elle pénètre dans sa chambre
Et se couche toute nue,
Tout en se disant :

V. 1279-80 : La châtelaine, qui avait conservé sa chemise, lorsqu'elle s'était allongée tout près de Lancelot, l'enlève maintenant qu'elle va se coucher toute seule pour la nuit (selon la coutume de l'époque de Chrétien).

« Des lores que je conui primes
Chevaliers, un seul n'an conui
Que je prisasse, anvers cestui,
La tierce part d'un angevin ;
Car si con ge pans et devin,
Il vialt a si grant chose antendre
Qu'ainz chevaliers n'osa enprendre
Si perilleuse ne si grief ;
Et Dex doint qu'il an veigne a chief ! »
A tant s'andormi et si jut
Tant que li jorz clers aparut.

Tot maintenant que l'aube crieve,
Isnelemant et tost se lieve.
Et li chevaliers se resvoille,
Si s'atorne et si s'aparoille
Et s'arme, que nelui n'atant.
La dameisele vient a tant,
Si voit qu'il est ja atornez,
« Boens jorz vos soit hui ajornez, »
Fet ele, quant ele le voit.
« Et vos, dameisele, si soit. »
Fet li chevaliers d'autre part ;
Et cil dit que molt li est tart
Qu'an li ait son cheval fors tret.
La pucele amener li fet
Et dit : « Sire, je m'an iroie
O vos grant piece an ceste voie,
Se vos mener m'an osïez
Et se vos me conduisïez
Par les us et par les costumes
Qui furent ainz que nos ne fumes
El rëaume de Logres mises. »
(Les costumes et les franchises
Estoient tex, a cel termine
Que dameisele ne meschine,

« Depuis le moment où j'ai eu affaire
À des chevaliers, je n'en connus aucun à part celui-ci
Qui fût digne de mon estime, à part celui-ci,
Et valût le tiers d'un denier angevin.
En effet, je crois deviner
Qu'il se propose un but plus difficile
Et plus périlleux
Qu'aucun autre chevalier n'ait osé envisager,
Et Dieu permette qu'il en vienne à bout ! »
Alors elle ferma les yeux et dormit
Jusqu'au lever du jour.

Dès l'aurore
La demoiselle s'éveille et se lève.
Le Chevalier, lui aussi, ouvre les yeux,
S'occupe de sa toilette
Et s'arme sans attendre l'aide d'un écuyer.
Son hôtesse le rejoint
Et voit qu'il est déjà équipé.
« Je vous souhaite le bonjour, »
Fait-elle, quand elle l'aborde.
« Demoiselle, je vous le souhaite également, »
Répond le Chevalier de son côté.
Il déclare qu'il est bien temps
Que l'on sorte son cheval de l'écurie.
La demoiselle le lui fait amener
Et dit : « Messire, je m'en irais
Avec vous un bon bout de chemin,
Si vous osiez m'emmener
Et m'escorter
Selon les us et coutumes
Qui furent établis bien avant nous
Au royaume de Logres. »
(Les coutumes et franchises
Portaient en ce temps-là
Qu'une demoiselle ou une jeune fille,

V. 1285 : La livre valait vingt sous et le sou douze deniers. Le denier se trouvait donc tout au bas de l'échelle monétaire.

Se chevaliers la trovast sole,
Ne plus qu'il se tranchast la gole
Ne feïst se tote enor non,
S'estre volsist de boen renon ;
Et, s'il l'esforçast, a toz jorz
An fust honiz an totes corz.
Mes, se ele conduit eüst,
Uns autres, se tant li pleüst
Qu'a celui bataille an feïst
Et par armes la conqueïst,
Sa volenté an poïst faire
Sanz honte et sanz blasme retraire.)
Por ce la pucele li dist
Que, se il l'osast ne volsist
Par ceste costume conduire
Que autres ne li poïst nuire,
Qu'ele s'an alast avoec lui.
Et cil li dit : « Ja nus enui
Ne vos fera, ce vos otroi,
Que premiers ne le face moi.
– Dons i voel ge, fet ele, aler. »
Son palefroi fet anseler :
Tost fu ses comandemanz fez ;
Li palefroiz li fu fors trez
Et li chevax au chevalier.
Andui montent sanz escüier,
Si s'an vont molt grant aleüre,
Cele l'aresne, et il n'a cure
De quanquē ele l'aparole,
Einçois refuse sa parole :
Pansers li plest, parlers li grieve.

V. 1314-28 : Dans la *Charrette*, Chrétien semble affectionner ces « notes explicatives » au sujet des us et coutumes d'« autrefois » ; on se rappellera son long *excursus* sur la charrette infamante (v. 323-46). Cf. le début d'*Yvain* où le narrateur célèbre (à tort !) la grande courtoisie du roi Artur. Chez certains scribes ce goût du « commentaire d'auteur » se transforme en une véritable impulsion créatrice. Voir, dans le ms. *T* (f°s 7.10), la description de la défaite de Keu par Méléagant et la mise en route de la triste procession des captifs (dont la reine) – description interpolée entre les v. 223 et 225 de notre texte. Cette

Trouvée sans compagnon par un chevalier,
Devait être respectée par lui,
S'il tenait à conserver sa réputation ;
Autrement, il eût mieux fait de se trancher la gorge,
Car s'il lui faisait violence,
Pour toujours il était banni de toute cour.
Mais si la demoiselle était accompagnée, un chevalier
Autre que son compagnon, si l'envie l'en prenait,
Pouvait la lui disputer :
Si à main armée il l'avait conquise,
Il pouvait en faire sa volonté
Sans encourir blâme ni déshonneur.)
Voilà pourquoi la demoiselle dit
Que, si le Chevalier osait et voulait
L'escorter, selon cette coutume,
De sorte que nul ne pût lui nuire,
Elle s'en irait avec lui.
Il répondit : « Nul ne vous fera
De mal, je vous assure,
Avant de me malmener, moi.
– Alors, fait-elle, je pars avec vous. »
Elle fait seller son palefroi :
On obéit sans délai à son ordre ;
Le palefroi fut sorti pour elle,
On sortit également le cheval du Chevalier.
Sans l'aide d'un écuyer, ils montent tous deux
Et s'en vont à vive allure.
Elle s'adresse à lui, mais il n'a cure
De tout ce qu'elle veut lui dire.
Il ne l'écoute pas :
Penser lui plaît, parler l'ennuie.

---

interpolation est reproduite en bas de page par Foerster dans son *editio maior* (p. 810). Chez Chrétien, ces notes ne sont guère gratuites : après tout, Artur, époux chargé de protéger sa femme, abandonne cette dernière à un autre. Selon l'usage « ancien » décrit par Chrétien ici, en la reprenant à son ravisseur, Lancelot peut légitimement la considérer comme lui appartenant.

V. 1340-41 : Chrétien semble oublier qu'il a déjà annoncé qu'on avait sorti le destrier de Lancelot de l'écurie. Voir les v. 1304-06.

Amors molt sovant li escrieve
La plaie que feite li a ;
Onques anplastre n'i lia
Por garison ne por santé.
Qu'il n'a talant ne volanté
D'emplastre querre ne de mire,
Se sa plaie ne li anpire ;
Mes celi querroit volantiers.
Tant tindrent voies et santiers,
Si con li droiz chemins les mainne,
Qu'il vienent pres d'une fontainne.
La fontainne est enmi uns prez
Et s'avoit un perron delez.
Sor le perron qui ert iqui
Avoit oblïé ne sai qui
Un peigne d'ivoire doré.
Onques, des le tens Ysoré,
Ne vit si bel sages ne fos.
Es danz del peigne ot des chevos
Celi qui s'an estoit paigniee
Remés bien demie poigniee.
Qant la dameisele parçoit
La fontainne et le perron voit,
Si ne volt pas que cil la voie,
Einz se mist en une autre voie.
Et cil qui se delite et pest
De son panser qui molt li plest
Ne s'aperçoit mie si tost
Qu'ele fors de sa voie l'ost ;
Mes quant il s'est aparceüz,
Si crient qu'il ne soit deceüz,
Qu'il cuide que ele ganchisse
Et que fors de son chemin isse
Por eschiver aucun peril.

Amour bien souvent lui rouvre
La plaie que cette déesse lui a infligée.
Il n'applique aucun emplâtre sur sa blessure
Dans le but de la guérir,
Car le Chevalier ne désire ni ne veut
Recourir à remède ni à médecin,
À moins que sa plaie n'empire ;
Mais il y a une dame qu'il consulterait volontiers.
Les deux voyageurs chevauchèrent
Sans dévier de leur route,
Et arrivèrent enfin non loin d'une fontaine.
La fontaine jaillissait au milieu d'un pré,
Un bloc de pierre se trouvait tout près.
Sur celui-ci je ne sais qui
Avait oublié
Un peigne en ivoire doré.
Depuis le temps d'Ysoré,
Nul, sage ni fou, n'en vit de si beau.
Celle qui s'était peignée avec
Avait laissé aux dents du peigne
Bien une demi-poignée de ses cheveux.
Quand la demoiselle aperçoit
La fontaine et voit le bloc de pierre,
Elle ne tient pas à ce que le Chevalier les voie,
Et prend un autre chemin.
Celui qui se délecte et repaît
De pensers qui lui plaisent
Ne remarque pas immédiatement
Que la demoiselle le fait sortir de sa route ;
Mais dès qu'il s'en aperçoit,
Il craint d'être victime de quelque ruse de sa part,
Car il croit qu'elle s'écarte
Et sort du bon chemin
Pour éviter quelque péril.

V. 1355 : Littéralement : "Mais il chercherait volontiers celle-là". À qui ou à quoi renvoie *celi* ? À Guenièvre ou à la blessure d'amour ? Au lecteur de choisir.

V. 1364 : Géant sarrasin tué sous les murs de Paris par Guillaume d'Orange. Son nom survit dans celui d'une artère parisienne, la rue de la Tombe-Issoire.

« Ostez, dameisele, fet il ;
N'alez pas bien, venez deça ;
Onques, ce cuit, ne s'adreça
Qui fors de cest chemin issi.
– Sire, nos irons mialz par ci,
Fet la pucele, bien le sai. »
Et cil li respont : « Je ne sai,
Dameisele, que vos pansez,
Mes ce pöez veoir asez
Que c'est li droiz chemins batuz ;
Des que ge m'i sui anbatuz,
Je ne tornerai autre san ;
Mes, s'il vos plest, venez vos an,
Que g'irai ceste voie adés. »
Lors s'an vont tant qu'il vienent pres
Del perron et voient le peigne.
« Onques certes, don me soveigne,
Fet li chevaliers, mes ne vi
Tant bel peigne con je voi ci.
– Donez le moi, fet la pucele.
– Volentiers, dit il, dameisele. »
Et lors s'abeisse et si le prant.
Quant il le tint, molt longuemant
L'esgarde et les chevox remire,
Et cele an comança a rire.
Et quant il la voit, se li prie
Por qu'ele a ris qu'ele li die ;
Et cele dit : « Teisiez vos an,
Ne vos an dirai rien oan.
– Por coi ? fet il. – Car je n'ai cure. »
Et quant cil l'ot, si li conjure
Come cil qui ne cuidoit mie
Qu'amie ami, n'amis amie
Doient parjurer a nul fuer
« Se vos rien nule amez de cuer,
Dameisele, de par celi

« Holà ! demoiselle, fait-il,
Vous vous trompez de chemin, venez par ici !
Je ne pense pas qu'on prenne la bonne direction
En s'écartant de ce chemin-ci.
– Messire, nous avancerons mieux par là,
Fait la demoiselle, j'en suis sûre. »
Et lui répond : « Je ne suis pas sûr
De ce que vous pouvez penser, demoiselle,
Mais vous voyez bien
Que nous sommes sur le bon chemin, le chemin battu.
Du moment que je m'y suis engagé,
Je ne vais pas prendre une autre direction.
S'il vous plaît, venez par ici,
Car je ne changerai pas de route. »
Alors ils continuent leur chemin
Jusqu'au bloc de pierre, et ils voient le peigne.
« Certes, autant qu'il m'en souvienne,
Fait le Chevalier, jamais je ne vis
De peigne aussi beau que celui que je vois ici.
– Donnez-le-moi, dit-elle.
– Volontiers, demoiselle, » dit-il.
Et alors il se penche et le ramasse.
Lorsqu'il l'eut en main, très longuement
Il le regarde et contemple les cheveux,
Et elle commence à sourire.
Quand il la voit sourire, il lui demande
De lui dire pourquoi elle a souri.
La demoiselle répond : « N'insistez pas,
Je n'ai pas l'intention pour l'instant de vous le dire.
– Pourquoi pas ? fait-il – Je n'y tiens pas. »
Et quand le Chevalier l'entend, il la conjure
En homme certain
Qu'un ami doit répondre aux questions d'une amie,
Et une amie à celles d'un ami.
« S'il existe quelqu'un que vous aimez de tout cœur,
Demoiselle, au nom de cette personne,

V. 1387-88 : Exemple (rarissime dans la *Charrette*) de la rime dite du même au même.

Vos conjur et requier et pri
Que vos plus ne le me celez.
– Trop a certes m'an apelez,
Fet ele, si le vos dirai,
De rien nule n'an mantirai :
Cist peignes, se j'onques soi rien,
Fu la reïne, jel sai bien ;
Et d'une chose me creez,
Que li chevol que vos veez
Si biax, si clers et si luisanz,
Qui sont remés antre les danz,
Que del chief la reïne furent :
Onques en autre pré ne crurent. »
Et li chevaliers dit : « Par foi,
Assez sont reïnes et roi ;
Mes de la quel volez vos dire ? »
Et cele dit : « Par ma foi, sire,
De la fame le roi Artu. »
Quant cil l'ot, n'a tant de vertu
Que tot nel coveigne ploier ;
Par force l'estut apoier
Devant a l'arçon de la sele
Et quant ce vit la dameisele,
Si s'an mervoille et esbaïst
Qu'ele cuida que il cheïst ;
S'ele ot peor, ne l'en blasmez,
Qu'ele cuida qu'il fust pasmez.
Si ert il, autant se valoit,
Molt po de chose s'an failloit,
Qu'il avoit au cuer tel dolor
Que la parole et la color
Ot une grant piece perdue.
Et la pucele est descendue,
Et si cort quanqu'ele pot corre
Por lui retenir et secorre,
Qu'ele ne le volsist veoir,
Por rien nule, a terre cheoir.
Quant il la vit, s'en ot vergoigne,

Je vous requiers, conjure et prie
De ne plus garder le silence.
– Certes, votre requête est des plus pressantes,
Fait-elle, je me résous donc à vous répondre.
Je ne vous mentirai en rien.
Ce peigne, si jamais je fus bien renseignée,
Appartint à la reine, ça j'en suis sûre.
Croyez-moi quand je vous assure
Que les cheveux que vous voyez
Si beaux, si blonds, si étincelants,
Qui restent accrochés aux dents du peigne,
Viennent de la chevelure de la reine :
Ils ne poussèrent dans nul autre pré. »
Et le Chevalier dit : « Certes,
Il y a bien des reines et bien des rois ;
Mais de quelle reine voulez-vous parler ? »
Et la demoiselle lui dit : « Messire,
Il s'agit de la femme du roi Artur. »
Quand son interlocuteur l'entendit,
Il fut pris de faiblesse
Et dut s'appuyer
Sur l'arçon de sa selle.
Et lorsque la demoiselle le vit,
Elle fut remplie d'étonnement,
Et pensa qu'il allait tomber de cheval.
Si elle eut peur, ne l'en blâmez pas,
Car elle crut qu'il perdait connaissance.
Et quand tout est dit,
Il s'en fallait de bien peu qu'il ne s'évanouît,
Car il ressentait au cœur une douleur
Si grande que parole et couleur
Lui furent dérobées pendant un bon moment.
La demoiselle saute à bas de sa monture
Et court tant qu'elle peut
Pour lui porter secours,
Car elle ne tenait pour rien au monde
À le voir tomber à terre.
Quand le Chevalier la vit venir, il eut honte

Si li a dit : « Por quel besoigne
Venistes vos ci devant moi ? »
Ne cuidiez pas que le porcoi
La dameisele l'an conoisse,
Qu'il an eüst honte et angoisse,
Et si li grevast et neüst,
Se le voir l'en reconeüst ;
Si s'est de voir dire gueitiee,
Einz dit come bien afeitiee :
« Sire, je ving cest peigne querre,
Por ce sui descendue a terre ;
Que de l'avoir oi tel espans
Ja nel cuidai tenir a tans. »
Et cil, qui vialt que le peigne ait,
Li done, et les chevox an trait
Si söef que nul n'an deront.
Ja mes oel d'ome ne verront
Nule chose tant enorer,
Qu'il les comance a aorer,
Et bien .c.m. foiz les toche,
Et a ses ialz et a sa boche,
Et a son front et a sa face ;
N'est joie nule qu'il n'an face :
Molt s'an fet lié, molt s'an fet riche ;
An son saing, pres del cuer, les fiche
Entre sa chemise et sa char.
N'en preïst pas chargié un char
D'esmeraudes ne d'escharboncles ;
Ne cuidoit mie que reoncles
Ne autre max ja mes le praigne ;
Diamargareton desdaigne
Et pleüriche et tiriasque,
Neïs saint Martin et saint Jasque ;
Car an ces chevox tant se fie

Et lui dit : « Pour quelle raison
Venez-vous près de moi ? »
Ne croyez pas que la demoiselle
Lui avoue la vraie raison :
Il en aurait rougi de honte
Et aurait été blessé au vif,
Si elle lui avait dit la vérité ;
Elle s'est donc bien gardée de la révéler,
Et répondit avec beaucoup de tact :
« Messire, je suis venue chercher le peigne,
Pour cela je suis descendue à terre ;
Je suis si désireuse de l'avoir en main,
Que je n'ai pu attendre davantage. »
Le Chevalier, qui veut bien qu'elle ait le peigne,
Le lui donne, mais pas avant d'en avoir retiré les cheveux
Si doucement qu'il n'en rompt aucun.
Jamais yeux ne verront
Honorer un objet
Comme il se met à révérer les cheveux ;
Bien cent mille fois il les applique
Contre ses yeux, contre sa bouche,
Contre son front et son visage :
Leur contact le plonge dans l'extase.
Les cheveux de la reine sont pour lui bonheur et richesse :
Sur sa poitrine, près du cœur, il les place
Entre chemise et chair.
Il ne les aurait pas échangés contre un chariot
Chargé d'émeraudes et d'escarboucles.
Il ne pense pas que les ulcères
Ou tout autre mal puissent désormais l'atteindre ;
Il dédaigne maintenant le diamargareton,
La pleüriche, la thériaque
Et les prières à saint Martin et saint Jacques,
Car en ces cheveux il a tant confiance

V. 1486-87 : *Diamargareton*, *pleüriche*, *tiriasque* : Chrétien s'amuse un instant à entrechoquer ces noms de médicaments à consonance plus ou moins rocailleuse. Dans *Le Conte du Graal (Perceval)*, passant de la pharmacie aux épices, il composera une courte liste du même genre (éd. Roach, v. 3329-30 : Or pleuris et arcoticum, / Resontif et stomaticum).

Qu'il n'a mestier de lor aïe,
Mes quel estoient li chevol ?
Et por mançongier et por fol
M'an tanra l'en, se voir an di :
Quant la foire iert plainne au Lendi
Et il i avra plus avoir,
Nel volsist mie tot avoir
Li chevaliers, c'est voirs provez,
S'il n'eüst ces chevox trovez.
Et se le voir m'an requerez,
Ors .c.m. foiz esmerez
Et puis autantes foiz recuiz
Fust plus oscurs que n'est la nuiz
Contre le plus bel jor d'esté
Qui ait an tot cest an esté,
Qui l'or et les chevols veïst,
Si que l'un lez l'autre meïst.
Mes por coi feroie lonc conte ?
La pucele molt tost remonte,
A tot le peigne qu'ele an porte ;
Et cil se delite et deporte
Es chevox qu'il a en son saing.
Une forest aprés le plaing
Truevent et vont par une adresce
Tant que la voie lor estresce,
S'estut l'un aprés l'autre aler,
Qu'an n'i poïst mie mener
Deus chevax por rien coste a coste ;
La pucele devant son oste
S'an vet molt tost la voie droite.
La ou la voie ert plus estroite,
Voient un chevalier venant.

Qu'il n'a besoin d'autre aide.
Mais au juste, quel est l'attrait des cheveux ?
On me tiendra pour un menteur ou pour un fou
Si je dis la vérité :
Quand la foire du Lendit bat son plein
Et qu'il y a le plus de marchandises,
Le Chevalier refuserait le tout,
C'est certain, en échange
De la découverte des cheveux.
Et si vous voulez que je vous explique pourquoi,
De l'or cent mille fois raffiné
Et puis autant de fois refondu
Paraîtrait aussi peu brillant que la nuit
Par rapport au plus beau jour
Que nous ayons eu de tout cet été
À qui verrait un tel or
Et voudrait le comparer aux cheveux de la reine.
Mais à quoi bon m'attarder davantage là-dessus ?
La demoiselle remonte prestement en selle
Avec le peigne qu'elle emporte,
Et le Chevalier se réjouit
Des cheveux pressés contre sa poitrine.
Après la plaine ils arrivent à une forêt
Où ils suivent une allée
Qui devient de plus en plus étroite,
Au point qu'ils doivent chevaucher l'un après l'autre,
Car il était impossible d'y mener
Deux chevaux de front.
La demoiselle s'en va tout droit
Devant son invité de la veille.
Là où l'allée s'était le plus rétrécie
Ils voient venir un chevalier.

V. 1494 : Foire annuelle qui se tenait près de Saint-Denis au mois de juin. *Lendi* vient du latin *INDICTUM* "date convenue".
V. 1503-04 : Chrétien a l'air de parler de l'été même pendant lequel il composait le *Lancelot*. Le double problème de la chronologie et de la temporalité de ce roman, surtout dans les rapports de ce texte avec celui d'*Yvain*, a été étudié par Philippe Ménard, « Note sur la date du *Chevalier de la Charrette* », *Romania*, 92 (1971) 118-26.

La dameisele maintenant,
De si loing com ele le vit,
L'a coneü et si a dit :
« Sire chevaliers, veez vos
Celui qui vient ancontre nos
Toz armez et prez de bataille ?
Il m'an cuide mener sanz faille
Avoec lui sanz nule desfanse ;
Ce sai ge bien que il le panse,
Qu'il m'ainme, et ne fet pas que sages :
Et par lui et par ses messages
M'a proiee, molt a lonc tans ;
Mes m'amors li est an desfans,
Que por rien amer nel porroie ;
Si m'aïst Dex, ainz me morroie
Que je l'amasse an nul androit.
Je sai bien qu'il a or androit
Si grant joie et tant se delite
Con s'il m'avoit ja tote quite ;
Mes or verrai que vos feroiz ;
Or i parra se preuz seroiz,
Or le verrai, or i parra
Se vostre conduiz me garra.
Se vos me pöez garantir,
Donques dirai ge sanz mantir
Que preuz estes et molt valez. »
Et il li dit : « Alez, alez ! »
Et ceste parole autant vaut
Con se il deïst : « Po m'an chaut,
Que por neant vos esmaiez
De chose que dite m'aiez. »
Que que il vont ensi parlant,
Ne vint mie cele part lant
Li chevaliers qui venoit seus,
Le grant cors vint ancontre aus deus ;
Et por ce li plest a haster
Que ses pas ne cuide gaster,
Et por boen eüré se clainme,

La demoiselle aussitôt,
De si loin qu'elle le vit,
L'a reconnu et dit à son compagnon :
« Sire Chevalier, voyez-vous
Celui qui vient vers nous
Tout armé et prêt à combattre ?
Il pense m'emmener d'ici sur l'heure,
Sans résistance de votre part.
Je suis certaine que telle est son idée.
Il est amoureux de moi en fou qu'il est :
Lui-même, ou par ses messagers,
Depuis très longtemps me prie de l'aimer,
Mais je ne lui accorderai pas mon amour,
Car pour rien au monde je ne pourrais l'aimer.
Que Dieu me soit en aide, je préfère me tuer
Plutôt que de répondre à son amour.
Je sais qu'il ressent en ce moment
Une joie qui le comble d'aise,
Comme si déjà il m'avait en sa possession.
Mais je vais voir ce que vous allez faire ;
Maintenant vous allez me montrer si vous êtes brave,
Maintenant je verrai clairement
Si vous saurez me protéger,
Si vous êtes digne d'être mon gardien.
Dans l'affirmative, je dirai sans avoir à mentir
Que vous êtes un preux, un chevalier de grande valeur. »
Et lui répond : « Allez, allez donc ! »
Ces mots ont le même sens pour lui
Que s'il avait dit : « Peu m'importe,
Vous avez tort de vous inquiéter
Et de dire ce que vous venez de débiter. »
Pendant qu'ils discouraient,
Le chevalier qui venait seul vers eux
S'approchait rapidement.
S'il se hâtait
C'est qu'il croyait
Avoir une excellente raison de se presser,
Car il se tient pour fortuné

Quant la rien voit que il plus ainme.
Tot maintenant que il l'aproche,
De cuer la salue et de boche
Et dit : « La riens que je plus vuel,
Don moins ai joie, et plus me duel,
Soit bien veignanz, don qu'ele veingne ! »
N'est mie droiz que cele teingne
Vers lui sa parole si chiere
Que ele ne li rande arriere,
Au moins de boche, son salu.
Molt a au chevalier valu,
Quant la pucele le salue,
Qui sa boche pas n'en palue
Ne ne li a neant costé.
Et s'il eüst tot fors josté
A cele ore un tornoiemant,
Ne s'an prisast il mie tant,
Ne ne cuidast avoir conquis
Ne tant d'enor, ne tant de pris.
Por ce que mialz s'an ainme et prise
L'a par la resne del frain prise
Et dit : « Or vos an manrai gié ;
Molt ai hui bien et droit nagié,
Qu'a molt boen port sui arivez.
Or sui ge toz descheitivez :
De peril sui venuz a port,
De grant enui a grant deport,
De grant dolor a grant santé ;
Or ai tote ma volanté,
Qant an tel meniere vos truis
Qu'avoec moi mener vos an puis
Or androit, que n'i avrai honte. »
Et cele dit : « Rien ne vos monte,
Que cist chevaliers me conduit.
– Certes, si a malvés conduit,
Fet il, qu'adés vos en maing gié.

Quand il voit l'être qu'il aime le plus.
Dès qu'il s'est suffisamment approché,
Il la salue de tout cœur
Et dit : « Celle que je désire le plus,
Dont j'ai le moins de plaisir et le plus de souffrance,
Soit la bienvenue, d'où qu'elle vienne ! »
Ce serait manquer aux bienséances
Si la demoiselle se montrait si avare de mots
Qu'elle ne rendît son salut au soupirant,
Au moins du bout des lèvres.
Lui est ravi
De ce salut de la demoiselle
Qui n'a pas sali sa bouche
Et qui ne lui a rien coûté.
Et le soupirant, s'il avait fini à l'instant
De triompher de ses adversaires dans un tournoi,
N'aurait pas eu autant d'estime pour lui-même ;
Il ne penserait pas avoir conquis
Autant d'honneur ou de considération.
Sa confiance en lui-même s'étant encore accrue,
Il empoigne le frein du palefroi
Et dit : « Je vais vous emmener avec moi.
Ha ! j'ai bien mené ma barque,
Puisque me voilà arrivé à bon port.
Maintenant me voilà débarrassé de ma guigne.
De péril en mer je suis parvenu au rivage,
De grande souffrance à joie,
De maladie à pleine santé.
Maintenant j'ai tout ce que je désire,
Quand je vous retrouve en une situation telle
Que je puis vous emmener avec moi
Sans encourir de honte. »
La demoiselle répondit : « Vous parlez en pure perte,
Car je suis escortée par le Chevalier que voilà.
– Certes, c'est piètre escorte,
Puisque je vous emmène avec moi.

V. 1574-75 : Littéralement : "Et si à cette heure il avait balayé un tournoi hors du champ".

Un mui de sel avroit mangié
Cist chevaliers, si con je croi,
Einçois qu'il vos desraist vers moi ;
Ne cuit c'onques home veïsse
Vers cui je ne vos conqueïsse ;
Et quant je vos truis ci an eise,
Mes que bien li poist et despleise,
Vos an manrai, veant ses ialz
Et s'an face trestot son mialz. »
Li autres de rien ne s'aïre
De tot l'orguel qu'il li ot dire,
Mes sanz ranpone et sanz vantance
A chalongier la li comance,
Et dist : « Sire, ne vos hastez,
Ne vos paroles ne gastez,
Mes parlez un po par mesure.
Ja ne vos iert vostre droiture
Tolue, quant vos l'i avroiz.
Par mon conduit, bien le savroiz,
Est ci la pucele venue ;
Lessiez la, trop l'avez tenue,
Qu'ancor n'a ele de vos garde. »
Et cil otroie que an l'arde,
S'il ne l'an mainne mau gré suen.
Cil dit : « Ce ne seroit pas buen,
Se mener la vos an lessoie ;
Sachiez, einçois m'en combatroie.
Mes, se nos bien nos volïens
Conbatre, nos ne porrïens
An cest chemin por nule painne ;
Mes alons desqu'a voie plainne,
Ou jusqu'a pree ou jusqu'a lande. »
Cil dit que ja mialz ne demande
Et dit : « Certes bien m'i acort :
De ce n'avez vos mie tort
Que cist chemins est trop estroiz ;
Ja iert mes chevax si destroiz,
Einçois que ge torner le puisse,

Je pense que votre Chevalier
Aurait plus tôt fait de manger un muid de sel
Que de vous défendre contre moi ;
Je suis sûr qu'il n'y a pas de chevalier
Qui puisse vous défendre contre moi.
Et quand je vous retrouve si à-propos,
Je vous emmènerai à sa barbe,
Qu'il lui en cuise ou non,
Et même s'il vous défend de son mieux. »
Le Chevalier reste calme
En dépit de ce qu'il s'entend dire,
Et sans sarcasmes et sans rodomontade,
Il prend le parti de la demoiselle.
« Messire, dit-il, pas si vite !
Ne proférez pas de vaines paroles,
Mais montrez plus de mesure en ce que vous dites.
Vos droits seront respectés
À condition que vous en ayez.
C'est sous ma protection, j'entends que vous le sachiez,
Que la demoiselle est venue en ces lieux.
Laissez-là tranquille, vous l'avez trop retenue.
Pour l'instant elle n'a rien à craindre de vous. »
Et l'autre proclame qu'il se laisserait brûler à petit feu
Plutôt que de ne pas emmener la jeune femme.
Le Chevalier dit alors : « J'aurais bien tort
De vous permettre de l'emmener.
Je suis prêt à vous combattre, sachez-le,
Mais si nous voulons vraiment
Combattre l'un contre l'autre, nous ne pourrions
Le faire dans cet étroit chemin.
Mais poussons jusqu'à quelque route,
Quelque pré ou quelque lande. »
Le soupirant répond qu'il ne demande pas mieux,
Disant : « Certes, je suis d'accord :
Vous n'avez pas tort,
Car ce chemin est trop étroit ;
Mon cheval est si mal à l'aise
Que je crains qu'il ne se brise la cuisse

Que je crien qu'il se brit la cuisse. »
Lors se torne a molt grant destresce,
Mes son cheval mie ne blesce,
Ne de rien n'i est anpiriez,
Et dit : « Certes molt sui iriez,
Quant antre ancontré ne nos somes
An place lee et devant homes,
Que bel me fust que l'en veïst
Li quex de nos mialz le feïst ;
Mes or venez, se l'irons querre :
Nos troverons pres de ci terre
Tote delivre et grant et lee. »
Lors s'an vont jusqu'a une pree :
An cele pree avoit puceles
Et chevaliers et dameiseles,
Qui jooient a plusors jeus,
Por ce que biax estoit li leus.
Ne jooient pas tuit a gas,
Mes as tables et as eschas,
Li un as dez, li autre au san,
A la mine i rejooit l'an ;
A ces jeus li plusor jooient.
Li autre, qui iluec estoient,
Redemenoient lor anfances,
Baules et queroles et dance ;
Et chantent et tunbent et saillent,
Et au luitier se retravaillent.
Uns chevaliers auques d'ahé
Estoit de l'autre part del pré
Sor un cheval d'Espaigne sor ;
S'avoit lorain et sele d'or
Et s'estoit de chienes meslez.
Une main a l'un de ses lez
Avoit par contenance mise ;
Por le bel tans ert an chemise,

Quand je tâcherai de lui faire faire demi-tour. »
Il y parvient à grand-peine
Et sans blesser son cheval,
Ni lui infliger de mal.
« Certes, dit-il, je regrette vivement
Que nous ne nous soyons rencontrés
En un lieu plus dégagé et devant des spectateurs ;
J'aurais aimé que l'on eût vu
Lequel de nous deux aurait frappé les plus beaux coups.
Venez donc, allons chercher un tel lieu :
Nous trouverons près d'ici un terrain
Étendu, libre d'obstacles. »
Ils s'en vont jusqu'à une prairie.
En celle-ci se trouvaient des jeunes filles,
Des chevaliers et des demoiselles
Qui jouaient à plusieurs jeux,
Car le lieu était beau et y conviait.
Les uns jouaient à des jeux sérieux,
Au trictrac, aux échecs,
Aux dés, au double-six,
Également à la mine.
À de tels jeux le plus grand nombre jouaient ;
Les autres s'amusaient
Comme font les très jeunes
À danser des rondes,
À chanter, à sauter,
À gambader et à lutter.
Un chevalier d'un certain âge
Se trouvait de l'autre côté du pré,
Assis sur un cheval d'Espagne jaune-brun
Dont le harnais et la selle étaient dorés ;
Lui était grisonnant.
Il avait une main au côté
Pour se donner une apparence désinvolte ;
À cause du beau temps il était en chemise.

V. 1653-54 : Selon Philippe Ménard, *jöer au san* c'est avec une paire de dés chercher à amener deux six. Voir *Romania*, 91 (1970) 400-05.

S'esgardoit les geus et les baules ;
Un mantel ot par ses espaules
D'escarlate et de veir antier.
De l'autre part, lez un santier,
En avoit jusqu'a vint et trois
Armez, sor boens chevax irois.
Tantost con li troi lor sorvienent,
Tuit de joie feire se tienent
Et crïent tuit parmi les prez :
« Veez le chevalier, veez,
Qui fu menez sor la charrete !
N'i ait mes nul qui s'antremete
De jöer, tant com il i ert ;
Dahez ait qui jöer i quiert
Et dahez ait qui daingnera
Jöer, tant com il i sera. »
Et autretant ez vos venu
Le fil au chevalier chenu,
Celui qui la pucele amoit
Et por soe ja la tenoit,
Si dist : « Sire, molt ai grant joie,
Et qui la vialt oïr si l'oie,
Que Dex m'a la chose donee
Que j'ai toz jorz plus desirree ;
N'il ne m'aüst pas tant doné
S'il m'eüst fet roi coroné,
Ne si boen gré ne l'en seüsse
Ne tant gahaignié n'i eüsse ;
Car cist gaainz est biax et buens.
– Ne sai encor se il est tuens, »
Fet li chevaliers a son fil.
Tot maintenant li respont cil :
« Nel savez ? Nel veez vos donques ?
Por Deu, sire, n'an dotez onques,
Quant vos veez que je la tieng :
An cele forest don je vieng
L'ancontrai ore ou el venoit.
Je cuit que Dex la m'amenoit,

Il regardait les joueurs et les danseurs,
Un manteau court sur les épaules,
D'étoffe fine ornée d'authentique petit-gris.
Pas loin de lui, le long d'un sentier,
Plus de vingt hommes armés
Se tenaient sur leurs chevaux irlandais
Aussitôt que parurent les trois survenants,
Joueurs et danseurs cessèrent jeux et ébats,
Criant à haute voix à travers la prairie :
« Regardez, regardez le Chevalier
Qui fut voituré en charrette !
Que nul d'entre nous ne songe
À jouer tant qu'il sera présent.
Maudit soit qui cherche à jouer,
Et maudit qui s'avisera
De jouer tant qu'il sera ici. »
Cependant voilà que vint se camper
Devant le vieux chevalier son fils –
Celui qui aimait la demoiselle
Et qui déjà l'appelait sienne.
« Messire, dit-il, je suis rempli de joie,
Et qui veut savoir pourquoi, qu'il m'écoute :
Dieu vient de m'accorder la personne
Que j'ai toujours désirée le plus ;
S'il m'avait donné une couronne de roi,
Il ne m'aurait pas tant donné,
Ni ne lui aurais-je su si bon gré,
Et je n'aurais pas tant gagné,
Comme je le fais avec le gain que voilà.
– Je ne sais si ce gain t'appartient vraiment, »
Répond le chevalier à son fils.
Immédiatement celui-ci s'exclame :
« Vous ne le savez ? Ne le voyez-vous pas,
Messire ? Je vous jure qu'il n'en faut douter,
Quand vous voyez bien qu'elle est en mon pouvoir ;
Dans la forêt d'où je viens
Je l'ai rencontrée qui cheminait.
Je crois que Dieu me l'a amenée,

Si l'ai prise come la moie.
– Ne sai ancor se cil l'otroie
Que je voi venir aprés toi ;
Chalongier la te vient, ce croi. »
Antre ces diz et ces paroles
Furent remeses les queroles
Por le chevalier que il virent,
Ne jeu ne joie plus ne firent,
Por mal de lui et por despit.
Et li chevaliers sanz respit
Vint molt tost aprés la pucele.
« Lessiez, fet il, la dameisele,
Chevaliers, que n'i avez droit.
Se vos osez, tot or androit
La desfandrai vers vostre cors. »
Et li chevaliers vialz dist lors :
« Don ne le savoie je bien ?
Biax filz, ja plus ne la retien,
La pucele, mes leisse l'i. »
A celui mie n'abeli,
Qu'il jure qu'il n'en randra point,
Et dit : « Je Dex puis ne me doint
Joie, que je la li randrai !
Je la tieng et si la tendrai
Come la moie chose lige.
Einz iert de mon escu la guige
Ronpue et totes les enarmes,
Ne an mon cors ne an mes armes
N'avrai je puis nule fiance,
Ne an m'espee n'en ma lance,
Quant je li lesserai m'amie. »
Et cil dit : « Ne te leirai mie
Conbatre, por rien que tu dies.
An ta pröesce trop te fies ;
Mes fai ce que je te comant. »
Cil par orguel respont : « Comant !
Sui j'anfes a espoanter ?
De ce me puis je bien vanter

Et je m'en suis emparé comme d'une chose mienne.
– Je ne suis pas sûr qu'y consente,
Celui que je vois s'avancer derrière toi ;
Il pourrait bien te la disputer, je crois. »
Tandis qu'ils échangeaient ces paroles,
Les rondes avaient cessé ;
À cause du Chevalier que les jeunes gens virent,
Ils ne voulurent plus jouer ni s'amuser,
Tant il leur déplaisait.
Mais, sans perdre de temps, le Chevalier
Qui suivait de près la jeune femme,
Éleva la voix et dit : « Laissez la demoiselle aller,
Chevalier, car vous n'avez aucun droit sur elle !
Si vous osez toucher à elle,
Sur l'heure je la défendrai contre vous. »
Alors le vieux chevalier dit à son fils :
« J'en étais bien sûr,
Beau fils, ne la retiens pas davantage,
Laisse aller la demoiselle. »
Cette parole fut loin de plaire au jeune homme ;
Il jure qu'il ne rendrait pas la demoiselle,
Disant : « Que jamais Dieu ne m'accorde
De faveur, si je la lui rends !
Je la tiens et continuerai à la tenir
Comme une vassale qui m'est inféodée.
La bretelle et les brides de mon écu
Auront été rompues
Et j'aurai perdu toute confiance
En ma force et mes armes,
Mon épée et ma lance
Avant de lui abandonner mon amie. »
Et le père répondit : « Je ne te permettrai pas
De combattre malgré tout ce que tu pourras dire.
Tu te fies trop en ta prouesse ;
Fais plutôt ce que je te recommande. »
Le fils en proie à son orgueil réplique : « Comment !
Suis-je donc un enfant à qui on peut faire peur ?
J'ai le droit de soutenir

Qu'il n'a, tant con la mers aceint,
Chevalier, ou il an a meint,
Nul si boen cui je la leissasse,
Et cui ge feire n'an cuidasse
An molt po d'ore recreant. »
Li peres dit : « Je te creant,
Biax filz, ensi le cuides tu,
Tant te fies an ta vertu,
Mes ne voel ne ne voldrai hui
Que tu t'essaies a cestui. »
Et cil respont : « Honiz seroie
Se je vostre consoil creoie.
Maudahez ait qui le cresra
Et qui por vos se recresra,
Que fieremant ne me conbate.
Voirs est que privez mal achate :
Mialz poïsse aillors barguignier,
Que vos me volez anguignier.
Bien sai qu'an un estrange leu
Poïsse mialz feire mon preu.
Ja nus qui ne me coneüst
De mon voloir ne me neüst,
Et vos m'an grevez et nuisiez.
Tant an sui je plus angoissiez
Por ce que blasmé m'an avez,
Car qui blasme, bien le savez,
Son voloir a home n'a fame,
Plus en art et plus en anflame.
Mes se je rien por vos an les,
Ja Dex joie ne me doint mes,
Einz me conbatrai, mau gré vostre.
– Foi que doi saint Pere l'apostre,
Fet li peres, or voi ge bien
Que proiere n'i valdroit rien :
Tot pert quanque je te chasti.

Que par tout ce monde qu'entoure la mer
Il n'y a chevalier parmi tous ceux qui existent
Si preux que je lui abandonne mon amie,
Ni tel que je ne le rendisse
Rapidement recréant. »
Le père dit : « D'accord, beau fils,
Du moins tu en es convaincu,
Tellement tu te fies en ta vaillance ;
Je n'accepterai aucunement
Que tu entreprennes un combat avec ce Chevalier. »
Le jeune homme répond : « Que je sois honni
Si je vous écoute.
Le diable emporte celui qui suivra vos conseils
Et qui se rendra coupable de lâcheté.
Moi, j'entends combattre avec la dernière énergie.
Il est bien vrai qu'on fait mal ses affaires
En famille : mieux vaut marchander ailleurs ;
Aucun doute, vous voulez me duper.
Je sais bien qu'avec des inconnus
Je réussirais bien mieux.
Quelqu'un qui ne me connaîtrait pas
Ne s'opposerait pas à ma décision,
Et vous, vous la combattez et vous vous y opposez.
Je suis d'autant plus désireux d'agir
Que vous m'avez critiqué ;
Car, comme vous le savez, celui qui reprend
Homme ou femme
Ne fait qu'attiser et enflammer son vouloir.
Mais si je renonce le moins du monde à ce que je médite,
Que Dieu ne m'accorde jamais de bonheur.
Je vais me battre malgré vous.
– Par saint Pierre l'apôtre,
Fait le père, je vois bien maintenant
Que mes prières resteront sans résultat.
C'est en vain que je te fais la leçon ;

V. 1760 : Voir Joseph Morawski, *Proverbes français antérieurs au XVe siècle*. C.F.M.A., 47 (Paris : Champion, 1925), n° 1721 : Privez mal achate.

Mes je t'avrai molt tost basti
Tel plet que, maleoit gré tuen,
T'estovra feire tot mon buen,
Car tu an seras au desoz. »
Tot maintenant apele toz
Les chevaliers, que a lui veignent,
Si lor comande qu'il li tiegnent
Son fil, qu'il ne puet chastïer,
Et dit : « Jel feroie lïer
Einz que conbatre le lessasse.
Vos estes tuit mi home a masse,
Si me devez amor et foi ;
Sor quanque vos tenez de moi
Le vos comant et pri ansanble.
Grant folie fet, ce me sanble,
Et molt li vient de grant orguel,
Quant il desdit ce que je vuel. »
Et cil dïent qu'il le panront,
Ne ja puis que il le tanront
De conbatre ne li prendra
Talanz, et si li covendra
Mau gré suen, la pucele randre.
Lors le vont tuit seisir et prandre
Et par les braz et par le col.
« Dons ne te tiens tu or por fol ?
Fet li peres, or conois voir :
Or n'as tu force ne pooir
De conbatre ne de joster
Que que il te doie coster,
Que qu'il t'enuit ne qu'il te griet.
Ce qui me plest et qui me siet
Otroie, si feras que sages.
Et sez tu quiex est mes corages ?
Por ce que mandres soit tes diax,
Siudrons moi et toi, se tu viax,
Le chevalier, hui et demain.
Et par le bois et par le plain.
Chascuns sor son cheval anblant.

Mais j'aurais tôt fait de te créer
Une situation telle que malgré toi
Tu seras obligé de m'obéir,
Car tu vas te trouver sous ma coupe. »
Il appelle à lui maintenant
Les chevaliers postés près du sentier
Et leur commande d'empoigner
Ce fils qu'il sermonne en vain.
« Je le ferai ligoter, leur dit-il,
Plutôt que de lui permettre de combattre.
Vous êtes tous, tant que vous êtes, mes hommes
Et me devez fidélité :
Au nom de tout ce que vous me devez,
Je vous prie et commande tout à la fois.
Il agit follement, à mon avis.
Son grand orgueil en est cause,
Quand il refuse de m'obéir. »
Ils répondent qu'ils s'empareront de lui,
Et qu'après ça ils l'empêcheront
De donner suite à sa décision
De combattre. Il lui faudra,
Qu'il le veuille ou non, abandonner la demoiselle.
Tous à la fois s'emparent de lui,
En le prenant par les bras et la nuque.
« Te voilà obligé de reconnaître ta folie,
Fait le père, tu es en mesure de comprendre les choses :
Maintenant tu n'as ni la force ni le pouvoir
De combattre ou de jouter,
Quel que soit ton déplaisir,
Que ça t'ennuie ou te fasse souffrir.
Accorde-moi ce qui me plaît et m'arrange,
Tu agiras alors en homme sage.
Et sais-tu ce que je propose de faire ?
Pour amoindrir ta déconvenue,
Nous suivrons tous deux, si tu veux bien,
Le Chevalier aujourd'hui et demain,
Par bois et à travers champs,
Chacun sur son cheval qui court l'amble.

De tel estre et de tel sanblant
Le porrïens nos tost trover
Que je t'i leiroie esprover
Et conbatre a ta volanté. »
Lors li a cil acreanté
Mau gré suen, quant feire l'estuet.
Con cil qui amander nel puet
Dist qu'il s'an sofferroit por lui.
Mes qu'il le siudront amedui.
Et quant ceste avanture voient
Les genz qui par le pré estoient,
Si dïent tuit : « Avez veü ?
Cil qui sor la charrete fu
A hui conquise tel enor
Que l'amie au fil mon seignor
En mainne, sel suefre mes sire.
Por verité, poomes dire
Que aucun bien cuide qu'il ait
An lui, quant il mener li lait.
Et cent dahez ait qui meshui
Lessera a jöer por lui !
Ralons jöer. » Lors recomancent
Lor jeus, si querolent et dancent.

Tantost li chevaliers s'an torne,
En la pree plus ne sejorne,
Mes aprés lui pas ne remaint
La pucele qu'il ne l'en maint.
Andui s'an vont a grant besoing.
Li filz et li peres de loing
Les sivent ; par un pré fauchié
S'ont jusqu'a none chevalchié,
Et truevent en un leu molt bel
Un mostier et lez le chancel
Un cemetire de mur clos.
Ne fist que vilains ne que fos
Li chevaliers qui el mostier
Entra a pié por Deu proier.

Nous le trouverons peut-être
De tel comportement et de telle sorte
1820 Que je te permettrai de te mesurer avec lui
Et de combattre tant que tu voudras. »
Alors le jeune homme a dit oui,
Bien à contre-cœur, puisqu'il y est forcé ;
1824 En personne qui ne peut faire mieux,
Il promet d'être patient,
Mais c'est à condition qu'ils suivent le Chevalier.
Quand ils voient le tour que prennent les choses,
1828 Les spectateurs épars dans le pré
Se disent tous : « Vous avez vu ?
Celui qui fut dans la charrette
Jouit d'une telle considération
1832 Qu'il emmène avec lui l'amie du fils
De notre seigneur, et celui-ci ne s'y oppose pas.
Reconnaissons
Qu'il doit percevoir dans ce Chevalier un mérite
1836 Suffisant pour lui permettre d'emmener la demoiselle.
Que soit maudit cent fois qui pour lui désormais
S'abstiendra de jouer !
Retournons donc nous amuser. » Alors ils recommencent
1840 Leurs jeux, leurs rondes et leurs danses.

Sans perdre de temps le Chevalier s'en va,
Et s'éloigne de la prairie des joueurs ;
La demoiselle ne reste pas en arrière,
1844 Mais accompagne le Chevalier.
Tous deux se hâtent ;
Père et fils les suivent de loin
À travers un pré récemment fauché ;
1848 Ils chevauchent jusqu'à la neuvième heure
Et découvrent en un très beau site
Un monastère et, à côté du chœur,
Un cimetière entouré d'un mur.
1852 Le Chevalier ne se comporte pas en rustre ni en sot,
Mais, ayant mis pied à terre,
Il entra dans le moutier pour prier Dieu.

Et la dameisele li tint
Son cheval tant que il revint.
Quant il ot feite sa proiere
Et il s'an revenoit arriere
Si li vient uns moinnes molt vialz
A l'encontre, devant ses ialz.
Quant il l'encontre, se li prie
Molt dolcement que il li die
Que ce estoit qu'il ne savoit.
Et cil respont qu'il i avoit
Un cemetire ; et cil li dist :
« Menez m'i, se Dex vos aïst.
– Volentiers, sire. » Lors l'i moinne.
Li chevaliers aprés le moinne
Antre et voit les plus beles tonbes
Qu'an poïst trover jusqu'a Donbes,
Ne de la jusqu'a Panpelune ;
Et s'avoit letres sor chascune
Qui les nons de ces devisoient
Qui dedanz les tonbes girroient.
Et il meïsmes tot a tire
Comança lors les nons a lire
Et trova : « *Ci girra Gauvains,*
Ci Looÿs, et ci Yvains. »
Aprés ces trois i a mainz liz
Des nons as chevaliers esliz,
Des plus prisiez et des meillors
Et de cele terre et d'aillors.
Antre les autres une an trueve
De marbre, si sanble estre nueve,

V. 1861-63 : Du moment que le cimetière est entouré d'un mur (v. 1851), on peut en conclure que Lancelot n'aperçoit pas les tombes qu'il contient. Mais il faut avouer que le v. 1863 manque de clarté.

V. 1870 : Donbes, l'ancienne principauté de Dombes, petit pays de Bourgogne, entre le Rhône, la Saône et l'Ain ; rattaché à la Couronne seulement en 1762.

V. 1872-74 : Le ms. *C* est seul à fournir la forme correcte du verbe *gesir* (le conditionnel

La demoiselle tint son cheval par la bride
En attendant son retour.
Quand il eut achevé sa prière
Et comme il revenait en arrière,
Il vit un moine fort vieux
Qui venait à sa rencontre.
Arrivé près de lui, il le prie
Très poliment de lui dire
Ce qui se trouvait derrière le mur.
Et le moine lui répond
Que c'était un cimetière. Le Chevalier lui dit :
« Menez-y moi, et que Dieu vous protège !
– Volontiers, messire. » Et il l'y conduit.
Le Chevalier après le moine
Pénètre dans le cimetière. Il y voit les plus beaux tombeaux
Qu'on pourrait trouver d'ici jusqu'au pays de Dombes,
Et de là jusqu'à Pampelune.
Sur chacun était gravé un nom
Servant à désigner
Celui qui un jour y serait couché.
Et le Chevalier se mit à lire en silence
Les épitaphes une à une.
Il déchiffra : « *Ici reposera Gauvain,*
Ici Louis, ici Yvain. »
Plus loin il a lu les noms
De bien d'autres chevaliers émérites,
Les meilleurs et les plus connus,
De cette terre et d'ailleurs.
Parmi ces tombes-là il en trouve une
En marbre, qui semble récente,

---

girroient) ; *AETV* donnent tous l'imparfait (*gisoient*, etc.). Ils enrichissent la rime au prix d'une incorrection grammaticale.

V. 1875 : Faut-il traduire *meïsmes* ? Frappier le fait (p. 69) : "sans le secours du religieux". Nous préférons voir en *meïsmes* une simple extension du pronom *il* requise par le mètre du vers, tout comme au v. 5090.

V. 1878 : Un *Looÿs* (Louis), chevalier de la Table Ronde au même titre que Gauvain, Yvain et Lancelot, ne paraît nulle part ailleurs. Chrétien aurait-il écrit *Leonés* (Lionel), comme le porte le ms. *A* ?

Sor totes autres riche et bele.
Li chevaliers le moinne apele
Et dit : « Ces tonbes qui ci sont,
De coi servent ? » Et cil respont :
« Vos avez les letres veües ;
Se vos les avez antendues,
Don savez vos bien qu'ele dïent
Et que les tonbes senefïent.
– Et de cele plus grant me dites
De qu'ele sert. » Et le hermites
Respont : « Jel vos dirai assez :
C'est uns veissiax qui a passez
Toz ces qui onques furent fet ;
Si riche ne si bien portret
Ne vit onques ne ge ne nus,
Biax est defors et dedanz plus.
Mes ce metez en nonchaloir,
Que rien ne vos porroit valoir,
Que ja ne la verroiz dedanz,
Car set homes molt forz et granz
I covandroit au descovrir,
Qui la tonbe voldroit ovrir,
Qu'ele est d'une lame coverte,
Et sachiez que c'est chose certe
Qu'au lever covandroit set homes
Plus forz que moi et vos ne somes.
Et letres escrites i a
Qui dïent : « *Cil qui levera*
cele lamme seus par son cors
gitera ces et celes fors
qui sont an la terre an prison,
Don n'ist ne sers ne gentix hon
Qui ne soit de la antor nez
N'ancor n'en est nus retornez ;
Les estranges prisons retienent,
Et cil del païs vont et vienent
Et anz et fors a lor pleisir. »
Tantost vet la lame seisir

Surpassant toutes les autres en richesse et en beauté.
Le Chevalier demande au moine :
« Les tombes qui sont ici
À quoi servent-elles ? » Et celui-ci répond :
« Vous avez vu les inscriptions ;
Si vous les avez déchiffrées,
Vous comprenez leur sens
Et la destination des tombeaux.
– Et celui-là, plus somptueux que les autres,
À quoi sert-il ? » L'ermite répond :
« Je vais vous le dire.
C'est un monument qui surpasse
Tous ceux qu'on a construits ;
De si somptueux et de si bien élaboré
Personne n'en a jamais vu, ni moi, ni un autre.
Il est beau au dehors, et au dedans encore plus ;
Mais n'allez pas vous imaginer
Que vous pourrez en voir l'intérieur,
Ce serait perdre votre temps.
Il faudrait bien sept hommes
Grands et forts
Pour ouvrir ce tombeau,
Pour en soulever la dalle.
Sachez, c'est chose certaine,
Qu'on aurait besoin pour y parvenir de sept hommes
Plus forts que vous et moi ne sommes.
Son inscription porte :
« *Celui qui soulèvera*
Tout seul la lame
Délivrera ceux et celles
Qui sont prisonniers en la terre
Dont nul ne sort, serf ni gentilhomme,
À moins d'y être né ;
Jusqu'à maintenant aucun prisonnier n'est retourné chez lui.
Les gens d'ailleurs se trouvent en prison,
Mais ceux du pays vont et viennent,
Entrent et sortent comme ils veulent. »
Immédiatement le Chevalier

Li chevaliers et si la lieve,
Si que de neant ne s'i grieve,
Mialz que dis home ne feïssent
Se tot lor pooir i meïssent.
Et li moinnes s'an esbahi
Si qu'a bien pres qu'il ne chaï,
Quant veü ot ceste mervoille ;
Car il ne cuidoit la paroille
Veoir an trestote sa vie.
Si dit : « Sire, or ai grant envie
Que je seüsse vostre non ;
Direiez le me vos ? – Je non,
Fet li chevaliers, par ma foi.
– Certes, fet il, ce poise moi.
Mes se vos le me diseiez,
Grant corteisie fereiez,
Si porreiez avoir grant preu.
Qui estes vos et de quel leu ?
– Uns chevaliers sui, ce veez,
Del rëaume de Logres nez :
A tant an voldroie estre quites ;
Et vos, s'il vos plest, me redites
An cele tonbe qui girra ?
– Sire, cil qui deliverra
Toz ces qui sont pris a la trape
El rëaume don nus n'eschape. »
Et quant il li ot tot conté,
Li chevaliers l'a comandé
A Deu et a trestoz ses sainz ;
Et lors est, c'onques ne pot ainz,
A la dameisele venuz,
Et li vialz moinnes, li chenuz,
Fors de l'eglise le convoie.
A tant vienent enmi la voie,
Et que que la pucele monte,
Li moinnes trestot li raconte
Quanque cil leanz fet avoit
Et son non, s'ele le savoit,

Empoigne la dalle tombale et la soulève
Sans le moindre effort,
Plus aisément que dix hommes ne l'auraient fait,
En faisant appel à toute leur force.
Le moine fut stupéfait ;
Pour un peu il serait tombé à la renverse
À la vue de ce prodige,
Car il ne s'attendait pas
À en voir de semblable au cours de sa vie.
« Messire, dit-il, j'ai grande envie
De connaître votre nom.
Pourriez-vous me le dire ? – Non,
Fit le Chevalier, absolument pas.
– Certes, dit le moine, je le regrette fort.
Mais si vous me l'appreniez,
Ce serait agir courtoisement,
Et vous pourriez en être récompensé.
Qui êtes-vous et de quel pays ?
– Je suis chevalier, comme vous pouvez le voir,
Et je suis né au royaume de Logres.
Que cela vous suffise.
Et vous, s'il vous plaît, dites-moi de nouveau
Qui reposera dans ce tombeau ?
– Messire, ce sera celui qui libérera
Tous ceux qui sont pris comme dans un piège
Au royaume dont nul n'échappe. »
Et quand le moine a fini de parler,
Le Chevalier le recommande
À Dieu et à tous ses saints.
Alors, au plus vite qu'il put,
Il revint à la demoiselle,
Accompagné hors de l'église
Par le moine aux cheveux blancs.
Les voyageurs parviennent à la route.
Tandis que la demoiselle remonte en selle,
Le moine lui raconte
Ce que le Chevalier avait accompli au cimetière.
Il lui demanda de lui dire son nom

Li pria qu'ele li deïst,
Tant que cele li regeïst
Qu'ele nel set, mes une chose
Seüremant dire li ose,
Qu'il n'a tel chevalier vivant
Tant con vantent li quatre vant.
Tantost la pucele le leisse,
Aprés le chevalier s'esleisse.
Maintenant cil qui les sivoient
Vienent, et si truevent et voient
Le moinne seul devant l'eglise.
Li vialz chevaliers an chemise
Li dist : « Sire, veïstes vos
Un chevalier, dites le nos
Qui une dameisele mainne ? »
Et cil respont : « Ja ne m'iert painne
Que tot le voir ne vos an cont,
Car or androit de ci s'an vont.
Et li chevaliers fu leanz,
Si a fet mervoilles si granz
Que toz seus la lame leva
C'onques de rien ne s'i greva,
De sor la grant tonbe marbrine.
Il vet rescorre la reïne,
Et il la rescorra sanz dote,
Et avoec li l'autre gent tote.
Vos meïsmes bien le savez,
Qui sovant leües avez
Les letres qui sont sor la lame.
Onques voir d'ome ne de fame
Ne nasquié, n'en sele ne sist
Chevaliers qui cestui vausist. »
Et lors dit li pere a son fil :
« Filz, que te sanble ? Don n'est il
Molt preuz qui a fet tel esforz ?

Si elle le savait,
Avec une telle insistance qu'elle lui avoua
Ne pas le connaître, mais être quand même
En mesure de lui assurer
Qu'il n'a pas son égal comme chevalier
En toute l'étendue où soufflent les quatre vents.
Puis la demoiselle se sépare du moine
Et se presse de rejoindre le Chevalier.
Maintenant les deux qui les suivent de loin
Arrivent et trouvent
Le moine seul devant son église.
Le vieux chevalier sans armure
Lui dit : « Messire, avez-vous aperçu
Un Chevalier escortant
Une demoiselle ? Dites-le-nous.
– Je n'éprouve aucune difficulté, répond le moine,
À vous conter ce qu'il en est.
À l'instant ils viennent de s'en aller.
Le Chevalier fut ici
Et a accompli un exploit merveilleux
En soulevant tout seul la dalle
Recouvrant la grande tombe en marbre,
Sans le moindre effort.
Il projette de délivrer la reine,
Et il parviendra sans doute à la délivrer,
Elle et les autres captifs.
Vous êtes au courant,
Vous qui avez souvent lu
L'inscription sur la dalle.
Certes, jamais ne naquit,
Ni ne s'assit en selle
Homme qui valût ce Chevalier. »
Le vieux chevalier dit alors à son fils :
« Fils, que t'en semble ? L'auteur d'une telle action,
N'est-il pas un homme d'une force exceptionnelle ?

V. 1964 : En ancien français *oser* a parfois le sens de "pouvoir, être en mesure de". C'est le cas ici.

Or sez tu bien cui fu li torz :
Bien sez se il fu tuens ou miens.
Ja ne voldroies por Amiens
Qu'a lui te fusses conbatuz.
Si t'an iés tu molt debatuz
Einçois qu'an t'an poïst torner.
Or nos an poons retorner,
Car grant folie ferïens
S'avant de ci les suïens. »
Et cil respont : « Je l'otroie bien :
Li siudres ne nos valdroit rien.
Des qu'il vos plest, ralons nos an ! »
Del retorner a fet grant san.
Et la pucele tote voie
Le chevalier de pres costoie,
Si le vialt feire a li antendre
Et son non vialt de lui aprendre ;
Ele li requiert qu'il li die,
Une foiz et autre li prie,
Tant que il li dit par enui :
« Ne vos ai ge dit que je sui
Del rëaume le roi Artu ?
Foi que doi Deu et sa vertu,
De mon non ne savroiz vos point ! »
Lors li dit cele qu'il li doint
Congié, si s'an ira arriere ;
Et il li done a bele chiere.

A tant la pucele s'an part,
Et cil, tant que il fu molt tart,
A chevalchié sanz conpaignie.
Aprés vespres, androit conplie,
Si com il son chemin tenoit,
Vit un chevalier qui venoit
Del bois ou il avoit chacié.
Cil venoit le hiaume lacié

Maintenant tu sais bien qui a eu tort,
Tu sais bien si ce fut toi ou moi.
Je ne voudrais pas pour la ville d'Amiens
Que tu te fusses battu contre lui.
Tu as néanmoins beaucoup résisté
Avant que l'on n'ait pu t'en détourner.
À présent nous pouvons rentrer,
Car nous ferions une grande bêtise
Si nous persistions à les suivre plus avant. »
Et l'autre répond : « Je le veux bien :
Les prendre en filature ne nous vaudrait rien.
Puisque vous le voulez, faisons demi-tour ! »
En acceptant de retourner, il a fait acte de grande sagesse.
Et sur ces entrefaites, la demoiselle
Accompagne, à ses côtés, tout près, le Chevalier,
Car elle veut s'entendre avec lui.
Et elle veut, de lui, apprendre son nom ;
Elle insiste pour qu'il le lui dise –
Elle le supplie plus d'une fois –
Jusqu'à ce que, par lassitude, il lui dise :
« Ne vous ai-je pas dit que je suis
Du royaume du roi Artur ?
Par la foi que je dois à Dieu et à Sa toute-puissance,
Vous ne saurez rien de mon nom ! »
Alors elle lui demande de lui accorder
Son congé, et elle retournera sur ses pas ;
Et il le lui accorde bien volontiers.

La demoiselle s'en va aussitôt,
Et lui, jusqu'à très tard,
A chevauché sans compagnie.
Après vêpres, à l'heure de complies,
Pendant qu'il gardait son chemin,
Il vit un chevalier qui revenait
Du bois où il avait chassé.
Il venait, le heaume lacé,

V. 2023 : Avec ce vers la Demoiselle Impudique (une fée) disparaît du roman.

Et a sa venison trossee,
Tel con Dex li avoit donee,
Sor un grant chaceor ferrant.
Li vavasors molt tost errant
Vient ancontre le chevalier,
Si le prie de herbergier :
« Sire, fet il, nuiz iert par tans ;
De herbergier est huimés tans,
Sel devez feire par reison ;
Et j'ai une moie meison
Ci pres, ou ge vos manrai ja.
Einz nus mialz ne vos herberja
Lonc mon pooir que je ferai,
S'il vos plest et liez an serai.
– Et g'en resui molt liez, » fet cil.
Avant en anvoie son fil
Li vavasors tot maintenant,
Por feire l'ostel avenant
Et por la cuisine haster.
Et li vaslez sans arester
Fist tantost son comandemant
Molt volantiers et lieemant,
Et s'an vet molt grant aleüre.
Et cil qui del haster n'ont cure
Ont aprés lor chemin tenu
Tant qu'il sont a l'ostel venu.
Li vavasors avoit a fame
Une bien afeitiee dame,
Et cinq filz qu'il avoit molt chiers,
Troiz vaslez et deus chevaliers,
Et deus filles gentes et beles
Qui encore estoient puceles.
N'estoient pas del païs né,
Mes il estoient anserré,
Et prison tenu i avoient
Molt longuemant, et si estoient
Del rëaume de Logres né.
Li vavasors a amené

Et la venaison,
Que Dieu lui avait donnée, était chargée
Sur un grand cheval de chasse couleur gris fer.
Bien rapidement le vavasseur
Arrive au-devant du Chevalier,
Et il le prie d'accepter son offre de l'héberger :
« Sire, fait-il, il sera bientôt nuit ;
Il est temps à présent de chercher un gîte,
Et vous devrez, raisonnablement, le faire ;
Et j'ai une maison à moi,
Ici près, où je vous amènerai tout de suite.
Jamais nul ne vous reçut mieux que moi je ne le ferai
Avec ce que j'ai de meilleur à ma disposition,
Et si vous acceptez, j'en serai très heureux.
– Et moi aussi, je serai très heureux, » fait l'autre.
Il envoie son fils en avant,
Le vavasseur, aussitôt,
Afin de rendre l'hôtel accueillant
Et pour hâter les préparatifs du repas.
Et sans s'attarder, le valet
Accomplit son ordre,
Avec bonne volonté et allègrement,
Et il s'en va à vive allure.
Et ceux qui n'ont guère envie de se presser
Ont continué leur chemin
Jusqu'à ce qu'ils soient arrivés au logis.
Le vavasseur avait pour femme
Une dame bien polie,
Et cinq fils qui lui étaient très chers –
Trois valets et deux chevaliers –
Et deux filles gracieuses et belles,
Non mariées encore.
Ils n'étaient pas nés dans ce pays,
Mais ils y étaient enfermés
Et maintenus en état de captivité
Depuis très longtemps ; ils étaient
Nés dans le royaume de Logres.
Le vavasseur a amené

Le chevalier dedanz sa cort,
Et la dame a l'encontre cort,
Et si fil et ses filles saillent ;
Por lui servir trestuit se baillent,
Si le salüent et descendent.
A lor seignor gaires n'antendent
Ne les serors ne li cinc frere,
Car bien savoient que lor pere
Voloit que ensi le feïssent.
Molt l'enorent et conjoïssent ;
Et quant il l'orent desarmé,
Son mantel li a afublé
L'une des deus filles son oste,
Au col li met et del suen l'oste.
S'il fu bien serviz au soper,
De ce ne quier je ja parler ;
Mes quant ce vint aprés mangier,
Onques n'i ot puis fet dangier,
De parler d'afeires plusors.
Premieremant li vavasors
Comança son oste a enquerre
Qui il estoit, et de quel terre,
Mes son non ne li anquist pas.
Et il respont eneslepas :
« Del rëaume de Logres sui,
Einz mes an cest païs ne fui. »
Et quant li vavasors l'entant,
Si s'an mervoille duremant
Et sa fame et si anfant tuit,
N'i a un seul cui molt n'enuit ;
Si li ancomancent a dire :
« Tant mar i fustes, biax dolz sire,
Tant est granz domages de vos !
C'or seroiz ausi come nos
Et an servage et an essil.
– Et dom estes vos donc ? fet il.
– Sire, de vostre terre somes.
An cest païs a mainz prodomes

Le Chevalier chez lui, dans la cour,
Et la dame accourt à leur rencontre,
Et ses fils et ses filles se précipitent également ;
Tous s'offrent à le servir,
Et ils le saluent et l'aident à descendre.
De leur maître font peu de cas
Les sœurs ou les cinq frères,
Car ils savaient bien que leur père
Voulait qu'ils fissent ainsi.
Ils lui font tous les honneurs et un accueil chaleureux ;
Et quand ils l'eurent désarmé,
Une des filles de son hôte,
Le revêt de son manteau
Qu'elle lui met au col après l'avoir ôté du sien.
S'il fut bien servi pendant le souper,
De cela je ne veux point parler à présent ;
Après que le repas eut touché à sa fin,
Aucune résistance ne fut opposée
À ce qu'on parlât de nombreux sujets.
En premier lieu, le vavasseur
Commença à s'enquérir de son invité afin de savoir
Qui il était, et de quelle terre,
Mais il ne lui demanda pas son nom.
Et celui-ci répond sans se faire attendre :
« Je suis du royaume de Logres,
Jusqu'à présent je n'ai jamais été dans ce pays. »
Et quand le vavasseur l'entend,
Il s'émeut et s'inquiète,
Ainsi que sa femme et tous ses enfants –
Pas un seul qui ne ressente une vive douleur :
Ils se mettent alors à lui dire :
« Que votre malheur est grand, beau doux sire,
Et combien votre sort est peu enviable !
Vous serez donc tout à fait comme nous
Réduit au servage et à l'exil.
– Et d'où êtes-vous donc ?, fait-il.
– Sire, nous sommes de votre terre.
Dans ce pays, il y a maint prud'homme

De vostre terre an servitume.
Maleoite soit tex costume
Et cil avoec, qui la maintienent !
Que nul estrange ça ne vienent
Qu'a remenoir ne lor covaingne
Et que la terre nes detaigne ;
Car qui se vialt antrer i puet,
Mes a remenoir li estuet.
De vos meïsmes est or pes :
Vos n'en istroiz, ce cuit, ja mes.
– Si ferai, fet il, se je puis. »
Li vavasors li redit puis :
« Comant ? Cuidiez an vos issir ?
– Oïl, se Deu vient a pleisir ;
Et g'en ferai mon pooir tot.
– Donc an istroient sanz redot
Trestuit li autre quitemant,
Car puis que li uns lëaumant
Istra fors de ceste prison,
Tuit li autre sanz mesprison
An porront issir sanz desfanse. »
A tant li vavasors s'apanse
Qu'an li avoit dit et conté
C'uns chevaliers de grant bonté
El païs a force venoit
Por la reïne que tenoit
Meleaganz, li filz le roi ;
Et dit : « Certes, je pans et croi
Que ce soit il, dirai li donques. »
Lors li dist : « Ne me celez onques,
Sire, rien de vostre besoigne
Par un covant que je vos doigne
Consoil au mialz que je savrai.
Je meïsmes preu i avrai
Se vos bien feire le pöez.
La verité m'an desnöez
Por vostre preu et por le mien.
An cest païs, ce cuit je bien,

De votre terre en esclavage.
Maudite soit pareille coutume
Et maudits soient ceux qui la maintiennent !
Car nul étranger ne vient ici
Sans se voir contraint de rester
Retenu dans cette terre ;
Quiconque le désire peut entrer ici,
Mais il faut qu'il y reste.
Il en va désormais de même pour vous :
Vous ne sortirez plus d'ici, je pense.
– Si, je le ferai, fait-il, s'il est en mon pouvoir. »
Alors le vavasseur lui dit :
« Comment ? Vous croyez-vous vraiment capable de partir ?
– Oui, s'il plaît à Dieu ;
Je ferai tout mon possible pour réussir.
– Alors les autres partiraient sans crainte
Tous, indemnes et libres,
Car dès qu'un seul, de plein droit,
Sortira de cette prison,
Tous les autres, sans faute,
Pourront en sortir sans qu'on tente de les en empêcher. »
Alors le vavasseur se rappelle
Qu'on lui avait dit et conté
Qu'un chevalier de grande valeur
Pénétrait à toute force dans le pays
À cause de la reine que tenait
Captive Méléagant, le fils du roi ;
Et il dit : « Très certainement, je pense et je crois
Que c'est bien lui ; je lui dirai donc. »
Il lui dit alors : « Ne me cachez jamais rien,
Sire, de la tâche que vous vous êtes fixée,
Et, en échange, je vous conseillerai
Le mieux que je le pourrai.
Moi-même j'aurai avantage
À ce que vous puissiez la mener à bien.
Révélez-m'en la vérité
Pour votre bien et pour le mien.
Dans ce pays, je le crois bien,

Estes venuz por la reïne,
Antre ceste gent sarradine
Qui peior que Sarrazin sont. »
Et li chevaliers li respont :
« Onques n'i ving por autre chose.
Ne sai ou ma dame est anclose,
Mes a li rescorre tesoil,
Et s'ai grant mestier de consoil.
Conseilliez moi, se vos savez. »
Et cil dit : « Sire, vos avez
Anprise voie molt grevainne.
La voie ou vos estes vos mainne
Au Pont de l'Espee tot droit.
Consoil croire vos covendroit :
Se vos croire me volïez,
Au Pont de l'Espee irïez
Par une plus seüre voie,
Et je mener vos i feroie. »
Et cil qui la menor covoite
Li demande : « Est ele ausi droite
Come ceste voie de ça ?
– Nenil, fet il, einçois i a
Plus longue voie et plus seüre. »
Et cil dit : « De ce n'ai ge cure ;
Mes an cesti me conseilliez,
Car je i sui apareilliez.
– Sire, voir ja n'i avroiz preu :
Se vos alez par autre leu,
Demain venroiz a un passage
Ou tost porroiz avoir domage,
S'a non : li Passages des Pierres.
Volez que je vos die gierres
Del passage com il est max ?
N'i puet passer c'uns seus chevax ;
Lez a lez n'i iroient pas
Dui home, et si est li trespas
Bien gardez et bien desfanduz.
Ne vos sera mie randuz

Vous êtes venu à cause de la reine,
Au milieu de ce peuple de mécréants
Qui sont pires que les Sarrasins. »
Et le Chevalier lui répond :
« Je ne suis venu ici pour rien d'autre au monde.
Je ne sais point où l'on tient enfermée ma dame,
Mais j'entends la délivrer,
Et j'ai grand besoin de conseils.
Conseillez-moi, si vous en êtes capable. »
Et l'autre dit : « Sire, vous avez emprunté
Un chemin des plus ardus.
La voie où vous vous êtes engagé vous mène
Tout droit au Pont de l'Épée.
Il vous serait utile de prendre les conseils au sérieux :
Si vous vouliez m'en croire, vous iriez
Au Pont de l'Épée
Par une voie plus sûre,
Et je vous y ferai guider. »
Et celui qui désire le chemin le plus court
Lui demande : « Cette route est-elle
Aussi droite que celle-ci ?
– Non, fait-il, elle est au contraire
Plus longue, mais elle est plus sûre. »
Et l'autre dit : « Je me moque de cela ;
Mais renseignez-moi sur celle-ci,
Car je suis tout prêt à la suivre.
– Sire, vraiment vous n'y gagnerez pas :
Si vous allez par là,
Demain vous arriverez à un passage
Où bientôt vous pourrez subir un dommage
Et qui a pour nom le Passage des Pierres.
Voulez-vous donc que je vous dise
Combien ce passage est mauvais ?
Ne peut y passer qu'un seul cheval ;
Côte à côte ne le franchiraient pas
Deux hommes, et la traversée est fort
Bien gardée et bien défendue.
L'accès ne vous en sera point accordé

Maintenant que vos i vandroiz :
D'espee et de lance i prandroiz
Maint cop et s'an randroiz assez
Einz que soiez outre passez. »
Et quant il li ot tot retret,
Uns chevaliers avant se tret,
Qui estoit filz au vavasor,
Et dit : « Sire, avoec cest seignor
M'an irai, se il ne vos grieve. »
A tant uns des vaslez se lieve
Et dit : « Ausins i irai gié. »
Et li pere an done congié
Molt volentiers a enbedeus.
Or ne s'an ira mie seus
Li chevaliers, ses an mercie,
Que molt aime lor conpaignie.
A tant les paroles remainnent,
Le chevalier couchier an mainnent ;
Si dormi, se talant en ot.
Tantost con le jor veoir pot,
Se lieve sus, et cil le voient
Qui avoec lui aler devoient ;
Si sont tot maintenant levé.
Li chevalier se sont armé,
Si s'an vont et ont congié pris ;
Et li vaslez s'est devant mis,
Et tant lor voie ansanble tienent
Qu'an Passage des Pierres vienent,
A ore de prime tot droit.
Une bretesche en mi avoit,
Ou il avoit un home adés.
Einçois que il venissent pres,
Cil qui sor la bretesche fu
Les voit et crie a grant vertu :
« Cist vient por mal ! Cist vient por mal ! »
A tant ez vos sor un cheval
Un chevalier soz la bretesche,
Armé d'une armeüre fresche,

Dès que vous y arriverez ;
Vous y recevrez maint coup d'épée et de lance
Et vous en donnerez aussi beaucoup
Avant de pouvoir passer de l'autre côté. »
Et quand il lui eut tout raconté,
Un chevalier s'avance
– C'était un des fils du vavasseur –
Et dit : « Sire, avec ce seigneur
Je m'en irai, si cela ne vous déplaît pas. »
Ensuite, un des valets se lève,
Et dit : « J'irai moi aussi. »
Et le père donne très volontiers
Son accord à tous les deux.
Ainsi le Chevalier ne s'en ira-t-il
Point seul, et il les en remercie,
Car il apprécie beaucoup leur compagnie.
Les paroles touchent alors à leur fin,
Ils emmènent le Chevalier se coucher ;
Il dormit, car il avait envie de le faire.
Aussitôt qu'il put voir le jour,
Il se lève d'un bond, et ceux-mêmes le voient
Qui devaient aller avec lui ;
À leur tour ils se sont levés.
Les chevaliers ont revêtu leur armure
Et, ayant pris congé, ils s'en vont ;
Et le valet s'est mis à leur tête,
Et ensemble ils suivent si bien leur chemin
Qu'ils arrivent au Passage des Pierres
Tout droit, à l'heure de prime.
Il y avait au milieu une bretèche
Où en tout temps se tenait un homme.
Avant qu'ils ne puissent s'approcher de près,
Celui qui fut sur la bretèche
Les voit et crie très fort :
« C'est un ennemi qui vient ! C'est un ennemi qui vient ! »
Voici alors qu'apparaît, monté à cheval,
Un chevalier sur la bretèche,
Vêtu d'une armure toute neuve,

Et de chascune part sergenz
Qui tenoient haches tranchanz.
Et quant il au passage aproche,
Cil qui le garde li reproche
La charrete molt laidemant,
Et dit : « Vassax, grant hardemant
As fet, et molt es fos naïs,
Quant antrez iés an cest païs.
Ja hom ça venir ne deüst
Qui sor charrete esté eüst,
Et ja Dex joïr ne t'an doint ! »
A tant li uns vers l'autre point
Quanque cheval porent aler ;
Et cil qui doit les pas garder
Peçoie sa lance a estros
Et lesse andeus cheoir les tros ;
Et cil an la gorge l'asanne
Trestot droit par desus la panne
De l'escu, si le giete anvers
Desus les pierres an travers ;
Et li sergent as haches saillent ;
Mes a esciant a lui faillent,
Qu'il n'ont talant de feire mal
Ne a lui ne a son cheval.
Et li chevaliers parçoit bien
Qu'il nel voelent grever de rien
Ne n'ont talant de lui mal feire,
Si n'a soing de s'espee treire,
Einz s'an passe oltre sanz tançon
Et aprés lui si conpaignon.
Et li uns d'ax a l'autre dit
C'onques tel chevalier ne vit,
Ne nus a lui ne s'aparoille.
« Dont n'a il feite grant mervoille
Qui par ci est passez a force ?

Et de chaque côté, des sergents
Qui portaient des haches affilées.
Et lorsqu'il arrive au passage,
Celui qui le garde lui reproche
Très injurieusement la charrette,
Et dit : « Vassal, c'est un acte bien hardi
Que tu as commis, et tu agis en parfait simple d'esprit
En entrant de la sorte dans ce pays.
L'homme n'a point à se présenter ici
Qui a fait l'expérience de la charrette –
Que Dieu ne t'accorde jamais d'en profiter ! »
L'un fonce sur l'autre avec tout l'élan
Dont leurs chevaux furent capables ;
Et celui qui doit garder le passage
Brise hardiment sa lance
Et en laisse tomber les tronçons ;
Et l'autre lui assène un coup à la gorge
Juste au-dessus de la panne
De l'écu, si bien qu'il le renverse
Et l'abat, les pieds en l'air, sur les pierres ;
Armés de leurs haches, les sergents se lancent
Dans la mêlée, mais c'est exprès qu'ils le manquent,
Car ils n'ont aucun désir de lui faire du mal,
Ni à lui ni à son cheval.
Et le Chevalier s'aperçoit bien
Qu'ils ne veulent lui nuire en rien
Et n'ont aucun désir de lui faire du mal.
Aussi ne songe-t-il pas à tirer son épée,
Choisissant plutôt de traverser sans discussion le passage
Avec, derrière lui, ses compagnons.
Et l'un d'eux dit à l'autre
Qu'il n'avait jamais vu pareil chevalier,
Que nul autre n'était comparable à lui.
« N'a-t-il donc pas fait preuve d'une merveilleuse prouesse
En réussissant à forcer ce passage ?

V. 2238 : H.K. Stone (*Romania*, 63 [1937] 401) a eu pleinement raison en proposant de remplacer le *desoz* du ms. *C* par *desus*.

– Biax frere, por Deu, car t'esforce,
Fet li chevaliers a son frere,
Tant que tu vaignes a mon pere ;
Si li conte ceste avanture. »
Et li vaslez afiche et jure
Que ja dire ne li ira,
Ne ja mes ne s'an partira
De ce chevalier, tant qu'il l'ait
Adobé et chevalier fait ;
Mes il aut feire le message,
Se il en a si grant corage.
A tant s'an vont tuit troi a masse,
Tant qu'il pot estre none basse.
Vers none un home trové ont,
Qui lor demande qui il sont,
Et il dïent : « Chevalier somes,
Qui an noz afeires alomes. »
Et li hom dit au chevalier :
« Sire, or voldroie herbergier
Vos et voz conpaignons ansanble. »
A celui le dit, qui li sanble
Que des autres soit sire et mestre.
Et il li dit : « Ne porroit estre
Que je herberjasse a ceste ore,
Car malvés est qui se demore
Ne qui a eise se repose
Puis qu'il a enprise grant chose.
Et je ai tel afeire anpris
Qu'a piece n'iert mes ostex pris. »
Et li hom li redit aprés :
« Mes ostex n'est mie ci pres,
Einz est grant piece ça avant.
Venir i pöez par covant

– Beau frère, pour l'amour de Dieu, rassemble toutes tes forces,
Dit le chevalier à son frère cadet,
Et va rejoindre notre père ;
Raconte-lui cette aventure. »
Mais le valet proclame et jure
Qu'il n'ira point dire quoi que ce soit,
Qu'il ne quittera jamais
Ce Chevalier avant d'être adoubé
Et fait chevalier par lui ;
Que l'autre s'en aille porter la nouvelle
S'il y tient à ce point.
Ensemble ils reprennent tous les trois leur chemin
Jusqu'après l'heure de none ;
Vers cette heure-là ils ont trouvé un homme
Qui leur demande qui ils sont,
Et ils lui répondent : « Nous sommes chevaliers,
Et nous allons là où nos affaires l'exigent. »
Et l'homme dit au Chevalier :
« Sire, je voudrais vous héberger dès maintenant,
Vous et vos compagnons. »
Il dit cela à celui qui lui paraît
Le seigneur et maître des deux autres,
Et ce dernier lui répond : « Il ne saurait être question
Pour moi de chercher à m'héberger à cette heure-ci,
Car lâche est celui qui s'attarde en sa route
Ou qui ne cherche qu'à prendre ses aises
Après s'être engagé dans une grande entreprise.
Et celle dont je me suis chargé est d'une envergure telle
Qu'il s'écoulera un bon moment avant que je ne prenne de repos. »
Mais l'homme revient à la charge :
« Ma demeure n'est point tout près d'ici ;
En fait, elle se trouve à une distance considérable.
Vous pouvez vous y diriger, avec la certitude

V. 2258 : Les mss. *ACET* donnent *a mon pere*, tandis que *V* offre *a ton pere*. Le mètre du vers explique pourquoi le poète n'a pas écrit **a nostre pere*.

Que a droite ore ostel prendroiz,
Que tart iert quant vos i vendroiz.
– Et je, fet il, i irai donques. »
A la voie se met adonques
Li hom devant, qui les an mainne,
Et cil aprés la voie plainne.
Et quant il ont grant piece alé,
S'ont un escüier ancontré,
Qui venoit trestot le chemin
Les granz galoz sor un roncin
Gras et reo͏̈nt com une pome.
Et li escüiers dit a l'ome :
« Sire, sire, venez plus tost,
Car cil de Logres sont a ost
Venu sor ces de ceste terre,
S'ont ja comanciee la guerre
Et la tançon et la meslee ;
Et dïent qu'an ceste contree
S'est uns chevaliers anbatuz
Qui an mainz leus s'est conbatuz,
N'en ne li puet contretenir
Passage, ou il vuelle venir,
Que il n'i past, cui qu'il enuit.
Ce dïent an cest païs tuit
Que il les deliverra toz
Et metra les noz au desoz.
Or si vos hastez, par mon los ! »
Lors se met li hom es galos,
Et cil an sont molt esjoï,
Qui autresi l'orent oï,
Car il voldront eidier as lor.
Et dit li filz au vavasor :
« Sire, öez que dit cist sergenz.
Alons, si eidons a nos genz
Qui sont meslé a ces de la ! »
Et li hom tot adés s'an va,
Qu'il nes atant, ençois s'adrece
Molt tost vers une forterece

De ne pas avoir à accepter d'hospitalité avant l'heure normale.
Il sera tard quand vous y arriverez.
– Dans ce cas, répond-il, j'y vais volontiers. »
Alors l'homme se place à leur tête
Afin de leur montrer le chemin,
Et les autres le suivent sur la grand-route.
Lorsqu'ils eurent fait un bon bout de chemin,
Ils ont aperçu un écuyer
Qui venait précipitamment à leur rencontre,
Au grand galop, monté sur un roussin
Bien nourri et rond comme une pomme.
Et l'écuyer dit à l'homme :
« Sire, sire, dépêchez-vous,
Car ceux de Logres ont pris les armes
Afin d'attaquer les habitants de cette terre ;
Ils viennent de déclencher la guerre,
La révolte et la mêlée ;
Et ils disent que dans ce pays,
Un Chevalier s'est introduit –
Un Chevalier qui a combattu en maints lieux –
À qui nul ne saurait interdire
De passer là où il voudrait aller,
N'en déplaise à qui s'y oppose.
En ce pays, tous disent
Qu'il les délivrera tous,
Et qu'il aura raison des nôtres.
Dépêchez-vous donc, je vous le conseille ! »
L'homme prend alors le galop,
Et les autres se réjouissent,
Car, eux aussi, ils l'avaient entendu ;
Ils voudront aider leurs amis.
Et le jeune fils du vavasseur dit :
« Sire, écoutez ce que dit ce sergent ;
Allons-y, et aidons les nôtres
Qui se battent contre ces gens là-bas ! »
Et l'homme les quitte sur-le-champ
Sans les attendre, mais en se dirigeant
À toute allure vers une forteresse

Qui sor un tertre estoit fermee,
Et cort tant qu'il vient a l'entree,
Et cil aprés a esperon.
Li bailes estoit anviron
Clos de haut mur et de fossé.
Tantost qu'il furent anz antré,
Si lor lessierent avaler,
Qu'il ne s'an poïssent raler,
Une porte aprés les talons.
Et cil dïent : « Alons, alons !
Que ci n'aresterons nos pas. »
Aprés l'ome plus que le pas
Vont tant qu'il vienent a l'issue,
Qui ne lor fu pas desfandue ;
Mes maintenant que cil fu fors
Li lessierent aprés le cors
Cheoir une porte colant.
Et cil an furent molt dolant
Quant dedanz anfermé se voient,
Car il cuident qu'anchanté soient ;
Mes cil don plus dire vos doi
Avoit un anel an son doi
Don la pierre tel force avoit
Qu'anchantemanz ne le pooit
Tenir, puis qu'il l'avoit veüe.
L'anel met devant sa veüe,
S'esgarde la pierre, et si dit :
« Dame, dame se Dex m'aït,
Or avroie je grant mestier
Que vos me poïssiez eidier. »
Cele dame une fee estoit
Qui l'anel doné li avoit,
Et si le norri an s'anfance ;
S'avoit an li molt grant fiance
Que ele, an quel leu que il fust,

Qui s'élevait sur un tertre.
Il arrive rapidement devant l'entrée,
Et les autres le suivent en éperonnant leur monture.
L'enceinte de la place était fortifiée
D'un haut mur et d'un fossé.
Aussitôt qu'ils y eurent pénétré,
L'on fit tomber
Juste derrière leur dos une porte
Pour les empêcher de faire demi-tour.
Et ils se disent : « Allons toujours, allons en avant !
Ce n'est pas ici que nous nous arrêterons. »
À la suite de l'homme, ils poussent de l'avant
Et parviennent rapidement à l'issue.
On ne leur en interdit point l'approche ;
Mais dès que l'homme l'eut franchie,
On fit tomber derrière lui
Une porte coulissante.
Et les autres s'attristaient
De se voir ainsi bloqués à l'intérieur,
Car ils pensent être les victimes d'un enchantement ;
Mais celui de qui je dois surtout vous parler
Portait à son doigt un anneau
Dont la pierre possédait une vertu telle
Qu'aucun enchantement ne pouvait tenir
Devant elle après qu'il l'avait regardée.
Il met l'anneau devant ses yeux,
Regarde la pierre et dit :
« Dame, dame, que Dieu me vienne en aide,
J'aurais à présent grand besoin de vous
Si vous pouviez m'aider. »
La « dame » en question était une fée
Qui lui avait donné l'anneau
Et qui l'avait élevé pendant son enfance ;
Il avait en elle une pleine confiance
Qu'elle viendrait lui porter secours et aide

V. 2357-62 : La Dame du Lac – la fée qui éleva le jeune Lancelot – est appelée dans d'autres textes tantôt Viviane, tantôt Niniane.

Secorre et eidier li deüst ;
Mes il voit bien a son apel
Et a la pierre de l'anel
Qu'il n'i a point d'anchantemant,
Et set trestot certainnemant
Qu'il sont anclos et anserré.
Lors vienent a un huis barré
D'une postorne estroite et basse.
Les espees traient a masse ;
Si fiert tant chascuns de s'espee
Qu'il orent la barre colpee.
Quant il furent fors de la tor,
Et comancié voient l'estor,
Aval les prez, molt grant et fier,
Et furent bien mil chevalier
Que d'une part que d'autre au mains
Estre la jaude des vilains.
Quant il vindrent aval les prez,
Come sages et atremprez
Li filz au vavasor parla :
« Sire, einz que nos vaigniemes la,
Ferïemes, ce cuit, savoir,
Qui iroit anquerre et savoir
De quel part les noz genz se tienent.
Je ne sai de quel part il vienent,
Mes g'i irai, se vos volez.
– Jel voel, fet il, tost i alez,
Et tost revenir vos covient. »
Cil i va tost et tost revient,
Et dit : « Molt nos est bien cheü,
Que j'ai certainnemant veü
Que ce sont li nostre de ça. »
Et li chevaliers s'adreça

Où qu'il pût se trouver.
Mais il voit bien par son appel
Et par la pierre de l'anneau
Qu'aucun enchantement n'est en train de se produire,
Et il se rend à l'évidence :
Ils sont bel et bien emprisonnés.
Alors ils viennent jusqu'à une poterne
Étroite et basse, à l'huis fermé d'une barre.
D'un seul mouvement tous tirent leurs épées,
Et chacun frappe si durement
Qu'ils finissent par rompre la barre.
Une fois qu'ils purent sortir de la tour
Ils voient que la mêlée avait commencé,
Impressionnante et féroce, en bas dans les prés,
Et qu'il y avait bien mille chevaliers
De part et d'autre, sans compter
Une piétaille nombreuse.
Lorsqu'ils furent descendus jusqu'aux prés,
Ce fut en homme raisonnable et expérimenté
Que parla le fils du vavasseur :
« Sire, avant de pousser jusque là-bas,
Il serait sage de notre part, je pense, de désigner
L'un d'entre nous pour aller s'informer
De quel côté se tiennent nos amis.
Je ne sais d'où ils viennent,
Mais j'irai voir, si vous le voulez.
– Je veux bien, dit le chef, allez-y vite
Et revenez au plus tôt ! »
Il y va vite et en revient vite,
Et il dit : « Cela tombe très bien pour nous,
Car j'ai bien pu confirmer
Que les nôtres sont de ce côté-ci. »
Et le Chevalier se lança tout droit

V. 237-273 : Le ms. *G* contient (f° *22r*) une deuxième miniature placée entre ces deux vers ; celle-ci représente Lancelot en train de converser avec le fils du vavasseur.

V. 2374 : *Et* emphatique, après une subordonnée temporelle, sert à introduire la proposition principale. C'est également le cas au v. 4058. Pour un cas analogue, voir la note aux v. 3472-73.

Vers la meslee maintenant ;
S'ancontre un chevalier venant
Et joste a lui, sel fiert si fort
Parmi l'uel que il l'abat mort.
Et li vaslez a pié descent,
Le cheval au chevalier prent
Et les armes que il avoit
Si s'an arme bel et adroit.
Quant armez fu, sanz demorance,
Monte et prant l'escu et la lance
Qui estoit grosse et roide et peinte ;
Au costé ot l'espee ceinte
Tranchant et flanbeant et clere.
An l'estor est aprés son frere
Et aprés son seignor venuz,
Qui molt bien s'i est maintenuz
An la meslee une grant piece,
Que il ront et fant et depiece
Escuz et hiaumes et haubers.
Nes garantist ne fuz ne fers
Cui il ataint, qu'il ne l'afolt
Ou morz jus del cheval ne volt.
Il seus si tres bien le feisoit
Que trestoz les desconfisoit,
Et cil molt bien le refeisoient
Qui avoec lui venu estoient.
Mes cil de Logres s'en mervoillent,
Qu'il nel conuissent, et consoillent
De lui as filz au vavasor.
Tant an demandent li plusor
Qu'an lor dist : « Seignor, ce est cil
Qui nos gitera toz d'essil
Et de la grant maleürté

Sans tarder vers la mêlée ;
Il rencontre s'avançant sur lui un chevalier,
Et il engage la joute, en lui assénant dans l'œil
Un coup tellement fort qu'il l'abat mort par terre.
Et le valet descend de son cheval ;
Il prend le destrier du chevalier vaincu
Et l'armure qu'il portait,
Et il s'en revêt avec une adresse parfaite.
Après s'être armé, sans plus tarder,
Il remonte en selle, en saisissant le bouclier et la lance
Dont la hampe était grosse et raide et bien peinte ;
Il ceignit à son côté l'épée
Au tranchant clair et luisant.
Il se jeta dans le combat
Sur les pas de son frère et de son seigneur.
Celui-ci s'est bien tenu
Dans la mêlée
Où il rompt et fend et brise
Écus et heaumes et hauberts.
Ni bois ni fer ne peut protéger
Ceux qu'il frappe ; tous finissent en fort mauvais état
Ou volent morts aux pieds de leurs chevaux.
À lui seul, il réussissait
À les abattre,
Et ceux qui l'accompagnaient,
Eux aussi, faisaient valoir leur prouesse.
Mais les gens de Logres s'étonnent de tout cela,
Car ils ne le connaissent pas ; ils cherchent
À se renseigner à son sujet auprès du fils du vavasseur.
Ils posent tant de questions
Qu'on finit par leur répondre : « Seigneurs, c'est lui
Qui nous libérera tous de l'exil
Et de la grande infortune

V. 2400 : Le valet se comporte comme le jeune Perceval du *Conte du Graal* qui s'approprie le destrier et l'armure d'un chevalier qu'il tue (lui-même) d'un coup de javelot dans l'œil. Ainsi Perceval « réunit »-il la prouesse éprouvée d'un Lancelot et la « promesse » du valet de la *Charrette*. Celui-ci suit les pas de son frère et de « son seigneur » (v. 2409), tout comme Perceval suit ceux de son frère et de son père défunts.

Ou nos avons lonc tans esté ;
Se li devons grant enor feire
Qant, por nos fors de prison treire,
A tant perilleus leus passez
Et passera ancor assez ;
Molt a a feire et molt a fait. »
N'i a celui joie n'en ait :
Quant ceste novele ont oïe,
Molt an est lor genz esjoïe.
Quant la novele est tant alee
Que ele fu a toz contee,
Tuit l'oïrent et tuit le sorent.
De la joie que il en orent
Lors croist force et s'an esvertüent
Tant que mainz des autres an tüent,
Et plus les mainnent leidemant
Por le bien feire seulemant
D'un seul chevalier, ce me sanble,
Que por toz les autres ansanble.
Et s'il ne fust si pres de nuit,
Desconfit s'an alassent tuit ;
Mes la nuiz si oscure vint
Que departir les an covint.
Au departir tuit li cheitif,
Autresi come par estrif,
Environ le chevalier vindrent,
De totes parz au frain le prindrent,
Si li ancomancent a dire :
« Bien veignanz soiez vos, biax sire. »
Et dit chascuns : « Sire, par foi,
Vos vos herbergeroiz o moi ;
Sire por Deu et por son non,

Où nous avons longtemps vécu ;
Nous devrions donc l'honorer grandement
Puisque, afin de nous délivrer,
Il a traversé – et traversera encore –
Tant de lieux bien périlleux ;
Beaucoup lui reste à faire, il a déjà fait beaucoup. »
Nul parmi ces gens-là n'échappe à la joie générale
En entendant cette bonne nouvelle :
Tous s'adonnent sans réserve à la joie.
Lorsque la nouvelle s'est propagée
De sorte qu'elle fut racontée à tout le monde,
Tous l'entendirent et tous en prirent connaissance.
De la joie qu'ils en eurent
Leur force leur croît, et ils y puisent le courage
Qu'il leur faut pour tuer bon nombre de leurs adversaires,
Et s'ils les malmènent tant,
C'est, me semble-t-il, grâce à l'exemple
D'un seul Chevalier plutôt qu'à celui
De ce que font tous les autres ensemble.
Et s'il ne faisait pas déjà presque nuit,
L'ennemi déguerpirait en déroute ;
Mais à cause de l'obscurité de la nuit,
Les deux camps durent cesser le combat.
Au moment du départ, tous les captifs,
Exactement comme si chacun avait une requête urgente à faire,
Se pressèrent autour du Chevalier ;
Ils saisirent de partout la bride de son cheval
Et ils se mettent à lui dire :
« Soyez le bienvenu, beau sire ! »
Et chacun dit : « Sire, par ma foi,
C'est chez moi que vous vous hébergerez.
Sire, au nom de Dieu,

V. 2435-36 : Ces deux vers, qui peuvent paraître superflus, manquent au ms. *C* (Guiot), mais leur présence dans *AEGTV* semble en garantir l'authenticité. Nous appliquons ici le principe de « communauté » : Guiot, notre ms. de base, se trouve contredit par tous les autres mss. de la tradition.

Ne herbergiez se o moi non. »
Tuit dïent ce que dit li uns,
Que herbergier le vialt chascuns,
Ausi li juenes con li vialz,
Et dit chascuns : « Vos seroiz mialz
El mien ostel que an l'autrui. »
Ce dit chascuns androit de lui ;
Et li uns a l'autre le tost
Si con chascuns avoir le vost,
Et par po qu'il ne s'an conbatent.
Et il lor dit qu'il se debatent
De grant oiseuse et de folie.
« Lessiez, fet il, ceste anreidie,
Qu'il n'a mestier n'a moi n'a vos.
Noise n'est pas boene antre nos,
Einz devroit li uns l'autre eidier.
Ne vos covient mie pleidier
De moi herbergier par tançon.
Einz devez estre an cusançon
De moi herbergier an tel leu,
Por ce que tuit i aiez preu,
Que je soie an ma droite voie. »
Ancor dit chascuns tote voie :
« C'est a mon ostel. – Mes au mien.
– Ne dites mie ancore bien,
Fet li chevaliers ; a mon los,
Li plus sages de vos est fos
De ce don ge vos oi tancier.
Vos me devrïez avancier,
Et vos me volez feire tordre.
Se vos m'avïez tuit en ordre
Li uns aprés l'autre a devise
Fet tant d'enor et de servise
Com an porroit feire a un home,
Par toz les sainz qu'an prie a Rome,
Ja plus boen gré ne l'an savroie,
Quant la bonté prise en avroie,
Que je faz de la volanté.

N'acceptez pas de vous héberger ailleurs que chez moi. »
Tous répètent ce que disent certains,
Car chacun veut l'héberger,
Les jeunes comme les vieux,
Et tous insistent : « Vous serez mieux
Dans mon hôtel que chez autrui. »
Chacun parle pour soi ;
Et l'un l'arrache à l'autre
Parce que chacun veut l'avoir à lui seul,
Au point même d'en venir presque aux mains.
Il leur dit que leurs disputes
Sont parfaitement vaines et folles.
« Laissez donc, fait-il, ces querelles-là,
Ni vous ni moi n'en avons besoin maintenant.
Nous chercher noise ne sert qu'à empirer les choses,
Nous devrions plutôt nous aider mutuellement.
Il est inutile de discuter aussi âprement
Pour savoir qui m'hébergera ;
Votre première pensée devrait plutôt être
De m'héberger en un lieu tel
Que tous vous puissiez en profiter,
Que je n'abandonne point mon droit chemin. »
Pourtant chacun d'eux répète :
« C'est dans mon hôtel ! – Mais non, c'est chez moi !
– Vous ne dites toujours pas des choses sensées,
Fait le Chevalier ; à mon avis,
Le plus sage parmi vous agit encore en fou
Quand je vous entends vous chamailler sur de pareilles vétilles.
Vous devriez m'aider à avancer,
Mais vous voulez me faire subir des détours.
Si vous m'aviez tous, en bon ordre,
L'un après l'autre fait tout ce que je voulais,
Et accordé tout l'honneur et le service
Qu'il est possible de rendre à un homme,
Par tous les saints qu'on prie à Rome,
Je ne saurais à nul parmi vous meilleur gré de votre acte,
Dont j'aurais pu bénéficier,
Que des bonnes intentions qu'il recèle.

Se Dex me doint joie et santé,
La volantez autant me haite
Con se chascuns m'avoit ja faite
Molt grant enor et grant bonté ;
Si soit an leu de fet conté. »
Ensi les vaint toz et apeise.
Chiés un chevalier molt a eise
El chemin a ostel l'en mainnent,
Et de lui servir tuit se painnent.
Trestuit l'enorent et servirent
Et molt tres grant joie li firent
Tote la nuit jusqu'au couchier,
Car il l'avoient tuit molt chier.
Le main, quant vint au dessevrer
Vost chascuns avoec lui aler,
Chascuns se poroffre et presante ;
Mes lui ne plest ne n'atalante
Que nus hom s'an voist avoec lui,
Fors que tant solemant li dui
Que il avoit la amenez :
Ces, sanz plus, en avoit menez.
Cel jor ont des la matinee
Chevalchié tresqu'a la vespree,
Qu'il ne troverent aventure.
Chevalchant molt grant aleüre,
D'une forest molt tart issirent ;
A l'issir une meison virent
A un chevalier, et sa fame,
Qui sanbloit estre boene dame,
Virent a la porte seoir.
Tantost qu'ele les pot veoir
S'est contre aus an estant dreciee ;
A chiere molt joiant et liee
Les salue et dit : « Bien vaingniez !
Mon ostel voel que vos praigniez ;
Herbergiez estes, descendez !

Que Dieu me donne joie et santé,
Vos bonnes intentions me redonnent bonheur et courage
Tout comme si chacun d'entre vous m'avait déjà accordé
Un très grand honneur et la preuve de sa bienveillance ;
Que l'on célèbre votre bonne pensée autant que votre beau geste ! »
Ainsi les subjugue-t-il tous et parvient-il à les apaiser.
Ils l'emmènent sur son chemin vers le lieu d'hébergement
Chez un chevalier fort aisé,
Et tous font de leur mieux pour le servir.
Tous lui accordent des marques de leur estime et, en le servant,
Ils lui firent maint témoignage de leur joie
Pendant toute la soirée, jusqu'à l'heure du coucher,
Car tous le portaient dans leur cœur.
Le lendemain, à l'heure du départ,
Chacun voulut l'accompagner,
Chacun lui fait l'offre de sa personne ;
Mais cela ne lui plaît point, il n'éprouve aucune envie
Que d'autres aillent avec lui,
À la seule exception des deux
Qu'il avait jusque là amenés avec lui :
Il se fit accompagner de ces derniers, et de personne d'autre.
Ce jour-là, depuis la matinée ils ont
Chevauché jusqu'à l'heure des vêpres
Sans trouver d'aventure.
En chevauchant au plus vite,
Ils ne sortirent que fort tard d'une forêt ;
Ayant franchi la lisière, ils virent une maison
Qui appartenait à un chevalier, et sa femme,
Qui semblait être une dame fort aimable,
Assise devant la porte.
Aussitôt qu'elle put les distinguer,
Elle se leva pour les accueillir ;
Le visage riant et joyeux,
Elle les salue et dit : « Soyez les bienvenus !
Je veux vous offrir l'hospitalité ;
Vous voilà logés, descendez donc de cheval !

– Dame, quant vos le comandez,
Vostre merci, nos descendrons ;
Vostre ostel enuit mes prendrons. »
Il descendent, et au descendre
La dame fet les chevax prendre,
Qu'ele avoit mesniee molt bele.
Ses filz et ses filles apele
Et il vindrent tot maintenant :
Vaslet cortois et avenant
Et chevalier et filles beles.
As uns comande oster les seles
Des chevax, et bien conreer.
N'i a celui qui l'ost veher,
Einz le firent molt volentiers.
Desarmer fet les chevaliers,
Au desarmer les filles saillent ;
Desarmé sont, puis si lor baillent
A afubler trois corz mantiax.
A l'ostel, qui molt estoit biax,
Les an mainnent eneslepas.
Mes li sires n'i estoit pas,
Einz ert en bois, et avoec lui
Estoient de ses filz li dui ;
Mes il vint lués, et sa mesniee
Qui molt estoit bien anresniee
Saut contre lui defors la porte.
La veneison que il aporte
Destrossent molt tost et deslïent
Et si li recontent et dïent :
« Sire, sire, vos ne savez,
Trois ostes chevaliers avez.
– Dex an soit aorez, » fet il.
Li chevaliers et si dui fil
Font de lor ostes molt grant joie ;

– Dame, puisque vous l'ordonnez,
En vous remerciant, nous descendrons ;
Nous accepterons votre hospitalité cette nuit. »
Ils descendent de cheval et, à leur descente,
La dame fait emmener leurs chevaux,
Car elle avait une très belle maisnie.
Elle appelle ses fils et ses filles,
Et ils se présentèrent tout de suite :
Des jeunes gens courtois et avenants,
Et des chevaliers et de belles jeunes filles.
Elle ordonne aux uns d'ôter les selles
Des chevaux et de bien étriller ceux-ci.
Aucun n'ose la contredire,
Ils firent de bon gré ce qu'on leur demanda.
Elle fait désarmer les chevaliers ;
Ses filles se précipitent pour le faire ;
Dès qu'ils sont désarmés, elles leur offrent
À chacun un manteau court qu'ils doivent revêtir.
Et puis, directement, elles les amènent
À la maison (qui avait belle allure).
Mais le seigneur ne s'y trouvait pas ;
Il était dans la forêt et, avec lui,
Il avait deux de ses fils ;
Mais il ne tarda point à venir, et les gens de sa maison,
Dont les manières ne laissaient rien à désirer,
Franchirent vite le seuil de la porte afin d'aller à sa rencontre.
La venaison qu'il apporte,
Ses enfants se dépêchent de la décharger et délier,
Et ils se mettent à lui raconter et à lui dire :
« Sire, sire, vous ne le savez pas,
Mais vous avez pour hôtes trois chevaliers.
– Dieu en soit loué ! », fait-il.
Le chevalier et ses deux fils
Expriment la grande joie que leur procurent leurs hôtes.

V. 2534 : Reprise du thème, énoncé déjà dans le Prologue, de l'obéissance totale du chevalier envers la dame.

Et la mesniee n'est pas coie
Que toz li mandre s'aprestoit
De feire ce qu'a feire estoit :
Cil corent le mangier haster
Et cil les chandoiles gaster,
Si les alument et espranent ;
La toaille et les bacins pranent
Si donent l'eve as mains laver :
De ce ne sont il mie aver ;
Tuit levent, si vont asseoir,
Riens qu'an poïst leanz veoir
N'estoit charjable ne pesanz.
Au premier mes vint uns presanz
D'un chevalier a l'uis defors,
Plus orguelleus que n'est uns tors,
Que c'est molt orguilleuse beste.
Cil des les piez jusqu'a la teste
Sist toz armez sor son destrier.
De l'une janbe an son estrier
Fu afichiez, et l'autre ot mise
Par contenance et par cointise
Sor le col del destrier crenu.
Estes le vos ensi venu
C'onques nus garde ne s'an prist
Tant qu'il vint devant aus et dist ;
« Li quex est ce, savoir le vuel,
Qui tant a folie et orguel,
Et de cervel la teste vuide
Qu'an cest païs vient, et si cuide
Au Pont de l'Espee passer ?
Por neant s'est venuz lasser,
Por neant a ses pas perduz. »
Et cil, qui ne fu esperduz,
Molt seüremant li respont :

Et la maisonnée ne se contente pas de rester sans rien faire ;
Jusqu'au plus petit tous étaient disposés
À faire ce qui s'imposait :
Les uns courent hâter les préparatifs du repas,
Les autres s'occupent des chandelles,
Ils les allument et les enflamment ;
Ils prennent des serviettes et des bassins
Ainsi que de l'eau afin qu'on puisse se laver les mains :
Ils n'en sont point avares !
On se lave les mains et on va s'asseoir ;
Rien dans cette maison
N'était lourd à supporter ni pénible.
Pendant qu'ils mangeaient le premier mets, il se produisit
Une surprise : l'arrivée dans la cour d'un chevalier
Plus orgueilleux qu'un taureau –
Animal connu pour son grand orgueil.
Il se présenta armé de pied en cap,
Assis sur son destrier.
Il appuyait une jambe sur l'étrier
Et il avait mis l'autre jambe
(Afin de paraître élégant et pour se donner un maintien)
Sur le col du destrier à la belle crinière.
C'est bien ainsi qu'il se présenta.
Mais personne ne fit le moindre cas de lui
Avant qu'il ne vînt devant la table et ne dît aux gens :
« Lequel de vous est-ce – je veux le savoir –
Qui étale tant de folie et d'orgueil
Et manque tant de bon sens
En venant en ce pays et en rêvant
De passer au Pont de l'Épée ?
En vain il s'est donné cette peine,
En vain il a perdu ses pas. »
Et celui qui, visé par ces sarcasmes, n'en perdit
Pour autant son calme, lui répond dignement :

V. 2580-92 : Est-ce que le Chevalier Arrogant avance à cheval dans la salle du repas, ou bien s'arrête-t-il au seuil de la porte d'entrée ? Les deux interprétations sont permises.

« Je sui qui vuel passer au Pont.
– Tu ? Tu ? Comant l'osas panser ?
Einz te deüsses apanser
Que tu anpreïsses tel chose
A quel fin et a quel parclose
Tu an porroies parvenir,
Si te deüst resovenir
De la charrete ou tu montas.
Ce ne sai ge se tu honte as
De ce que tu i fus menez,
Mes ja nus qui fust bien senez
N'eüst si grant afaire anpris
S'il de cest blasme fust repris. »
A ce que cil dire li ot
Ne li daigne respondre un mot ;
Mes li sires de la meison
Et tuit li autre par reison
S'an mervoillent a desmesure.
« Ha, Dex ! Con grant mesaventure !
Fet chascuns d'ax a lui meïsmes,
L'ore que charrete fu primes
Pansee et feite soit maudite,
Car molt est vix chose et despite.
Ha, Dex ! De coi fu il retez ?
Et por coi fu il charretez ?
Por quel pechié ? Por quel forfet ?
Ce li ert mes toz jorz retret.
S'il fust de cest reproche mondes,
An tant con dure toz li mondes,
Ne fust uns chevaliers trovez,
Tant soit de pröesce esprovez,
Qui cestui valoir resanblast,
Et qui trestoz les assanblast
Si bel ne si gent n'i veïst,

« Je suis celui qui veut passer le Pont.
– Toi ? toi ? Comment osas-tu le penser ?
Tu aurais mieux fait de réfléchir,
Avant d'entreprendre de faire pareille chose,
Aux conséquences et aux résultats
Qu'elle risquerait d'entraîner pour toi,
Et tu aurais dû te souvenir
De la charrette où tu montas un jour.
Je ne sais pas vraiment si tu as honte
D'y avoir été promené,
Mais, c'est chose certaine, aucun homme vraiment sensé
N'aurait entrepris de réaliser un exploit aussi grand
Si l'on avait eu à lui reprocher un acte à ce point blâmable. »
Celui qui entendit dire ces choses
Ne daigne y répondre par un seul mot ;
Mais le seigneur de la maison
Et tous les autres avaient bien raison
De s'étonner au plus haut degré.
« Ah ! Dieu, quelle grande mésaventure !
Se dit chacun à soi-même,
Que l'heure où l'on pensa à une charrette
Et à la faire soit maudite,
Car c'est une vile et méprisable chose.
Ah ! Dieu, de quoi fut-il donc accusé ?
Et pourquoi fut-il mené sur une charrette ?
Pour quel péché ? Pour quel crime ?
Cela lui sera à tout jamais reproché.
Si seulement il était libre de cet opprobre,
Aussi loin que s'étend la surface du monde
On ne trouverait un seul chevalier,
Pour preux qu'il fût,
Dont la valeur ressemblât à la sienne,
Et quiconque rassemblerait tous les chevaliers ensemble
N'en verrait aucun qui fût aussi beau ni aussi noble que lui,

V. 2629-33 : Formule épique assez courante du chevalier qui serait « parfait » si seulement il n'était pas marqué d'un défaut grave ; se dit, par exemple, du guerrier sarrasin à qui il ne manque que la foi chrétienne pour accéder à la perfection chevaleresque.

Por ce que le voir an deïst. »
Ce disoient comunemant.
Et cil molt orguilleusemant
Sa parole recomança
Et dist : « Chevaliers, antant ça,
Qui au Pont de l'Espee an vas :
Se tu viax, l'eve passeras
Molt legieremant et söef,
Je te ferai an une nef
Molt tost oltre l'eve nagier.
Mes se je te vuel paagier,
Quant de l'autre part te tandrai,
Se je vuel, la teste an prandrai,
Ou se non, an ma merci iert. »
Et cil respont que il ne quiert
Avoir mie desaventure :
Ja sa teste an ceste avanture
N'iert mise por nes un meschief.
Et cil li respont de rechief :
« Des que tu ce feire ne viax,
Cui qu'an soit la honte et li diax,
Venir te covendra ça fors
A moi conbatre cors a cors. »
Et cil dit por lui amuser :
« Se jel pooie refuser,
Molt volantiers m'an sosferroie ;
Mes ainçois voir me conbatroie
Que noauz feire m'esteüst. »
Einçois que il se remeüst
De la table ou il se seoient,
Dist as valez qui le servoient,
Que sa sele tost li meïssent
Sor son cheval, et si preïssent
Ses armes, se li aportassent.
Et cil del tost feire se lassent ;
Li un de lui armer se painnent,
Li autre son cheval amainnent ;

Pourvu qu'on dise la vérité. »
D'un avis commun tous répètent la même chose.
Et l'autre, fort orgueilleusement,
Recommença à parler,
Et il dit : « Chevalier, écoute-moi bien,
Toi qui te diriges vers le Pont de l'Épée :
Si tu le veux, tu passeras l'eau
Très facilement et sans difficulté.
Je te ferai traverser l'eau rapidement
Dans une barque.
Mais si j'ai envie d'exiger de toi un péage,
Quand je te tiendrai de l'autre bord,
Je te prendrai la tête, si je le veux,
Ou si je ne te la prends pas, tu resteras quand même à ma merci. »
Et lui répond qu'il ne cherche
Nullement son propre malheur :
Sa tête ne sera jamais l'enjeu d'une aventure
Aussi risquée, même si un malheur devait se produire.
Et l'autre lui réplique à son tour :
« Puisque tu refuses ce que je te propose,
Il faudra, afin que soit déterminé qui, de toi ou de moi, aura
La honte et le deuil de ta décision, que tu viennes dehors
Pour te mesurer contre moi dans un combat singulier. »
Et lui, entrant dans son jeu, dit :
« Si je pouvais refuser ce défi,
Je m'en passerais bien volontiers ;
Mais en vérité je préférerais me battre
Plutôt que me voir obligé peut-être à faire pire encore. »
Avant de se lever
De la table où il se trouvait assis,
Il dit aux valets qui le servaient
De seller au plus vite son cheval,
Et d'aller chercher ses armes
Afin de les lui porter.
Ils s'exécutent avec tant de zèle qu'ils en perdent le souffle
À la tâche ; les uns s'efforcent de lui mettre son armure,
Les autres amènent son cheval ;

Et sachiez, ne resanbloit pas,
Si com il s'an aloit le pas,
Armez de trestotes ses armes,
Et tint l'escu par les enarmes
Et fu sor son cheval montez,
Qu'il deüst estre mescontez
N'antre les biax n'antre les buens.
Bien sanble qu'il doie estre suens
Li chevax, tant li avenoit,
Et li escuz que il tenoit
Par les enarmes anbracié ;
Si ot un hiaume el chief lacié
Qui tant i estoit bien assis
Que il ne vos fust mie avis
Qu'anprunté n'acreü l'eüst ;
Einz deïssiez, tant vos pleüst,
Qu'il fu ensi nez et creüz ;
De ce voldroie estre creüz.
Fors de la porte, an une lande,
Est cil qui la joste demande,
Ou la bataille estre devoit.
Tantost con li uns l'autre voit
Point li uns vers l'autre a bandon,
Si s'antrevienent de randon,
Et des lances tex cos se donent
Que eles ploient et arçonent
Et anbedeus an pieces volent ;
As espees les escuz dolent
Et les hiaumes et les haubers ;
Tranchent les fuz, ronpent les fers
Si que an plusors leus se plaient ;
Par ire tex cos s'antrepaient
Con s'il fussent fet a covant ;
Mes les espees molt sovant

Et sachez-le bien : il ne paraissait vraiment pas,
Lorsqu'on le voyait avancer au pas,
Armé de toutes ses armes
Et tenant par les sangles le bouclier,
Une fois monté sur son destrier,
Que l'on aurait tort
De le compter parmi les beaux et parmi les bons.
On voyait, au contraire, qu'ils étaient bien à lui,
Le cheval, tant il lui convenait,
Et le bouclier qu'il tenait
Bien serré contre son bras par les sangles ;
Et il avait le heaume lacé et
Si parfaitement rajusté à sa tête
Qu'il ne vous viendrait jamais à l'esprit de songer
Qu'il aurait pu être emprunté à autrui ;
Vous diriez plutôt, tant il vous aurait plu,
Qu'il semblait y avoir poussé tout naturellement ;
Je vous prie de bien vouloir croire ce que j'affirme là.
À l'extérieur, dans une lande,
Se trouve celui qui demande la joute :
C'est là que le combat aura lieu.
Dès que les deux adversaires se voient l'un et l'autre,
Ils foncent l'un sur l'autre à bride abattue,
Si bien que leur rencontre est rapide et rude,
Et ils échangent de tels coups de lance
Que celles-ci ploient en arceau
Et, toutes deux, elles volent en éclats ;
Avec leurs épées, ils abîment boucliers,
Heaumes et hauberts ;
Ils tranchent dans les bois, ils brisent les fers,
Et par des brèches ainsi ouvertes ils s'infligent des blessures ;
Les coups qu'ils échangent dans leur colère
Semblent être les paiements rendus selon les termes d'un contrat ;
Mais très souvent leurs épées

V. 2691-94 : Du point de vue du sens, il faut lire ces quatre vers selon une séquence 2691, 2693, 2692, 2694, comme s'il s'agissait de rimes alternées au lieu de rimes plates.

Jusqu'as cropes des chevax colent :
Del sanc s'aboivrent et saolent
Que jusques es flans les anbatent.
Si que andeus morz les abatent.
Et quant il sont cheü a terre,
Li uns vet l'autre a pié requerre ;
Et s'il de mort s'antrehaïssent,
Ja por voir ne s'antranvaïssent
As espees plus crüelmant.
Plus se fierent menüemant
Que cil qui met deniers an mine,
Qui de jöer onques ne fine
A totes failles deus et deus ;
Mes molt estoit autres cist jeus,
Que il n'i avoit nule faille,
Mes cos et molt fiere bataille,
Molt felenesse et molt crüel.
Tuit furent issu de l'ostel :
Sires, dame, filles et fil,
Qu'il n'i remest cele ne cil,
Ne li privé ne li estrange,
Ainçois estoient tuit an range
Venu por veoir la meslee
An la lande qui molt fu lee.
Li chevaliers de la charrete
De malvestié se blasme et rete
Quant son oste voit qui l'esgarde ;
Et des autres se reprant garde
Qui l'esgardoient tuit ansanble.
D'ire trestoz li cors li tranble,
Qu'il deüst, ce li est avis,
Avoir molt grant pieç'a conquis
Celui qui a lui se conbat.
Lors le fiert si qu'il li anbat
L'espee molt pres de la teste
Si l'anvaïst come tanpeste,
Car il l'anchauce et si l'argüe

Atteignent en se glissant la croupe des chevaux :
Elles s'abreuvent à volonté de sang
En frappant ces derniers jusque dans leurs flancs,
Au point que les deux bêtes, abattues, en tombent mortes.
Après leur chute à terre,
C'est à pied qu'ils se ruent l'un contre l'autre ;
Et ils se haïraient à mort
Qu'en vérité les coups d'épée qu'ils se donnent
Ne seraient pas plus cruels.
Ils se frappent avec plus de vivacité que celle
Dont fait preuve le frénétique qui jette ses deniers
En ne cessant jamais de jouer,
Dans l'espoir vain de doubler sa mise aussi souvent qu'il perd ;
Mais leur jeu à eux était bien différent,
Puisqu'ils n'avaient pas le luxe de perdre un seul coup ;
Il n'y avait que des coups qui portaient et une lutte
Très farouche – dangereuse et bien cruelle.
Ceux de la maison étaient tous sortis :
Seigneur, dame, filles et fils,
De sorte que personne ne resta, ni celle-ci ni celui-là,
Qu'il appartînt ou pas à la maisnie,
Ils s'étaient au contraire tous rangés
Afin de regarder le combat
Au milieu de cette vaste lande.
Le Chevalier de la Charrette
S'accuse de lâcheté et de couardise
Quand il voit que son hôte le regarde ;
Et il se rend bien compte que les autres,
Tous ensemble, ne le quittent pas des yeux.
De colère son corps tout entier se met à trembler,
Car il aurait dû, pense-t-il,
Depuis longtemps déjà avoir vaincu
Celui qui se bat contre lui.
Alors il se met à frapper l'adversaire de telle sorte
Que ses coups d'épée pleuvent autour de sa tête,
Et il fond sur lui comme une tempête
En le serrant de si près et en lui disputant si âprement le champ

Tant que place li a tolue ;
Si li tost terre et si le mainne
Tant que bien pres li faut l'alainne,
S'a an lui molt po de desfanse.
Et lors li chevaliers s'apanse
Que il li avoit molt vilmant
La charrete mise devant.
Si li passe et tel le conroie
Qu'il n'i remaint laz ne corroie
Qu'il ne ronpe antor le coler ;
Si li fet le hiaume voler
Del chief et cheoir la vantaille.
Tant le painne et tant le travaille
Que a merci venir l'estuet,
Come l'aloe qui ne puet
Devant l'esmerillon durer,
Ne ne s'a ou aseürer
Puis que il la passe et sormonte ;
Ausi cil a tote sa honte
Li vet requerre et demander
Merci, qu'il nel puet amander.
Et quant il ot que cil requiert
Merci, si nel toche ne fiert,
Einz dit : « Viax tu merci avoir ?
– Molt avez or dit grant savoir,
Fet cil, ce devroit dire fos ;
Onques rien nule tant ne vos
Con je faz merci or androit. »
Et cil dit : « Il te covandroit
Sor une charrete monter ;
A neant porroies conter
Quanque tu dire me savroies,
S'an la charrete ne montoies
Por ce que tant folle boche as

Qu'il lui enlève du terrain ;
Il le contraint à céder tant de terrain et il le malmène tellement
Qu'il est sur le point de perdre son souffle,
Et il ne lui reste plus guère de force pour se défendre.
C'est alors que le Chevalier se rappelle
Que l'autre avait agi fort vilainement
En lui reprochant la charrette.
Il le contourne et le harcèle de telle sorte
Qu'il ne lui laisse intacts
Ni lacets ni sangles autour du col de son haubert ;
Et il lui fait voler de la tête
Son heaume et fait tomber par terre sa ventaille.
Il le fait tellement souffrir et le torture tant
Qu'il ne lui reste qu'à demander merci,
Tout comme l'alouette qui ne peut pas
Résister aux assauts de l'émerillon,
Ni trouver nulle part un refuge sûr,
Parce que celui-ci ne cesse de la doubler et de la dominer ;
Aussi, tout couvert de honte,
Va-t-il supplier et implorer
Merci, car il ne saurait trouver mieux à faire.
Lorsque l'autre entend qu'il implore
Sa grâce, il cesse de l'atteindre et de le frapper,
Et il dit : « Veux-tu que je t'épargne ?
– Vous avez parlé en homme fort sage,
Fait-il, un fou ne s'exprimerait pas autrement ;
Jamais je ne voulus rien autant
Qu'obtenir ma grâce en ce moment. »
Et il dit : « Il te faudra
Monter sur une charrette.
Il ne te serait d'aucun secours du tout
De me raconter quoi que ce soit,
Si tu refusais de monter sur la charrette,
Parce que ta bouche fit preuve de grande folie

V. 2769 : Le motif du fou-qui-dit-la-vérité employé ici constituerait-il une allusion discrète à *La Folie Tristan* ? Déguisé en fou et par conséquent non reconnu par Iseut, Tristan émeut cette dernière en lui racontant la vérité de ses amours avec… Tristan.

Que vilmant la me reprochas. »
Et li chevaliers li respont :
« Ja Deu ne place que g'i mont.
– Non ? fet cil, et vos i morroiz.
– Sire, bien feire le porroiz,
Mes, por Deu, vos quier et demant
Merci, fors que tant seulemant
Qu'an charrete monter ne doive.
Nus plez n'est que je n'an reçoive
Fors cestui, tant soit griés ne forz.
Mialz voldroie estre cent foiz morz
Que fet eüsse tel meschief.
Ja nule autre chose si grief
Ne me diroiz que je ne face
Por merci et por vostre grace. »
Que que cil merci li demande,
A tant ez vos parmi la lande
Une pucele l'anbleüre
Venir sor une fauve mure,
Desafublee et deslïee ;
Et si tenoit une corgiee
Don la mule feroit granz cos,
Et nus chevax les granz galos
Por verité si tost n'alast
Que la mule plus tost n'anblast.
Au chevalier de la charrete
Dist la pucele : « Dex te mete,
Chevaliers, joie et cuer parfite
De la rien qui plus te delite ! »
Cil qui volantiers l'ot oïe
Li respont : « Dex vos beneïe,
Pucele, et doint joie et santé ! »
Lors dist cele sa volanté :
« Chevaliers, fet ele, de loing
Sui ça venue a grant besoing

En me reprochant insolemment d'y être monté. »
Et le chevalier lui répond :
« Qu'à Dieu ne plaise que j'y monte !
– Non ?, fait l'autre, alors tu vas mourir ici même.
– Sire, vous pourriez bien me tuer,
Mais, pour Dieu, je vous supplie et vous demande
Grâce, à condition que je n'aie point
À monter sur la charrette.
J'accepte d'avance toute sentence,
Hormis celle-là, pour dure et pénible qu'elle soit.
J'aimerais mieux mourir cent fois
Plutôt que subir pareil malheur.
Il n'y a rien d'autre que vous puissiez exiger de moi
Qui soit d'une nature telle que je refuserais de le faire
Si je pouvais ainsi obtenir votre pardon et votre grâce. »
Pendant qu'il implore sa merci,
Voilà qu'en plein milieu de la lande
Une demoiselle arrive à l'amble
Montée sur une mule fauve,
Toute ébouriffée, ses vêtements et ses cheveux en désordre ;
Et elle tenait un fouet à la main
Dont elle cinglait sans pitié sa mule,
Si bien qu'en vérité nul cheval
En galopant n'irait aussi vite
Que cette mule-là qui courait à l'amble.
Au Chevalier de la Charrette
La demoiselle dit : « Que Dieu donne,
Chevalier, à ton cœur parfaite joie
Et jouissance de la chose qui fait tes plus grandes délices ! »
Celui qui l'avait écoutée avec plaisir
Lui répond : « Que Dieu vous bénisse,
Demoiselle, et vous donne joie et santé ! »
Alors celle-là lui dit ce qu'elle a sur le cœur :
« Chevalier, fait-elle, je suis venue
De loin et par besoin jusqu'ici

V. 2788 : Cf. *Piramus et Tisbé*, éd. C. de Boer. C.F.M.A., 26 (Paris : H. Champion, 1921), v. 247 : "miex vueil estre cent fois ocise".

A toi, por demander un don
En merite et an guerredon
Si grant con ge te porrai feire ;
Et tu avras encor afeire
De m'aïde, si con je croi. »
Et cil li respont : « Dites moi
Que vos volez, et se je l'ai
Avoir le porroiz sanz delai,
Mes que ne soit chose trop griés. »
Et cele dit : « Ce est li chiés
De cest chevalier que tu as
Conquis ; et, voir, einz ne trovas
Si felon ne si desleal.
Ja ne feras pechié ne mal,
Einçois sera aumosne et biens,
Que c'est la plus deslëax riens
Qui onques fust ne ja mes soit. »
Et quant cil qui vaincuz estoit
Ot qu'ele vialt que il l'ocie,
Si li dist : « Ne la creez mie,
Qu'ele me het ; mes je vos pri
Que vos aiez de moi merci
Por ce Deu qui est Filz et Pere
Et qui de celi fist Sa mere
Qui estoit Sa fille et S'ancele !
– Ha ! Chevaliers, fet la pucele,
Ne croire pas ce traïtor.
Que Dex te doint joie et enor
Si grant con tu puez covoitier,
Et si te doint bien esploitier
De ce que tu as entrepris ! »
Or est li chevaliers si pris
Qu'el panser demore et areste,
Savoir s'il an donra la teste
Celi qui la rueve tranchier,

Auprès de toi, pour demander un don
En échange duquel le prix et la récompense que j'offrirai
Seront aussi grands qu'il m'est possible de faire ;
Et tu auras un jour besoin
De mon secours, je pense. »
Et il lui répond : « Dites-moi
Ce que vous voulez, et si je peux vous l'accorder,
Vous l'aurez sans délai,
Pourvu que ce ne soit rien de trop pénible. »
Et elle dit : « Il s'agit de la tête
De ce chevalier que tu as vaincu ;
À dire vrai, tu ne trouvas jamais
Un être aussi traître et déloyal que lui.
Tu ne commettras aucun péché ni ne feras de mal
En m'accordant ce don, tu feras au contraire un acte de charité,
Car c'est l'individu le plus déloyal
Qui fût jamais ou qu'on puisse un jour rencontrer. »
Et lorsque le vaincu
Entendit qu'elle veut que l'autre le tue,
Il lui dit : « Ne la croyez pas,
Car elle me déteste ; mais je vous en prie,
Ayez pitié de moi,
Au nom de ce Dieu qui est Fils et Père
Et qui fit Sa mère de celle
Qui était Sa fille et Sa servante !
– Ah ! Chevalier, fait la demoiselle,
Ne crois pas ce traître.
Que Dieu t'accorde joie et honneur
Tant que tu pourrais le désirer,
Et qu'Il t'octroie de réussirentièrement
La mission que tu t'es choisie ! »
Alors le Chevalier, pris par des doutes,
Demeure là, immobilisé, en train de réfléchir :
Va-t-il enfin faire cadeau de la tête
À celle qui le somme de la couper,

V. 2816 : Il faut transcrire *afeire* (non pas *a feire*, comme le font Foerster et Roques) ; il s'agit bel et bien d'un substantif.

Ou s'il avra celui tant chier
Qu'il li praigne pitiez de lui.
Et a cesti et a celui...
Viaut feire ce qu'il li demandent :
Largece et pitiez li comandent
Que lor boen face a enbedeus,
Qu'il estoit larges et piteus.
Mes se cele la teste an porte,
Donc iert pitiez vaincue et morte ;
Et s'ele ne l'an porte quite,
Donc iert largece desconfite.
An tel prison, an tel destrece
Le tienent pitiez et largece
Que chascune l'angoisse et point.
La teste vialt que il li doint
La pucele qui li demande ;
Et d'autre part li recomande...
Sor pitié et sor sa franchise.
Et des que il li a requise
Merci, ne l'avra il adonques ?
Oïl, ce ne li avint onques
Que nus, tant fust ses anemis,
Des que il l'ot au desoz mis
Et merci crïer li covint,
Onques ancor ne li avint
C'une foiz merci li veast,
Mes au sorplus ja ne beast.
Donc ne la vehera il mie
Cestui qui li requiert et prie
Des que ensi feire le sialt.
Et cele qui la teste vialt
Avra la ele ? Oïl, s'il puet.
« Chevaliers, fet il, il t'estuet
Conbatre de rechief a moi,

Ou va-t-il faire preuve de charité envers l'autre
De sorte qu'il prendra pitié de lui ?
Il veut faire à l'un et à l'autre
Ce qu'ils lui demandent :
Largesse et Pitié le commandent
De les traiter bien tous les deux,
Et lui-même était généreux et compatissant.
Mais si la demoiselle emportait la tête,
C'est Pitié qui serait vaincue et détruite ;
Et si elle ne l'emporte point,
Ce sera la défaite de Largesse.
Voilà la prison, la détresse
Où Pitié et Largesse l'ont enfermé,
Angoissé et tourmenté.
La demoiselle veut qu'il lui donne
La tête qu'elle lui réclame ;
En revanche l'autre en appelle pour qu'il lui fasse grâce,
À son sens de la pitié et à la noblesse de son cœur.
Et puisqu'il lui avait bel et bien requis
Merci, pourquoi ne l'aurait-il donc pas ?
Certes, il ne lui arriva jamais
Qu'à aucun adversaire, pour ennemi qu'il fût,
Une fois vaincu par lui
Et lui criant merci,
Il ne lui était jamais encore arrivé
De lui refuser sa grâce une première fois,
Mais pas plus qu'une seule fois.
Ainsi ne la refusera-t-il pas
À cet homme-ci qui ne cesse de l'implorer et de le prier,
Puisque telle est sa coutume.
Et celle qui veut la tête,
L'aura-t-elle ? Oui, s'il peut la lui donner.
« Chevalier, fait-il, il te faut
Derechef combattre contre moi,

V. 2850 : Entre les v. 2850 et 2851 il faut admettre une lacune de l'archétype d'au moins deux vers.

V. 2864-65 : Ces vers résistent à l'analyse grammaticale. Faut-il conclure qu'un passage plus ou moins bref manque ici et qu'en conséquence l'archétype était lacunaire ?

Et tel merci avrai de toi,
Se tu viax ta teste desfandre,
Que je te lesserai reprendre
Ton hiaume et armer de rechief
A leisir ton cors et ton chief
A tot le mialz que tu porras.
Mes saches que tu i morras
Se je autre foiz te conquier. »
Et cil respont : « Ja mialz ne quier,
N'autre merci ne te demant.
– Et ancor assez t'i amant,
Fet cil, que je me conbatrai
A toi que ja ne me movrai
D'ensi con ge sui ci elués. »
Cil s'atorne et revienent lués
A la bataille com angrés ;
Mes plus le reconquist aprés
Li chevaliers delivremant
Qu'il n'avoit fet premieremant.
Et la pucele eneslepas
Crie : « Ne l'espargnier tu pas,
Chevaliers, por rien qu'il te die !
Certes qu'il ne t'espargnast mie
S'il t'eüst conquis une foiz.
Bien saches tu, se tu le croiz,
Il t'angignera de rechief.
Tranche au plus desleal le chief
De l'empire et de la corone,
Frans chevaliers, si le me done !
Por ce le me doiz bien doner
Que jel te cuit guerredoner
Molt bien, ancor tex jorz sera.
S'il puet, il te rangignera
De sa parole autre foiee. »

Et je t'accorderai la grâce exceptionnelle,
Si tu acceptes de défendre ta tête,
De te laisser reprendre
Une deuxième fois ton heaume, et t'armer
Tout à loisir la tête et le corps
Le mieux que tu pourras.
Mais sache-le bien : tu mourras
Si à nouveau je te vaincs. »
Et l'autre répond : « Je ne cherche pas mieux,
Ni ne te demande d'autre grâce.
– Et je t'accorde aussi ceci comme avantage considérable,
Fait-il, à savoir qu'en me combattant
Contre toi, je ne bougerai point
De l'endroit où je suis à présent. »
L'autre se prépare et, tous deux, ils s'affrontent
Dans le combat comme des furieux ;
Mais la nouvelle victoire
Du Chevalier fut plus rapide et facile
Que celle qu'il avait remportée auparavant.
Et à l'instant la demoiselle
Crie : « Ne l'épargne pas,
Chevalier, quoi qu'il te dise,
Car il ne t'aurait certainement pas épargné
S'il avait eu l'occasion de te vaincre.
Sache-le bien : si tu acceptes de le croire,
Il te trompera une fois de plus.
Tranche la tête à l'homme le plus déloyal
De l'empire et du royaume,
Noble Chevalier, et donne-la-moi.
Tu feras bien de me la donner,
D'autant plus que je saurai bien te récompenser,
Je crois, un jour de l'avoir fait ;
S'il le peut, il te trompera
De nouveau avec ses discours. »

V. 2893-95 : Ce « handicap » consenti par Lancelot fait penser au serment du neveu de Guillaume d'Orange, le jeune Vivien, qui jure qu'il ne reculera pas au-delà d'une certaine limite s'il est attaqué par les Sarrasins (*La Chanson de Guillaume*, *Aliscans*).

Cil qui voit sa mort aprochiee
Li crie merci molt an haut,
Mes ses crïers rien ne li vaut,
Ne chose que dire li sache,
Que cil par le hiaume le sache
Si que trestoz les laz an tranche ;
La vantaille et la coiffe blanche
Li abat de la teste jus.
Et cil li crie, et plus et plus :
« Merci, por Deu ! Merci, vassax ! »
Cil respont : « Se je soie sax,
Ja mes de toi n'avrai pitié,
Puis c'une foiz t'ai respitié.
– Ha ! fet il, pechié ferïez
Se m'anemie creïez
De moi an tel meniere ocirre. »
Et cele qui sa mort desirre
De l'autre part li amoneste
Qu'isnelemant li trant la teste,
Ne plus ne croie sa parole.
Cil fiert et la teste li vole
Enmi la lande et li cors chiet ;
A la pucele plaist et siet.
Li chevaliers la teste prant
Par les chevox et si la tant
A celi qui grant joie an fait
Et dit : « Tes cuers si grant joie ait
De la rien que il plus voldroit,
Con li miens cuers a or androit
De la rien que je plus voloie.
De nule rien ne me doloie
Fors de ce que il vivoit tant.
Uns guerredons de moi t'atant
Qui molt te vanra an boen leu.
An cest servise avras grant preu,

Celui qui voit que sa mort s'approche
Lui crie merci haut et fort ;
Mais ses cris ne valent rien,
Ni nul mot qu'il sache lui dire ;
L'autre le tire vers lui par le heaume
Et lui en coupe tous les lacets :
Sa ventaille et sa coiffe argentée,
Il les lui fait sauter de sa tête.
De plus en plus désespéré, il l'implore :
« Grâce, pour l'amour de Dieu ! Grâce, brave chevalier !
Celui-ci répond : « Par le salut de mon âme,
Jamais plus je n'aurai pitié de toi,
Puisqu'une fois déjà je t'ai accordé un répit.
– Ah ! fait-il, vous feriez un péché
Si vous ajoutiez foi à ce que dit mon ennemie
Et me faisiez mourir de cette manière-là. »
Et celle qui désire sa mort
L'exhorte de son côté
Qu'il fasse vite pour lui trancher la tête
Et qu'il cesse de croire ce qu'il lui dit.
Il frappe, et la tête s'envole
Au milieu de la lande et le corps s'effondre ;
Tout cela plaît fort à la demoiselle.
Le Chevalier ramasse la tête
Par les cheveux et la tend
À celle qui ne cache pas sa grande joie
Et qui dit : « Que ton cœur connaisse la joie
De posséder la chose qu'il voudrait le plus,
Tout comme, à présent, le mien par rapport
À la chose que je voulais le plus.
Je ne souffrais de rien
Sauf du fait qu'il vivait toujours si longtemps.
Une récompense de ma part t'attend,
Et elle te sera donnée en un temps très opportun pour toi.
Tu profiteras grandement de ce service

V. 2948-51 : La demoiselle à la mule tiendra sa promesse : c'est elle qui se chargera de délivrer Lancelot emmuré dans une haute tour (voir v. 6588 et suiv.).

Que tu m'as fet, ce t'acreant.
Or m'an irai, si te comant
A Deu, qui d'anconbrier te gart. »
Tantost la pucele s'an part,
Et li uns l'autre a Deu comande.

Mes a toz ces qui an la lande
Orent la bataille veüe
An est molt grant joie creüe,
Si desarment tot maintenant
Le chevalier, joie menant,
Si l'enorent de quanqu'il sevent.
Tot maintenant lor mains relevent,
Qu'al mangier rasseoir voloient ;
Or sont plus lié qu'il ne soloient,
Si manjüent molt lieemant.
Quant mangié orent longuemant,
Li vavasors dist a son oste
Qui delez lui seoit ancoste :
« Sire, nos venimes pieç'a
Del rëaume de Logres ça.
Né an somes, si voudrïens
Q'annors vos venist et granz biens
Et joie en cest païs, que nos
I avrïens preu avoec vos,
Et a maint autre preuz seroit
S'enors et biens vos avenoit
An ceste oevre et an ceste voie. »
Et cil respont : « Bien le savoie. »
Quant li vavasors ot lessiee
Sa parole et sa voiz bessiee,
Si l'a uns de ses filz reprise
Et dist : « Sire, an vostre servise

Que tu m'as rendu, je m'en porte garante.
Je m'en irai maintenant, et je te recommande
À Dieu : qu'Il te protège de tout péril. »
La demoiselle le quitte alors,
Et ils se sont recommandés l'un et l'autre à Dieu.

Mais tous ceux qui, au milieu de la lande,
Ont vu le combat,
Sentent monter en eux une très grande joie ;
Ils se dépêchent de désarmer
Le Chevalier le plus joyeusement du monde
Et ils lui font tous les honneurs dont ils sont capables.
Ils se relavent les mains,
Car ils voulaient se remettre à table ;
À présent ils sont bien plus gais que de coutume,
Et ils mangent avec une grande allégresse.
Lorsqu'ils eurent fini de manger avec toute la lenteur requise,
Le vavasseur dit à son hôte
Qui était assis à ses côtés :
« Sire, voilà longtemps que nous vînmes
Ici du royaume de Logres.
Nous en sommes natifs, et nous voudrions
Qu'honneur vous fût rendu et que grand profit
Et joie fussent votre partage en ce pays, et voulons
Que nous-mêmes puissions en tirer avantage avec vous,
Et maint autre trouverait profit
Si honneur et succès vous accompagnaient
Au cours de votre entreprise. »
Et l'autre de répondre : « Je le savais déjà. »
Quand le vavasseur eut cessé
De parler et que sa voix se fut tue,
Alors l'un de ses fils se mit
À lui dire : « Sire,

V. 2978 : La leçon des mss. *AEGTV*, que nous avons adoptée, fait d'abord difficulté. Que savait donc Lancelot ? Il faut comprendre que depuis l'aventure du Cimetière des Preux Lancelot sait pertinemment que son destin est de libérer la reine Guenièvre et les autres prisonniers venus de Logres.

Devrïens toz noz pooirs metre
Et doner einçois que prometre ;
Se mestier avïez del prendre,
Nos ne devrïens mie atendre
Tant que vos demandé l'aiez.
Sire, ja ne vos esmaiez
De vostre cheval s'il est morz,
Car ceanz a chevax bien forz ;
Tant voel que vos aiez del nostre :
Tot le meillor an leu del vostre
En manroiz, qu'il vos est mestiers. »
Et cil respont : « Molt volantiers. »
A tant font les liz atorner,
Si se couchent. A l'ajorner
Lievent matin et si s'atornent.
Atorné sont, puis si s'an tornent.
Au departir rien ne mesprant :
A la dame et au seignor prant,
Et a toz les autres, congié.
Mes une chose vos cont gié
Por ce que rien ne vos trespas,
Que li chevaliers ne volt pas
Monter sor le cheval presté
Qu'an li ot a l'uis presanté ;
Einz i fist, ce vos voel conter,
Un des deus chevaliers monter
Qui venu erent avoec lui.
Et il sor le cheval celui
Monte, qu'ainsi li plot et sist.
Quant chascuns sor son cheval sist,
Si s'acheminerent tuit troi
Par le congié et par l'otroi
Lor oste, qui serviz les ot
Et enorez de quanqu'il pot.
Le droit chemin vont cheminant
Tantque li jorz vet declinant,
Et vienent au Pont de l'Espee

Nous devrions mettre à votre service tous nos moyens,
2984 Et donner au lieu de promettre seulement ;
Si vous aviez besoin de prendre ce que nous vous offrons,
Nous ne devrions plus attendre
Que vous nous en fassiez la demande formelle.
2988 Sire, ne vous inquiétez pas
De la mort de votre cheval,
Car ici il ne manque pas de chevaux bien forts ;
Je désire tant que vous fassiez vôtre ce qui est à nous :
2992 Vous en prendrez le meilleur de chez nous
À la place du vôtre, car vous en avez vraiment besoin. »
Et il répond : « Bien volontiers. »
Alors on fait préparer les lits,
2996 Et ils se couchent. Dès qu'il fait jour,
Au petit matin, ils se lèvent et préparent leur départ.
Les voilà prêts à partir, ils se retournent.
Au moment de partir, il ne commet nulle infraction à l'étiquette :
3000 Il prend solennellement congé de la dame
Et du seigneur, ainsi que de tous les autres.
Mais je vais vous raconter une chose
Parce que je ne néglige aucun détail ;
3004 C'est que le Chevalier ne voulut pas
Monter sur le cheval qu'on lui avait prêté
Devant la porte ;
Il y fit monter – je tiens à vous le conter –
3008 Un des deux chevaliers
Qui étaient venus avec lui.
Et il monte sur le cheval de celui-là,
Car cela lui plaisait et c'était là ce qu'il voulait.
3012 Lorsque chacun eut pris place sur son cheval,
Ils se mirent en route tous les trois
Avec l'autorisation et la permission
De leur hôte, qui les avait servis
3016 Et honorés autant qu'il le pouvait.
Ils suivent le droit chemin
Jusqu'au déclin du jour
Et ils arrivent devant le Pont de l'Épée

Aprés none vers la vespree.
Au pié del pont, qui molt est max,
Sont descendu de lor chevax,
Et voient l'eve felenesse,
Noire et bruiant, roide et espesse,
Tant leide et tant espoantable
Con se fust li fluns au deable,
Et tant perilleuse et parfonde
Qu'il n'est riens nule an tot le monde,
S'ele i cheoit, ne fust alee
Ausi com an la mer salee.
Et li ponz qui est an travers
Estoit de toz autres divers,
Qu'ainz tex ne fu ne ja mes n'iert.
Einz ne fu, qui voir m'an requiert,
Si max ponz ne si male planche :
D'une espee forbie et blanche
Estoit li ponz sor l'eve froide,
Mes l'espee estoit forz et roide
Et avoit deus lances de lonc.
De chasque part ot un grant tronc,
Ou l'espee estoit closfichiee.
Ja nus ne dot que il i chiee
Por ce que ele brist ne ploit,
Que tant i avoit il d'esploit
Qu'ele pooit grant fes porter.
Ce feisoit molt desconforter
Les deus chevaliers qui estoient
Avoec le tierz, que il cuidoient
Que dui lÿon ou dui liepart
Au chief del pont de l'autre part
Fussent lïé a un perron.
L'eve et li ponz et li lÿon
Les metent an itel freor
Qu'il tranblent andui de peor

Après l'heure de none, vers la vêprée.
Aux abords du redoutable pont,
Ils sont descendus de cheval,
Et contemplent l'eau traîtresse,
Noire, bruyante, rapide et impétueuse,
D'apparence si laide et si sinistre
Qu'on aurait dit la rivière du diable,
Et si périlleuse et si profonde
Que toute créature en ce monde,
Si elle y était tombée,
Aurait été perdue comme dans l'océan.
Et le pont jeté à travers le torrent
Était différent de tous les autres ;
Jamais il n'y en a eu de tel
Et jamais, si vous me le demandez,
Il n'y aura pont avec un tablier si effrayant :
Fait d'une épée fourbie et blanche,
Le pont surplombait l'eau glaciale ;
La lame était bien trempée et solide
Et avait deux lances de long.
À chacune des deux extrémités
Elle était attachée à un billot de bois.
Ne craignez pas que le Chevalier tombe à l'eau
Parce que l'épée va ployer et se rompre,
Car elle était si bien forgée
Qu'elle pouvait porter un lourd fardeau.
Mais ce qui achève de consterner
Les deux compagnons du Chevalier,
C'est qu'ils croyaient voir
Deux lions ou bien deux léopards
Enchaînés à un bloc de pierre
De l'autre côté du pont.
L'eau torrentueuse, l'épée servant de pont,
Les deux lions les effrayent tellement
Qu'ils tremblent tous deux de peur

V. 3020 : Deux des sept heures canoniales : *none*, vers 15 heures ; *vêpres*, office célébré le soir au Moyen Âge.

Et dïent : « Sire, car creez
Consoil de ce que vos veez,
Qu'il vos est mestiers et besoinz.
Malveisemant est fez et joinz
Cist pons, et mal fu charpantez.
Se a tans ne vos repantez,
Au repantir vanroiz a tart.
Il convient feire par esgart
De tex choses i a assez.
Or soit c'outre soiez passez
Ne por rien ne puet avenir,
Ne que les vanz pöez tenir
Ne desfandre qu'il ne vantassent,
Et as oisiax qu'il ne chantassent
Ne qu'il n'osassent mes chanter,
Ne que li hom porroit antrer
El vantre sa mere et renestre,
Mes ce seroit qui ne peut estre,
Ne qu'an porroit la mer vuidier
Pöez vos savoir et cuidier
Que cil dui lÿon forsené,
Qui de la sont anchaené,
Que il ne vos tüent et sucent
Le sanc des voinnes et manjucent
La char et puis rungent les os ?
Molt sui hardiz quant je les os
Veoir et quant je les esgart.
Se de vos ne prenez regart,
Il vos ocirront, ce sachiez ;
Molt tost ronpuz et arachiez
Les manbres del cors vos avront,
Que merci avoir n'an savront.
Mes or aiez pitié de vos
Si remenez ansanble nos !
De vos meïsmes avroiz tort
S'an si certain peril de mort
Vos meteiez a esciant. »
Et cil lor respont an riant :

Et disent : « Messire, écoutez
Nos conseils au sujet de ce que vous voyez,
Car vous en avez bien besoin.
Ce pont est mal construit et ajusté
Et fort mal charpenté.
Si vous ne vous repentez pas à temps,
C'est trop tard que vous allez vous repentir.
Il convient de faire certaines choses
En prévoyant les conséquences.
Même si vous parveniez à gagner l'autre côté –
Ce qui paraît aussi impossible
Que de maîtriser les vents
Et leur défendre de souffler,
Que d'empêcher les oiseaux de chanter
Au point qu'ils y renoncent,
Que de rentrer dans le ventre maternel
Pour renaître plus tard,
Ou bien vider la mer de son eau,
Autant d'impossibilités –
Pensez-vous, imaginez-vous
Que ces deux lions sauvages,
Enchaînés de l'autre côté
Ne vous déchireront pas à belles dents,
Ne suceront pas votre sang, ne dévoreront pas
Votre chair et ne rongeront pas vos os ?
Rien que de les regarder
Fait appel à toute notre hardiesse.
Si vous ne songez pas à votre sécurité,
Ils vous tueront, n'en doutez pas ;
Ils auront tôt fait de vous rompre et arracher
Les membres du corps,
Car ils ne vont pas vous faire grâce.
C'est à vous d'avoir pitié de vous-même,
Restez donc avec nous !
Vous seriez coupable envers vous-même
De vous exposer volontairement
À une mort certaine. »
Et le Chevalier de leur répondre en souriant :

« Seignor, fet il, granz grez aiez
Quant por moi si vos esmaiez ;
D'amor vos vient et de franchise.
Bien sai que vos an nule guise
Ne voldrïez ma mescheance ;
Mes j'ai tel foi et tel creance
An Deu qu'il me garra par tot :
Cest pont ne ceste eve ne dot
Ne plus que ceste terre dure,
Einz me voel metre en aventure
De passer outre et atorner.
Mialz voel morir que retorner. »
Cil ne li sevent plus que dire,
Mes de pitié plore et sopire
Li uns et li autres molt fort.
Et cil de trespasser le gort
Au mialz que il set s'aparoille
Et fet molt estrange mervoille,
Que ses piez desarme et ses mains.
N'iert mie toz antiers ne sains,
Quant de l'autre part iert venuz.
Bien s'iert sor l'espee tenuz,
Qui plus estoit tranchanz que fauz,
As mains nues et si deschauz
Que il ne s'est lessiez an pié
Souler ne chauce n'avanpié.
De ce gueres ne s'esmaioit
S'es mains et es piez se plaioit :
Mialz se voloit il mahaignier
Que cheoir del pont et baignier
An l'eve don ja mes n'issist.
A grant dolor si con li sist
S'an passe outre et a grant destrece :
Mains et genolz et piez se blece,
Mes tot le rasoage et sainne

« Seigneurs, je vous remercie
D'être si préoccupés à mon sujet,
Votre amitié et votre loyauté vous inspirent.
Je sais bien que d'aucune façon
Vous ne désirez que malheur m'arrive ;
Mais j'ai telle foi et telle croyance
En Dieu qu'Il me protégera n'importe où.
Je ne crains ni ce pont ni ce torrent
Davantage que la terre ferme des deux rives ;
Je vais donc risquer l'aventure
Et m'engager sur le pont.
Je préfère la mort à battre en retraite. »
Ses deux compagnons ne savent plus que dire,
Mais ils soupirent et versent des larmes
Abondantes, l'un et l'autre.
Lui s'apprête à traverser
Le gouffre au mieux qu'il sait.
Il agit alors de manière bien étrange,
Car il désarme ses mains et ses pieds.
Il ne parviendra pas en face
En très bon état !
Il est arrivé à se maintenir,
Les mains et les pieds nus,
Sur l'épée plus affilée qu'une faux.
Il n'avait laissé sur ses pieds
Ni souliers, ni chausses, ni avant-pied ;
Il ne s'effrayait pas trop
De se blesser aux mains et aux pieds ;
Il eût préféré se mutiler
Que tomber du pont et être immergé
Dans une eau dont il ne serait jamais sorti.
À grande douleur,
Et à grande détresse, comme prévu il avance ;
Il se blesse aux mains, aux genoux et aux pieds,
Mais Amour qui le conduit et mène

V. 3124 : *Sist* correspond au pf. 3 de *seoir* "convenir". Le sens semble bien être que Lancelot rampait le long de l'épée tranchante selon son bon plaisir. Ce martyr de l'amour se complaît à souffrir.

Amors qui le conduist et mainne,
Si li estoit a sofrir dolz.
A mains, a piez et a genolz
Fet tant que de l'autre part vient.
Lors li remanbre et resovient
Des deus lÿons qu'il i cuidoit
Avoir veüz quant il estoit
De l'autre part ; lors si esgarde :
N'i avoit nes une leisarde,
Ne rien nule qui mal li face.
Il met sa main devant sa face,
S'esgarde son anel et prueve,
Quant nul des deus lÿons n'i trueve
Qu'il i cuidoit avoir veüz,
Qu'anchantez fu et deceüz,
Car il n'i avoit rien qui vive.
Et cil qui sont a l'autre rive
De ce qu'ainsi passé le voient
Font tel joie com il devoient,
Mes ne sevent pas son mehaing.
Et cil le tint a grant guehaing
Quant il n'i a plus mal soffert,
Le sanc jus de ses plaies tert
A sa chemise tot antor.
Et voit devant lui une tor
Si fort c'onques de sa veüe
N'avoit nule si fort veüe ;
La torz miaudre ne pooit estre.

Apoiez a une fenestre
S'estoit li rois Bademaguz,
Qui molt ert soutix et aguz
A tote enor et a tot bien,
Et lëauté sor tote rien
Voloit par tot garder et faire.
Et ses filz, qui tot le contraire
A son pooir toz jorz feisoit,
Car deslëautez li pleisoit,

Calme ses souffrances –
D'ailleurs souffrir lui est doux.
Rampant sur ses mains, pieds et genoux,
Il parvient à joindre l'autre côté.
Mais il se souvient
Des deux lions qu'il croyait
Avoir vus quand il se trouvait en face.
Il regarde de nouveau
Et n'aperçoit pas même un lézard,
Nulle créature capable de lui faire du mal.
Plaçant sa main devant son visage,
Il scrute son anneau et se rend compte,
Quand il ne voit aucun des deux lions
Qu'il pensait avoir aperçus,
Qu'il avait été victime d'un enchantement,
Car devant lui ne se trouvait rien de vivant.
Ses deux compagnons sur l'autre rive
Naturellement se réjouissent
De le voir de l'autre côté,
Mais ils ne savent pas combien il s'est blessé.
Le Chevalier pense avoir beaucoup gagné
Quand ses blessures ne sont pas plus graves.
Il étanche le sang qui coule de ses plaies
À l'aide de sa chemise.
Devant lui il voit s'élever une tour
Si formidable que de ses yeux
Il n'en avait jamais vu de pareille :
Elle n'aurait pu être plus imposante.

Appuyé à une fenêtre
Se tenait le roi Bademagu,
Un monarque épris
D'honneur et de vertu ;
Surtout il entendait agir
Loyalement en toute circonstance.
Et son fils, qui s'efforçait partout et toujours
De se conduire à l'opposé de son père,
(Car d'être déloyal lui plaisait,

N'onques de feire vilenie
Et traïson et felenie
Ne fu lassez ne enuiez,
S'estoit delez lui apoiez.
S'orent veü de la amont
Le chevalier passer le pont
A grant poinne et a grant dolor.
D'ire et de mautalant color
En a Meleaganz changiee ;
Bien set c'or li ert chalangiee
La reïne ; mes il estoit
Tex chevaliers qu'il ne dotoit
Nul home, tan fust forz ne fiers.
Nus ne fust miaudres chevaliers,
Se fel et deslëaus ne fust,
Mes il avoit un cuer de fust
Tot sanz dolçor et sanz pitié.
Ce fet le roi joiant et lié,
Don ses filz molt grant duel avoit.
Li rois certeinnemant savoit
Que cil qui ert au pont passez
Estoit miaudres que nus assez ;
Que ja nus passer n'i osast
An cui dormist et reposast
Malvestiez, qui fet honte as suens
Plus que Pröesce enor as buens.
Donc ne puet mie tant Pröesce
Con fet Malvestiez et Peresce,
Car voirs est, n'an dotez de rien,
Qu'an puet plus feire mal que bien.
De ces deus choses vos deïsse
Molt, se demore n'i feïsse ;
Mes a autre chose m'ator,
Qu'a ma matiere m'an retor,
S'orroiz comant tient a escole
Li rois son fil qu'il aparole :

Et jamais il ne se lassait
De commettre vilenie,
Trahison ou félonie)
S'était accoudé près de lui.
Père et fils avaient vu au-dessous d'eux
Le Chevalier cheminer le long du pont
À grand-peine et à grande douleur.
De déplaisir et de colère
Méléagant est devenu tout pâle.
Il est certain maintenant
Qu'on va lui disputer la reine,
Mais il était si vaillant chevalier qu'il ne craignait
Nul homme, fût-il fort et hardi à l'excès.
Personne ne l'aurait surpassé en chevalerie,
S'il n'avait été si déloyal et si félon ;
Mais il avait un cœur de pierre,
Vide de douceur et de pitié.
Ce qui plaît au roi et le rend heureux
Exaspère son fils.
Le roi sait fort bien
Que celui qui a passé le pont
Est supérieur à tous les autres,
Et que nul n'aurait osé le traverser
Si en lui dormait et reposait
Lâcheté, celle qui déshonore les siens
Plus que Prouesse n'honore les vaillants.
Prouesse a donc moins de pouvoir
Que Lâcheté et Paresse,
Tant il est vrai
Qu'il est plus aisé de faire le mal que le bien.
De Lâcheté et de Prouesse je vous parlerais
Bien plus, si je ne craignais de m'attarder ;
Mais j'ai autre chose à considérer,
Car je veux retourner à mon récit.
Vous allez entendre
Comment le roi sermonne son fils :

V. 3179 : Voir la note au v. 2629-33.

« Filz, fet il, avanture fu
Quant ci venimes, gié et tu,
A ceste fenestre apoier,
S'an avons eü tel loier
Que nos avons apertemant
Veü le plus grant hardemant
Qui onques fust mes nes pansez.
Or me di se boen gré ne sez
Celui qui tel mervoille a feite ?
Car t'acorde a lui et afeite,
Si li rant quite la reïne !
Ja n'avras preu an l'ateïne,
Einz i puez avoir grant domage.
Car te fai or tenir por sage
Et por cortois, si li anvoie
La reïne einçois qu'il te voie.
Fei li tel enor an ta terre
Que ce que il est venuz querre
Li dones ainz qu'il le demant.
Car tu sez bien certainnemant
Qu'il quiert la reïne Ganievre.
Ne te fai tenir por anrievre,
Ne por fol ne por orguilleus !
Se cist est an ta terre seus,
Se li doiz conpaignie feire,
Que prodom doit prodome atreire
Et enorer et losangier,
Nel doit pas de lui estrangier.
Qui fet enor, l'anors est soe :
Bien saches que l'enors iert toe
Se tu fez enor et servise
A cestui qui est a devise
Li miaudres chevaliers del monde. »
Cil respont : « Que Dex me confonde,
S'ausins boen ou meillor n'i a ! »
Mal fist quant lui i oblia,
Qu'il ne se prise mie mains.
Et dit : « Joinz piez et jointes mains,

« Fils, fait-il, c'est par hasard
Que nous sommes venus, toi et moi,
Nous accouder à cette fenêtre.
Nous en avons été si bien récompensés
Que nous avons assisté pleinement
Au plus grand exploit
Qui fût jamais accompli même en pensée.
Or dis-moi si tu n'admires pas
L'auteur d'un tel exploit ?
Fais ta paix avec lui
Et rends-lui la reine !
Tu ne gagneras rien à te battre contre lui,
Tu pourrais même y perdre grandement.
Fais-toi donc tenir pour un homme sensé
Et courtois. Envoie-lui
La reine avant qu'il ne te voie.
Honore-le de telle façon en ta terre
Que ce qu'il est venu quérir
Tu lui donnes avant qu'il ne le demande.
Tu sais bien
Qu'il est en quête de la reine Guenièvre.
Ne te fais pas tenir pour sot,
Fou, ou arrogant.
Du moment qu'il se trouve seul en ta terre,
Tu dois lui tenir compagnie.
Un prud'homme doit se montrer accueillant
Envers tout autre prud'homme, l'honorer,
Le traiter courtoisement, et non lui battre froid.
Celui qui honore les autres s'honore lui-même :
Sache que l'honneur rejaillira sur toi,
Si tu rends service et honneur
À celui qui est sans conteste
Le meilleur chevalier du monde. »
Méléagant répond : « Que Dieu me confonde
S'il n'en existe pas d'aussi bon ou de meilleur ! »
Son père eut tort de l'oublier,
Car il ne se juge pas inférieur au Chevalier.
Il enchaîne : « Pieds joints et mains jointes,

Volez espoir que je devaigne
Ses hom et de lui terre taigne ?
Si m'aïst Dex, ainz devandroie
Ses hom que je ne li randroie
La reïne ! Dex m'an desfande
Qu'en tel guise je la li rande !
Ja certes n'iert par moi randue,
Mes contredite et desfandue
Vers toz ces qui si fol seront
Que venir querre l'oseront. »
Lors de rechief li dit li rois :
« Filz, molt feroies que cortois
Se ceste anreidie lessoies.
Je te lo et pri qu'an pes soies.
Ce sez tu bien que enors iert
Au chevalier se il conquiert
Vers toi la reïne an bataille.
Il la doit mialz avoir sanz faille
Par bataille que par bonté
Por ce qu'a pris li ert conté.
Mien esciant il n'an quiert point
Por ce que l'an an pes la doint,
Einz la vialt par bataille avoir.
Por ce feroies tu savoir
Se la bataille li toloies.
Molt me poise quant tu foloies,
Mes se tu mon consoil despis,
Moins m'an sera s'il t'an est pis ;
Et grant max avenir t'an puet,
Que rien au chevalier n'estuet
Doter fors que seulemant toi.
De toz mes homes et de moi
Li doing trives et seürté ;
Onques ne fis deslëauté
Ne traïson ne felenie,
Ne je nel comancerai mie
Por toi ne que por un estrange.
Ja ne t'an quier dire losange,

Peut-être voulez-vous que je devienne
Son vassal et tienne ma terre de lui ?
Que Dieu me soit en aide, je préférerais devenir
Son homme que de lui rendre
La reine ! Que Dieu me garde
De la lui rendre à si peu de frais !
Certes, je n'entends pas la rendre,
Mais la disputer et la défendre
Contre tous ceux assez fous
Pour oser venir la quérir. »
Alors le roi revient à son idée :
« Fils, tu te conduirais en homme courtois
Si tu renonçais à cette folie.
Je te conseille et te prie de te calmer.
Tu sais bien que ce Chevalier
Se couvrira de gloire s'il conquiert la reine
En luttant contre toi.
Il préfère l'obtenir
Comme prix d'un combat plutôt qu'en cadeau,
Car ce serait pour lui un titre de gloire.
Il me paraît certain qu'il n'est pas parti en quête
Pour la recevoir paisiblement,
Il entend l'obtenir à la suite d'un combat.
Tu serais bien inspiré
Si tu le privais d'un tel combat ;
Je souffre de te voir si déraisonnable,
Mais si tu rejettes mes conseils,
J'aurai moins de regrets s'il t'arrive malheur ;
Et il pourra bientôt t'en cuire,
Car le Chevalier n'a personne
À redouter à part toi.
Je lui accorde trêve et sauvegarde,
Au nom de tous mes vassaux et au mien.
Jamais je n'ai commis de déloyauté,
De trahison ni de félonie,
Et je ne commencerai pas à en commettre
Ni pour toi ni pour tout autre.
C'est sans ambiguïté aucune

Einz promet bien au chevalier
Qu'il n'avra ja de rien mestier,
D'armes ne de cheval, qu'il n'ait,
Des qu'il tel hardemant a fait
Que il est jusque ci venuz.
Bien iert gardez et maintenuz
Vers trestoz homes sauvemant
Fors que vers toi tot seulemant.
Et ce te voel je bien aprandre,
Que s'il vers toi se puet desfandre,
Il nel covient d'autrui doter.
– Assez me loist ore escoter,
Fet Meleaganz, et teisir,
Et vos diroiz vostre pleisir,
Mes po m'est de quanque vos dites ;
Je ne sui mie si hermites
Si piteus ne si charitables,
Ne tant ne voel estre enorables
Que la rien que plus aim li doingne.
N'iert mie feite sa besoigne
Si tost ne si delivremant,
Einçois ira tot autremant
Qu'antre vos et lui ne cuidiez.
Ja se contre moi li aidiez,
Por ce ne nos correceromes ;
Se de vos et de toz voz homes
A pes et trives, moi que chaut ?
Onques por ce cuers ne me faut ;
Einz me plest molt, se Dex me gart,
Que il n'ait fors de moi regart,
Ne je ne vos quier por moi feire
Rien nule ou l'an puise retreire
Deslëauté ne traïson.
Tant con vos plest soiez boens hon
Et moi lessiez estre crüel.
– Comant ? N'an feroies tu el ?
– Nenil, fet cil. – Et je m'an tes.
Or fei ton mialz, que je te les,

Que je vais promettre à ce Chevalier
Qu'il n'aura besoin de rien,
Armes ou cheval, qu'il ne le reçoive,
Du moment qu'il a eu la hardiesse
De venir jusqu'ici.
Il sera protégé
Et sa vie assurée contre tous,
Sauf contre toi.
Apprends – je le veux –
Que s'il peut se défendre contre toi
Il n'aura personne d'autre à craindre.
– J'ai tout loisir de vous écouter,
Fait Méléagant, et de me taire,
Et vous direz ce qu'il vous plaira.
Mais peu me chaut tout ce que vous dites ;
Je ne suis pas si ermite,
Si plein de compassion et de charité,
Que je sois prêt à trouver honorable
De lui céder la femme que j'aime le plus au monde.
Et son affaire est loin d'être conclue
Si tôt et si aisément.
Les choses prendront un cours
Tout opposé à celui que vous envisagez tous deux.
Même si vous l'aidez contre moi,
Ce n'est pas une raison pour nous fâcher, vous et moi.
Qu'il ait paix et trève de vous et tous vos hommes,
Importe bien peu.
Cela ne m'intimide pas du tout.
Au contraire cela me plaît beaucoup, et Dieu en soit loué,
Qu'il n'ait que moi à craindre.
Ne faites donc rien pour moi
Qui puisse vous faire accuser
De déloyauté ou de trahison.
Soyez bon tant que vous voudrez
Et permettez-moi par contre d'être méchant.
– Comment ? Tu ne vas pas changer d'avis ?
– Non, répond Méléagant. – Je ne t'en dirai pas davantage.
Fais de ton mieux, car je te laisse

S'irai au chevalier parler :
Offrir li voel et presanter
M'aïde et mon consoil del tot,
Car je me tieng a lui de bot. »

Lors descendi li rois aval
Et fet anseler son cheval.
L'an li amainne un grant destrier
Et il i monte par l'estrier,
Et mainne avoec lui de ses genz :
Trois chevaliers et deus sergenz
Sanz plus fet avoec lui aler.
Einz ne finerent d'avaler
Tant que il vindrent vers la planche,
Et voient celui qui estanche
Ses plaies et le sanc en oste.
Lonc tans le cuide avoir a oste
Li rois por ses plaies garir,
Mes a la mer feire tarir
Porroit autresi bien antendre.
Li rois se haste del descendre,
Et cil qui molt estoit bleciez
S'est lors ancontre lui dreciez,
Non pas por ce qu'il le conoisse,
Ne ne fet sanblant de l'angoisse
Qu'il avoit es piez et es mains
Ne plus que se il fust toz sains.
Li rois le vit esvertüer,
Si le cort molt tost salüer
Et dit : « Sire, molt m'esbaïs
De ce que vos an cest païs
Vos estes anbatuz sor nos.
Mes bien veignanz i soiez vos,
Que ja mes nus ce n'anprendra,
Ne mes n'avint ne n'avandra
Que nus tel hardemant feïst
Que an tel peril se meïst.
Et sachiez, molt vos en aim plus

Pour aller parler au Chevalier.
J'entends lui offrir aide
Et conseil en tout ce qui le concerne,
Comme étant entièrement à sa disposition. »

Le roi descendit de la tour
Et fait amener son cheval,
C'était un grand destrier ;
Il monte par l'étrier,
Menant avec lui trois chevaliers
Et deux sergents
En tout et pour tout.
Ils n'arrêtèrent pas leur descente
Avant d'être arrivés près du pont.
Le Chevalier continuait à étancher
Ses plaies et à en ôter le sang.
Le roi pense l'avoir longtemps pour hôte,
Avant que ses blessures ne soient guéries,
Mais autant compter assécher
L'eau de la mer.
Le roi met rapidement pied à terre
Et celui qui était grièvement blessé
S'est immédiatement redressé à son approche,
Non qu'il le reconnaisse,
Et sans révéler la souffrance
Qu'il ressentait aux pieds et aux mains,
Se comportant comme s'il était indemne.
Le roi voit qu'il fait de son mieux
Et s'empresse de le saluer.
« Messire, lui dit-il, je m'étonne grandement
Qu'en mon pays
Vous ayez pu pousser jusqu'ici.
Mais soyez le bienvenu,
Car jamais plus personne n'osera pareille entreprise,
Et jamais il n'arriva ni arrivera
Que quelqu'un soit assez hardi
Pour vouloir s'exposer à un tel péril.
Sachez que je vous estime d'autant plus

Quant vos avez ce fet que nus
N'osast panser antemes feire.
Molt me troveroiz deboneire
Vers vos et leal et cortois.
Je sui de ceste terre rois,
Si vos offre tot a devise
Tot mon consoil et mon servise ;
Et je vois molt bien esperant
Quel chose vos alez querant :
La reïne, ce croi querez.
– Sire, fet il, bien esperez ;
Autres besoinz ça ne m'amainne.
– Amis, il i covendroit painne,
Fet li rois, ainz que vos l'aiez.
Et vos estes formant plaiez :
Je voi les plaies et le sanc.
Ne troveroiz mie si franc
Celui qui ça l'a amenee,
Qu'il la vos rande sanz meslee ;
Mes il vos covient sejorner
Et vos plaies feire atorner
Tant qu'eles soient bien garies.
De l'oignemant as trois Maries
Et de meillor, s'an le trovoit,
Vos donrai ge, car molt covoit
Vostre aise et vostre garison.
La reïne a boene prison
Que nus de char a li n'adoise,
Neïs mes filz cui molt an poise,
Qui avoec lui ça l'amena :
Onques hom si ne forssena
Com il s'an forssene et anrage.
Et j'ai vers vos molt boen corage,
Si vos donrai, se Dex me saut,

Que vous avez accompli
Ce que personne n'oserait faire, même en pensée.
Vous me trouverez bien disposé
Envers vous, loyal et courtois.
Je suis roi de ce pays,
Et vous offre sans restriction
Mes conseils et mon aide.
Je crois bien deviner
Que l'objet de votre quête
C'est la reine.
– Sire, fait le Chevalier, vous devinez juste.
Aucune autre raison ne m'amène ici.
– Ami, vous auriez bien du mal
Avant de l'obtenir, réplique le roi.
Vous êtes grièvement blessé :
Je vois vos plaies et le sang qui coule.
Ne comptez pas sur la bienveillance
De celui qui a conduit la reine ici,
Ni qu'il vous la rende sans combat.
Vous avez besoin de repos
Et de soins pour vos blessures
Pour en amener la guérison.
De l'onguent aux trois Maries
Vous donnerai-je, ou d'un remède encore meilleur
Si on peut en trouver, car je désire vivement
Votre confort et votre guérison.
La reine a si bonne prison
Que personne ne touche à elle,
Pas même mon fils qui l'amena ici ;
Il s'en irrite fort.
Jamais homme ne fut aussi déraisonnable
Ni aussi enragé que lui.
Mais moi, je suis bien disposé envers vous,
Et vous donnerai, que Dieu me soit en aide,

V. 3374 : En dernière analyse, l'idée d'un remède appelé l'onguent des trois Maries doit remonter à l'Évangile selon saint Marc (XVI, 1 : Et cum transisset sabbatum, Maria Magdalena, et Maria Jacobi, et Salome emerunt aromata ut venientes ungerent Jesum).

Molt volantiers quanqu'il vos faut.
Ja si boenes armes n'avra
Mes filz, qui mal gré m'an savra,
Qu'altresi boenes ne vos doigne,
Et cheval tel con vos besoigne.
Et si vos praing, cui qu'il enuit,
Vers trestoz homes an conduit.
Ja mar doteroiz de nelui,
Fors que seulemant de celui
Qui la reïne amena ça.
Onques hom si ne menaça
Autre con ge l'ai menacié,
Et par po je ne l'ai chacié
De ma terre par mautalant
Por ce que il ne la vos rant ;
S'est il mes filz ; mes ne vos chaille,
Se il ne vos vaint an bataille,
Ja ne vos porra sor mon pois
D'enui faire vaillant un pois.
– Sire, fet il, vostre merci !
Mes je gast le tans et pert ci,
Que perdre ne gaster ne vuel.
De nule chose ne me duel,
Ne ja n'ai plaie qui me nuise.
Menez moi tant que je le truise,
Car a tex armes con je port
Sui prez c'or androit me deport
A cos doner et a reprandre.
– Amis, mialz vos valdroit atandre
Ou .xv. jors ou trois semainnes,
Tant que vos plaies fussent sainnes ;
Car boens vos seroit li sejorz
Tot au moins jusqu'a .xv. jorz,
Que je por rien ne sosferroie,
Ne esgarder ne le porroie,
Qu'a tez armes n'a tel conroi
Vos combatessiez devant moi. »
Et cil respont : « S'il vos pleüst,

Bien volontiers ce qu'il vous faut.
Mon fils n'aura de si bonnes armes
Que je ne vous en donne d'aussi bonnes,
Ce qui n'aura guère l'heur de lui plaire.
Vous aurez le destrier qui vous conviendra.
Je vous prends sous ma protection
Envers et contre tous, s'en indigne qui voudra.
Vous n'aurez à craindre personne,
Sauf seulement celui
Qui amena la reine ici.
Personne n'a jamais menacé
Un autre homme comme je l'ai menacé, lui.
Pour un peu je l'aurais chassé
De mon royaume, tellement j'étais en colère
Parce qu'il ne veut pas vous rendre la reine.
Et pourtant c'est mon fils ; mais soyez sans crainte,
S'il ne vous vainc en combat,
Il ne pourra pas, du moment que je m'y oppose,
Vous faire tort même d'une maille.
– Je vous remercie, sire, répond le Chevalier,
Mais je gaspille et perds mon temps,
Que je ne tiens nullement à perdre et à gaspiller.
Je ne me plains de rien
Et je n'ai pas de blessure qui me gêne.
Conduisez-moi donc à votre fils,
Car avec les seules armes que je porte
Je suis prêt dès maintenant
À donner et à recevoir des coups.
– Mon ami, vous feriez mieux d'attendre
Quinze jours ou trois semaines,
Jusqu'à ce que vos plaies soient cicatrisées ;
Un repos de quinze jours au moins
Vous serait très profitable.
Pour rien au monde je ne permettrais
Ni n'accepterais
Qu'armé et équipé comme vous êtes
Vous combattiez en ma présence. »
Et le Chevalier répond : « Si seulement vous le vouliez,

Ja autres armes n'i eüst,
Que volantiers a ces feïsse
La bataille, ne ne queïsse
Qu'il i eüst, ne pas ne ore,
Respit ne terme ne demore.
Mes por vos ore tant ferai
Que jusqu'a demain atendrai ;
Et ja mar an parleroit nus,
Que je ne l'atandroie plus. »
Lors a li rois acreanté
Qu'il iert tot a sa volanté,
Puis le fet a ostel mener
Et prie et comande pener
De lui servir ces qui l'en mainnent,
Et il del tot an tot s'an painnent.
Et li rois, qui la pes queïst
Molt volantiers se il poïst,
S'an vint de rechief a son fil,
Si l'aparole come cil
Qui volsist la pes et l'acorde,
Si li dit : « Biax filz, car t'acorde
A cest chevalier sanz conbatre !
N'est pas ça venuz por esbatre,
Ne por berser ne por chacier,
Einz vient por enor porchacier
Et son pris croistre et aloser,
S'eüst mestier de reposer
Molt grant, si con je l'ai veü.
Se mon consoil eüst creü,
De cest mois ne de l'autre aprés
Ne fust de la bataille angrés
Dom il est ja molt desirranz.
Se tu la reïne li ranz,
Criens an tu avoir desenor ?
De ce n'aies tu ja peor,
Qu'il ne t'an puet blasmes venir ;
Einz est pechiez del retenir
Chose ou an n'a reison ne droit.

Il ne serait pas question d'autres armes,
Car volontiers avec celles que je porte
Je combattrais, sans réclamer
Qu'il y eût le moindre
Répit ou délai.
Mais pour vous plaire
J'attendrai jusqu'à demain.
Au delà de ce terme, inutile d'en parler,
Car je n'attendrai pas davantage. »
Le roi lui promet
Que tout se passera selon sa volonté.
Il le fait alors mener à sa demeure
Et il commande à tous ceux qui l'accompagnent
D'être à ses ordres.
Les gens de Bademagu obéissent.
Et le roi, qui rêvait d'arriver à un accord
Si c'était possible,
Revint trouver son fils ;
Il lui parle en homme qui voudrait
La paix et une bonne entente.
« Beau fils, dit-il, entends-toi
Avec ce Chevalier et renonce à le combattre !
Il n'est pas venu chez nous pour s'amuser,
Pour tirer de l'arc ou se livrer à la chasse,
Mais bel et bien en quête de prouesse
Et pour accroître sa renommée.
Pourtant il aurait grand besoin de repos,
Comme je l'ai constaté de mes yeux.
S'il m'avait écouté,
Ni ce mois-ci, ni le prochain,
Il n'aurait envie de combattre,
Mais il en a déjà le désir.
Si tu lui rends la reine,
Crois-tu te déshonorer ?
Tu n'as pas à le craindre
Car personne ne t'en blâmerait.
Mais c'est un péché que de retenir
Une chose où l'on n'a aucun droit.

La bataille tot or androit
Eüst feite molt volantiers,
Si n'a il mains ne piez antiers,
Einz les a fanduz et plaiez.
– De folie vos esmaiez,
Fet Meleaganz a son pere ;
Ja par la foi que doi saint Pere
Ne vos cresrai de cest afeire.
Certes, l'an me devroit detreire
A chevax se je vos creoie.
S'il quiert s'anor, et je la moie,
S'il quiert son pris, et je le mien,
Et s'il vialt la bataille bien,
Ancor la voel je plus cent tanz.
– Bien voi qu'a la folie antanz,
Fet li rois, si la troveras.
Demain ta force esproveras
Au chevalier, quant tu le viax.
– Ja ne me vaigne plus grans diax,
Fet Meleaganz, de cestui !
Mialz volsisse qu'ele fust hui
Assez que je ne faz demain.
Veez or con ge m'an demain
Plus matemant que ge ne suel.
Molt m'an sont or troblé li oel,
Et molt en ai la chiere mate.
Ja mes tant que ge me conbate
N'avrai joie ne bien ne eise,
Ne m'avendra rien qui me pleise. »

Li rois ot qu'an nule meniere
N'i valt rien consauz ne proiere,
Si l'a lessié tot mau gré suen,

Il se serait volontiers battu
Aujourd'hui même,
Pourtant ses mains et ses pieds sont en triste état,
Tout blessés et entaillés qu'ils sont.
– Vous vous préoccupez de sottises,
Dit Méléagant à son père,
Et par la foi que je dois à saint Pierre
Je ne compte pas vous écouter en cette affaire.
Certes, je mériterais d'être écartelé
Entre quatre chevaux si je vous écoutais.
S'il cherche à être honoré, moi je le cherche aussi,
S'il cherche à être prisé, c'est aussi mon cas ;
S'il désire à toute force se battre,
Je le désire cent fois plus.
– Je vois bien que tu es décidé à agir follement,
Fait le roi, et à en subir les conséquences.
Demain tu te mesureras avec le Chevalier,
Puisque tu le veux.
– Que jamais plus grand malheur ne m'arrive,
Répond Méléagant, que celui-ci !
J'aimerais mieux que le combat eût lieu
Aujourd'hui même que demain.
Voyez comme je me porte
Plus mal que d'habitude.
Mes yeux me brûlent
Et je me sens tout fiévreux.
Jamais jusqu'à ce que je combatte
Je n'aurai de joie ni ne me sentirai bien,
Ni rien ne me plaira. »

Le roi a compris qu'en l'occasion
Conseil et prière ne servent à rien.
Bien à contrecœur il quitte son fils.

V. 3460-61 : En ancien français l'infinitif substantivé pouvait être suivi d'un complément direct. Voir Lucien Foulet, *Petite Syntaxe de l'ancien français*. 3e édition rev. C.F.M.A., 21 (Paris : H. Champion, 1930), §312.

V. 3472-73 : *Et* emphatique, après une subordonnée concessive, sert à introduire la proposition principale. Ici les deux propositions principales sont elliptiques : il faut sous-entendre *quier* (ind. pr. 1 de *querre*) après *je*. Voir la note au v. 2374.

Et prant cheval molt fort et buen
Et beles armes, ses anvoie
Celui an cui bien les anploie.
Iluec fu uns cirugïens
Qui molt estoit boens crestïens ;
El monde plus leal n'avoit,
Et de plaies garir savoit
Plus que tuit cil de Monpellier.
Cil fist la nuit au chevalier
Tant de bien con feire li sot,
Car li rois comandé li ot.
Et ja savoient les noveles
Li chevalier et les puceles
Et les dames et li baron
De tot le païs anviron ;
Si vindrent d'une grant jornee
Tot anviron de la contree
Et li estrange et li privé ;
Tuit chevalchoient abrivé
Tote la nuit anjusqu'au jor.
D'uns et d'autres devant la tor
Ot si grant presse a l'enjorner
Qu'an n'i poïst son pié torner.
Et li rois par matin se lieve,
Cui de la bataille molt grieve,
Si vient a son fil de rechief,
Qui ja avoit le hiaume el chief
Lacié, qui fu fez a Peitiers.
N'i puet estre li respitiers,
Ne n'i puet estre la pes mise ;
Si l'a li rois molt bien requise,
Mes ne puet estre qu'il la face.
Devant la tor, enmi la place
Ou tote la genz se fu treite,
La sera la bataille feite,

Alors il prend un destrier beau et fort,
Qu'il envoie ainsi que de belles armes
À celui qui est digne de tels dons.
Là se trouvait un chirurgien,
Un fort bon chrétien,
Au monde il n'y avait pas plus loyal que lui.
Il savait mieux guérir les plaies
Que tous les médecins de Montpellier.
Cette nuit-là il soigna le Chevalier
Au mieux qu'il put,
Car le roi le lui avait commandé.
Déjà la nouvelle du combat imminent
S'était répandue parmi les chevaliers,
Les demoiselles, les dames et les barons
De tout le pays environnant.
Ils vinrent en une grande étape
De toute la contrée à la ronde,
Les étrangers comme les gens du pays.
Ils chevauchèrent bon train
Toute la nuit jusqu'au soleil levant.
À l'aube les uns et les autres
Se pressèrent en telle foule devant le château
Qu'on n'y aurait pu remuer le pied.
Le roi se lève le lendemain matin,
Préoccupé par l'idée du combat qui se prépare.
Une fois de plus il vient trouver son fils,
Qui déjà avait le heaume en tête,
Un heaume fait à Poitiers.
Mais tout délai s'avéra impossible,
De même qu'un accord entre les deux adversaires.
Le roi eut beau prier son fils,
Celui-ci ne voulut rien entendre.
Devant la tour, sur la place,
Où s'est assemblée la foule,
Le combat aura lieu :

V. 3497 : Guiot connaissait-il le mot *cirurgïen* ? Il le remplace ici par *hom ancïens* ; dans *Yvain* (éd. Foerster-Reid, v. 6504) il y substitue *fisicïen*.

Que li rois le vialt et comande.
Le chevalier estrange mande
Li rois molt tost, et l'an li mainne
An la place qui estoit plainne
Des genz del rëaume de Logres ;
Ausi con por oïr les ogres
Vont au mostier a feste anel,
A Pantecoste ou a Nöel,
Les genz acostumeemant,
Tot autresi comunemant
Estoient la tuit aüné.
Trois jorz avoient geüné
Et alé nuz piez et an lenges
Totes les puceles estrenges
Del rëaume le roi Artu,
Por ce que Dex force et vertu
Donast contre son aversaire
Au chevalier qui devoit faire
La bataille por les cheitis.
Et autresi cil del païs
Reprioient por lor seignor
Que Dex la victoire et l'enor
De la bataille li donast.
Bien main ainz que prime sonast
Les ot an endeus amenez
Enmi la place toz armez
Sor deus chevax de fer coverz.
Molt estoit genz et bien aperz
Meliaganz et bien tailliez,
Et li haubers menu mailliez,
Et li hiaumes et li escuz
Qui li estoit au col panduz
Trop bien et bel li avenoient.
Mes a l'autre tuit se tenoient,
Nes cil qui volsissent sa honte,
Et dïent tuit que rien ne monte
De Meliagant avers lui.
Maintenant qu'il furent andui

Ainsi le veut et l'ordonne le roi.
Le Chevalier étranger est mandé bientôt
Par Bademagu, et on le lui amène
3532 En la place qui était pleine
De gens du royaume de Logres.
Tout comme pour entendre les orgues
On va à l'église lors d'une fête annuelle,
3536 Que ce soit la Pentecôte ou bien Noël,
Suivant ainsi la coutume,
De même en grand nombre
Ils s'étaient tous rassemblés sur la place.
3540 Trois jours de suite avaient jeûné
Et étaient allées nu-pieds et portant la haire
Les jeunes filles
Nées au royaume d'Artur,
3544 Afin que Dieu donnât force et vigueur,
Contre son adversaire,
Au Chevalier qui devait combattre
Pour délivrer les captifs.
3548 De même les gens de Gorre
De leur côté priaient
Que Dieu donne la victoire
À leur seigneur.
3552 De bon matin, avant que ne sonne la première heure,
On avait conduit sur la place
Les deux adversaires tout armés
Sur deux chevaux caparaçonnés de fer.
3556 Méléagant avait belle prestance,
Physiquement,
Et son haubert à menues mailles,
Son heaume et l'écu,
3560 Pendu à son cou,
Lui allaient à merveille.
Mais tous pensaient que son adversaire vaincrait,
Même ceux qui souhaitaient la défaite du Chevalier.
3564 Tous disent que Méléagant
A peu de chances de gagner contre lui.
Maintenant que les voilà sur la place

Enmi la place, et li rois vient,
Qui tant com il puet les detient,
Si se painne de la peis feire,
Mes il n'i puet son fil atreire ;
Et il lor dit : « Tenez vos frains
Et vos chevax a tot le mains
Tant qu'an la tor soie montez.
Ce n'iert mie trop granz bontez
Se por moi tant vos delaiez. »
Lors se part d'ax molt esmaiez
Et vient droit la ou il savoit
La reïne qui li avoit
La nuit proié qu'il la meïst
An tel leu que ele veïst
La bataille tot a bandon ;
Et il l'en otrea le don,
Si l'ala querre et amener ;
Car il se voloit molt pener
De s'anor et de son servise.
A une fenestre l'a mise,
Et il fu delez li a destre
Couchiez sor une autre fenestre,
Si ot avoec aus deus assez
Et d'uns et d'autres amassez
Chevaliers et dames senees
Et puceles del païs nees ;
Et molt i avoit des cheitives
Qui molt estoient antantives
En orisons et an proieres.
Li prison et les prisonieres
Trestuit por lor seignor prioient,
Qu'an Deu et an lui se fioient
De secors et de delivrance.
Et cil font lors sanz demorance
Arriere treire les genz totes,
Et hurtent les escuz des cotes,
S'ont les enarmes anbraciees
Et poignent si que deus braciees

Le roi survient,
Qui tant qu'il peut les retient
Et s'efforce de les réconcilier,
Mais son fils reste intraitable.
Alors Bademagu dit : « Tenez vos chevaux
En bride tout au moins
Jusqu'à ce que je sois monté en ma tour.
La faveur ne sera pas grande
Si à ma demande vous différez un instant le combat. »
Alors il les quitte, très anxieux,
Et se rend là où il pensait
Retrouver la reine, qui l'avait prié
La veille de la placer
En un lieu d'où elle verrait
Sans difficulté le combat,
Et il lui avait accordé sa requête.
Il alla donc la chercher et l'escorter,
Car il tenait beaucoup
À l'honorer et à lui rendre service.
Il l'a installée près d'une fenêtre,
Et s'est placé à sa droite,
Accoudé à une autre fenêtre.
Avec eux deux il y avait groupé
Bon nombre de gens divers,
Chevaliers et dames courtoises
Et demoiselles nées au pays de Gorre ;
S'y trouvaient également beaucoup de captives,
Très occupées
Par leurs oraisons et prières.
Les prisonniers et les prisonnières
Priaient tous et toutes pour leur champion,
Espérant que Dieu par son entremise
Allait les secourir et délivrer.
Les deux adversaires sans plus long délai
Font reculer les spectateurs qui les entourent ;
Ils heurtent du coude leur écu
En le saisissant par les courroies,
Puis piquent des deux. De la longueur de deux bras

Parmi les escuz s'antranbatent
Des lances, si qu'eles esclatent
Et esmïent come brandon.
Et li cheval tot de randon
S'antrevienent que front a front
Et piz a piz hurté se sont,
Et li escu hurtent ansanble
Et li hiaume, si qu'il resanble
De l'escrois que il ont doné
Que il eüst molt fort toné,
Qu'il n'i remest peitrax ne cengle,
Estriés ne resne ne sorcengle
A ronpre, et des seles peçoient
Li arçon, qui molt fort estoient ;
Ne n'i ont pas grant honte eü
Se il sont a terre cheü
Des que trestot ce lor failli ;
Tost refurent an piez sailli,
Si s'antrevienent sanz jengler
Plus fieremant que dui sengler,
Et se fierent sanz menacier
Granz cos des espees d'acier
Come cil qui molt s'antreheent.
Sovant si aspremant se reent
Les hiaumes et les haubers blans
Qu'aprés le fer an saut li sans.
La bataille molt bien fornissent,
Qu'il s'estoutoient et leidissent
Des pesanz cos et des felons.
Mainz estors fiers et durs et lons
S'antredonerent par igal,
C'onques ne del bien ne del mal
Ne s'an sorent au quel tenir,
Mes ne pooit pas avenir
Que cil qui ert au pont passez
Ne fust afebloiez assez
Des mains, que il avoit plaiees.
Molt an sont les genz esmaiees,

Ils transpercent les écus
De leurs lances, de sorte qu'elles éclatent
Et se brisent comme des baguettes.
3608 Les deux destriers se rencontrent
Avec une telle force front à front
Et poitrail contre poitrail,
Tandis que s'entrechoquent les écus
3612 Et les heaumes, qu'il semble,
En entendant le bruit de tout cela,
Que ce soit le tonnerre.
Guides, sangles, rênes, étriers
3616 Et autres pièces du harnais
Sont rompus, et les arçons des selles,
Quoique très solides, se brisent.
Les deux cavaliers n'ont pas à rougir
3620 D'avoir été projetés à terre,
Dès que tout cet équipement leur a fait défaut.
Très vite ils se sont relevés
Et s'abordent l'un l'autre sans vaines paroles
3624 Plus sauvagement que deux sangliers,
Et passant outre aux menaces
Ils échangent de grands coups avec leurs épées d'acier
En hommes qui se détestent.
3628 Ils tranchent souvent si férocement
Dans leurs heaumes et hauberts argentés
Que la lame en fait gicler le sang.
Ils bataillent de leur mieux,
3632 Se frappant l'un l'autre
Vigoureusement et sans pitié.
Maints coups violents durs et appuyés
Ils se donnent l'un à l'autre, et si également
3636 Qu'on ne saurait dire
Qui aurait l'avantage.
Mais il était inévitable
Que celui qui avait traversé le pont
3640 Fût très affaibli
Par ses mains couvertes de blessures.
Les spectateurs sont consternés,

Celes qui a lui se tenoient,
Car ses cos afebloier voient,
Si criement qu'il ne l'an soit pis ;
Et il lor estoit ja a vis
Que il en avoit le peior
Et Meliaganz le meillor,
S'an murmuroient tot antor.
Mes as fenestres de la tor
Ot une pucele molt sage,
Qui panse et dit an son corage
Que li chevaliers n'avoit mie
Por li la bataille arramie,
Ne por cele autre gent menue
Qui an la place estoit venue,
Ne ja enprise ne l'eüst
Se por la reïne ne fust ;
Et panse, se il la savoit
A la fenestre ou ele estoit,
Qu'ele l'esgardast ne veïst,
Force et hardemant an preïst.
Et s'ele son non bien seüst
Molt volantiers dit li eüst
Qu'il se regardast un petit.
Lors vint a la reïne et dit :
« Dame, por Deu et por le vostre
Preu, vos requier, et por le nostre,
Que le non a ce chevalier,
Por ce que il li doie eidier,
Me dites, se vos le savez.
– Tel chose requise m'avez,
Dameisele, fet la reïne,
Ou ge n'antant nule haïne
Ne felenie, se bien non :
Lanceloz del Lac a a non
Li chevaliers, mien esciant.

Du moins ceux de Logres,
Car ils voient faiblir ses coups
Et craignent qu'il n'ait le dessous.
Déjà il leur semblait
Qu'il était perdant
Et Méléagant gagnant,
Ils en grommelaient alentour.
Mais aux fenêtres de la tour
Il y avait une demoiselle très avisée,
Qui, ayant bien réfléchi, se dit
Que le Chevalier n'avait pas
Entrepris de combattre pour elle
Ni pour les autres gens de peu
Assemblés sur la place,
Et qu'il ne l'aurait pas fait
S'il ne s'était pas agi de la reine.
La demoiselle pense que si le Chevalier
Savait la reine présente à la fenêtre
En train de le contempler,
Il en reprendrait force et courage,
Et, si elle-même savait son nom,
Elle lui crierait volontiers
Qu'il regardât en haut.
Elle s'approcha alors de la reine et lui dit :
« Ma dame, de par Dieu et pour votre
Bien et pour le nôtre, je vous requiers
Que le nom de ce Chevalier
Me disiez, si vous le savez,
Pour lui venir en aide.
– Vous m'avez requis telle chose,
Demoiselle, dit la reine,
Où je ne discerne aucun mal
Ni rien de blâmable, juste le contraire.
Lancelot du Lac s'appelle
Le Chevalier, autant que je sache.

V. 3649 : Ici les mss. *AEGITV* sont d'accord contre *C* (Guiot), dont la leçon (Si an parloient tot antor) manque décidément de vigueur.

– Dex ! Com en ai lié et riant
Le cuer, et sain ! » fet la pucele.
Lors saut avant et si l'apele,
Si haut que toz li pueples l'ot,
A molt haute voiz : « Lancelot !
Trestorne toi et si esgarde
Qui est qui de toi se prant garde ! »
Qant Lanceloz s'oï nomer,
Ne mist gaires a lui torner :
Trestorne soi et voit amont
La chose de trestot le mont
Que plus desirroit a veoir,
As loges de la tor seoir.
Ne puis l'ore qu'il l'aparçut
Ne se torna ne ne se mut
De vers li ses ialz ne sa chiere,
Einz se desfandoit par derriere ;
Et Meleaganz l'enchauçoit
Totes voies plus qu'il pooit,
Si est molt liez con cil qui panse
C'or n'ait ja mes vers lui desfanse ;
S'an sont cil del païs molt lié,
Et li estrange si irié
Qu'il ne se pueent sostenir,
Einz an i estut mainz venir
Jusqu'a terre toz esperduz
Ou as genolz ou estanduz ;
Ensi molt joie et duel i a.
Et lors de rechief s'escria
La pucele des la fenestre ;
« Ha ! Lancelot ! Ce que puet estre

– Mon Dieu, comme j'ai le cœur léger
Et plein de joie ! », fait la demoiselle.
Alors elle s'avance vivement et l'appelle
À pleins poumons,
Si haut que tout le monde l'entend :
« Lancelot ! retourne-toi et regarde
Qui a les yeux fixés sur toi ! »
Quand Lancelot entend son nom,
Il ne tarde guère à se retourner
Et voit au-dessus de lui
La personne du monde
Qu'il désirait voir le plus,
Assise aux loges de la tour.
Dès le moment qu'il l'aperçut
Il ne se tourna ni ne se mut,
Ni ne détourna d'elle ses yeux et son visage,
Combattant le dos tourné à Méléagant.
Celui-ci le poussait devant lui
Chaque fois qu'il le pouvait,
Ravi parce qu'il pense
Que Lancelot ne peut plus se défendre.
Les gens de Gorre sont fort heureux,
Tandis que ceux de Logres sont si consternés
Qu'ils ne peuvent plus se soutenir –
Nombreux sont ceux
Qui s'affaissent dans leur désarroi,
Tombant à genoux ou prostrés sur le sol :
Ainsi les uns se réjouissent, les autres se désolent.
La demoiselle alors crie
De nouveau hors de la fenêtre :
« Ah ! Lancelot, pourquoi

V. 3681-82 : On peut conclure, en s'appuyant sur ces deux vers qui riment en *ot*, que pour Chrétien (ainsi que pour Godefroi de Leigni) le vocatif de *Lancelot* avait la terminaison du cas régime, non celle du cas sujet (*Lanceloz*), conclusion confirmée aux v. 3708, 4000, 5092, 6557 et 6718. Au v. 6588 le ms. *C* porte *Lanceloz*, que nous avons remplacé par *Lancelot*. À comparer : les vers 6504 et 6529, où *Gauvain* est employé comme vocatif.
V. 3691-93 : Les verbes *torner* et *movoir* remplissent ici une double fonction, à la fois réfléchie et active.

Que si folemant te contiens ?
Ja soloit estre toz li biens
Et tote la pröesce an toi,
Ne je ne pans mie ne croi
C'onques Dex feïst chevalier
Qui se poïst apareillier
A ta valor ne a ton pris.
Or te veons si antrepris
Qu'arriere main gietes tes cos,
Si te conbaz derrier ton dos.
Torne toi si que de ça soies
Et que adés ceste tor voies,
Que boen veoir et bel la fet. »
Ce tient a honte et a grant let
Lanceloz, tant que il s'an het,
C'une grant piece a, bien le set,
Le pis de la bataille eü,
Si l'ont tuit et totes seü.
Lors saut arriere et fet son tor,
Et met antre lui et la tor
Meleagant trestot a force.
Et Meleaganz molt s'esforce
Que de l'autre part se retort ;
Et Lanceloz sore li cort,
Sel hurte de si grant vertu
De tot le cors a tot l'escu,
Quant d'autre part se vialt torner,
Que il le fet tot trestorner
Deus foiz ou plus, mes bien li poist ;
Et force et hardemanz li croist,
Qu'Amors li fet molt grant aïe
Et ce que il n'avoit haïe
Rien nule tant come celui
Qui se conbat ancontre lui.
Amors et haïne mortex,
Si granz qu'ainz ne fu encor tex,
Le font si fier et corageus
Que de neant nel tient a geus

Te conduis-tu en dépit du bon sens ?
Avant ce jour courage
Et vaillance habitaient en toi,
Je ne pense ni ne crois
Que Dieu fît jamais chevalier
Qui puisse se comparer
À toi en valeur et en prix.
Et maintenant nous te voyons si empêtré
Que tu lances tes coups par derrière
Et tu te bats le dos tourné.
Place-toi donc en face de ton adversaire
Tout en continuant à voir la tour,
Car il fait bon la regarder. »
Lancelot ressent une telle honte
Qu'il se méprise lui-même,
Car il sait bien que depuis un bon moment
Il a eu le dessous
Et que tout le monde s'en rend compte.
Alors il recule rapidement
Et ayant contourné Méléagant, il le contraint
À se placer entre lui et la tour.
Méléagant s'efforce
De reprendre sa place d'avant,
Mais Lancelot court sur lui
Et le heurte si violemment
De tout son corps et de son écu,
Quand il veut se tourner ailleurs,
Qu'il le fait pivoter sur place
Deux fois ou trois, malgré lui.
Force et hardiesse croissent chez Lancelot,
Car Amour lui apporte une aide énorme
Et parce que jamais il n'avait haï
Quelqu'un autant que celui
Qui combat contre lui.
Amour et une haine mortelle,
Si grande qu'il n'en fut jamais de telle,
Le rendent si hardi et si vaillant
Que Méléagant n'a pas l'impression de jouer

Meleaganz, ainz le crient molt,
C'onques chevalier si estolt
N'acointa mes ne ne conut,
Ne tant ne li greva ne nut
Nus chevaliers mes con cil fet.
Volantiers loing de lui se tret,
Se li ganchist et se reüse,
Que ses cos het et ses refuse.
Et Lanceloz pas nel menace,
Mes ferant vers la tor le chace,
Ou la reïne ert apoiee.
Sovant l'a servie et loiee
De tant que si pres l'i menoit
Qu'a remenoir li covenoit
Por ce qu'il ne la veïst pas
Se il alast avant un pas.
Ensi Lanceloz molt sovant
Le menoit arriers et avant
Par tot la ou boen li estoit,
Et totevoies s'arestoit
Devant la reïne sa dame
Qui li a mis el cors la flame,
Por qu'il la va si regardant ;
Et cele flame si ardant
Vers Meleagant le feisoit,
Que par tot la ou li pleisoit
Le pooit mener et chacier !
Come avugle et come eschacier
Le mainne, mau gré en ait il.
Li rois voit si ataint son fil
Qu'il ne s'aïde ne desfant ;
Si l'an poise et pitiez l'en prant ;
S'i metra consoil se il puet.
Mes la reïne l'an estuet

Mais redoute fort son adversaire,
Car jamais il n'aborda ni ne connut
Chevalier si enragé,
Et jamais chevalier
Ne lui fit mal ni ne lui nuisit comme celui-là.
Sans se faire prier il recule devant lui,
Il cherche à s'effacer
Et à éviter des coups qui lui déplaisent fort,
Et Lancelot ne perd pas de temps à l'injurier,
Mais le chasse à coups redoublés vers la tour,
Où la reine était appuyée à la fenêtre.
Souvent il l'a servie
En venant si près de la tour
Qu'il lui fallait s'arrêter :
Il aurait cessé de la voir
S'il avait avancé d'un seul pas.
Ainsi Lancelot à maintes reprises
Menait Méléagant arrière et avant,
Partout où bon lui semblait.
Toutefois il s'arrêtait
En vue de sa dame, la reine,
Celle qui lui a mis au corps la flamme
Qu'il attise en la regardant,
Et cette flamme le rendait
Si agressif envers Méléagant
Que partout où il voulait
Il pouvait le mener et le chasser devant lui.
Comme il le ferait d'un aveugle ou d'un éclopé,
Il le promène contre son gré.
Bademagu voit son fils si désemparé
Qu'il semble sans force et ne se défend plus ;
L'inquiétude le saisit et il a pitié de Méléagant,
Et si possible il trouverait un arrangement,
Mais il lui faudra prier

V. 3758 : Lancelot sert la reine en combattant pour elle ; le participe passé *loiee* doit donc avoir ici un sens proche de celui de *servie*, mais normalement le sens de *loier* (ou *lïer*) est tout autre.

Proier se il el vialt bien feire.
Lors li comança a retreire :
« Dame, je vos ai molt amee
Et molt servie et enoree
Puis qu'an ma baillie vos oi ;
Onques chose feire ne soi
Que volantiers ne la feïsse,
Mes que vostre enor i veïsse ;
Or m'an randez le guerredon.
Mes demander vos voel un don
Que doner ne me devrïez
Se par amor nel feisïez.
Bien voi que de ceste bataille
A mes filz le poior sanz faille,
Ne por ce ne vos an pri mie
Qu'il m'an poist, mes que ne l'ocie
Lanceloz, qui en a pooir.
Ne vos nel devez pas voloir,
Non pas por ce que il ne l'ait
Bien vers vos et vers lui mesfait,
Mes por moi qui molt vos an pri
Li dites, la vostre merci,
Qu'il se taigne de lui ferir.
Ensi me porrïez merir
Mon servise se boen vos iere.
– Biax sire, por vostre proiere,
Le voel ge bien, fet la reïne ;
Se j'avoie mortel haïne
Vers vostre fil, cui ge n'aim mie,
Si m'avez vos si bien servie,
Que por ce que a gré vos vaigne
Voel ge molt bien que il se taigne. »
Ceste parole ne fu mie
Dite a consoil, ainz l'ont oïe
Lanceloz et Meleaganz.
Molt est qui aimme obeïssanz,
Et molt fet tost et volentiers,
La ou il est amis antiers,

La reine s'il veut réussir.
Il s'adressa donc à elle :
« Madame, je vous ai témoigné toute mon amitié,
Je vous ai servie et honorée
Depuis que je vous ai en mon pouvoir.
À aucun moment je ne sus chose
Que je ne fisse volontiers pour vous
À condition qu'elle vous honorât.
Récompensez-moi maintenant :
Je veux vous demander une faveur
Que vous ne devriez m'accorder
Si vous ne le faisiez pas par amitié pour moi.
Je vois bien que mon fils
A de toute évidence le dessous dans ce combat.
Je ne dis pas cela parce que je le regrette,
Mais pour que Lancelot,
Qui en a le pouvoir, ne le tue pas.
Il ne faut pas que vous vouliez sa mort ;
Ce n'est pas qu'il n'ait pas mal agi
Envers vous et envers son adversaire,
Mais dites-lui, je vous en prie,
Et grâces vous en soient rendues,
Qu'il s'abstienne de frapper mon fils ;
Ainsi vous pourrez reconnaître
Ce que j'ai fait pour vous, si vous êtes d'accord.
– Sire, parce que vous m'en priez,
Je le veux bien, dit la reine ;
Même si j'avais une haine mortelle
Envers votre fils, que je n'aime point,
Vous avez eu tant d'égards pour moi
Que pour vous faire plaisir
Je veux bien qu'il retienne ses coups. »
Ces mots ne furent pas prononcés
À voix basse, mais entendus
De Lancelot et de Méléagant.
Celui qui aime sait si bien obéir
Qu'il fait tôt et volontiers,
En parfait amoureux,

Ce qu'a s'amie doie plaire.
Donc le dut bien Lanceloz faire,
Qui plus ama que Piramus,
S'onques nus hom pot amer plus.
La parole oï Lanceloz,
Ne puis que li darriens moz
De la boche li fu colez,
Puis qu'ele ot dit : « Quant vos volez
Que il se taigne, jel voel bien. »
Puis Lanceloz por nule rien
Nel tochast ne ne se meüst,
Se il ocirre le deüst.
Il nel toche ne ne se muet ;
Et cil fiert lui tant com il puet,
D'ire et de honte forssenez,
Quant ot qu'il est a ce menez
Que il covient por lui proier.
Et li rois por lui chastïer
Est jus de la tor avalez ;
An la bataille an est alez
Et dist a son fil maintenant :
« Comant ! Est or ce avenant,
Qu'il ne te toche et tu le fiers ?
Trop par es or crüex et fiers,
Trop es or preuz a mal eür !
Et nos savons tot de seür
Qu'il est au desore de toi. »
Lors dit Meliaganz au roi,
Qui de honte fu desjuglez :
« Espoir, vos estes avuglez !
Mien esciant n'i veez gote.
Avuglez est qui de ce dote
Que au desor de lui ne soie.
– Or quier, fet li rois, qui te croie !

Ce qui plaira à celle qu'il aime.
Lancelot ne peut donc qu'obéir,
Lui qui fut plus amoureux que Pyrame,
S'il était possible d'être plus amoureux.
Il entendit les paroles de la reine,
Et dès que la dernière
Lui fut sortie de la bouche,
Dès qu'elle eut dit : « Pour vous faire plaisir
Je veux bien qu'il retienne ses coups »,
Lancelot pour rien au monde
N'eût touché à Méléagant ni bougé ;
Même au risque d'être tué
Il cesse de frapper et de se mouvoir.
Et son adversaire le martèle de coups,
Transporté de colère et de honte,
Quand il se trouve réduit
À avoir besoin qu'on intercède pour lui.
Bademagu, pour réprimander son fils,
Descend au plus vite de la tour ;
Il intervient dans la mêlée
Et dit à Méléagant :
« Comment ! Est-ce convenable
Que tu le frappes quand il ne te touche pas ?
Tu es vraiment par trop belliqueux,
Par trop combatif quand il n'en est plus temps !
Nous savons pertinemment
Qu'il a pris le dessus sur toi. »
Alors Méléagant, dont la honte obscurcit la raison,
Répondit au roi :
« Peut-être que vous devenez aveugle,
Je pense que vous n'y voyez goutte !
Car c'est être aveugle que de croire
Que je n'ai pas pris le dessus sur lui.
– Cherche donc, fait le roi, qui te croie !

V. 3820-22 : Chrétien connaissait l'histoire de Pyrame à travers Ovide, bien sûr (*Métamorphoses*, IV, v. 35 et suiv.), et aussi – surtout ? – dans le texte de *Piramus et Tisbé*, petit roman antérieur au *Lancelot* d'une vingtaine d'années.

Que bien sevent totes ces genz
Se tu diz voir ou se tu manz.
La verité bien an savons. »
Lors dit li rois a ses barons
Que son fil arriere li traient.
Et cil de rien ne se delaient,
Tost ont son comandemant fet :
Meliagant ont arriers tret.
Mes a Lancelot arriers treire
N'estut il par grant force feire
Car molt li poïst grant enui
Cil feire ainz qu'il tochast a lui.
Et lors dist li rois a son fil :
« Si m'aïst Dex, or t'estuet il
Pes feire et randre la reïne.
Tote la querele anterine
T'estuet lessier et clamer quite.
– Molt grant oiseuse avez or dite !
Molt vos oi de neant debatre !
Fuiez ! Si nos lessiez conbatre,
Et si ne vos an merlez ja ! »
Et li rois dit que si fera,
« Que bien sai que cist t'ocirroit,
Qui conbatre vos lesseroit.
– Il m'ocirroit ? Einz ocirroie
Je lui molt tost et conquerroie
Se vos ne nos destorbeiez
Et conbatre nos lesseiez. »
Lors dit li rois : « Se Dex me saut,
Quanque tu diz rien ne te vaut.
– Por coi ? fet il – Car je ne vuel.
Ta folie ne ton orguel
Ne cresrai pas por toi ocirre.
Molt est fos qui sa mort desirre,
Si con tu fez, et tu nel sez.
Et je sai bien que tu m'an hez
Por ce que je t'an voel garder.
Ta mort veoir ne esgarder

Tous ceux qui sont ici savent très bien
Si tu dis vrai ou si tu mens.
La vérité nous est connue. »
Sur ce, Bademagu dit à ses vassaux
De forcer son fils à reculer.
Ceux-ci sans perdre de temps
Exécutent son ordre.
Ils ont vite fait de mener arrière Méléagant.
Mais pour faire reculer Lancelot
L'effort fut minime ;
Méléagant aurait pu lui faire grand mal
Sans riposte de sa part.
Le roi dit alors à son fils :
« Dieu aidant, il faut maintenant
Consentir à la paix et rendre la reine.
Toute cette dispute,
Il faut l'abandonner, en proclamer la fin.
– Vous venez de prononcer une grande sottise !
Vous parlez en dépit du bon sens !
Allez-vous-en ! Laissez-nous combattre,
Et ne vous mêlez plus de cette affaire ! »
Le roi déclare qu'il continuera à s'en mêler,
« Car je sais bien que Lancelot te tuerait
Si l'on vous permettait de poursuivre le combat.
– Il me tuerait ? C'est moi plutôt
Qui aurais tôt fait de le vaincre et mettre à mort,
Si vous cessiez d'intervenir
Et nous laissiez combattre. »
Alors le roi dit : « Que Dieu me soit en aide,
Tout ce que tu peux dire ne te servira de rien.
– Pourquoi pas ? – Parce que je ne veux pas.
Je n'accepterai pas que ta folie et ton orgueil
Causent ta mort.
Il est fou à lier celui qui désire sa propre mort
Comme tu le fais sans t'en rendre compte.
Je sais bien que tu me hais
Parce que j'entends te protéger contre toi-même.
Mais être témoin de ta mort,

Ne me laira ja Dex, mon vuel,
Car trop en avroie grant duel. »
Tant li dit et tant le chastie
Que pes et acorde ont bastie.
La pes est tex que cil li rant
La reïne par tel covant
Que Lanceloz sanz nule aloigne,
Quele ore que cil l'an semoigne,
Des le jor que semons l'avra,
Au chief de l'an se conbatra
A Meliagant de rechief ;
Ce n'est mie Lancelot grief.
A la pes toz li pueples cort
Et devisent que a la cort
Le roi Artu iert la bataille,
Qui tient Bretaigne et Cornoaille :
La devisent que ele soit,
S'estuet que la reïne otroit
Et que Lanceloz acreant
Que, se cil le fet recreant,
Qu'ele avoec lui s'an revanra,
Ne ja nus ne la detanra.
La reïne ensi le creante,
Et Lancelot vient a creante,
Si les ont ensi acordez
Et departiz et desarmez.
Tel costume el païs avoit
Que, puis que li uns s'an issoit,
Que tuit li autre s'an issoient.
Lancelot tuit beneïssoient :
Et ce pöez vos bien savoir
Que lors i dut grant joie avoir,
Et si ot il sanz nule dote.

J'espère que Dieu ne le permettra pas,
Car j'en aurais trop de peine. »
Il lui en dit tant et tant le sermonne
Qu'un pacte est conclu,
Selon lequel Méléagant libère
La reine, à condition
Que Lancelot sans le moindre délai,
Dès qu'il l'aura sommé de comparaître,
Un an après la dite convocation,
Se battra derechef
Avec Méléagant.
Lancelot ne souleva pas d'objection.
Tout le monde s'empressa d'accepter l'accord,
Et on stipule que le combat
Aura lieu à la cour d'Artur,
Le seigneur de Bretagne et de Cornouaille :
C'est là qu'on stipule que le combat sera livré,
Mais il faut que la reine y consente,
Et que Lancelot promette
Que si Méléagant triomphe de lui,
Elle reviendra à Gorre avec Méléagant
Sans que personne ne cherche à la retenir.
La reine accepte cette clause de l'accord
Et Lancelot ne s'y oppose pas.
On les a donc pacifiés,
Séparés et désarmés.
La coutume de Gorre portait
Que si l'un des emprisonnés parvenait à sortir du pays
Tous les autres pouvaient le quitter.
Tous bénissaient Lancelot :
Vous pouvez bien deviner
Qu'alors la joie fut grande,
Et en effet elle l'était.

V. 3899 : Les mss. *ET* donnent *semondra*, ce qui relie ce vers par *adnominatio* au v. 3898 (Quele ore que cil l'an semoigne) et pourrait bien représenter le texte de l'archétype.
V. 3909 : La reconstruction de ce vers par Foerster (voir sa note) se trouve confirmée par la leçon contenue dans le ms. *G*, texte inconnu de lui.

La genz estrange asanble tote,
Que de Lancelot font grant joie,
Et dïent tuit por ce qu'il l'oie :
« Sire, voir, molt nos esjoïsmes
Tantost con nomer vos oïsmes,
Que seür fumes a delivre
C'or serions nos tuit delivre. »
A cele joie ot molt grant presse
Que chascuns se painne et angresse
Comant il puisse a lui tochier.
Cil qui plus s'an puet aprochier
An fu plus liez que ne pot dire.
Assez ot la et joie et ire,
Que cil qui sont desprisoné
Sont tuit a joie abandoné ;
Mes Meliaganz et li suen
N'ont nule chose de lor buen,
Einz sont pansif et mat et morne.
Li rois de la place s'an torne
Ne Lancelot n'i lesse mie,
Einçois l'an mainne ; et cil li prie
Que a la reïne le maint.
« En moi, fet li rois, ne remaint,
Que bien a feire me resanble,
Et Queu le seneschal ansanble
Vos mosterrai ge, s'il vos siet. »
A po que as piez ne l'an chiet
Lanceloz, si grant joie en a.
Li rois maintenant l'an mena
En la sale, ou venue estoit
La reïne qui l'atandoit.
Quant la reïne voit le roi,
Qui tient Lancelot par le doi,
Si s'est contre le roi dreciee
Et fet sanblant de correciee,
Si s'anbruncha et ne dist mot.
« Dame, veez ci Lancelot,
Fet li rois, qui vos vient veoir ;

Les gens de Logres s'assemblent tous
Et font fête à Lancelot,
Disant tous pour qu'il l'entende :
« Certes, messire, nous avons été très heureux
De vous entendre appeler par votre nom,
Car nous avons été alors convaincus
Que nous allions être délivrés. »
Toute cette joie fut accompagnée de bousculade,
Car chacun s'efforce et tente
D'arriver jusqu'à Lancelot pour le toucher.
Celui qui peut se rapprocher le plus de lui
Fut plus heureux qu'il n'aurait su dire.
On trouvait là joie et tristesse,
Car ceux qui sont de nouveau libres
S'abandonnent à la joie,
Tandis que Méléagant et les siens
N'ont rien qui leur plaise,
Ils se montrent pensifs, mornes et déprimés.
Le roi quitte la place
Sans y laisser Lancelot
Car il l'emmène avec lui ;
Celui-ci le prie de le conduire auprès de la reine.
« Je n'y vois pas d'inconvénient, fait le roi,
Car votre requête me paraît légitime.
Et je vous ferai voir Keu le sénéchal
Également, si bon vous semble. »
Pour un peu Lancelot se serait jeté à ses pieds,
Tellement il était heureux.
Bademagu le mène maintenant
À la salle, où était venue
La reine qui l'attendait.
Quand elle voit le roi,
Qui tenait Lancelot par le doigt,
Elle se lève par politesse envers Bademagu,
Mais son visage exprime la contrariété,
Elle baisse la tête et ne dit mot.
« Madame, voici Lancelot
Fait le roi, qui vient vous faire visite,

Ce vos doit molt pleire et seoir.
– Moi ? Sire, moi ne puet il plaire ;
De son veoir n'ai ge que faire.
– Avoi ! Dame, ce dit li rois
Qui molt estoit frans et cortois,
Ou avez vos or cest cuer pris ?
Certes vos avez trop mespris
D'ome qui tant vos a servie
Qu'an ceste oirre a sovant sa vie
Por vos mise an mortel peril,
Et de Meliagant mon fil
Vos a resqueusse et desfandue,
Qui molt iriez vos a randue.
– Sire, voir, mal l'a enploié ;
Ja par moi ne sera noié
Que je ne l'an sai point de gré. »
Ez vos Lancelot trespansé,
Se li respont mout humblemant
A meniere de fin amant :
« Dame, certes, ce poise moi,
Ne je n'os demander por coi. »
Lanceloz molt se demantast
Se la reïne l'escoutast ;
Mes por lui grever et confondre
Ne li vialt un seul mot respondre,
Einz est an une chanbre antree.
Et Lanceloz jusqu'a l'antree
Des ialz et del cuer la convoie,
Mes as ialz fu corte la voie
Que trop estoit la chanbre pres ;
Et il fussent antré aprés
Molt volantiers s'il poïst estre.
Li cuers qui plus est sire et mestre
Et de plus grant pooir assez
S'an est oltre aprés li passez,
Et li oil sont remés defors,
Plain de lermes, avoec le cors.
Et li rois a privé consoil

Ce qui doit vous réjouir et vous plaire.
– Me plaire à moi, sire ? Mais pas du tout ;
Je n'ai que faire de sa visite.
– Vous me surprenez extrêmement, Madame, dit le roi,
Qui était fort courtois et de sentiments généreux.
Où avez-vous pris une telle humeur ?
Certes, vous récompensez bien mal
Un homme qui vous a tant servie
Et qui au cours de sa quête a souvent
Risqué sa vie en de mortels périls.
Contre Méléagant mon fils
Il vous a secourue et défendue,
Lui qui vous a rendue transportée de colère.
– Vraiment, sire, il a bien mal employé son temps :
Je n'éprouve aucune peine à avouer
Que je ne lui sais nul gré de ce qu'il a fait. »
Voici Lancelot stupéfait,
Pourtant il répond sur un ton très humble,
À la façon d'un amoureux parfait :
« Madame, certes, je suis au désespoir,
Mais je n'ose vous demander le pourquoi de votre accueil. »
Lancelot aurait proféré mainte plainte
Si la reine avait bien voulu l'écouter,
Mais pour le chagriner encore plus,
Elle ne daigna lui répondre un seul mot
Et se dirigea vers une pièce attenante.
Lancelot jusqu'au seuil
La suivit du regard et de son cœur.
Aux yeux le trajet fut fort court,
Car la pièce était trop voisine ;
Ils y fussent entrés volontiers
Après elle, si cela avait été possible.
Le cœur, en seigneur et en maître,
Et dont les pouvoirs sont bien plus grands,
Est passé derrière elle à travers la porte,
Alors que les yeux sont restés en deçà,
Remplis de larmes, avec le corps.
L'ayant pris à part,

Dist : « Lancelot, molt me mervoil
Que ce puet estre et don ce muet
Que la reïne ne vos puet
Veoir n'aresnier ne vos vialt.
S'ele onques a vos parler sialt,
N'an deüst or feire dangier,
Ne vos paroles estrangier
A ce que por li fet avez.
Or me dites se vos savez
Por quel chose, por quel mesfet
Ele vos a tel sanblant fet.
– Sire, or androit ne m'an gardoie ;
Mes ne li plest qu'ele me voie
Ne qu'ele ma parole escolt ;
Il m'an enuie et poise molt.
– Certes, fet li rois, ele a tort,
Que vos vos estes jusqu'a mort
Por li en avanture mis.
Or an venez, biax dolz amis,
S'iroiz au seneschal parler.
– La voel je molt, fet il, aler. »
Au seneschal an vont andui.
Quant Lanceloz vint devant lui,
Se li dist au premerain mot
Li seneschax a Lancelot :
« Con m'as honi ! – Et je de quoi ?
Fet Lanceloz, dites le moi ;
Quel honte vos ai ge donc feite ?
– Molt grant, que tu as a chief treite
La chose que ge n'i poi treire,
S'as fet ce que ge ne poi feire. »
A tant li rois les lesse andeus,
De la chanbre s'an ist toz seus ;
Et Lanceloz au seneschal
Anquiert s'il a eü grant mal.
« Oïl, fet il, et ai encore :
Onques n'oi plus mal que j'ai or ;

Le roi lui dit : « Lancelot, je m'étonne
De ce qui se passe, et je me demande
Pourquoi la reine ne supporte pas
De vous voir ni ne veut converser avec vous.
Si jamais elle consentait à vous parler
Ce n'est pas maintenant qu'elle devrait s'y refuser
Et éviter de vous écouter,
Car pour elle, vous avez fait beaucoup.
Dites-moi donc si vous savez
Pour quelle raison, pour quel méfait
Elle vous a reçu avec tant de froideur.
– Sire, jusqu'en ce moment même je ne me doutais de rien,
Mais en effet il ne lui plaît guère de me voir
Ni d'écouter ce que j'ai à dire ;
Cela me fait souffrir et me tourmente beaucoup.
– Il est certain, fait le roi, qu'elle a tort,
Car vous vous êtes mis en péril de mort
En courant pour elle de si grands risques.
Mais venez donc, beau doux ami,
Et vous irez parler avec le sénéchal.
– Très volontiers, fait-il, je veux bien y aller. »
Tous deux s'en vont auprès du sénéchal.
Lorsque Lancelot arriva devant lui,
Ce fut le sénéchal qui adressa
Le premier mot à Lancelot :
« Comme tu m'as couvert de honte ! – Et comment ai-je pu le faire ?
Fait Lancelot, dites-le-moi ;
Quelle honte vous ai-je donc faite ?
– Une honte bien grande ; tu as su mener à bien
Une prouesse que je ne parvins point à accomplir,
Et tu as fait ce que je n'ai pas pu faire. »
Alors le roi les laisse en tête-à-tête,
Il quitte tout seul la chambre ;
Et Lancelot demande
Au sénéchal s'il a beaucoup souffert.
« Oui, beaucoup, fait-il, et je souffre encore :
Jamais je n'eus plus mal que je n'ai à présent ;

Et je fusse morz grant piece a,
Ne fust li rois qui de ci va,
Qui m'a mostré par sa pitié
Tant de dolçor et d'amistié
C'onques la ou il le seüst
Riens nule qui mestier m'eüst
Ne me failli nule foiee,
Qui ne me fust apareilliee
Maintenant que il le savoit.
Ancontre un bien qu'il me feisoit,
Et Meliaganz d'autre part,
Ses filz, qui plains est de mal art,
Par traïson a lui mandoit
Les mires, si lor comandoit
Que sor mes plaies me meïssent
Tex oignemanz qui m'oceïssent.
Ensi pere avoie et parrastre,
Que quant li rois un boen anplastre
Me feisoit sor mes plaies metre,
Qui molt se volsist antremetre
Que j'eüsse tost garison,
Et ses filz par sa traïson,
Por ce qu'il me voloit tüer,
Le m'an feisoit tost remüer
Et metre un malvés oignemant.
Mes je sai bien certainnemant
Que li rois ne le savoit mie :
Tel murtre ne tel felenie
Ne sofrist il an nule guise.
Mes ne savez pas la franchise
Que il a a ma dame faite :
Onques ne fu par nule gaite
Si bien gardee torz an marche
Des le tans que Nöex fist l'arche,
Que il mialz gardee ne l'ait,
Que neïs veoir ne la lait
Son fil, qui molt an est dolanz,
Fors devant le comun des genz

Il y a bien longtemps déjà que je serais mort
Sans le roi qui vient de s'en aller d'ici,
Lequel a témoigné à mon égard d'une pitié
Pleine de douceur et d'amitié,
De sorte que, pourvu qu'il fût au courant,
Jamais rien de ce dont j'avais besoin
Ne me manqua une seule fois –
Rien qui ne me fût préparé immédiatement
Dès qu'il savait ma nécessité.
Par contre, pour chaque bienfait que lui me faisait,
Son fils Méléagant,
Passé maître en l'art de mal faire,
Faisait venir traîtreusement auprès de lui
Les médecins et leur commandait ensuite
De mettre sur mes plaies
Des onguents propres à me faire mourir.
J'avais ainsi un père et un parâtre,
Car lorsque le roi faisait mettre
Un bon emplâtre sur mes plaies,
Voulant faire tout son possible
Pour hâter ma guérison,
Son fils, dans sa traîtrise,
Cherchait en revanche à me tuer,
Et ordonnait qu'on l'enlevât
Pour mettre un mauvais onguent à sa place.
Mais j'ai la certitude
Que le roi ne savait rien de tout cela :
Pareil meurtre ou acte de félonie
Sont des choses que d'aucune manière il n'eût tolérées.
Mais vous ne savez rien de la générosité
Dont il a fait preuve à l'égard de ma dame la reine :
Jamais par nul guetteur
Tour dans une marche ne fut gardée plus attentivement
Depuis le temps que Noé construisit l'arche,
Tant il a pris soin d'elle ;
Il ne permet même pas
Que son fils la voie, ce qui l'enrage,
À moins que ce ne soit en présence d'une foule de gens

Ou devant le suen cors demainne.
A si grant enor la demainne
Et a demené jusque ci
Li frans rois la soe merci,
Com ele deviser le sot.
Onques deviseor n'i ot
Fors li, qu'ainsi le devisa ;
Et li rois molt plus l'an prisa,
Por la lëauté qu'an li vit.
Mes est ce voirs que l'an m'a dit,
Qu'ele a vers vos si grant corroz
Qu'ele sa parole, oiant toz,
Vos a vehee et escondite ?
– Verité vos en a l'an dite,
Fet Lanceloz tot a estros.
Mes por Deu, savrïez me vos
Dire por coi ele me het ? »
Cil respont que il ne le set,
Einz s'an mervoille estrangemant.
« Or soit a son comandemant, »
Fet Lanceloz qui mialz ne puet,
Et dit : « Congié prandre m'estuet,
S'irai monseignor Gauvain querre,
Qui est antrez an ceste terre,
Et covant m'ot que il vandroit
Au Pont Desoz Eve tot droit. »
A tant est de la chanbre issuz ;
Devant le roi an est venuz
Et prant congié de cele voie.
Li rois volantiers li otroie ;
Mes cil qu'il avoit delivrez
Et de prison desprisonez
Li demandent que il feront.
Et il dit : « Avoec moi vandront
Tuit cil qui i voldront venir ;
Et cil qui se voldront tenir
Lez la reïne, si s'i taignent :
N'est pas droiz que avoec moi vaingnent. »

Ou qu'il ne soit là, lui aussi, présent.
Il manifeste envers elle un respect si grand –
Et depuis longtemps il la traite ainsi –
Ce noble roi, auquel grâces soient rendues,
Selon les règles qu'elle-même a formulées.
Jamais il n'eut d'autre arbitre
Qu'elle pour déterminer sa propre conduite ;
Et le roi ne l'en estima que davantage,
À cause de la loyauté dont elle fit preuve.
Mais est-ce vrai ce qu'on m'a dit,
Qu'elle éprouve pour vous une si grande ire
Qu'au vu et au su de tout le monde elle a refusé
De vous adresser la parole ?
– On vous a bien dit la vérité,
Fait Lancelot, sans hésiter une seconde.
Mais, pour Dieu, sauriez-vous me dire
Enfin pour quelle raison elle me hait ? »
L'autre répond qu'il n'en sait rien,
Mais que cela lui paraît bizarre et étrange.
« Que tout soit selon sa volonté, »
Fait Lancelot, qui ne peut que se résigner,
Et il dit : « Il me faudra prendre congé de vous,
Car je pars à la recherche de Gauvain,
Qui est arrivé en ce pays ;
Il s'est engagé devant moi de venir
Tout droit au Pont Sous l'Eau. »
Alors il a quitté la chambre
Pour se présenter auprès du roi
Afin d'obtenir la permission de partir dans cette direction.
Le roi la lui accorde volontiers ;
Mais ceux qu'il avait délivrés
Et libérés de la prison
Lui demandent ce qu'ils vont faire.
Et il dit : « Avec moi viendront
Tous ceux qui voudront m'accompagner ;
Et ceux qui désirent rester
Auprès de la reine, qu'ils y restent :
Il n'y a pas de raison qu'ils viennent avec moi. »

Avoec lui vont tuit cil qui voelent,
Lié et joiant plus qu'il ne suelent.
Avoec la reïne remainnent
Puceles qui joie demainnent
Et dames et chevalier maint ;
Mes uns toz seus n'en i remaint
Qui mialz n'amast a retorner
An son païs que sejorner.
Mes la reïne les retient
Por monseignor Gauvain qui vient,
Et dit qu'ele ne se movra
Tant que noveles an savra.

Par tot est la novele dite
Que tote est la reïne quite
Et delivré tuit li prison,
Si s'an iront sanz mesprison
Quant ax pleira et boen lor iert.
Li uns l'autre le voir an quiert,
Onques parole autre ne tindrent
Les genz quant tuit ansanble vindrent.
Et de ce sont molt correcié
Que li mal pas sont depecié,
Si va et vient qui onques vialt :
N'est pas ensi com estre sialt !
Quant les genz del païs le sorent
Qui a la bataille esté n'orent
Comant Lanceloz l'avoit fet,
Si se sont tuit cele part tret
Ou il sorent que il aloit
Car il cuident qu'au roi bel soit
Se pris et mené li avoient
Lancelot. Et li suen estoient
Tuit de lor armes desgarni
Et por ce furent escherni,

Tous ceux qui le veulent s'en vont avec lui,
Plus heureux et joyeux que de coutume.
Avec la reine demeurent
Des demoiselles qui étalent leur joie,
Et mainte dame et maint chevalier ;
Mais il n'y a parmi eux un seul
Qui n'eût préféré rentrer
Dans son propre pays plutôt que rester là.
Mais la reine les retient tous
À cause de messire Gauvain qui est sur le point d'arriver,
Et dit qu'elle ne bougera point
Avant d'avoir de ses nouvelles.

Partout la nouvelle s'est répandue
Que la reine est entièrement libre
Et que tous les prisonniers sont délivrés ;
Ils pourront donc sans faute s'en aller
Dès qu'il leur plaira et quand bon leur semblera.
Tous cherchent à établir si c'est vrai,
Personne ne parla de rien d'autre
Lorsque les gens se rassemblèrent tous ensemble.
Ils se fâchent beaucoup
Que les mauvais passages aient été détruits
Si bien que l'on va et vient comme on veut :
Ce n'est pas ainsi que doivent être les choses !
Quand les gens du pays
Qui n'avaient pas été à la bataille
Apprirent comment Lancelot s'était conduit,
Ils se sont tous dirigés à l'endroit
Où ils surent qu'il allait,
Car ils pensent que cela plairait au roi
S'ils prenaient et lui livraient
Lancelot. Ses gens à lui
Se trouvaient tous dépourvus de leurs armes
Et pour cette raison on les maltraita,

V. 4133 : La leçon rejetée (Guiot : Et de ce *ne* sont *pas* irié) désigne logiquement les gens de Logres, mais le contexte indique clairement qu'il s'agit des gens de Gorre. À noter également : Guiot détruit la rime riche (corr*ecié* :dep*ecié*).

Que cil del païs armé vindrent.
Ne fu pas mervoille s'il prindrent
Lancelot, qui desarmez iere.
Tot pris le remainnent arriere,
Les piez lïez soz son cheval.
Et cil dïent : « Vos feites mal,
Seignor, car li rois nos conduit.
Nos somes an sa garde tuit. »
Et cil dïent : « Nos nel savons,
Mes ensi con pris vos avons
Vos covandra venir a cort. »
Novele qui tost vole et cort
Vient au roi que ses genz ont pris
Lancelot et si l'ont ocis.
Quant li rois l'ot, molt l'an est grief,
Et jure assez plus que son chief
Que cil qui l'ont mort an morront ;
Ja desfandre ne s'an porront
Et, s'il les puet tenir ou prandre,
Ja n'i avra mes que del pandre
Ou de l'ardoir ou del noier.
Et se il le voelent noier
Ja nes an cresra a nul fuer,
Que trop li ont mis an son cuer
Grant duel, et si grant honte faite
Que li devroit estre retraite
S'il n'an estoit prise vangence ;
Mes il l'an panra sanz dotance !
Ceste novele par tot va
Tant que la reïne trova,
Qui au mangier estoit assise.
A po qu'ele ne s'est ocise
Maintenant que de Lancelot
La mançonge et la novele ot ;

Car ceux du pays vinrent armés.
Il n'est pas étonnant qu'ils réussirent à prendre
Lancelot, qui était désarmé.
Ils le ramènent tout captif en arrière,
Les pieds attachés sous le ventre de son cheval.
Et les autres disent : « Vous agissez mal,
Seigneurs, car le roi garantit notre sûreté.
Nous sommes tous sous sa protection. »
Et eux répondent : « Nous n'en savons rien,
Mais c'est ainsi en tant que nos prisonniers
Qu'il vous faudra venir à la cour. »
Le bruit vole et court rapidement
Jusqu'au roi que ses gens ont pris
Lancelot et l'ont mis à mort.
Quand le roi l'entendit, il en éprouve un grand deuil,
Et jure par sa tête – et par bien plus encore –
Que ceux qui l'ont tué en mourront à leur tour ;
Ils ne sauront jamais se justifier,
Et, s'il peut les tenir entre ses mains ou les prendre,
Il ne restera d'autre remède que la pendaison
Ou le bûcher ou la noyade.
Et s'ils veulent nier leur crime,
Jamais à aucun prix il ne les en croira,
Car ils lui ont trop rempli le cœur
De tristesse, et lui ont fait une honte si grande
Qu'il mériterait le mépris de tous
S'il ne s'en vengeait pas ;
Mais il se vengera, que personne n'en doute !
La rumeur continue de circuler
Jusqu'à parvenir là où se trouve la reine,
Assise à table, en train de manger.
Elle a failli se donner la mort
Aussitôt que sur Lancelot
Elle apprit la nouvelle mensongère ;

V. 4158-4440 : Toute cette partie du roman s'inspire de *Piramus et Tisbé*, mais alors que les deux jeunes amoureux du poème « antique » finissent par se donner la mort, Lancelot et Guenièvre, personnages "modernes", n'arrivent pas à se suicider.

Mes ele la cuide veraie
Et tant duremant s'an esmaie
Qu'a po la parole n'an pert ;
Mes por les genz dit en apert :
« Molt me poise, voir, de sa mort,
Et s'il m'an poise n'ai pas tort,
Qu'il vint an cest païs por moi :
Por ce pesance avoir an doi. »
Puis dit a li meïsme an bas,
Por ce que l'en ne l'oïst pas,
Que de boivre ne de mangier
Ne la covient ja mes proier
Se ce est voirs que cil morz soit
Por la cui vie ele vivoit.
Tantost se lieve molt dolante
De la table, si se demante
Si que nus ne l'ot ne escoute.
De li ocirre est si estoute
Que sovant se prant a la gole ;
Mes ainz se confesse a li sole,
Si se repant et bat sa colpe
Et molt se blasme et molt s'ancolpe
Del pechié qu'ele fet avoit
Vers celui don ele savoit
Qu'il suens avoit esté toz dis
Et fust ancor se il fust vis.
Tel duel a de sa crualté
Que molt an pert de sa biauté.
Sa crualté, sa felenie
L'ont fet molt tainte et molt nercie,
Et ce qu'ele voille et geüne ;
Toz ses mesfez ansanble aüne,
Et tuit li reviennent devant ;
Toz les recorde et dit sovant :
« Ha ! lasse ! De coi me sovint,
Quant mes amis devant moi vint,
Que je nel deignai conjoïr
Ne ne le vos onques oïr ?

Mais elle la croit vraie
Et s'en effraie si cruellement
Qu'elle en perd presque l'usage de la parole ;
Mais pour les gens qui étaient là, elle dit à voix haute :
« Je suis vraiment navrée qu'il soit mort,
Et je n'ai pas tort d'avoir du chagrin,
Puisqu'il vint dans ce pays à cause de moi :
Il est donc juste que je ressente ce chagrin. »
Puis elle se dit à elle-même tout bas,
Pour que personne ne puisse l'entendre,
Qu'à boire et à manger
Jamais plus il ne conviendra de l'inviter
S'il est bien vrai qu'est mort celui
Pour la vie de qui elle-même vivait.
Alors, accablée de tristesse, elle se lève
De table, et elle s'abandonne à sa douleur,
Sans que personne ne puisse l'entendre ni l'écouter.
À plusieurs reprises, la fureur de mettre fin à ses jours
La pousse à se prendre à la gorge ;
Mais elle se retient le temps de se confesser toute seule,
Et se repent et bat sa coulpe,
En s'accusant sévèrement et en plaidant coupable
Du péché qu'elle avait commis
Envers celui dont elle savait bien
Qu'il avait toujours été entièrement à elle
Et qu'il le serait encore s'il était en vie.
Elle souffre tant de sa propre cruauté
Qu'elle finit par perdre une partie de sa beauté.
Sa cruauté et sa félonie
L'ont rendue pâle outre mesure,
Ainsi que ses nuits de veille et son refus de manger ;
Elle additionne la somme de ses méfaits,
Et ceux-ci repassent chacun devant elle ;
Elle les enregistre tous et ne cesse de dire :
« Malheureuse ! À quoi ai-je pu penser,
Lorsque mon ami vint devant moi,
Pour que je ne daignasse pas le recevoir avec joie
Ni ne voulusse jamais l'écouter ?

Quant mon esgart et ma parole
Li veai, ne fis je que fole ?
Que fole ? Ainz fis, si m'aïst Dex,
Que felenesse et que crüex ;
Et sel cuidai ge feire a gas,
Mes ensi nel cuida il pas,
Si nel m'a mie pardoné.
Nus fors moi ne li a doné
Le mortel cop, mien esciant.
Quant il vint devant moi riant
Et cuida que je li feïsse
Grant joie et que je le veïsse,
Et onques veoir ne le vos,
Ne li fu ce donc mortex cos ?
Quant ma parole li veai,
Tantost, ce cuit, le dessevrai
Del cuer et de la vie ansanble.
Cil dui cop l'ont mort, ce me sanble ;
Ne l'ont mort autre Breibançon.
Et Dex ! Avrai ge reançon
De cest murtre, de cest pechié ?
Nenil voir, ainz seront sechié
Tuit li flueve, et la mers tarie !
Ha ! lasse ! Con fusse garie
Et com me fust granz reconforz
Se une foiz ainz qu'il fust morz
L'eüsse antre mes braz tenu.
Comant ? Certes, tot nu a nu,
Por ce que plus an fusse a eise.
Quant il est morz, molt sui malveise
Que je ne faz tant que je muire.
Por quoi ? Doit don mon ami nuire
Se je sui vive aprés sa mort,
Quant je a rien ne me deport

Quand envers lui je manquai d'égards
Et refusai de lui parler, n'était-ce pas là folie de ma part ?
Folie seulement ? Que Dieu me vienne en aide !
Je commis plutôt des actes de traîtrise et de cruauté ;
Alors que je ne croyais faire tout cela que par simple jeu,
Il ne le comprit pas de cette façon-là,
Et il ne m'a point pardonné.
Moi seule lui ai administré
Ce coup mortel, je pense.
Quand il se présenta devant moi tout souriant
Et crut que je lui exprimerais
Ma grande joie à le recevoir,
Et je ne voulus jamais le voir,
Cela ne fut-il pas un coup mortel pour lui ?
Quand je refusai de lui parler,
En un bref instant, je le privai
Et de son cœur et de sa vie.
Ces deux coups-là l'ont tué, j'en suis sûre ;
Ce ne sont pas de vagues Brabançons qui l'ont assassiné.
Mon Dieu ! Pourrai-je racheter
Ce meurtre et ce péché ?
Non, c'est impossible. Avant que cela ne se fasse,
Tous les fleuves seront desséchés et la mer se tarira.
Hélas ! Comme je me sentirais comblée
Et quel grand réconfort pour moi
Si une seule fois, avant sa mort,
J'eusse pu le tenir dans mes bras !
De quelle manière ? Oui : nos deux corps nus, l'un contre l'autre,
Pour que j'eusse reçu de lui le plus possible de joie.
Maintenant qu'il est mort, je suis bien lâche
De ne pas tout faire pour mourir, moi aussi.
Pour quelle raison ? Cela nuit-il à mon ami
Si je continue de vivre après sa mort,
Alors que je n'ai plus rien qui m'occupe

V. 4237 : Les *Breibançons*, mercenaires originaires du Brabant, avaient fort mauvaise réputation.

S'es max non que je trai por lui ?
Quant aprés sa mort m'i dedui,
Certes molt fust dolz a sa vie
Li max don j'ai or grant anvie.
Malveise est qui mialz vialt morir
Que mal por son ami sofrir.
Mes certes il m'est molt pleisant
Que j'en aille lonc duel feisant.
Mialz voel vivre et sofrir les cos
Que morir et estre an repos. »
La reïne an tel duel estut
Deus jorz que ne manja ne but,
Tant qu'an cuida qu'ele fust morte.
Assez est qui noveles porte,
Einçois la leide que la bele.
A Lancelot vient la novele
Que morte est sa dame et s'amie.
Molt l'en pesa, n'en dotez mie ;
Bien pueent savoir totes genz
Qu'il fu molt iriez et dolanz.
Por voir il fu si adolez,
S'oïr et savoir le volez,
Que sa vie en ot an despit :
Ocirre se volt sanz respit,
Mes ainçois fist une complainte.
D'une ceinture qu'il ot ceinte
Noe un des chiés au laz corrant,
Et dit a lui seul an plorant :
« Ha ! Morz ! Com m'as or agueitié
Que tot sain me fez desheitié !
Desheitiez sui, ne mal ne sant
Fors del duel qu'au cuer me descent.
Cist diax est max, voire mortex.

Sauf les malheurs que j'éprouve pour lui ?
Tandis que c'est après sa mort que je m'y complais,
Assurément, pendant sa vie, la souffrance que je désire tant
À présent lui eût été bien douce.
Bien lâche est celle qui préfère mourir
Plutôt que de souffrir pour son bien-aimé.
Il me plaît certainement beaucoup
De mener le deuil encore pendant longtemps.
J'aime mieux vivre et subir les mauvais coups
Que mourir et trouver le repos. »
Le deuil de la reine fut tel
Que pendant deux jours elle ne mangea ni ne but rien,
Et l'on pensa qu'elle était morte.
Nombreux sont ceux qui portent des nouvelles,
Et les mauvaises nouvelles se répandent davantage que les bonnes.
À Lancelot parvient la nouvelle
Que sa dame, sa bien-aimée est morte.
Son deuil fut grand, n'en doutez pas ;
Tous se rendent bien compte
Du degré de sa douleur et de sa peine.
Sa douleur fut bien authentique,
Si vous tenez à l'entendre dire et à le savoir,
Car elle le poussa à se dégoûter de la vie :
Il se mit à vouloir sans tarder sa propre mort,
Mais auparavant il composa une complainte.
D'une ceinture qu'il portait
Il fait un nœud coulant à l'un des bouts,
Et, en versant des larmes, il se dit à lui-même :
« Ah ! Mort ! Comme tu m'as traqué,
De bien portant tu m'as transformé en grand malade !
Je suis à bout de mes forces, mais ne sens aucun mal
À part la douleur qui pèse sur mon cœur.
Cette douleur est bien grave, voire mortelle.

V. 4257-58 : Guenièvre, qui, au v. 4248, se traitait de *mauvaise* "couarde" pour n'avoir pas su mettre fin à ses jours, appelle maintenant *mauvaise* toute femme qui refuse de survivre à son bien-aimé… afin de mieux prolonger sa douleur de l'avoir perdu ! Tisbé se sert également du terme *mauvaise*, mais seulement dans le premier sens (*P. et T.*, v. 860).

Ce voel je bien que il soit tex
Et, se Deu plest, je an morrai.
Comant ? N'autremant ne porrai
Morir se Damedeu ne plest ?
Si ferai, mes que il me lest
Cest laz antor ma gole estraindre,
Ensi cuit bien la Mort destraindre
Tant que mal gré suen m'ocirra.
Morz qui onques ne desirra
Se cez non qui de li n'ont cure
Ne vialt venir, mes ma ceinture
La m'amanra trestote prise,
Et des qu'ele iert an ma justise,
Donc fera ele mon talant.
Voire, mes trop vanra a lant,
Tant sui desirrans que je l'aie ! »
Lors ne demore ne delaie,
Einz met le laz antor sa teste
Tant qu'antor le col li areste
Et por ce que il mal se face
Le chief de la ceinture lace
A l'arçon de sa sele estroit,
Ensi que nus ne l'aperçoit ;
Puis se let vers terre cliner,
Si se vost feire traïner
A son cheval tant qu'il estaigne :
Une ore plus vivre ne daigne.
Quant a terre cheü le voient
Cil qui avoec lui chevalchoient,
Si cuident que pasmez se soit,
Que nus del laz ne s'aparçoit
Qu'antor son col avoit lacié.
Tot maintenant l'ont anbracié,
Sel relievent antre lor braz
Et si ont lors trové le laz,
Dont il estoit ses anemis,
Qu'anviron son col avoit mis ;
Sel tranchent molt isnelemant :

Je veux bien qu'il en soit ainsi
Et, s'il plaît à Dieu, j'en mourrai.
Comment ? Ne pourrai-je pas mourir autrement
S'il ne plaît pas à Dieu de me laisser mourir ?
Si, bien sûr, mais qu'Il me permette
De serrer cette ceinture autour de mon cou,
Je pense bien pouvoir ainsi contraindre la Mort
À me tuer en dépit d'elle.
La Mort qui jamais ne désira
Que ceux qui ne veulent pas d'elle
Ne veut pas se présenter, mais ma ceinture
L'amènera tout de suite en mon pouvoir.
Et aussitôt qu'elle se trouvera sous mon autorité,
Elle fera ce que je demanderai d'elle.
Mais non, elle viendra trop lentement,
Tant je suis désireux de l'avoir auprès de moi. »
Alors il ne se permet plus aucun retard, aucun délai ;
Il passe dans le nœud sa tête
Et le fixe autour de son cou,
Et pour que le coup ne manque de porter,
Il lie le bout de la ceinture
Étroitement à l'arçon de sa selle,
Sans que personne ne s'en aperçoive ;
Puis il se laisse glisser vers le sol,
Car il voulut se faire traîner
Par son cheval jusqu'à son dernier souffle :
Il ne consent pas à prolonger sa vie une heure de plus.
En le voyant tombé à terre,
Ceux qui chevauchaient avec lui
Croient qu'il s'est évanoui,
Car nul d'entre eux ne s'aperçoit du nœud
Qu'il avait fixé autour de son cou.
Ils ont vite fait de le saisir,
Et le relèvent dans leurs bras,
Et c'est alors qu'ils ont trouvé le lacet
Au moyen duquel il était devenu son propre ennemi
En le mettant autour de son cou ;
Ils se pressent pour le couper :

Mes la gorge si duremant
Li laz justisiee li ot
Que de piece parler ne pot ;
Qu'a po ne sont les voinnes rotes
Del col et de la gorge totes ;
Ne puis, se il le volsist bien,
Ne se pot mal feire de rien.
Ce pesoit lui qu'an le gardoit,
A po que de duel n'en ardoit,
Que molt volantiers s'oceïst,
Se nus garde ne s'an preïst.
Et quant il mal ne se puet faire,
Si dit : « Ha ! Vix Morz deputaire,
Morz, por Deu, don n'avoies tu
Tant de pooir et de vertu
Qu'ainz que ma dame m'oceïsses !
Espoir por ce que bien feïsses,
Ne volsis feire ne daignas !
Par felenie m'espargnas
Que ja ne t'iert a el conté.
Ha ! Quel servise et quel bonté !
Con l'as or an boen leu assise !
Dahez ait qui de cest servise
Te mercie ne gré t'an set.
Je ne sai li quex plus me het
Ou la vie qui me desirre,
Ou Morz qui ne me vialt ocirre.
Ensi l'une et l'autre m'ocit ;
Mes c'est a droit, se Dex m'aït,
Que maleoit gré mien sui vis ;
Que je me deüsse estre ocis
Des que ma dame la reïne

Mais le lacet lui avait si durement
Éprouvé la gorge
Que pendant un certain temps il ne put parler ;
C'est tout juste si les veines de son cou
Et de sa gorge ne s'étaient pas toutes rompues ;
Désormais, qu'il le voulût ou non,
Il ne fut plus en mesure de se faire du mal.
Cela le contrariait beaucoup d'être gardé à vue,
Sa douleur faillit exploser,
Parce qu'il se serait volontiers tué,
Si personne n'avait veillé sur lui.
Puisqu'il ne pouvait plus se faire de mal,
Il dit : « Ah ! Mort vilaine et basse,
Mort, pour Dieu, n'avais-tu donc pas
Assez de pouvoir et de force
Pour me tuer, moi, au lieu d'emporter ma dame !
Redoutais-tu de faire un acte de charité
En voulant ou en daignant le faire tout simplement ?
Tu m'épargnas par lâcheté,
Aucune autre explication ne te sera jamais imputée.
Ah ! quel beau service et quelle bonté de ta part !
Comme tu as bien su désigner l'objet de ta faveur !
Malheur à celui qui, de ce grand service,
Songe à te remercier ou à t'en savoir gré !
Je ne sais dire laquelle des deux me hait le plus,
La vie qui veut me garder auprès d'elle
Ou la Mort qui refuse de me tuer.
Ainsi chacune me tue à sa façon ;
Mais il est juste – que Dieu me pardonne ! –
Que je demeure en vie malgré moi ;
J'aurais dû mettre fin à mes jours
Aussitôt que ma dame la reine

V. 4349-50 : Dans les textes médiévaux, la mort, comme l'amour, est assez souvent personnifiée ; c'est bien le cas ici, ce qui justifie, selon nos conventions d'aujourd'hui, le «M» majuscule. Or, le contexte semblerait exiger un «V» majuscule aussi ; en effet, *vie* s'oppose ici à *mort*. Mais en transcrivant *vie* avec un «V» majuscule nous aurions fait croire au lecteur que les auteurs du 12ᵉ siècle employaient cette personnification alors que tel n'est pas du tout le cas. Il s'agit d'une personnification purement occasionnelle – chose autorisée par le manque relatif de majuscules à l'initiale du mot dans les manuscrits.

Me mostra sanblant de haïne.
Ne ne le fist pas sanz reison,
Einz i ot molt boene acheison,
Mes je ne sai quex ele fu.
Mes se ge l'eüsse seü,
Einz que s'ame alast devant Dé
Je le li eüsse amandé
Si richemant con li pleüst,
Mes que de moi merci eüst.
Dex ! Cist forfez quex estre pot ?
Bien cuit que espoir ele sot
Que je montai sor la charrete.
Ne sai quel blasme ele me mete
Se cestui non. Cist m'a traï.
S'ele por cestui m'a haï,
Dex ! Cist forfez por coi me nut ?
Onques Amors bien ne conut
Qui ce me torna a reproche ;
Qu'an ne porroit dire de boche
Rien qui de par Amors venist,
Que a reproche apartenist ;
Einz est amors et corteisie
Quanqu'an puet feire por s'amie.
Por m'amie nel fis je pas.
Ne sai comant je die, las !
Ne sai se die « amie » ou non,
Ne li os metre cest sornon.
Mes tant cuit je d'amor savoir
Que ne me deüst mie avoir
Por ce plus vil, s'ele m'amast,
Mes ami verai me clamast,
Quant por li me sanbloit enors
A feire quanque vialt Amors,
Neïs sor charrete monter.
Ce deüst ele amor conter ;

M'eut fait savoir à quel point elle me détestait.
Elle n'agit pas de la sorte sans raison,
Le mobile de son geste fut, au contraire, des plus solides,
Mais j'ignore en fait ce qui l'a provoquée.
Mais si seulement je l'avais su,
Avant que son âme n'allât devant Dieu,
J'aurais certainement réparé ma faute à son égard
Aussi totalement et richement qu'elle l'aurait désiré,
Pourvu qu'elle m'accordât sa miséricorde.
Dieu ! ce forfait, qu'a-t-il bien pu être ?
Je pense que peut-être elle a dû apprendre
Que j'ai monté sur la charrette.
Je ne sache pas d'autre acte dont elle pourrait
M'accuser. C'est bien celui-là qui m'a trahi.
Si pour cet acte-là elle m'a détesté,
Dieu ! pourquoi cette faute me causa-t-elle du tort ?
Jamais Amour ne fut connu(e)
De l'homme qui me reprocherait un acte semblable ;
Il serait faux d'affirmer
Qu'un comportement qui vient de la part d'Amour
Peut mériter un reproche ;
Au contraire, amour et courtoisie
C'est tout ce qu'on peut faire au service de celle qu'on aime.
Je ne fis rien, moi, pour mon amie.
Je ne sais comment le dire, hélas !
Je ne sais pas si je peux dire « amie » ou non,
Je n'ose pas lui donner ce surnom.
Mais je crois connaître suffisamment bien l'amour
Pour savoir qu'elle n'aurait pas dû
Me mépriser davantage pour cela, si elle m'eût aimé,
Qu'au contraire, elle aurait dû m'appeler son ami sincère et vrai,
Puisque, à cause d'elle, c'était pour moi un honneur
De faire tout ce que demande Amour,
Même, monter sur une charrette.
Elle aurait dû interpréter cela comme un geste d'amour,

V. 4372 : Voir la note au v. 384.

Et c'est la provance veraie :
Amors ensi les suens essaie,
Ensi conoist ele les suens.
Mes ma dame ne fu pas buens
Cist servises ; bien le provai
Au sanblant que an li trovai.
Et tote voie ses amis
Fist ce don maint li ont amis
Por li honte et reproche et blasme ;
S'ai fet ce geu don an me blasme
Et de ma dolçor m'amertume,
Par foi, car tex est la costume
A cez qui d'amor rien ne sevent
Et qui enor an honte levent :
Mes qui enor an honte moille
Ne la leve pas, einz la soille.
Or sont cil d'Amors non sachant
Qui ensi les vont despisant,
Et molt an sus d'Amors se botent
Qui son comandemant ne dotent.
Car sanz faille molt en amande
Qui fet ce qu'Amors li comande,
Et tot est pardonable chose ;
S'est failliz qui feire ne l'ose. »

Ensi Lanceloz se demante,
Et sa genz est lez lui dolante
Qui le gardent et qui le tienent.
Et antretant noveles vienent
Que la reïne n'est pas morte.
Tantost Lanceloz se conforte,
Et s'il avoit fet de sa mort,
Devant, grant duel et fier et fort,
Encor fu bien .c.m. tanz
La joie de sa vie granz.

Comme une preuve vraie et authentique :
Ainsi Amour éprouve-t-elle les siens,
Ainsi les siens les reconnaît-elle.
Mais à ma dame ce genre de service
Ne convint point ; je m'en rendis bien compte
En voyant l'attitude qu'elle adopta à mon égard.
Néanmoins ce que fit son ami
Pour elle a suscité envers lui chez bien des gens
Des accusations de honte, des reproches et des blâmes ;
En effet j'ai bien joué le jeu pour lequel on me condamne,
Et ce qui avait été la douceur de ma vie en est devenue l'amertume,
Ma foi, car tels sont les usages
De ceux qui ne savent rien de l'amour
Et qui baignent l'honneur dans l'eau sale de la honte :
Mais celui qui mouille l'honneur de honte
Ne le lave pas, il le souille.
Ce sont bien ceux à présent qui ne savent rien d'Amour
Qui affichent sans cesse leur mépris à son égard,
Et s'éloignent beaucoup d'Amour
Ceux-là mêmes qui ne craignent pas son commandement.
Il est indiscutable que se perfectionne
Celui qui fait ce qu'Amour lui commande,
Et tout lui sera pardonné ;
Mais celui qui n'ose pas le faire est un pur lâche. »

C'est ainsi que Lancelot se lamente
Et que s'attristent, à ses côtés, ses gens
Qui le gardent et qui le tiennent.
Sur ces entrefaites, la nouvelle arrive
Que la reine n'est pas morte.
Aussitôt Lancelot se réconforte,
Et si, auparavant, devant l'idée de sa mort,
Il avait éprouvé un deuil immense et lancinant,
Sa joie, à la nouvelle qu'elle vivait, devint cent mille fois
Plus grande que son ancien désespoir.

V. 4392 : Voir la note au v. 384.

Et quant il vindrent del recet
Pres a sis liues ou a set,
Ou li rois Bademaguz iere,
Novele que il ot molt chiere
Li fu de Lancelot contee,
Si l'a volantiers escotee,
Qu'il vit et vient sains et heitiez.
Molt an fist que bien afeitiez,
Que la reïne l'ala dire.
Et ele li respont : « Biax sire,
Quant vos le dites, bien le croi ;
Mes s'il fust morz, bien vos otroi,
Que je ne fusse ja mes liee.
Trop me fust ma joie estrangiee
S'uns chevaliers an mon servise
Eüst mort receüe et prise. »
A tant li rois de li se part ;
Et molt est la reïne tart
Que sa joie et ses amis veigne.
N'a mes talant que ele teigne
Atahine de nule chose.
Mes novele qui ne repose,
Einz cort toz jors qu'ele ne fine,
De rechief vient a la reïne
Que Lancelot ocis se fust
Por li, se feire li leüst.
Ele en est liee et sel croit bien,
Mes nel volsist por nule rien,
Que trop li fust mesavenu.
Et antre tant ez vos venu
Lancelot qui molt se hastoit.
Maintenant que li rois le voit,
Sel cort beisier et acoler.
Vis li est qu'il doie voler
Tant le fet sa joie legier.
Mes la joie font abregier
Cil qui le lïerent et prindrent :
Li rois lor dist que mar i vindrent,

Et lorsqu'ils revinrent du refuge,
À une distance de six ou sept lieues,
À l'endroit où se trouvait le roi Bademagu,
À celui-ci fut contée la nouvelle qu'il reçut avec joie
Au sujet de Lancelot –
Nouvelle qu'il a écoutée bien volontiers –
Que Lancelot est bien vivant, tout à fait sain et sauf.
Il se conduisit avec une politesse exquise
En allant dire la bonne nouvelle à la reine.
Et elle lui répond : « Beau sire,
Puisque c'est vous qui le dites, je veux bien le croire ;
Mais si ç'avait été qu'il fût mort, je vous avoue
Que jamais plus je n'aurais connu le bonheur.
Ma joie se serait trop éloignée de moi
Si, par dévouement pour moi, un chevalier
Avait accepté de recevoir et de subir la mort. »
Alors le roi se sépare d'elle ;
Il tarde beaucoup à la reine
Que sa joie et son ami reviennent auprès d'elle.
Elle n'a plus envie du tout
De lui tenir rigueur de quoi que ce soit.
Au contraire, la nouvelle qui sans cesse
Court jour après jour en se répandant partout
Arriva derechef à la reine elle-même
Pour lui apprendre que Lancelot se serait donné la mort
Pour elle si seulement il avait pu le faire.
Cette nouvelle fait sa joie, elle y croit entièrement,
Mais pour rien au monde elle ne voulut
Qu'un trop grand malheur lui fût survenu.
Voilà enfin Lancelot qui arrive
En se hâtant le plus rapidement possible.
Dès que le roi l'aperçoit,
Il court l'embrasser et lui donner l'accolade.
Il a l'impression de voler dans les airs
Tant sa joie le rend léger.
Mais il abrège ses manifetations de joie
À cause de ceux qui avaient pris et lié Lancelot :
Le roi leur dit qu'ils ne vinrent là que pour chercher leur malheur,

Que tuit sont mort et confondu.
Et il li ont tant respondu
Qu'il cuidoient qu'il le volsist.
« Moi desplest il, mes il vos sist,
Fet li rois, n'a lui rien ne monte.
Lui n'avez vos fet nule honte,
Se moi non, qui le conduisoie ;
Comant qu'il soit, la honte est moie.
Mes ja ne vos an gaberoiz,
Quant vos de moi eschaperoiz ! »
Qant Lanceloz l'ot correcier,
De la pes feire et adrecier
Au plus qu'il onques puet se painne
Tant qu'il l'a feite ; lors l'en mainne
Li rois la reïne veoir.
Lors ne lessa mie cheoir
La reïne ses ialz vers terre ;
Einz l'ala lieemant requerre,
Si l'enora de son pooir,
Et sel fist lez li aseoir.
Puis parlerent a grant leisir
De quanque lor vint a pleisir ;
Ne matiere ne lor failloit,
Qu'Amors assez lor an bailloit.
Et quant Lanceloz voit son eise,
Qu'il ne dit rien que molt ne pleise
La reïne, lors a consoil
A dit : « Dame, molt me mervoil
Por coi tel sanblant me feïstes
Avant hier quant vos me veïstes,
N'onques un mot ne me sonastes :
A po la mort ne m'an donastes,
Ne je n'oi tant de hardemant
Que tant com or vos an demant
Vos en osasse demander.

Car tous sont comme s'ils étaient déjà morts et défaits.
Et ils lui ont répondu
Qu'ils ne croyaient agir que selon sa volonté à lui.
« C'est moi l'offensé, alors que votre conduite vous parut juste,
Fait le roi, mais lui n'est pas mis en cause.
Ce n'est point lui que vous avez couvert de honte,
Mais moi-même plutôt, qui l'avais sous ma protection ;
Quoi qu'on fasse, la honte retombe sur moi.
Mais vous ne vous en vanterez pas,
Quand vous sortirez de chez moi ! »
Lorsque Lancelot l'entendit prononcer ces mots de colère,
Il s'efforce de faire la paix et de redresser la situation
En faisant appel à tout le talent dont il se sent capable,
Et il finit par y arriver ; puis le roi
L'emmène voir la reine.
Cette fois-ci, la reine ne baissa point
Les yeux ; au contraire,
Elle alla joyeusement à sa rencontre,
Lui rendit tous les honneurs en son pouvoir
Et le fit asseoir à côté d'elle.
Alors ils se parlèrent en toute liberté
De tout, selon leur bon plaisir ;
Il ne leur manquait point de choses à se dire,
Car Amour leur fournissait bien des sujets d'entretien.
Et quand Lancelot voit le plaisir
Qu'éprouve la reine à tout ce qu'il dit,
Et que rien ne lui déplaît, alors, tout bas,
Il lui a dit : « Dame, devant le si mauvais visage
Que vous me fîtes l'autre jour en me voyant
Mon ébahissement reste total,
Car vous ne m'avez pas soufflé mot de vos raisons :
Vous avez failli me donner la mort.
Je n'eus point alors assez d'audace,
Comme c'est le cas à présent,
Pour oser vous demander de m'éclairer là-dessus.

V. 4483-84 : Cf. Marie de France, "Chèvrefeuille", éd. Jean Rychner. C.F.M.A., 93 (Paris : H. Champion, 1968), v. 95-96 : A li parlat tut a leisir / E elle li dit sun pleisir.

Dame, or sui prez de l'amander,
Mes que le forfet dit m'aiez
Dom j'ai esté molt esmaiez. »
Et la reïne li reconte :
« Comant ? Don n'eüstes vos honte
De la charrete et si dotastes ?
Molt a grant enviz i montastes
Quant vos demorastes deus pas.
Por ce, voir, ne vos vos je pas
Ne aresnier ne esgarder.
– Autre foiz me doint Dex garder,
Fet Lanceloz, de tel mesfet,
Et ja Dex de moi merci n'et
Se vos n'eüstes molt grant droit.
Dame, por Deu, tot or androit
De moi l'amande an recevez,
Et se vos ja le me devez
Pardoner, por Deu sel me dites !
– Amis, toz an soiez vos quites,
Fet la reïne, oltreemant :
Jel vos pardoing molt boenemant.
– Dame, fet il, vostre merci ;
Mes je ne vos puis mie ci
Tot dire quanque ge voldroie ;
Volantiers a vos parleroie
Plus a leisir, s'il pooit estre. »
Et la reïne une fenestre
Li mostre a l'uel, non mie au doi,
Et dit : « Venez parler a moi
A cele fenestre anquenuit,
Quant par ceanz dormiront tuit,
Et si vanroiz par cel vergier.
Ceanz antrer ne herbergier
Ne porroiz mie voste cors ;
Je serai anz et vos defors
Que ceanz ne porroiz venir.
Ne je ne porrai avenir

Dame, maintenant je suis prêt à réparer le forfait –
À condition toutefois que vous me disiez en quoi il consiste –
Qui m'a tant bouleversé. »
Et la reine lui répond :
« Comment ? N'eûtes-vous pas honte
De la charrette ? Ne vous fit-elle pas peur ?
Vous y montâtes à grand regret seulement,
Puisque vous avez attendu le temps de faire deux pas.
Voilà pourquoi en fait je ne voulus
Ni vous adresser la parole ni vous accorder un regard.
– Que Dieu me garde une autre fois,
Fait Lancelot, d'un tel méfait,
Et que Dieu n'ait jamais pitié de moi,
Si vous ne fûtes pas tout à fait dans votre droit !
Dame, pour Dieu, acceptez sur-le-champ
Que je vous fasse amende honorable du tort commis,
Et si un jour vous devez me pardonner,
Pour Dieu, dites-le-moi donc !
– Ami, considérez-vous comme quitte envers moi,
Fait la reine, et entièrement absous :
Je vous pardonne sans réserve.
– Dame, fait-il, je vous en rends grâce ;
Mais ici je ne peux guère vous dire
Tout ce que je voudrais ;
J'aimerais vous parler
Plus à loisir, s'il se pouvait. »
Et la reine, d'un petit mouvement de l'œil, et non du doigt,
Lui indique une fenêtre,
Et elle lui dit : « Venez me parler
Ce soir à cette fenêtre,
Lorsque ceux d'ici seront tous endormis,
Et vous viendrez par ce verger.
Entrer ici ou chercher un gîte
Pour la nuit vous sera défendu ;
Moi, je serai dedans, vous serez dehors,
Puisque vous ne pourrez pas vous introduire ici.
Quant à moi, il ne me sera possible

A vos fors de boche ou de main ;
Mes s'il vos plest jusqu'a demain
I serai por amor de vos.
Asanbler ne porrïens nos,
Qu'an ma chanbre devant moi gist
Kex li seneschax, qui lenguist
Des plaies dom il est coverz.
Et li huis ne rest mie overz,
Einz est bien fers et bien gardez.
Quant vos vandroiz, si vos gardez
Que nule espie ne vos truisse.
– Dame, fet il, la ou je puisse
Ne me verra ja nule espie
Qui mal i pant ne mal an die. »
Ensi ont pris lor parlemant,
Si departent molt lieemant.
Lanceloz ist fors de la chanbre
Si liez que il ne li remanbre
De nul de trestoz ses enuiz.
Mes trop li demore la nuiz,
Et li jorz li a plus duré,
A ce qu'il i a enduré,
Que cent autre ou c'uns anz entiers.
Au parlemant molt volentiers
S'an alast s'il fust anuitié !
Tant a au jor vaintre luitié
Que la nuiz molt noire et oscure
L'ot mis desoz sa coverture
Et desoz sa chape afublé.
Quant il vit le jor enublé,
Si se fet las et traveillié,
Et dit que molt avoit veillié,
S'avoit mestier de reposer.
Bien pöez antendre et gloser,
Vos qui avez fet autretel,

De me joindre à vous que par la parole ou par la main seulement ;
Mais si cela peut vous faire plaisir, je serai
Là, pour l'amour de vous, jusqu'à ce qu'il fasse jour.
Nous ne pourrions pas être vraiment ensemble,
Puisque, dans ma chambre, en face de moi est couché
Keu, le sénéchal, qui languit
À cause des blessures dont il est criblé.
Et l'huis ne s'ouvre jamais,
Il est au contraire solidement fermé et bien gardé.
Quand vous viendrez, faites bien attention
Que nul espion ne vous découvre.
– Dame, fait-il, là où ma compétence s'exercera
Jamais aucun espion ne me verra
Ni ne pourra se former de mauvaises pensées ni trouver à redire. »
Ainsi ont-ils organisé leur tête-à-tête,
Et ils se séparent bien joyeusement.
Lancelot sort de la chambre,
Et son bonheur est tel qu'il ne lui souvient plus
D'aucun des nombreux ennuis dont il avait souffert.
Mais la nuit se fait trop attendre,
Et le jour lui a paru durer plus longtemps,
En fonction de ce qu'il lui fait subir,
Que cent jours normaux, et même plus longtemps qu'une année entière.
Voilà bien longtemps et de plein gré qu'il se serait présenté
Au rendez-vous si seulement la nuit était tombée !
Celle-ci a tellement lutté pour en venir à bout du jour
Que, noire et ténébreuse, elle réussit
À l'envelopper de son manteau
Et à l'affubler de sa chape.
Quand il vit que le jour avait perdu sa clarté,
Il se donne un air d'homme las et fatigué,
Et il dit qu'il avait beaucoup veillé,
Qu'il avait besoin de se reposer.
Vous pouvez facilement comprendre et expliquer –
Ceux d'entre vous à qui il est arrivé d'en faire autant –

Que por la gent de son ostel
Se fet las et se fet couchier ;
Mes n'ot mie son lit molt chier,
Que por rien il n'i reposast,
N'il ne poïst ne il n'osast,
Ne il ne volsist pas avoir
Le hardemant ne le pooir.
Molt tost et söef s'an leva,
Ne ce mie ne li greva
Qu'il ne luisoit lune n'estoile,
N'an la meison n'avoit chandoile
Ne lanpe ne lanterne ardant.
Ensi s'an ala regardant
C'onques nus garde ne s'an prist,
Einz cuidoient qu'il se dormist
An son lit trestote la nuit.
Sanz conpaignie et sanz conduit
Molt tost vers le vergier s'an va,
Qu'onques nul home n'ancontra ;
Et de ce li est bien cheü
C'une piece del mur cheü
Ot el vergier novelemant.
Par cele fraite isnelemant
S'an passe et vet tant que il vient
A la fenestre et la se tient
Si coiz qu'il n'i tost n'esternue,
Tant que la reïne est venue
En une molt blanche chemise ;
N'ot sus blïaut ne cote mise,
Mes un cort mantel ot desus
D'escarlate et de cisemus.
Quant Lanceloz voit la reïne
Qui a la fenestre s'acline,
Qui de gros fers estoit ferree,
D'un dolz salu l'a enerree.

Pourquoi, devant les gens de son hôtel,
Il joue celui qui a sommeil et qui veut se coucher ;
Mais ce n'est point son lit qu'il tient à cœur,
Car pour rien au monde il ne s'y reposerait.
Il ne l'aurait pas pu, il ne l'aurait pas osé,
Il n'aurait pas voulu avoir non plus
L'audace ou la force de le faire.
Aussi vite que possible et sans faire de bruit il se leva du lit,
Sans regretter un instant
L'absence de la lune et des étoiles,
Et, dans la maison, de toute lumière de chandelle
Ou de lampe ou de lanterne allumée.
Il s'emploie au contraire à s'assurer
Que personne ne s'aperçoive de ses mouvements,
Et que l'on croie qu'il dormait tranquillement
Dans son lit pendant toute la nuit.
Sans compagnon pour le guider
Il se dirige sans tarder vers le verger,
Et à aucun moment il ne rencontra âme qui vive ;
La chance continua de le favoriser,
Car un pan du mur du verger
S'était tout récemment écroulé.
Par cette brèche il s'introduit
Rapidement et il parvient jusqu'à
La fenêtre où il se maintient
Silencieux et immobile, s'empêchant de tousser ou d'éternuer,
Jusqu'à ce que la reine arrive,
Vêtue d'une chemise très blanche ;
Elle n'avait pas mis de cotte ou de bliaut,
Mais elle portait un manteau court
D'écarlate et de cisemus.
 Quand Lancelot voit la reine
Qui se penche contre cette fenêtre
Grillée de solides barreaux de fer,
Il commence l'entretien par un doux salut qu'il lui a adressé.

V. 4600 : *Cisemus* "peau d'un petit rongeur, mal identifié" (Frappier, « Glossaire », p. 183).

Et ele un autre tost li rant,
Que molt estoient desirrant
Il de li et ele de lui.
De vilenie ne d'enui
Ne tienent parlemant ne plet.
Li uns pres de l'autre se tret
Et andui main a main se tienent.
De ce que ansanble ne vienent
Lor poise molt a desmesure,
Qu'il an blasment la ferreüre.
Mes de ce Lanceloz se vante
Que, s'a la reïne atalante,
Avoec li leanz anterra :
Ja por les fers ne remanra.
Et la reïne li respont :
« Ne veez vos con cist fer sont
Roide a ploier et fort a fraindre ?
Ja tant ne les porroiz destraindre
Ne tirer a vos ne sachier
Que les poïssiez arachier.
– Dame, fet il, or ne vos chaille !
Ja ne cuit que fers rien i vaille ;
Rien fors vos ne me puet tenir
Que bien ne puisse a vos venir.
Se vostre congiez le m'otroie
Tote m'est delivre la voie ;
Mes se il bien ne vos agree
Donc m'est ele si anconbree
Que n'i passeroie por rien.
– Certes, fet ele, jel voel bien,
Mes voloirs pas ne vos detient ;
Mes tant atandre vos covient
Qu'an mon lit soie recouchiee,
Que de noise ne vos meschiee ;
Qu'il n'i avroit geu ne deport
Se li seneschax qui ci dort
S'esveilloit ja por nostre noise.
Por c'est bien droiz que je m'an voise,

Elle le lui rend aussitôt,
Car leur désir partagé était bien fort –
De lui pour elle, d'elle pour lui.
Rien de bas ni d'ennuyeux n'entre
Dans les propos qu'ils tiennent.
Ils font tout pour s'approcher l'un de l'autre,
Et ils se tiennent par la main.
Le fait qu'il ne leur soit pas possible de se rejoindre mieux
Les contrarie énormément,
Et ils maudissent les barreaux de fer.
Cependant Lancelot se targue
– Si toutefois la reine en convient –
De pouvoir entrer là où elle se trouve :
Il ne restera pas dehors simplement à cause des barreaux.
Et la reine lui répond :
« Ne voyez-vous donc pas à quel point ces fers
Sont raides à forcer et solides à briser ?
Vous n'arriverez jamais à les serrer avec assez de vigueur,
Ou à les tirer vers vous, ou à les secouer
Afin de pouvoir les arracher pour de bon.
– Dame, fait-il, ne vous inquiétez pas !
Je ne pense pas que le fer vaille grand-chose ;
À part vous-même rien n'est capable de m'empêcher
D'aller tout droit auprès de vous.
Si votre accord me l'octroie,
Le chemin m'est tout ouvert ;
Mais si, au contraire, il ne vous plaisait pas de me le donner,
Il me demeurerait si parfaitement bloqué
Que pour rien au monde je ne saurais y passer.
– Oui, certes, fait-elle, je le veux bien,
Ce n'est point mon vouloir qui vous immobilise ;
Mais vous devez attendre
Que je sois recouchée dans mon lit,
Afin qu'il ne vous arrive malheur à cause de quelque bruit ;
Il n'y aurait ni ébats ni plaisir
Si le sénéchal, qui dort ici,
Était réveillé par un bruit que nous aurions fait.
Aussi est-il bien juste que je m'en aille,

Qu'il n'i porroit nul bien noter
Se il me veoit ci ester.
– Dame, fet il, or alez donques
Mes de ce ne dotez vos onques
Que je i doie noise faire.
Si söef an cuit les fers traire
Que ja ne m'an traveillerai
Ne nelui n'an esveillerai. »
A tant la reïne s'an torne
Et cil s'aparoille et atorne
De la fenestre desconfire.
As fers se prant et sache et tire
Si que trestoz ploier les fet
Et que fors de lor leus les tret.
Mes si estoit tranchanz li fers
Que del doi mame jusqu'as ners
La premiere once s'an creva,
Et de l'autre doi se trancha
La premerainne jointe tote ;
Mes del sanc qui jus an degote
Ne des plaies nule ne sant
Cil qui a autre chose antant.
La fenestre n'est mie basse,
Neporquant Lanceloz i passe
Molt tost et molt delivremant.
An son lit trueve Keu dormant
Et puis vint au lit la reïne,
Si l'aore et se li ancline,
Car an nul cors saint ne croit tant.
Et la reïne li estant
Ses braz ancontre, si l'anbrace,
Estroit pres de son piz le lace,
Si l'a lez li an son lit tret
Et le plus bel sanblant li fet
Que ele onques feire li puet,
Que d'Amors et del cuer li muet.
D'Amors vient qu'ele le conjot ;
Et s'ele a lui grant amor ot,

Car il n'y verrait rien de bon
S'il remarquait ma présence ici.
– Dame, fait-il, dépêchez-vous donc de partir,
Mais ne craignez d'aucune manière
Que je fasse le moindre bruit.
Je compte enlever si doucement ces barreaux
Que je n'aurai aucun mal à le faire,
Et je ne réveillerai personne en le faisant. »
Alors la reine le quitte,
Et lui se prépare et s'apprête
À vaincre la fenêtre.
Il s'attaque aux barreaux, les tire et les secoue
Si bien qu'il finit par les ployer tous
Et parvient à les arracher.
Mais leur fer était si coupant
Qu'au petit doigt jusqu'aux muscles
Il ouvrit la première phalange,
Et qu'il trancha au doigt voisin
La première jointure entièrement ;
Mais du sang qui, goutte à goutte, en tombe,
Ni des plaies il ne sent rien du tout,
Sa pensée étant fixée sur autre chose.
La fenêtre n'est pas bien basse,
Néanmoins Lancelot la franchit
Très rapidement et en toute liberté.
Il trouve Keu dormant dans son lit,
Et ensuite il s'en vint au lit de la reine
Devant lequel il s'incline en adorateur,
Car il ne croit en nulle sainte relique autant qu'il croit en elle.
Et la reine lui tend
Ses bras à sa rencontre, et puis l'enlace
Et l'étreint sur son cœur,
Tout en l'attirant près d'elle dans son lit
Où elle lui fait l'accueil le plus beau
Qu'il lui soit possible de faire,
Car elle y est invitée et par Amour et par son cœur.
Amour la pousse à le recevoir ainsi.
Mais si elle éprouva pour lui un grand amour,

Et il .c. mile tanz a li,
Car a toz autres cuers failli
Amors avers qu'au suen ne fist ;
Mes an son cuer tote reprist
Amors et fu si anterine
Qu'an toz autres cuers fu frarine.
Or a Lanceloz quanqu'il vialt
Qant la reïne an gré requialt
Sa conpaignie et son solaz,
Qant il la tient antre ses braz
Et ele lui antre les suens.
Tant li est ses jeus dolz et buens
Et del beisier et del santir
Que il lor avint sanz mantir
Une joie et une mervoille
Tel c'onques encore sa paroille
Ne fu oïe ne seüe ;
Mes toz jorz iert par moi teüe,
Qu'an conte ne doit estre dite.
Des joies fu la plus eslite
Et la plus delitable cele
Que li contes nos test et cele.
Molt ot de joie et de deduit
Lanceloz tote cele nuit.
Mes li jorz vient qui molt li grieve,
Quant de lez s'amie se lieve.
Au lever fu il droiz martirs,
Tant li fu griés li departirs,
Car il i suefre grant martire.
Ses cuers adés cele part tire
Ou la reïne se remaint.
N'a pooir que il l'an remaint,
Que la reïne tant li plest
Qu'il n'a talant que il la lest :
Li cors s'an vet, li cuers sejorne.
Droit vers la fenestre s'an torne ;
Mes de son cors tant i remaint
Que li drap sont tachié et taint

Lui en ressentait pour elle cent mille fois plus,
Car Amour priva tous les autres cœurs
Lorsqu'elle prodigua ses biens au sien ;
C'est dans son cœur à lui qu'Amour reprit
Toutes ses forces et déploya toute sa vigueur,
Au point de s'appauvrir dans le cœur des autres.
Maintenant Lancelot possède tout ce qu'il désire,
Puisque la reine accepte avec joie
Sa douce compagnie,
Puisqu'il la tient entre ses bras
Et elle le tient, lui, entre les siens.
Le plaisir qu'il éprouve est à tel point doux et bon
 – Plaisir des baisers, des sens –
Qu'il leur advint sans mensonge
Une joie et une merveille
Telles que jamais encore leurs pareilles
Ne furent racontées ni connues ;
Mais je maintiendrai toujours le silence le plus parfait
Sur ce qu'on ne doit pas dire dans un conte.
De toutes les joies ce fut la plus exquise
Et la plus délectable
Que l'histoire passe sous silence et garde secrète.
Lancelot fut comblé de joie et de plaisir
Pendant toute cette nuit.
Mais le jour finit par arriver, ce qui l'ennuie fort,
Puisqu'il doit se lever d'auprès de son amie.
Au lever il vécut le supplice du martyre parfait,
Car partir lui parut douloureux à ce point-là,
Et il en subit un martyre bien grand.
Son cœur ne cesse de l'entraîner là
Où la reine est restée.
Ramener son cœur demeure hors de son pouvoir,
Parce que la reine lui plaît tellement
Qu'il n'a aucun désir de la quitter :
Le corps s'éloigne, le cœur demeure.
Il retourne directement à la fenêtre ;
Mais de son corps il en reste assez,
Vu que les draps sont tachés et teints

Del sanc qui cheï de ses doiz.
Molt s'an part Lanceloz destroiz,
Plains de sopirs et plains de lermes.
Del rasanbler n'est pas pris termes,
Ce poise lui, mes ne puet estre.
A enviz passe a la fenestre,
S'i antra il molt volantiers ;
N'avoit mie les doiz antiers,
Que molt fort s'i estoit bleciez ;
Et s'a il les fers redreciez
Et remis an lor leus arriere,
Si que ne devant ne derriere
N'an l'un ne an l'autre costé
Ne pert que l'an eüst osté
Nul des fers ne tret ne ploié.
Au departir a soploié
A la chanbre et fet tot autel
Con s'il fust devant un autel.
Puis s'an part a molt grant angoisse ;
N'ancontre home qui le conoisse,
Tant qu'an son ostel est venuz.
An son lit se couche toz nuz,
Si c'onques nelui n'i esvoille.
Et lors a primes se mervoille
De ses doiz qu'il trueve plaiez ;
Mes de rien n'an est esmaiez
Por ce qu'il set tot de seür
Que au traire les fers del mur
De la fenestre se bleça ;
Por ce pas ne s'an correça,
Car il se volsist mialz del cors
Andeus les braz avoir traiz fors
Que il ne fust oltre passez ;
Mes s'il se fust aillors quassez
Et si laidemant anpiriez,
Molt an fust dolanz et iriez.

La reïne la matinee,

Du sang qui tomba de ses doigts.
C'est dans une profonde détresse que Lancelot part,
Débordant de soupirs et de larmes.
Il n'a pas été question de fixer un nouveau rendez-vous,
Ce qui l'afflige, mais pareille chose ne peut pas être.
C'est à grand regret qu'il repasse la fenêtre
Par où il entra de si bon cœur ;
Il n'avait plus les doigts bien solides,
Car il y avait été grièvement blessé ;
Pourtant, il a redressé les barreaux de fer
Et les a remis en place,
Si bien que ni par devant ni par derrière,
Ni par les deux côtés,
Il n'apparaît que l'on eût enlevé
Un seul des fers, ni qu'on l'eût tiré ou ployé.
Au moment de partir, il s'est incliné
Vers la chambre, se comportant
Tout comme s'il se trouvait en présence d'un autel.
Puis il s'en va la mort dans l'âme ;
Il ne rencontre personne qui le reconnaisse
Pendant qu'il rentre à son hôtel.
Il se couche tout nu dans son lit
Sans jamais réveiller qui que ce soit.
Alors, il a la surprise de découvrir
Que ses doigts sont blessés ;
Mais en rien il ne s'en émeut,
Parce qu'il sait qu'à coup sûr
Ce fut pendant qu'il arrachait les barreaux du mur
De la fenêtre qu'il se blessa ;
Pour cela il ne s'en troubla pas,
Car il eût mieux voulu que de son corps
Les deux bras entiers fussent arrachés
Qu'il n'eût réussi à passer par la fenêtre ;
Mais s'il avait subi ailleurs une blessure semblable
Et se fût maltraité aussi grièvement,
Son chagrin et sa colère auraient été bien grands.

Sur le matin la reine,

Dedanz sa chanbre ancortinee,
Se fu molt söef andormie ;
De ses dras ne se gardoit mie
Que il fussent tachié de sanc,
Einz cuidoit qu'il fussent molt blanc
Et molt bel et molt avenant.
Et Meliaganz, maintenant
Qu'il fut vestuz et atornez,
S'an est vers la chanbre tornez
Ou la reïne se gisoit.
Veillant la trueve et les dras voit
Del fres sanc tachiez et gotez ;
S'en a ses conpaignons botez,
Et com aparcevanz de mal
Vers le lit Keu le seneschal
Esgarde, et voit les draz tachiez
De sanc, que la nuit, ce sachiez,
Furent ses plaies escrevees.
Et dit : « Dame, or ai ge trovees
Tex anseignes con je voloie !
Bien est voirs que molt se foloie
Qui de fame garder se painne,
Son travail i pert et sa painne ;
Qu'ainz la pert cil qui plus la garde
Que cil qui ne s'an done garde.
Molt a or bele garde feite
Mes pere qui por moi vos gueite !
De moi vos a il bien gardee ;
Mes enuit vos a regardee
Kex li seneschax mal gré suen,
S'a de vos eü tot son buen,

V. 4755-4920 : Chrétien se souvient ici d'un épisode bien connu du *Roman de Tristan* de Béroul (éd. Ernest Muret, 4e éd. rev. par L.M. Defourques. C.F.M.A., 12 [Paris : H. Champion, 1948], v. 673-782 : Tristan est accusé – à juste titre – d'avoir couché avec Iseut, à cause des taches de sang qui maculent les draps de la reine. Mais partant d'indices identiques, Méléagant se trompe de coupable en accusant le sénéchal Keu !

Renfermée dans sa chambre bien garnie de tentures,
Tout doucement s'était endormie ;
Elle ne se rendait pas compte que ses draps
Étaient tachés de sang,
Mais, au contraire, elle pensait qu'ils étaient bien blancs
Et tout beaux et parfaitement convenables.
Et Méléagant, dès
Qu'il fut habillé et prêt,
S'est dirigé vers la chambre
Où la reine était couchée.
Il la trouve réveillée et il voit les draps
Tachés et comme mouchetés de gouttes de sang frais ;
En poussant du coude ses compagnons
Et comme quelqu'un qui cherche à y découvrir le mal,
Il tourne son regard vers le lit de Keu le sénéchal
Où il voit, là aussi, les draps tachés
De sang, car, pendant la nuit – notez-le bien -
Les blessures de Keu s'étaient rouvertes.
Et il dit : « Madame, j'ai enfin trouvé
Les preuves que je cherchais depuis longtemps !
Il est bien vrai que l'on commet une folie des plus grandes
Lorsqu'on se dépense afin de préserver l'honneur d'une femme,
Car on y perd son effort et sa peine ;
Celui qui fait le plus pour la surveiller
Perd plus vite sa peine que celui qui ne s'en formalise pas.
Mon père a exercé une bien belle vigilance
En cherchant à vous surveiller à cause de moi !
Il vous a bien gardée contre moi ;
Mais cette nuit c'est Keu le sénéchal
Qui vous a regardée, malgré ses précautions,
Et de vous ce dernier a obtenu tout ce qu'il voulait,

V. 4761 : Les mss. *AETV*, ainsi que celui de l'Institut, présentent tous *desauenant* à la rime, la leçon de *VAE* (et du ms. de l'Institut) étant : Sanz tache et sanz desauenant, ce qui semblerait mieux s'accorder avec le v. 4767 : De fres sang tachiez.

V. 4778 : Reprise ironique du *sans ne peinne* du Prologue.

V. 4779-84 : Noter le jeu verbal à la fois précieux et quelque peu lourd sur *garde/garde/garde/gardee/regardee*.

Et il sera molt bien prové.
– Comant ? fet ele. – J'ai trové
Sanc an vos dras, qui le tesmoingne,
Puis qu'a dire le me besoigne.
Par ce le sai, par ce le pruis
Que an vos dras et es suens truis
Le sanc qui cheï de ses plaies :
Ce sont ansaignes bien veraies. »
Lors primes la reïne vit
Et an l'un et an l'autre lit
Les dras sanglanz, si s'an mervoille ;
Honte en ot, si devint vermoille
Et dist : « Se Damedex me gart,
Ce sanc que an mes dras regart
Onques ne l'i aporta Ques,
Einz m'a enuit senié li nes ;
De mon nes fu au mien espoir. »
Et ele cuide dire voir.
« Par mon chief, fet Meleaganz,
Quanque vos dites est neanz.
N'i a mestier parole fainte,
Que provee estes et atainte,
Et bien sera li voirs provez. »
Lors dit : « Seignor, ne vos movez ! »
As gardes qui iluec estoient,
« Et gardez que osté ne soient
Li drap del lit tant que je veigne.
Je voel que li rois droit me teigne
Qant la chose veüe avra. »
Lors le quist tant qu'il le trova,
Si se lesse a ses piez cheoir
Et dit : « Sire, venez veoir
Ce don garde ne vos prenez.
La reïne veoir venez,
Si verroiz mervoilles provees
Que j'ai veües et trovees ;
Mes ainçois que vos i ailliez
Vos pri que vos ne me failliez

Et la chose sera prouvée sans le moindre doute possible.
– Comment ?, fait-elle. – J'ai trouvé
Du sang sur vos draps, témoignage irréfutable,
Puisqu'il faut que je le dise.
C'est ainsi que je le sais, ainsi que je le prouve,
Car je trouve sur vos draps et sur les siens
Le sang qui tomba de ses blessures :
Voilà des indices bien authentiques. »
Alors la reine remarqua pour la première fois
Dans l'un et l'autre des deux lits
Les draps ensanglantés, et elle s'en étonne beaucoup ;
Elle en éprouva de la honte, elle en rougit,
Et elle dit : « Que Dieu me protège,
Ce sang que je regarde dans mes draps
Jamais Keu ne l'apporta ici,
Le nez m'a saigné cette nuit, sans plus ;
Ce fut mon nez, j'en suis sûre. »
Et elle pense dire la vérité.
« Par mon chef, fait Méléagant,
Vous ne racontez là que des balivernes.
Tout ce que vous pourrez raconter ne servira à rien,
Car vous êtes coupable sans conteste possible,
Et lumière se fera sur vos agissements. »
Alors il dit : « Seigneurs, ne bougez pas d'ici ! »
Aux gardes qui se trouvaient là,
« Et veillez à ce que ne soient pas ôtés
Les draps de ce lit avant que je ne revienne.
Je veux que le roi reconnaisse mon bon droit
Quand il aura vu cette chose de ses propres yeux. »
Alors il chercha ce dernier et finit par le trouver,
Et il se jette à ses pieds,
Disant : « Sire, venez voir
Ce dont vous ne soupçonnez pas l'existence.
Venez voir la reine,
Et vous verrez des choses surprenantes mais authentiques
Que j'ai vues et découvertes ;
Mais avant de vous y rendre,
Je vous prie de ne pas me faillir,

De justise ne de droiture :
Bien savez an quel aventure
Por la reïne ai mon cors mis,
Dom vos estes mes anemis,
Que por moi la faites garder.
Hui matin l'alai regarder
An son lit, et si ai veü
Tant que j'ai bien aparceü
Qu'avoec li gist Kex chasque nuit.
Sire, por Deu, ne vos enuit
S'il m'an poise et se je m'an plaing,
Car molt me vient a grant desdaing
Qant ele me het et despist
Et Kex o li chasque nuit gist.
– Tes ! fet li rois, je nel croi pas.
– Sire, or venez veoir les dras,
Comant Kex les a conreez.
Quant ma parole ne creez,
Ençois cuidiez que je vos mante,
Les dras et la coute sanglante
Des plaies Keu vos mosterrai.
– Or i alons, si le verrai,
Fet li rois, que veoir le voel :
Le voir m'an aprendront mi oel. »
Li rois tot maintenant s'an va
Jusqu'an la chanbre ou il trova
La reïne qui se levoit.
Les draz sanglanz an son lit voit
Et el lit Keu autresimant,
Et dist : « Dame, or vet malemant
Se c'est voirs que mes filz m'a dit. »
Ele respont : « Se Dex m'aït,
Onques ne fu neïs de songe
Contee si male mançonge.
Je cuit que Kex li seneschax
Est si cortois et si lëax
Que il n'an fet mie a mescroire ;

Ni en justice ni par rapport aux convenances :
Vous savez bien les périls
Que j'ai endurés afin d'obtenir la reine –
Ce qui m'a valu d'avoir en vous un ennemi,
Parce que c'est à cause de moi que vous la faites garder.
Ce matin j'allai la voir alors qu'elle était
Encore au lit, et j'ai fait attention
Suffisamment pour pouvoir constater
Que chaque nuit Keu couche avec elle.
Sire, pour Dieu, que cela ne vous contrarie pas
Si cette conduite me chagrine et si je me lamente,
Car elle me fait ressentir un grand dépit,
Vu que la reine me hait et me méprise,
Et que Keu couche chaque nuit avec elle.
– Tais-toi !, fait le roi, je n'en crois rien du tout.
– Sire, venez donc voir les draps,
Et comment Keu les a traités.
Puisque ma parole ne vous inspire pas confiance,
Et qu'au contraire vous pensez que je suis en train de vous mentir,
Les draps et la couverture ensanglantée
Des blessures de Keu, je vous les montrerai.
– Allons-y donc, et je verrai tout cela,
Fait le roi, car je veux le voir :
Mes propres yeux m'apprendront la vérité dans cette affaire. »
Le roi se dépêche pour gagner
La chambre où il trouva
La reine qui était en train de se lever.
Il voit les draps ensanglantés sur son lit,
Ainsi que sur le lit de Keu,
Et il dit : « Dame, voilà qui va fort mal
Si ce que m'a dit mon fils est vrai. »
Elle répond : « Que Dieu me protège,
Jamais, même en racontant un cauchemar,
On n'a inventé un mensonge aussi néfaste.
Je pense que Keu le sénéchal
Est bien trop courtois et fidèle
Pour jamais mériter qu'on juge sa bonne foi insuffisante ;

Et je ne regiet mie an foire
Mon cors ne n'an faz livreison.
Certes, Kex n'est mie tex hom
Qu'il me requeïst tel outrage,
Ne je nen oi onques corage
Del faire ne ja ne l'avrai.
– Sire, molt bon gré vos savrai,
Fet Meleagant a son pere,
Se Kex son outrage conpere,
Si que la reïne i ait honte.
A vos tient la justise et monte,
Et je vos an requier et pri.
Le roi Artu a Kex traï,
Son seignor qui tant le creoit
Que comandee li avoit
La rien que plus ainme an cest monde.
– Sire, or sofrez que je responde,
Fet Kex, et si m'escondirai.
Ja Dex, quant de cest siegle irai,
Ne me face pardon a l'ame
Se onques jui avoec ma dame.
Certes, mialz voldroie estre morz
Que tex leidure ne tiex torz
Fust par moi quis vers mon seignor ;
Et ja mes Dex santé graignor
Que j'ai or androit ne me doint,
Einz me praigne morz an cest point,
Se je onques le me pansai.
Mes itant de mes plaies sai
Qu'annuit m'ont seinnié a planté,
S'an sont mi drap ansanglanté.
Por ce vostre filz me mescroit,
Mes certes il n'i a nul droit. »
Et Meleaganz li respont :
« Si m'aïst Dex, traï vos ont
Li deable et li vif maufé ;
Trop fustes enuit eschaufé,
Et por ce que trop vos grevastes

Et, pour ma part, je ne vends point
Mon corps ni ne le livre à qui le veut.
Il est indéniable que Keu n'est nullement de ceux
Qui pourraient réclamer de moi pareil outrage,
Et, quant à moi, je n'eus jamais aucun désir
De commettre une telle folie et jamais je ne l'aurai.
– Sire, je vous serais bien reconnaissant,
Dit Méléagant à son père,
Si Keu expie son crime
En sorte que la honte atteigne la reine aussi.
De vous dépend et relève la justice,
Et je vous prie et demande de la rendre maintenant.
Keu a bien trahi le roi Artur,
Son seigneur, qui croyait en lui à tel point
Qu'il lui avait confié
L'être qu'il aime le plus au monde.
– Sire, souffrez que je réponde,
Fait Keu, et je me disculperai.
Que Dieu, quand je quitterai ce monde d'ici-bas,
N'accorde pas de pardon à mon âme
Si jamais je couchai avec ma dame.
Évidemment, j'aimerais mieux être mort
Que pareille horreur ou un crime semblable
Fût commis par moi envers mon seigneur ;
Et que jamais Dieu ne me donne
Une santé meilleure que celle que j'ai à present,
Qu'au contraire il me prive de vie tout de suite,
Si jamais l'idée m'en est même venue à l'esprit.
Mais je suis suffisamment expert en matière de mes blessures
Pour savoir que cette nuit elles ont abondamment saigné
Et que mes draps en ont été maculés.
Voilà pourquoi votre fils m'accuse,
Mais en vérité il n'en a nullement le droit. »
Et Méléangant lui répond :
« Que Dieu me vienne en aide, vous avez été suborné
Par les diables et les démons malins ;
Vous avez été cette nuit trop ardent,
Et ce fut sans aucun doute en vous surmenant de la sorte

Voz plaies sanz dote escrevastes.
Ne vos il valt neant contrueve :
Li sans d'anbedeus parz le prueve ;
Bien le veons et bien i pert.
Droiz est que son forfet conpert
Qui si est provez et repris.
Einz chevaliers de vostre pris
Ne fist si grant descovenue,
Si vos an est honte avenue.
– Sire, sire, fet Kex au roi,
Je desfandrai ma dame et moi
De ce que vostre filz m'amet ;
An poinne et an travail me met,
Mes certes a tort me travaille.
– Vos n'avez mestier de bataille,
Fet li rois, que trop vos dolez.
– Sire, se sofrir le volez,
Ensi malades con je sui
Me conbatrai ancontre lui
Et mosterrai que je n'ai colpe
An cest blasme don il m'ancolpe. »

Et la reïne mandé ot
Tot celeemant Lancelot,
Et dit au roi que ele avra
Un chevalier qui desfandra
Le seneschal de ceste chose
Vers Meleagant, se il ose.
Et Meleaganz dist tantost :
« Nul chevalier ne vos en ost
Vers cui la bataille n'anpraigne
Tant que li uns vaincuz remaingne,
Nes se ce estoit uns jaianz. »
A tant vint Lanceloz leanz ;

Que vous avez fait crever vos plaies.
Il ne vous sert à rien de raconter des histoires :
La présence du sang dans les deux lits en constitue la preuve ;
Nous la voyons clairement, elle saute aux yeux.
Il est juste que l'on paie son crime
Quand sa culpabilité est établie.
Jamais un chevalier de votre renommée
Ne commit un outrage aussi insolent,
Ainsi votre crime vous a-t-il couvert de honte.
– Sire, sire, dit Keu au roi,
Je serai prêt à défendre ma dame et moi-même
Contre ce dont votre fils m'accuse ;
Il me met au supplice et à la torture,
Mais c'est vraiment à tort qu'il me tourmente.
– Vous n'aurez pas à vous battre,
Fait le roi, car vous souffrez trop.
– Sire, si vous voulez bien le permettre,
Tout malade que je suis,
Je me battrai contre lui
Et je montrerai que je suis innocent
De cet acte repréhensible dont il m'inculpe. »

La reine de son côté avait envoyé chercher
En secret Lancelot,
Et elle dit au roi qu'elle aura à sa disposition
Un chevalier pour défendre
Le sénéchal en cette affaire
Contre Méléagant, si celui-ci ose accepter le combat.
Et Méléagant ne tarda point à déclarer :
« De tous les chevaliers il n'est pas un seul
Contre qui je n'accepte de combattre,
Jusqu'à ce que l'un de nous deux soit mis hors de combat,
Même s'il s'agissait d'un géant. »
Alors Lancelot entra dans la salle ;

V. 4921-96 : Lorsque Lancelot jure solennellement que Guenièvre n'a pas commis d'adultère avec Keu, il dit vrai, mais la reine ne s'en trouve pas innocentée pour autant. Ici Chrétien tire parti du serment trompeur prêté par Iseut (voir les v. 4183-4216 du *Tristan* de Béroul).

Des chevaliers i ot tel rote
Que plainne an fu la sale tote.
Maintenant que il fu venuz,
Oiant toz, juenes et chenuz,
La reïne la chose conte
Et dit : « Lancelot, cest honte
M'a ci Meleaganz amise ;
An mescreance m'an a mise
Vers trestoz ces qui l'öent dire
Se vos ne l'an feites desdire.
Enuit, ce dit, a Kex geü
O moi, por ce qu'il a veü
Mes dras et les suens de sanc tainz
Et dit que toz an iert atainz,
Se vers lui ne se puet desfandre
Ou se autres ne vialt anprandre
La bataille por lui aidier.
– Ja ne vos an covient pleidier,
Fet Lanceloz, la ou je soie.
Ja Deu ne place qu'an mescroie
Ne vos ne lui de tel afeire ;
Prez sui de la bataille feire
Que onques ne le se pansa.
Se an moi point de desfanse a,
A mon pooir l'an desfandrai ;
Por lui la bataille anprandrai. »
Et Meleagant avant saut
Et dit : « Se Damedex me saut,
Ce voel je bien et molt me siet :
Ja ne pant nus que il me griet. »
Et Lanceloz dist : « Sire rois,
Je sai de quauses et de lois
Et de plez et de jugemanz :
Ne doit estre sanz seiremanz
Bataille de tel mescreance. »
Et Meleaganz sanz dotance
Li respont molt isnelemant :
« Bien i soient li seiremant

Il y eut un tel attroupement de chevaliers
Que la salle s'en trouva toute remplie.
Dès son arrivée,
Devant tout le monde – jeunes et vieux –
La reine raconte ce qui vient de se produire,
Et elle dit : « Lancelot, cette honte,
C'est Méléagant, ici présent, qui me l'a imputée ;
Ainsi m'a-t-il rendue suspecte
Aux yeux de tous ceux qui l'entendent parler,
À moins que vous ne l'obligiez à se rétracter.
Cette nuit, dit-il, Keu a couché
Avec moi, puisqu'il a vu
Mes draps et les siens maculés de sang,
Et il dit que son crime sera sévèrement puni
S'il ne parvient pas à se défendre contre lui,
Ou s'il ne trouve pas un autre qui accepte
Le combat afin de l'aider.
– Il ne vous sera jamais nécessaire de plaider votre cause,
Fait Lancelot, là où je me trouve.
Qu'à Dieu ne plaise que l'on vous soupçonne,
Ni vous ni lui, de pareil outrage ;
Je suis prêt à entreprendre le combat afin de prouver
Qu'à aucun moment il ne songea à faire une chose semblable.
Si en moi il existe le minimum de force,
Je le défendrai de mon mieux ;
Pour lui j'entreprendrai la bataille. »
Et Méléagant fait un bond en avant
Et il dit : « Que le Seigneur me préserve,
J'accepte volontiers, et cela me va très bien :
Que nul ne croie que cela me gêne d'aucune manière. »
Et Lancelot dit : « Sire roi,
Je sais quelque-chose des causes et des lois,
Et des procès et des jugements :
La procédure exige que l'on prête serment
Quand il s'agit d'accusations aussi graves. »
Et Méléagant, sans méfiance,
Lui répond sur-le-champ :
« Que les serments se fassent donc,

Et veignent li saint or androit,
Que je sai bien que je ai droit ! »
Et Lanceloz ancontre dit :
« Onques, se Damedex m'aït,
Queu le seneschal ne conut
Qui de tel chose le mescrut. »
Maintenant lor chevaus demandent,
Lor armes aporter comandent ;
L'an lor aporte tost amont,
Vaslet les arment : armé sont ;
Et je resont li saint fors tret.
Meleaganz avant se tret
Et Lanceloz dejoste lui,
Et s'agenoillent anbedui ;
Et Meleaganz tant sa main
Aus sainz et jure tot de plain :
« Ensi m'aïst Dex et cist sainz,
Kex li seneschaus fu conpainz
Enuit la reïne an son lit
Et de li ot tot son delit.
– Et je t'an lief come parjur,
Fet Lanceloz, et si rejur
Qu'il n'i jut ne ne la santi.
Et de celui qui a manti
Praigne Dex, se lui plest, vangence
Et face voire demostrance.
Mes ancor un autre an ferai
Des seiremanz et jurerai,
Cui qu'il enuit ne cui qu'il poist,
Que se il hui venir me loist
De Meleagant au desus,
Tant m'aïst Dex et neant plus
Et ces reliques qui sont ci

V. 4975-76 : À plus d'un titre, la confusion qui ici règne dans les mss. rappelle celle des v. 12-13 du Prologue (*Tant con les funs passe li vanz / Qui vante en mai ou en avril*). Guiot (f° 45*c*) donne : Quex [cas sujet] le seneschal [cas régime] ne conut / Qui de tel chose le mescrut ; *T* : .K. li seneschaux ne conut / Qui de tele oure le mescrut ; *E* : Se Kex li sianescas [?]/ Qui de tel ouvre le mescrut ; *V* : Kes li senechaus conut droit / Quant dit que a tort

Et que viennent tout de suite les reliques des saints,
Car je sais bien que j'ai le droit de mon côté ! »
Et Lancelot affirme tout haut :
« Que le Seigneur me vienne en aide,
Jamais ne connut Keu le sénéchal
Celui qui put le soupçonner de pareille chose. »
Ils réclament alors leurs chevaux
Et ils se font apporter leurs armes ;
On les leur apporte immédiatement,
Et les valets les en revêtent : les voilà armés ;
Les reliques sont déjà exposées à leur place.
Méléagant avance de quelques pas
Et Lancelot, à son côté, fait de même,
Et tous deux se mettent à genoux ;
Et Méléagant tend la main
Vers les saintes reliques et jure d'une voix forte :
« Que Dieu et ses saints me viennent en aide,
Keu le sénéchal partagea
Cette nuit le lit de la reine
Et d'elle il eut tout son plaisir.
– Et moi, fait Lancelot, je t'accuse de parjure
Et je jure solennellement
Qu'il n'y coucha pas et qu'il ne la toucha point.
Et que celui de nous deux qui aurait menti,
Qu'il plaise à Dieu de le punir
Et de prouver ainsi de quel côté la vérité se trouve.
Mais je ferai encore un serment
Et je jurerai en plus –
Qui que cela ennuie ou offense –
Que s'il m'accorde aujourd'hui
De prendre le dessus sur Méléagant,
Avec son aide et celle de ces reliques
Que voici, et en vertu d'aucun autre pouvoir,

---

le mescroit ; *A* : qai'c le senescal [cas régime] ne conut / Qui de tele oure le mescrut. En effet, quel est le sujet de cette phrase, quel en est le complément direct ? Tout comme aux v. 12-13, l'inversion de l'ordre syntaxique "normal" (sujet-verbe-complément) a troublé les scribes (au point même que celui du ms. *V* a refait la phrase ! Guiot, comme c'est souvent le cas, opère en toute vitesse ; *A* laisse transparaître la bonne leçon.

Que ja de lui n'avrai merci. »
Li rois de rien ne s'esjoï
Quant cestui sairemant oï.
Qant li seiremant furent fet,
Lor cheval lor furent fors tret,
Bel et boen de totes bontez ;
Sor le suen est chascuns montez,
Et li uns contre l'autre muet
Tant con chevax porter le puet ;
Et es plus granz cors des chevax
Fiert li uns l'autre des vasax
Si qu'il ne lor remaint nes poinz
Des deus lances tresqu'anz es poinz.
Et li uns l'autre a terre porte,
Mes ne font mie chiere morte
Que tot maintenant se relievent
Et tant com il pueent se grievent
Aus trancanz des espees nues.
Les estanceles vers les nues
Totes ardanz des hiaumes saillent.
Par si grant ire s'antr'asaillent
As espees que nues tienent
Que si com eles vont et vienent
S'antr'ancontrent et s'antrefierent,
Ne tant reposer ne se quierent
Qu'aleinne reprandre lor loise.
Li rois, cui molt an grieve et poise,
En a la reïne apelee,
Qui apoier s'estoit alee
Amont as loges de la tor :
Por Deu, li dist, le Criator,
Que ele departir les lest !
« Tot quanque vos an siet et plest,
Fet la reïne a buene foi,
Ja n'an feroiz rien contre moi. »
Lanceloz a bien antandu
Que la reïne a respondu
A ce que li rois li requiert,

Je serai sans pitié pour lui ! »
Bademagu n'éprouva aucun plaisir
À entendre ce serment.
Quand les serments eurent été prononcés,
Les destriers furent amenés des écuries,
Deux beaux et excellents destriers.
Chacun des deux adversaires monte sur le sien,
Et ils chevauchent l'un contre l'autre
Aussi vite que leurs montures peuvent les porter ;
Et au moment où elles atteignent leur plus grande vitesse
Les deux chevaliers s'entrechoquent
Avec une telle furie qu'il ne leur reste rien
De leurs lances qu'un tronçon dans la main.
Ils s'envoient l'un l'autre rouler à terre,
Mais sans pour autant manifester des signes d'épuisement,
Car ils ont tôt fait de se relever.
Ils se font autant de mal que possible
Avec les lames tranchantes de leurs épées.
Les étincelles jaillies des heaumes
Brillent et montent vers le ciel.
Ils s'attaquent l'un l'autre avec une telle colère,
Leurs épées nues à la main,
Que, comme elles vont et viennent,
Ils frappent l'un l'autre,
Sans chercher à se reposer
Pour reprendre haleine.
Le roi qui trouve très pénible ce qu'il voit
Interpelle la reine,
Qui était allée s'accouder
En haut aux loges de la tour.
Il lui demande au nom de Dieu le Créateur
Qu'elle leur permette de se séparer.
La reine répond en toute sincérité :
« Tout ce qui vous sied et plaît
Me trouvera prête à l'accepter. »
Lancelot a bien entendu
Ce qu'a répondu la reine
À la requête de Bademagu ;

Ja puis conbatre ne se quiert,
Einz a tantost guerpi le chaple ;
Et Meleaganz fiert et chaple
Sor lui, que reposer ne quiert ;
Et li rois antre deus se fiert
Et tient son fil, qui dit et jure
Que il n'a de pes feire cure :
« Bataille voel, n'ai soing de peis. »
Et li rois li dit : « Car te teis
Et me croi, si feras que sages ;
Ja certes honte ne domages
Ne t'an vandra se tu me croiz ;
Mes fei ice que fere doiz !
Don ne te sovient il que tu
As an la cort le roi Artu
Contre lui bataille arramie ?
Et de ce ne dotes tu mie
Que il ne te soit granz enors,
Se la te vient biens, plus qu'aillors ? »
Ce dit li rois por essaier
Se il le porroit esmaier,
Tant qu'il l'apeise et ses depart.

Et Lanceloz, cui molt fu tart
De monseignor Gauvain trover,
An vient congié querre et rover
Au roi, et puis a la reïne.
Par le congié d'ax s'achemine
Vers le Pont soz Eve corrant ;
Si ot aprés lui rote grant
Des chevaliers qui le suioient ;
Mes assez de tex i aloient
Don bel li fust s'il remassissent.

Il ne voulut plus combattre,
Dès ce moment il abandonna la lutte.
Mais Méléagant, qui ne songe pas à se reposer,
Frappe sur Lancelot à coups redoublés.
Le roi se jette entre les deux adversaires
Et retient le bras de son fils, qui dit et jure
Qu'un accord est le moindre de ses soucis :
« Je veux me battre, je me refuse à la paix. »
Le roi déclare : « Tais-toi
Et crois-m'en. Tu seras sage de m'obéir.
Certes, tu n'encourras honte ni dommage
Si tu m'écoutes.
Tu feras donc ce qu'il t'appartient de faire !
Ne te souviens-tu pas
Qu'à la cour du roi Artur
Tu vas le combattre comme convenu ?
Et ne crois-tu pas
Que ce serait pour toi un plus grand honneur
De triompher là qu'ailleurs ? »
Ainsi parle le roi pour voir
S'il ne pourrait pas l'émouvoir.
Il parvient à l'apaiser, et il sépare les deux combattants.

Lancelot, à qui il tarde
De retrouver messire Gauvain,
Vient demander la permission de partir
À Bademagu et à la reine.
Avec leur assentiment il s'achemine
Vers le Pont-sous-l'Eau.
Il était accompagné
De nombreux chevaliers.
Mais il y en avait assez
Dont il aurait souhaité l'absence.

V. 5063 : On remarquera que le duel judiciaire est interrompu par Bademagu sans que Lancelot ait triomphé et que Méléagant ait été vaincu. Partie nulle ! Il en résulte que l'innocence de Keu et par contrecoup celle de Guenièvre n'ont pas été établies. Le jugement de Dieu n'est point intervenu.

V. 5072-73 : Pourquoi Lancelot se méfie-t-il des chevaliers qui l'escortent ? C'est sans doute parce que la plupart d'entre eux pourraient bien être des partisans de Méléagant.

Lor jornees molt bien fornissent,
Tant que le Pont soz Eve aprochent,
Mes d'une liue ancor n'i tochent.
Einçois que pres del pont venissent
Et que il veoir le poïssent,
Uns nains a l'encontre lor vint
Sor un grant chaceor, et tint
Une corgiee por chacier
Son chaceor et menacier.
Et maintenant a demandé
Si com il li fu comandé :
« Li quex de vos est Lanceloz ?
Nel me celez, je sui des voz ;
Mes dites le seüremant
Que por voz granz biens le demant. »
Lanceloz li respont por lui
Et dit il meïsmes : « Je sui
Cil que tu demandes et quiers.
– Ha !, fet li nains, frans chevaliers,
Leisse cez gens et si me croi :
Vien t'an toz seus ansanble o moi
Qu'an molt boen leu mener te voel.
Ja nus ne t'an siue por l'uel,
Einz nos atandent ci androit
Que nos revandrons or androit. »
Cil qui de nul mal ne se dote
A fet remenoir sa gent tote
Et siust le nain qui traï l'a ;
Et sa gent qui l'atendent la
Le pueent longuemant atandre,
Que cil n'ont nul talant del randre
Qui l'ont pris et seisi an sont.
Et sa gent si grant duel an font
De ce qu'il ne vient ne repeire
Qu'il ne sevent qu'il puissent feire.

Ils chevauchent à longueur de journée,
Tant qu'ils s'approchent du Pont-sous-l'Eau,
Mais ils en sont encore éloignés d'une lieue.
Avant de venir assez près
Pour pouvoir l'apercevoir,
Ils rencontrèrent un nain
Juché sur un grand cheval de chasse
Et tenant à la main un fouet
Pour frapper et hâter sa monture.
Et le voilà qui demande,
Comme il en a reçu l'ordre :
« Lequel d'entre vous est Lancelot ?
Ne me le cachez pas, je suis des vôtres ;
Mais dites-le sans crainte,
Car je vous le demande pour vous être utile. »
Lancelot en personne lui répond,
Disant : « Je suis
Celui que tu réclames.
– Ah !, fait le nain, noble Chevalier,
Laisse-là ces gens et crois-m'en :
Viens tout seul avec moi,
Car je veux te mener en un lieu excellent.
Que nul ne te suive, je te le requiers,
Mais qu'ils nous attendent ici même,
Car nous reviendrons sous peu. »
Celui qui ne soupçonnait aucune embûche
A fait rester là son escorte
Et suit le nain en train de le trahir.
Ses gens qui demeurent à l'attendre
Pourront l'attendre longtemps,
Car ceux qui se sont emparés de lui
N'ont nul désir de le rendre.
Et ses gens se lamentent si fort,
Quand il ne revient pas,
Qu'ils ne savent que faire.

V. 5090 : Pour ce vers nous acceptons la ponctuation proposée par Jean Frappier dans sa traduction de la *Charrette* (2e éd. rev. [Paris : H. Champion, 1967], p. 23).

Tuit dïent que traïz les a
Li nains, et si lor an pesa,
Oiseuse seroit de l'anquerre.
Dolant le comancent a querre,
Mes ne sevent ou il le truissent,
Ne de quel part querre le puissent ;
S'an prenent consoil tuit ansanble.
A ce s'acordent, ce me sanble,
Li plus resnable et li plus sage,
Qu'il an iront jusqu'au passage
Del Pont soz Eve, qui est pres,
Et querront Lancelot aprés
Par le los monseignor Gauvain,
S'il le truevent n'a bois n'a plain.
A cest consoil trestuit s'acordent
Si bien que de rien n'i descordent.
Vers le Pont soz Eve s'an vont
Et tantost qu'il vienent au pont
Ont monseignor Gauvain veü,
Del pont trabuchié et cheü
En l'eve, qui estoit parfonde.
Une ore essort et autre afonde,
Or le voient et or le perdent.
Tant tressaillent que il l'aerdent
A rains, a perches et a cros.
N'avoit que le hauberc el dos
Et sor le chief le hiaume assis,
Qui des autres valoit bien dis,
Et les chauces de fer chauciees
De sa suor anruïlliees,
Car molt avoit sofferz travauz,
Et mainz perils et mainz asauz
Avoit trespassez et vaincuz.
Sa lance estoit, et ses escuz
Et ses chevax, a l'autre rive.
Mes ne cuident pas que il vive
Cil qui l'ont tret de l'eve fors,
Car il en avoit molt el cors,

Ils disent tous que le nain
Les a trahis, et leur chagrin est grand ;
Il serait oiseux d'en douter.
Dolents, ils commencent à le chercher,
Mais ils ne savent où le trouver
Ni où partir à sa recherche ;
Ils se concertent entre eux.
Les plus sensés et les plus sages
Décident, autant que je le sache,
Qu'ils pousseront
Jusqu'au Pont-sous-l'Eau, tout proche,
Puis ils iront chercher Lancelot
Après avoir pris conseil de messire Gauvain,
S'ils découvrent ce dernier dans les parages.
Cette décision satisfait tout le monde,
Personne ne s'y oppose.
Ils se dirigent vers le Pont-sous-l'Eau ;
Dès qu'ils y parviennent,
Ils ont aperçu messire Gauvain,
Qui était tombé du pont
Dans l'eau très profonde à cet endroit.
Tantôt il remonte à la surface et tantôt il disparaît,
Maintenant on le voit et puis on le perd de vue.
Ils font tant et si bien qu'ils l'agrippent
À l'aide de branches, de perches et de crocs.
Il ne lui restait que le haubert sur le dos
Et sur la tête son heaume,
Un heaume qui en valait dix autres.
Il portait encore ses chausses de fer,
Toutes rouillées de sa sueur,
Car il avait enduré mainte épreuve,
Il avait fait face à maint péril
Et triomphé dans maint combat.
Lance, écu, cheval
Sont restés sur l'autre rive.
Mais ceux qui l'ont repêché
Ne croient pas qu'il soit vivant,
Car Gauvain avait avalé beaucoup d'eau.

Ne desque tant qu'il l'ot randue
N'ont de lui parole antandue.
Mes quant sa parole et sa voiz
Et del cuer delivre ot la doiz,
Qu'an le pot oïr et antandre,
Au plus tost que il s'i pot prandre
A la parole, se s'i prist ;
Lués de la reïne requist
A ces qui devant lui estoient
Se nule novele an savoient.
Et cil qui li ont respondu,
D'avoec le roi Bademagu
Dïent qu'ele ne part nule ore,
Qui molt la sert et molt l'enore.
« Vint la puis nus an ceste terre,
Fet messire Gauvains, requerre ? »
Et il li respondent : « Oïl !
– Qui ? – Lanceloz del Lac, font il,
Qui passa au Pont de l'Espee ;
Si l'a resqueusse et delivree,
Et avoec li nos autres toz ;
Mes traïz nos en a uns goz,
Uns nains boçuz et rechigniez :
Laidemant nos a engigniez,
Qui Lancelot nos a fortret ;
Nos ne savons qu'il en a fet.
– Et quant ? fet messire Gauvains.
– Sire, hui nos a ce fet li nains,
Molt pres de ci, quant il et nos
Venïemes ancontre vos.
– Et comant s'est il contenuz
Puis qu'an cest païs fu venuz ? »
Et cil li comancent a dire,
Si li recontent tire a tire
Si c'un tot seul mot n'i oblïent,
Et de la reïne li dïent
Qu'ele l'atant, et dit por voir
Que riens ne la feroit movoir

Avant qu'il ne l'eût régurgitée,
Il ne fut pas en mesure de se faire entendre.
Mais quand voix et parole furent revenues
Et qu'il eut dégagé son arrière-gorge,
De sorte qu'on put l'entendre,
Le plus tôt qu'il put parler,
Il le fit ;
Sur-le-champ il s'enquit de la reine Guenièvre
Auprès de ceux qui se tenaient devant lui,
En savaient-ils des nouvelles ?
Ceux-ci lui ont répondu
Qu'elle ne quitte pas le roi Bademagu,
Qui pourvoit à ses besoins
Et l'honore grandement.
« Est-ce que personne n'est venu la quérir
En cette terre ?, demande messire Gauvain.
– Si, répondent-ils.
– Qui ça ? – Lancelot du Lac, font-ils,
Qui traversa le Pont de l'Épée.
Il l'a secourue et délivrée,
Et nous tous avec elle.
Mais un nain nous a trahis,
Un avorton bossu et grimaçant :
Il nous a vilainement trompés
Celui qui nous a dérobé Lancelot.
Nous ne savons pas ce qu'il en a fait.
– Et quand cela ?, fait messire Gauvain.
– Aujourd'hui même, messire,
Tout près d'ici, alors que Lancelot et nous,
Nous venions vous retrouver.
– Comment donc s'est-il comporté
Depuis son arrivée en ce pays ? »
Alors ils commencent
À lui raconter de bout en bout
Sans en oublier un seul détail les exploits de Lancelot.
Quant à la reine, ils lui disent
Qu'elle l'attend et déclare
Que rien ne la fera partir

Del païs, tant qu'ele le voie,
Por novele que ele en oie.
Messire Gauvains lor respont :
« Quant nos partirons de cest pont,
Irons nos querre Lancelot ? »
N'i a un seul qui mialz ne lot
Qu'a la reïne aillent ençois :
Si le fera querre li rois ;
Car il cuident qu'an traïson
L'ait fet ses filz metre an prison,
Meleaganz, qui molt le het.
Ja an leu, se li rois le set,
Ne sera qu'il nel face randre ;
De seür s'i pueent atandre.
A cest consoil tuit s'acorderent
Et tot maintenant s'aroterent
Tant que vers la cort s'aprochierent
Ou la reïne et li rois ierent,
Et Kex avoec, li seneschax,
Et s'i estoit li deslëax
De traïson plains et conblez,
Qui molt laidemant a troblez
Por Lancelot toz ces qui vienent.
Por mort et por traï se tienent,
S'an font grant duel, que molt lor poise.
N'est pas la novele cortoise
Qui la reïne cest duel porte ;
Neporquant ele s'an deporte
Au plus belemant qu'ele puet.
Por monseignor Gauvain l'estuet
Auques esjoïr, si fet ele.
Et neporquant mie ne cele
Son duel que auques n'i apeire.
Et joie et duel li estuet feire :
Por Lancelot a le cuer vain
Et contre monseignor Gauvain
Mostre sanblant de passejoie.
N'i a nul qui la novele oie

De Gorre avant qu'elle ne le voie,
Quoi qu'elle entende dire à son sujet.
Messire Gauvain leur demande :
« Lorsque nous partirons de ce pont,
Irons-nous à la recherche de Lancelot ? »
Pas un seul qui n'opine
Qu'il vaut mieux aller retrouver la reine,
Que Bademagu se chargera de faire chercher Lancelot.
Ils pensent que son fils traîtreusement
L'a fait emprisonner,
Ce Méléagant qui le déteste.
Où que Lancelot se trouve, si le roi le sait,
Il forcera son fils à le libérer,
On peut compter là-dessus.
Tous se rallient à cet avis
Et ils se mettent en route.
Ils chevauchent jusqu'à la résidence
Où se trouvent Bademagu et la reine,
Également Keu le sénéchal,
Et ce scélérat
Plein de traîtrise,
Qui a tant inquiété
Au sujet de Lancelot ceux qui arrivent.
Ils se jugent mortellement trahis,
Et se lamentent, car leur anxiété est grande.
Ce n'est pas une nouvelle agréable
Que l'on porte à la reine ;
Néanmoins, elle se comporte
Aussi plaisamment qu'elle peut.
À cause de messire Gauvain il faut
Qu'elle cache sa peine, et elle y parvient.
Cependant elle ne savait comment tout à fait
L'empêcher de paraître.
Tout à la fois elle se réjouit et s'attriste :
Pour Lancelot elle souffre en son cœur,
Mais en présence de messire Gauvain
Elle manifeste une joie extrême.
Il n'y a personne qui, ayant entendu la nouvelle

De Lancelot qui est perduz
Ne soit dolanz et esperduz.
De monseignor Gauvain eüst
Li rois joie et molt li pleüst
Sa venue et sa conuissance,
Mes tel duel a et tel pesance
De Lancelot qui est traïz
Que maz an est et esbaïz.
Et la reïne le semont
Et prie qu'aval et amont
Par sa terre querre le face
Tot sanz demore et sanz espace,
Et messire Gauvains et Ques :
Un trestot seul n'i a remés
Qui de ce nel prit et semoingne.
« Sor moi lessiez ceste besoigne,
Fet li rois, si n'an parlez ja !
Que ja en sui prez grant piece a.
Tot sanz proiere et sanz requeste
Ferai bien feire ceste anqueste. »
Chascuns l'an ancline et soploie.
Li rois maintenant i envoie,
Par son rëaume, ses messages,
Sergenz bien coneüz et sages,
Qui ont par toute la contree
De lui novele demandee.
Par tot ont la novele anquise
Mes n'en ont nule voire aprise ;
N'an troverent point, si s'an tornent
La ou li chevalier sejornent,
Gauvains et Kex et tuit li autre,
Qui dïent que lance sor fautre,
Trestuit armé, querre l'iront ;
Ja autrui n'i anvoieront.
Un jor aprés mangier estoient

De la disparition de Lancelot,
Ne soit plongé dans la tristesse.
Le roi aurait été ravi
De l'arrivée de messire Gauvain
Et de faire sa connaissance,
Si ce n'est sa douleur que Lancelot
Soit tombé dans un traquenard :
Elle est si grande qu'elle l'accable.
Et la reine le prie instamment
Que par monts et par vaux
Il fasse rechercher Lancelot,
Sans perdre de temps, à travers son royaume.
Messire Gauvain et Keu le sénéchal
Se joignent à elle, et tous les autres :
Il n'y a personne qui n'implore le roi.
« Laissez-moi donc le soin de cette affaire,
Fait Bademagu, et cessez de me presser,
Car voilà longtemps que je suis prêt.
Cette recherche sera menée à bien
Sans qu'il soit besoin de vos requêtes ni de vos prières. »
Chacun s'incline devant lui,
Et le roi envoie ses messagers,
Par tout son royaume –
Des serviteurs bien connus et fort capables –
Qui à travers toute la contrée
Demandent des nouvelles de Lancelot.
Partout ils se sont enquis de lui,
Mais de Lancelot nulle nouvelle ne leur parvient.
Ils s'en retournent bredouilles
Là où séjournent les chevaliers,
Gauvain, Keu et tous les autres,
Qui déclarent que tout armés,
La lance en arrêt, ils se mettront en campagne,
Qu'ils n'enverront aucun autre à leur place.
Un jour après manger ils se trouvaient

V. 5240 : Tout comme Frappier nous adoptons pour ce vers le texte établi par Foerster : *prez* du ms. *E* au lieu de *preiez* de *C*, ou bien *prïez* de *ATV*.

Tuit an la sale ou il s'armoient,
S'estoit venu a l'estovoir,
Qu'il n'i avoit que del movoir,
Quant uns vaslez leanz antra
Et parmi aus oltre passa
Tant qu'il vint devant la reïne,
Qui n'avoit pas color rosine,
Que por Lancelot duel avoit
Tel, don noveles ne savoit,
Que la color en a müee.
Et li vaslez l'a salüee,
Et le roi qui de li fu pres,
Et puis les autres toz aprés,
Et Queu et monseignor Gauvain.
Unes letres tint an sa main,
Ses tant le roi, et il les prant.
A tel qui de rien n'i mesprant
Les fist li rois oiant toz lire.
Cil qui les lut lor sot bien dire
Ce qu'il vit escrit an l'alue,
Et dit que Lanceloz salue
Le roi come son boen seignor,
Si le mercie de l'enor
Qu'il li a fet et del servise,
Come cil qui est a devise
Trestoz an son comandemant.
Et sachiez bien certainnemant
Qu'il est avoec le roi Artu,
Plains de santé et de vertu,
Et dit qu'a la reïne mande
C'or s'an vaigne, se le comande,
Et messire Gauvains et Ques.

Dans la grand-salle, où ils s'armaient –
Le moment était venu
De leur départ imminent –
Quand un jeune homme y entra
Et s'avança parmi eux
Pour arriver devant la reine.
Elle était bien pâle,
Car n'ayant point de nouvelles de Lancelot,
Sa souffrance était si vive
Qu'elle en avait perdu toute couleur.
Et le valet l'a saluée,
Et Bademagu qui se tenait près d'elle,
Et puis après cela tous les autres,
Y compris Keu et messire Gauvain.
Il tenait une lettre à la main
Qu'il tend au roi, qui s'en empare.
À un clerc qui sait bien remplir pareille fonction
Il l'a fait lire à haute voix.
Ce dernier sut fort bien déchiffrer
Ce qu'il vit écrit sur le parchemin.
La lettre portait que Lancelot salue
Le roi, son bon seigneur,
Le remerciant du si courtois traitement
Et des bienfaits qu'il a reçus de lui,
Et se déclarant entièrement
Soumis à ses ordres ;
Que Bademagu sache sans le moindre doute
Qu'il se trouve auprès du roi Artur,
En parfaite santé et plein de vigueur.
El ajoute qu'il mande à la reine
Qu'elle retourne, si elle veut bien,
Avec Keu et messire Gauvain.

V. 5274-77 : Dans *La Vie de saint Alexis*, le pape fait lire à son chancelier, *cui li mestiers en eret*, la charte autobiographique rédigée par Alexis (v. 371-77).

V. 5278-83 : Cf. le début de la lettre de Joinville au futur Louis X : A son bon seigneur Looÿs, filz du roy de France, par la grace de Dieu roy de Navarre, de Champaigne et de Brie conte palazin, Jehan sire de Joinville, son seneschal de Champaigne, salut et amour et honneur et son servise appareillé.

Et si a entresaignes tes
Qu'il durent croire, et bien le crurent.
Molt lié et molt joiant an furent :
De joie bruit tote la corz,
Et l'andemain quant il ert jorz
Dïent qu'il s'an voldront torner.
Et quant ce vint a l'ajorner,
Si s'aparoillent et atornent :
Lievent et montent, si s'an tornent.
Et li rois les silt et conduit
A grant joie et a grant deduit
Une grant piece de la voie.
Fors de sa terre les convoie,
Et quant il les an ot fors mis,
A la reïne a congié pris,
Et puis a toz comunemant.
La reïne molt sagemant
Au congié prandre le mercie
De ce que il l'a tant servie ;
Et ses deus braz au col li met,
Se li offre et si li promet
Son servise et le son seignor :
Ne li puet prometre graignor.
Et messire Gauvains ausi
Com a seignor et a ami,
Et Kex ausi, tuit li prometent.
Tantost a la voie se metent :
Si les comande a Deu li rois ;
Toz les autres aprés ces trois
Salue, et puis si s'an retorne.
Et la reïne ne sejorne
Nul jor de tote la semainne,
Ne la rote que ele an mainne,
Tant qu'a la cort vient la novele
Qui au roi Artu fut molt bele
De la reïne qui aproiche,
Et de son neveu li retoiche
Grant joie au cuer et grant leesce,

La lettre avait tout ce qu'il fallait
Pour qu'on crût à son authenticité.
Ils furent tous ravis de ce qu'ils ont appris
Et la cour retentit d'une joie bruyante.
Le lendemain matin
On décida de se mettre en route :
Quand il fut jour,
Ils s'apprêtent tous, s'équipent,
Montent en selle et partent.
Le roi les accompagne et les conduit
Triomphalement
Une bonne partie du chemin.
Il les conduit hors de son domaine
Et quand il l'a fait,
Il prend congé de la reine
Et de tous les autres.
La reine fort courtoisement,
En se séparant de lui, le remercie
De l'avoir si bien traitée.
Elle entoure son cou de ses deux bras
Et lui offre et lui promet
Ses bons services et ceux de son époux :
Elle ne pouvait lui faire plus grande promesse.
Messire Gauvain et Keu, tous
Comme à leur seigneur et ami,
Font également au roi des promesses de service.
Sans s'arrêter davantage, ils reprennent leur route,
Tandis que Bademagu leur dit adieu
Et salue tous les autres en plus de ces trois ;
Alors il retourne dans son royaume.
La reine ne fit longue halte
Nul jour de toute la semaine,
Ni le cortège qu'elle ramène.
La nouvelle parvient à la cour,
Nouvelle qui plut grandement au roi Artur,
Que la reine approche.
Le roi se réjouit
D'autant plus qu'il croyait

Qu'il cuidoit que par sa pröesce
Soit la reïne revenue,
Et Kex et l'autre genz menue ;
Mes autremant est qu'il ne cuident.
Por aus tote la vile vuident,
Si lor vont trestuit a l'encontre,
Et dit chascuns qui les ancontre,
Ou soit chevaliers ou vilains :
« Bien vaingne messire Gauvains,
Qui la reïne a ramenee,
Et mainte dame escheitivee,
Et main prison nos a randu ! »
Et Gauvains lor a respondu :
« Seignor, de neant m'alosez ;
Del dire huimés vos reposez
Qu'a moi nule chose n'an monte.
Ceste enors me valt une honte,
Que je n'i ving n'a tans n'a ore ;
Failli i ai par ma demore.
Mes Lanceloz a tans i vint,
Cui si granz enors i avint
Qu'ainz n'ot si grant nus chevaliers.
– Ou est il donc, biax sire chiers,
Quant nos nel veons ci elués ?
– Ou ? fet messire Gauvains lués,
A la cort mon seignor le roi.
Don n'i est il ? – Nenil, par foi,
Ne an tote ceste contree.
Puis que ma dame an fu menee,
Nule novele n'an oïmes. »
Et messire Gauvains lors primes
Sot que les letres fausses furent,
Qui les traïrent et deçurent ;
Par les letres sont deceü.
Lors resont a duel esmeü :
A cort vienent lor duel menant ;
Et li rois trestot maintenant
Anquiert noveles de l'afaire.

Que c'était grâce aux prouesses de son neveu
Que la reine est de retour,
Elle et Keu, et les gens de moindre importance,
Mais la vérité est tout autre.
La ville se vide à leur approche,
Tout le monde se porte à leur rencontre
Et chacun s'exclame,
Qu'il soit chevalier ou vilain :
« Que messire Gauvain soit le bienvenu,
Lui qui a ramené la reine,
Et nous a rendu mainte autre captive
Et maint prisonnier ! »
Gauvain leur répond :
« Seigneur, vous avez tort de me louer,
Cessez maintenant de parler de la sorte,
Car je n'y suis pour rien.
L'honneur que vous me rendez me fait honte,
Car je ne suis pas arrivé à temps ;
Je me suis trop attardé en route.
Mais c'est Lancelot qui est arrivé à temps,
Lui à qui un si grand honneur est échu
Qu'avant lui nul chevalier n'en connut de tel.
– Où donc est-il, beau sire,
Quand nous ne le voyons pas à vos côtés ?
– Comment où ça ?, fait messire Gauvain,
Mais à la cour de mon seigneur le roi.
Il n'y est donc pas ? – Certes non,
Ni en toute cette contrée.
Depuis que ma dame la reine fut emmenée
Nous n'avons eu aucune nouvelle de lui. »
Alors pour la première fois Gauvain
Se rendit compte que la lettre de Lancelot
Était une fabrication
Qui les avait induits en erreur.
Les voilà tous plongés dans la tristesse :
Ils arrivent à la cour en se lamentant,
Et le roi demande tout de suite
Des nouvelles de ce qui s'est passé.

Assez fu qui li sot retraire
Comant Lanceloz a ovré,
Comant par lui sont recovré
La reïne et tuit li prison,
Comant et par quel traïson
Li nains lor anbla et fortrest.
Ceste chose le roi desplest
Et molt l'an poise et molt l'an grieve,
Mes joie le cuer li sozlieve
Qu'il a si grant de la reïne,
Que li diax por la joie fine ;
Quant la rien a que il plus vialt,
Del remenant petit se dialt.

Demantres que fors del païs
Fu la reïne, ce m'est vis,
Pristrent un parlemant antr'eles
Les dames et les dameiseles,
Qui desconseilliees estoient,
Et distrent qu'eles se voldroient
Marïer molt prochienemant,
S'anpristrent a cel parlemant
Une ahatine et un tornoi.
Vers celi de Pomelegoi
L'anprist la dame de Noauz.
De cels qui le feront noauz
Ne tandront parole de rien,
Mes de ces qui le feront bien
Dïent que les voldront avoir ;
Sel firent crïer et savoir
Par totes les terres prochienes
Et autresi par les loingtienes,
Et firent a molt lonc termine
Crïer le jor de l'ahatine
Por ce que plus i eüst genz.
Et la reïne vint dedenz
Le termine que mis i orent ;
Et maintenant qu'eles le sorent

Nombreux furent ceux prêts à lui conter
Les exploits de Lancelot,
Comment il a libéré
La reine et tous les autres prisonniers,
Comment et par quelle trahison
Le nain le leur a enlevé et soustrait.
Cela déplaît fort au roi,
Il en est tout triste,
Mais d'un autre côté son cœur bondit de joie
À revoir la reine,
Devant un tel bonheur tout chagrin s'efface.
Quand il a en sa possession la personne qu'il désire le plus
Il se soucie bien peu de tout le reste.

Pendant que la reine était absente,
Je crois que les dames du pays
Et les demoiselles d'âge à se marier
S'assemblèrent
Et que les demoiselles
Déclarèrent qu'il était bien temps
De leur trouver un mari.
Lors de la réunion on décida
D'organiser un tournoi.
La dame de Noauz se chargerait d'un des deux camps,
La dame de Pomelegoi, de l'autre.
Ceux qui auront le dessous
Ne pourront prétendre à rien,
Mais ceux qui auront le dessus
Les demoiselles en voudront pour époux.
On fit crier et proclamer le tournoi
Dans toutes les contrées voisines
Et même dans les pays lointains.
La proclamation fut faite
Bien avant la date fixée
Afin d'attirer le plus possible de gens.
La reine fut de retour
Avant la date choisie.
Dès que les dames surent

Que la reïne estoit venue,
La voie ont cele part tenue
Les plusors tant qu'a la cort vindrent
Devant le roi, et si le tindrent
Molt an grant c'un don lor donast
Et lor voloir lor otreast.
Et il lor a acreanté,
Ainz qu'il seüst lor volanté,
Qu'il feroit quanqu'eles voldroient.
Lors li distrent qu'eles voloient
Que il sofrist que la reïne
Venist veoir lor ahatine.
Et cil qui rien veher ne sialt
Dist que lui plest s'ele le vialt.
Celes qui molt liees an sont
Devant la reïne s'an vont,
Si li dïent eneslepas :
« Dame, ne nos retolez pas
Ce que li rois nos a doné. »
Et ele lor a demandé :
« Quex chose est ce ? Nel me celez ! »
Lors li dïent : « Se vos volez
A nostre ahatine venir,
Ja ne vos an quiert retenir
Ne ja nel vos contredira. »
Et ele dist qu'ele i ira,
Des que il le congié l'an done.
Tantost par tote la corone
Les dameiseles an envoient
Et mandent que eles devoient
Amener la reïne au jor
Qui estoit crïez de l'estor.
La novele par tot ala
Et loing et pres et ça et la ;
S'est tant alee et estandue

Que la reine était revenue,
Un grand nombre d'entre elles
Se rendirent à la cour
Et, une fois devant le roi, elles le prièrent
De leur accorder un don,
De consentir à leur demande.
Il leur promit,
Avant même de savoir ce qu'elles voulaient,
Qu'il leur accorderait leur requête.
Alors elles lui dirent qu'elles désiraient
Qu'il permît à la reine
De venir voir leur tournoi.
Et le roi, qui avait coutume de ne rien refuser,
Répondit qu'il veut bien si elle y tient.
Les dames, fort aises de la réponse du roi,
S'en vont trouver la reine
Et tout de go lui disent :
« Madame, ne reprenez pas
Ce que le roi nous accorde. »
Et elle leur demande :
« De quoi s'agit-il ? Dites-le-moi ! »
Alors elles lui disent : « Si vous voulez
Venir à notre tournoi,
Le roi ne cherchera pas à vous retenir
Et ne vous empêchera pas d'y aller. »
La reine dit qu'elle se rendra au tournoi
Du moment que le roi le lui permet.
Sans perdre de temps, à travers tout le royaume,
Les demoiselles envoient dire
Et mandent qu'elles comptaient
Amener la reine à assister
Au tournoi le jour fixé.
La nouvelle se propagea
Et loin et près et ça et là ;
Elle a tant voyagé

V. 5410 : Encore une manifestation du motif du Don Contraignant ; le roi semble avoir pris l'habitude de donner satisfaction aux gens avant même de savoir ce qu'ils lui demandent d'accorder !

Qu'el rëaume fu espandue
Don nus retorner ne soloit ;
Mes ore quiconques voloit
Avoit et l'antree et l'issue,
Et ja ne li fust desfandue.
Tant est par le rëaume alee
La novele, dite et contee,
Qu'ele vint chiés un seneschal
Meleagant le desleal,
Le traïtor, que max feus arde !
Cil avoit Lancelot an garde :
Chiés lui l'avoit an prison mis
Meleaganz ses anemis,
Qui le haoit de grant haïne.
La novele de l'anhatine
Sot Lanceloz, l'ore et le terme,
Puis ne furent si oil sanz lerme
Ne ses cuers liez, que il le sot.
Dolant et pansif Lancelot
Vit la dame de la meison,
Sel mist a consoil a reison :
« Sire, por Deu et por vostre ame,
Voir me dites, fet li la dame,
Por coi vos estes si changiez.
Vos ne bevez ne ne mangiez,
Ne ne vos voi jöer ne rire ;
Seüremant me pöez dire
Vostre panser et vostre enui.
– Ha ! dame, se je dolanz sui,
Por Deu, ne vos an merveilliez.
Voir que trop sui desconseilliez,
Quant je ne porrai estre la
Ou toz li biens del mont sera :
A l'ahatine ou toz asanble
Li pueples, ensi con moi sanble.

Qu'elle a pénétré
Dans le royaume dont nul ne pouvait retourner –
Mais pour lors tout un chacun
Pouvait y entrer et en sortir
Sans rencontrer de difficulté.
La nouvelle s'est diffusée
Par tout le royaume de Gorre,
Jusqu'à atteindre la demeure
D'un sénéchal de Méléagant,
Ce scélérat bien digne des feux de l'enfer !
Ledit sénéchal tenait Lancelot sous sa garde :
Méléagant l'avait emprisonné chez lui,
En tant qu'un ennemi mortel
Qu'il haïssait à l'extrême.
Lancelot eut vent du tournoi
Et en apprit la date.
Dès ce moment ses yeux furent mouillés de larmes
Et son cœur vide de joie.
La femme du sénéchal,
Voyant Lancelot triste et pensif,
L'interrogea en secret :
« Messire, je vous conjure, pour Dieu
Et sur votre âme, de m'avouer
Pourquoi vous êtes tellement changé.
Vous ne buvez plus, vous ne mangez plus,
Et jamais je ne vous vois plaisanter ni rire.
Vous pouvez me dire en toute sûreté
Ce que vous pensez et ce qui vous afflige.
– Ah ! madame, ne vous étonnez pas
Si je suis triste.
Car je me trouve tout désemparé
Quand je ne pourrai être là
Où se trouveront tous ceux qui comptent :
C'est-à-dire au tournoi qui va réunir
Tout le monde, me semble-t-il.

V. 5472 : A la leçon du ms. *C* (Guiot) Foerster préfère celle qu'il est parvenu à extraire de *AETV* (Li pueples *soz cui* la terre tranble), mais cette leçon est peu assurée en sa partie médiane et reste d'une interprétation incertaine.

Et neporquant, s'il vos pleisoit
Et Dex tant franche vos feisoit
Que vos aler m'i leissessiez,
Tot certeinnemant seüssiez
Que vers vos si me contanroie
Qu'an vostre prison revandroie.
– Certes, fet ele, jel feïsse
Molt volantiers se n'i veïsse
Ma destrucion et ma mort.
Mes je criem mon seignor si fort,
Meleagant le deputaire,
Que je ne l'oseroie faire,
Qu'il destruiroit mon seignor tot.
N'est mervoille se jel redot,
Qu'il est si fel con vos savez.
– Dame, se vos peor avez
Que je tantost aprés l'estor
An vostre prison ne retor,
Un seiremant vos an ferai
Dom ja ne me parjurerai,
Que ja n'iert riens qui me detaingne
Qu'an vostre prison ne revaigne
Maintenant aprés le tornoi.
– Par foi, fet ele, et je l'otroi
Par un covant. – Dame, par quel ? »
Ele respont : « Sire, par tel
Que le retor me jureroiz
Et avoec m'aseüreroiz
De vostre amor, que je l'avrai.
– Dame, tote celi que j'ai
Vos doing et jur le revenir.
– Or m'an puis a neant tenir,
Fet la dame tot an riant ;
Autrui, par le mien esciant,
Avez bailliee et comandee
L'amor que vos ai demandee.
Et neporcant sanz nul desdaing,
Tant con g'en puis avoir s'an praing.

Et pourtant s'il vous plaisait
Et que Dieu vous rendît généreuse
Au point de m'y laisser aller,
Vous pourriez être sûre
Que je me comporterais de telle sorte
Que je reviendrais me constituer votre prisonnier.
– Certes, fait-elle, je le ferais
Très volontiers si je n'y voyais
Ma ruine et ma mort.
Mais je crains tellement mon seigneur,
Méléagant le félon,
Que je n'oserais le faire,
Car il se vengerait cruellement sur mon mari.
Ce n'est pas étonnant si je le redoute,
Vous savez comme il est fermé à toute pitié.
– Madame, si vous avez peur
Que je ne retourne en votre prison
Sitôt le tournoi terminé,
Je vous ferai un serment
Que je ne saurai violer :
Que rien ne m'empêchera
De revenir me constituer votre prisonnier
Aussitôt après le tournoi.
– Ma foi, dit-elle, je vais vous laisser partir,
Mais à une condition. – Laquelle, madame ?
– Messire, il faut me jurer
Non seulement de retourner ici
Mais également m'assurer
Que vous m'accorderez votre amour.
– Madame, tout l'amour dont je dispose
Je vous le donne, et je vous jure de revenir.
– Je n'aurai donc rien du tout à présent,
Fait la dame en riant,
Je devine que vous avez accordé
À une autre
L'amour que je vous réclame.
Néanmoins sans le moindre dédain
J'en prends ce que je puis,

A ce que je puis m'an tandrai,
Et le sairemant an prandrai
Que vers moi si vos contendroiz
Que an ma prison revandroiz. »
Lanceloz tot a sa devise
Le sairemant sor sainte Eglise
Li fet qu'il revandra sanz faille.
Et la dame tantost li baille
Les armes son seignor vermoilles
Et le cheval qui a mervoilles
Estoit biax et forz et hardiz.
Cil monte, si s'an est partiz,
Armez d'unes armes molt beles,
Trestotes fresches et noveles ;
S'a tant erré qu'a Noauz vint.
De cele partie se tint
Et prist fors de la vile ostel.
Einz si prodom n'ot mes itel,
Car molt estoit petiz et bas ;
Mes herbergier ne voloit pas
An leu ou il fust coneüz.
Chevaliers boens et esleüz
Ot molt el chastel amassez ;
Mes plus en ot defors assez,
Que por la reïne en i ot
Tant venu que li quinz n'i pot
Ostel avoir dedanz recet ;
Que por un seul en i ot set
Don ja un tot seul n'i eüst
Se por la reïne ne fust.
Bien cinc liues tot anviron
Se furent logié li baron
Es trez, es loges et es tantes.
Dames et dameiseles gentes
I rot tant que mervoille fu.
Lanceloz ot mis son escu
A l'uis de son ostel defors,
Et il por aeisier son cors

Et je m'en contenterai.
Mais j'entends recevoir votre promesse
Solennelle que vous ferez de la sorte
Que vous reviendrez en ma prison. »
Lancelot, sans chercher d'échappatoire,
Lui jure sur sa foi de chrétien
Qu'il reviendra sans faute.
La femme du sénéchal lui remet alors
L'armure couleur vermeille de son mari
Et le destrier qui était merveilleusement
Beau et fort et fougueux.
Lancelot monte en selle et s'en va,
Vêtu d'une armure
Rutilante et toute neuve ;
Il chevauche tant et si bien qu'il parvint à Noauz.
Il choisit de se mettre du côté de ces gens,
Mais se logea hors de la ville.
Jamais ce preux n'eut pareil logis,
Car il était petit et bas ;
Mais il ne voulut pas descendre
Dans un lieu où il risquait d'être reconnu.
Il y avait beaucoup de nobles chevaliers
Installés au château,
Mais ceux hors des murs étaient encore plus nombreux.
Pour la reine il en vint tant
Qu'un sur cinq ne put trouver
À se loger sous un toit ;
Et sur huit chevaliers il y en avait bien sept
Dont pas un seul ne serait venu là
Sans la présence de la reine.
Sur plus de cinq lieues à la ronde
Les seigneurs s'étaient abrités
Sous des pavillons, des galeries et des tentes.
Et de dames et de gentes demoiselles
Il y en eut tant que c'était merveille.
Lancelot avait placé son écu dehors
À l'entrée de son logis.
Pour se détendre

Fu desarmez et se gisoit
En un lit qu'il molt po prisoit,
Qu'estroiz ert et la coute tanve
Coverte d'un gros drap de chanve.
Lanceloz trestoz desarmez
S'estoit sor ce lit acostez.
La ou il jut si povremant,
A tant ez vos un garnemant,
Un hiraut d'armes an chemise,
Qui an la taverne avoit mise
Sa cote avoec sa chauceüre,
Et vint nuz piez grant aleüre,
Desafublez contre le vant.
L'escu trova a l'uis devant,
Si l'esgarda, mes ne pot estre
Qu'il coneüst lui ne son mestre,
Ne set qui porter le devoit.
L'uis de la meison overt voit,
S'antre anz et vit gesir el lit
Lancelot, et puis qu'il le vit
Le conut, et si s'an seigna.
Et Lanceloz le regarda
Et desfandi qu'il ne parlast
De lui an leu ou il alast ;
Que, s'il disoit qu'il le seüst
Mialz li vandroit que il s'eüst
Les ialz treiz ou le col brisié.
« Sire, je vos ai molt prisié,
Fet li hyraus, et toz jorz pris,
Ne ja tant con je soie vis
Ne ferai rien por nul avoir
Don mal gré me doiez savoir. »
Tantost de la meison s'an saut,
Si s'an vet criant molt an haut :
« Or est venuz qui l'aunera !

V. 5556-61 : Le héraut a été obligé de laisser tunique, chausses et souliers en gage à la taverne.

Il avait enlevé son armure et s'était allongé
Sur un lit qu'il trouvait peu à son goût,
Car il était étroit avec un matelas peu épais,
Et couvert d'un gros drap de chanvre.
Lancelot, tout désarmé,
Gisait sur son côté.
Tandis qu'il reposait sur son grabat,
Voici un vaurien, un héraut d'armes
Vêtu en tout et pour tout d'une chemise –
Il avait laissé en gage à la taverne
Sa cote et ses chausses –
Qui venait nu-pieds à toute allure,
Sans protection contre le vent.
Il remarque l'écu devant la porte,
L'inspecte, sans pouvoir identifier
Le blason ni son possesseur ;
Il ne savait qui avait le droit de le porter.
Voyant que la porte était entrebaîllée,
Il pénètre dans le logis et voit Lancelot
Allongé sur son lit. L'ayant reconnu,
Il se signa de surprise.
Lancelot, l'ayant toisé,
Lui défendit de parler de lui
N'importe où :
S'il osait dire son nom et que Lancelot le sût,
Mieux vaudrait pour lui qu'il se fût
Arraché les yeux ou brisé le col.
« Messire, je vous révère depuis toujours,
Fait le héraut, et vais continuer à le faire.
Tant que je vivrai,
Ni pour or ni pour argent je ne ferai rien
Qui vous déplaise. »
Il bondit hors de la maison
Et s'en va criant à tue-tête :
« Voici venu celui qui aunera !

V. 5583-84 : Ici et aux vers 5591, 5637-38, 5702 et 5983 les mss. offrent soit *l'aunera*, soit *aunera* sans complément.

Or est venuz qui l'aunera ! »
Ice crioit par tot li garz,
Et genz saillent de totes parz,
Se li demandent que il crie.
Cil n'est tant hardiz que le die,
Einz s'an va criant ce meïsmes ;
Et sachiez que dit fu lors primes
« Or est venuz qui l'aunera ! »
Nostre mestre an fu li hyra
Qui a dire le nos aprist,
Car il premieremant le dist.
Ja sont assanblees les rotes,
La reïne et les dames totes
Et chevalier et autres genz,
Car molt i avoit des sergenz
De totes parz, destre et senestre.
La ou li tornoiz devoit estre
Ot unes granz loges de fust,
Por ce que la reïne i fust
Et les dames et les puceles :
Einz nus ne vit loges si beles,
Ne si longues ne si bien faites.
La si se sont l'andemain traites
Trestotes aprés la reïne,
Que veoir voldront l'ahatine
Et qui mialz le fera ou pis.
Chevalier vienent dis et dis,
Et vint et vint, et trante et trante,
Ça .iiij. .xx. et ça nonante,
Ça cent, ça plus et ça deus tanz ;
Si est l'asanblee si granz
Devant les loges et antor
Que il ancomancent l'estor.
Armé et desarmé asanblent ;
Les lances un grant bois resanblent,
Que tant en i font aporter
Cil qui s'an vuelent deporter
Qu'il n'i paroit se lances non

Voici venir celui qui aunera ! »
Son annonce, le garnement la crie un peu partout,
Et les gens sortent de tous côtés,
Lui demandant d'expliquer ce qu'il hurle.
Le héraut n'ose en donner l'explication,
Mais va répétant la même annonce.
Sachez que c'est la première fois qu'on entendit :
« Voici venu celui qui prendra la mesure des autres ! »
Le héraut fut celui qui nous enseigna
À crier de la sorte,
Il fut le premier à prononcer ces mots.
Les groupes sont déjà assemblés,
La reine et toutes les dames,
Les chevaliers et bien d'autres,
Dont une multitude de sergents
À droite, à gauche et partout.
Là où le tournoi devait avoir lieu,
Une grande estrade de bois se dressait,
Pour recevoir la reine,
Les dames et les demoiselles :
On n'avait jamais vu si belle estrade,
Si longue et si bien construite.
C'est là que le lendemain
Se sont rendues la reine et toutes les dames,
Elles entendent être spectatrices des joutes,
Savoir qui vaincra et qui sera vaincu.
Les chevaliers arrivent dix par dix,
Vingt par vingt, trente par trente,
Ici quatre-vingts, là quatre-vingt-dix,
Ici cent, là plus, et par là deux fois autant.
La presse est si grande
Devant l'estrade et tout alentour
Que le combat s'engage.
Les chevaliers armés ou désarmés s'assemblent,
Leurs lances ressemblent à une forêt,
Car tant en ont fait apporter
Ceux qui veulent en jouer,
Qu'on ne voyait que lances,

Et banieres et confanon.
Li josteor au joster muevent
Qui compaignons asez i truevent
Qui por joster venu estoient.
Et li autre se raprestoient
De faire autres chevaleries.
Si sont plainnes les praeries
Et les arees et li sonbre,
Que l'an n'en puet esmer le nonbre
Des chevaliers, tant en i ot.
Mes n'i ot point de Lancelot
A cele premiere asanblee ;
Mes quant il vint parmi la pree,
Et li hirauz le voit venir,
De crïer ne se pot tenir :
« Veez celui qui l'aunera !
Veez celui qui l'aunera ! »
Et l'an demande : « Qui est il ? »
Ne lor an vialt rien dire cil.
Quant Lanceloz an l'estor vint,
Il seus valoit des meillors vint.
Sel comance si bien a feire
Que nus ne puet ses ialz retreire
De lui esgarder, ou qu'il soit.
Devers Pomelesglai estoit
Uns chevaliers preuz et vaillanz,
Et ses chevax estoit saillanz
Et corranz plus que cers de lande ;
Cil estoit filz le roi d'Irlande
Qui molt bien et bel le feisoit ;
Mes quatre tanz a toz pleisoit
Li chevaliers qu'il ne conoissent.
Trestuit de demander s'angoissent :
« Qui est cil qui si bien le fet ? »
Et la reïne a consoil tret
Une pucele cointe et sage
Et dit : « Dameisele, un message
Vos estuet feire, et tost le feites

Bannières et gonfanons.
Les jouteurs se préparent à jouter,
Car ils trouvent assez de chevaliers comme eux,
Également venus là pour jouter,
Et les autres se disposaient de leur côté
À des actions pareillement chevaleresques.
Les prés sont remplis,
De même les labours et les champs en friche,
De chevaliers si nombreux qu'on ne saurait les compter,
Tant il y en avait.
Mais Lancelot fut absent
De cette première mêlée ;
Mais quand il parut sur le champ du combat
Et le héraut le vit venir,
Ce dernier ne put s'empêcher de crier :
« Voyez celui qui aunera !
Voyez celui qui aunera ! »
Et on lui demande : « Qui est-ce donc ? »
Mais le héraut ne voulut point leur répondre.
Quand Lancelot fut entré dans la mêlée,
À lui seul il valut vingt des autres meilleurs chevaliers.
Il se met à jouter si bien
Que nul des spectateurs
Ne peut écarter ses yeux de lui où qu'il se trouve.
Du côté de ceux de Pomelesglai combattait
Un chevalier preux et vaillant,
Assis sur un cheval plus rapide
Qu'un cerf traversant une lande.
C'était le fils du roi d'Irlande,
Qui se faisait remarquer par ses coups.
Mais c'est quatre fois plus qu'on admirait
Le Chevalier inconnu.
Tous demandent instamment :
« Qui donc est ce combattant qui surpasse tous les autres ? »
Et la reine tire à part
Une demoiselle très avisée
Et lui dit : « Demoiselle,
Vous allez me porter au plus vite

A paroles briémant retreites.
Jus de ces loges avalez,
A ce chevalier m'an alez
Qui porte cel escu vermoil
Et si li dites a consoil
Que au noauz que je lui mant. »
Cele molt tost et saigemant
Fet ce que la reïne vialt.
Aprés le chevalier s'aquialt
Tant que molt prés de lui s'est jointe,
Si li dist come sage et cointe,
Que ne l'ot veisins ne veisine :
« Sire, ma dame la reïne
Par moi vos mande et jel vos di
'Que au noauz'. » Quand cil l'oï,
Si li dist que molt volantiers,
Come cil qui est suens antiers.
Et lors contre un chevalier muet
Tant con chevax porter le puet,
Et faut quant il le dut ferir ;
N'onques puis jusqu'a l'anserir
Ne fist s'au pis non que il pot
Por ce qu'a la reïne plot.
Et li autres qui le requiert
N'a pas failli, einçois le fiert
Grant cop, roidemant s'i apuie,
Et cil se met lors a la fuie ;
Ne puis cel jor vers chevalier
Ne torna le col del destrier ;
Por amorir rien ne feïst
Se sa grant honte n'i veïst
Et son leit et sa desenor,
Et fet sanblant qu'il ait peor
De toz ces qui vienent et vont.
Et li chevalier de lui font
Lor risees et lor gabois,
Qui molt le prisoient ainçois.
Et li hirauz qui soloit dire :

Un message des plus courts.
Descendez rapidement de cette estrade,
Vous irez à ce Chevalier là-bas
Qui porte un écu vermeil,
Dites-lui à voix basse
Que je lui demande de faire au plus mal. »
La demoiselle s'empresse
De s'acquitter du message de la reine.
Elle s'approche de Lancelot
Tant qu'elle peut
Et lui dit tout bas,
Pour ne pas être entendue des personnes voisines :
« Messire, ma dame la reine,
Vous mande par moi et je vous le dis :
'Au plus mal'. » Quand il entendit le message,
Il répondit : « Bien volontiers ! »
En homme entièrement aux ordres de la reine.
Alors il se lance contre un chevalier
De toute la vitesse de son cheval,
Et manque son coup.
Ensuite jusqu'au soir
Il fit au pis qu'il put,
Parce que c'est cela que voulait la reine.
Et son adversaire
N'a pas failli, lui, mais le frappa
Fortement de toute la pesée de sa lance.
Alors Lancelot s'enfuit,
Et pendant toute cette journée il ne tourna
Le col de son destrier vers nul autre combattant.
Même pour éviter la mort il n'aurait rien fait
Qui n'eût contribué à sa honte,
Son indignité et son déshonneur.
Il fait semblant d'avoir peur
De tous ceux qui vont et viennent.
Les chevaliers qui auparavant
Chantaient ses louanges
Rient aux éclats et se moquent de lui.
Et le héraut qui allait répétant :

« Cil les vaintra trestoz a tire ! »
Est molt maz et molt desconfiz,
Qu'il ot les gas et les afiz
De ces qui dïent : « Or te tes,
Amis, cist ne l'aunera mes.
Tant a auné c'or est brisiee
S'aune que tant nos as prisiee. »
Li plusor dïent : « Ce que doit ?
Il estoit si preus or endroit,
Or est si coarde chose
Que chevalier atandre n'ose.
Espoir por ce si bien le fist
Que mes d'armes ne s'antremist,
Si fu si forz a son venir
Qu'a lui ne se pooit tenir
Nus chevaliers, tant fust senez,
Qu'il feroit come forcenez.
Or a tant des armes apris
Que ja mes tant com il soit vis
N'avra talant d'armes porter.
Ses cuers nes puet plus andurer,
Qu'el monde n'a rien si coarde. »
Et la reïne qui l'esgarde
An est molt liee et molt li plest,
Qu'ele set bien, et si s'an test,
Que ce est Lanceloz por voir.
Ensi tote jor jusqu'au soir
Se fist cil tenir por coart,
Mes li bas vespre les depart ;
Au departir i ot grant plet
De ces qui mialz l'avoient fet.
Li filz le roi d'Irlande pansse
Sanz contredit et sanz desfansse
Qu'il ait tot le los et le pris ;
Mes laidemant i a mespris

« Voici celui qui les vaincra tous l'un après l'autre ! »
Est morne et tout déconfit,
Car il entend les railleries et les sarcasmes
De ceux qui crient : « Maintenant, l'ami,
Il faut te taire. Ton chevalier a fini d'auner,
Il a tant auné qu'il a brisé
Cette aune dont tu faisais un tel éloge. »
Nombreux sont ceux qui disent : « Que signifie tout cela ?
Il était si vaillant tout à l'heure ;
Et le voilà devenu si couard
Qu'il n'ose faire face à nul adversaire.
Peut-être qu'il se montra si valeureux
Parce qu'il n'avait combattu auparavant ;
En entrant dans la lice il fit preuve d'une telle fougue
Que nul chevalier, si expérimenté fût-il,
Ne savait lui tenir tête,
Car il frappait comme un dément.
Et maintenant qu'il a appris le métier des armes,
Jamais plus de son vivant
Il ne voudra en porter.
Le cœur lui manque pour cette tâche,
Au monde il n'y a personne de si couard. »
La reine, qui ne le quitte pas des yeux,
Est ravie de ce qu'elle voit,
Car elle sait bien, sans le dire à quiconque,
Qu'elle a affaire à Lancelot.
Ainsi jusqu'au soir
Il se fit tenir pour un lâche.
Au moment où l'on se dispersa,
On discuta beaucoup pour établir
Quels étaient ceux qui s'étaient le mieux comportés.
Le fils du roi d'Irlande pense
Que sans conteste possible
La gloire et le prix du tournoi lui appartiennent,
Mais il se trompe lourdement :

V. 5719 : Le mot *mespoise* du ms. *C* n'a pas été relevé ailleurs et semble bien être une fabrication de Guiot.

Qu'asez i ot de ses parauz.
Neïs li chevaliers vermauz
Plot as dames et as puceles,
Aus plus gentes et aus plus beles,
Tant qu'eles n'orent a nelui
Le jor bahé tant com a lui ;
Que bien orent veü comant
Il l'avoit fet premieremant,
Com il estoit preuz et hardiz ;
Puis restoit si acoardiz
Qu'il n'osoit chevalier atandre.
Einz le poïst abatre et prandre
Toz li pires se il volsist.
Mes a totes et a toz sist
Que l'andemain tuit revandront
A l'ahatine, et si prandront
Ces cui le jor seroit l'enors
Les dameiseles a seignors ;
Ensi le dïent et atornent.
A tant vers les ostez s'an tornent,
Et quant il vindrent as ostex,
An plusors leus en ot de tex
Qui ancomancierent a dire :
« Ou est des chevaliers li pire
Et li noauz, et li despiz ?
Ou est alez ? Ou est tapiz ?
Ou iert trovez ? Ou le querrons ?
Espoir ja mes ne le verrons,
Que Malvestiez l'en a chacié,
Dom il a tel fes anbracié
Qu'el monde n'a rien si malveise ;
N'il n'a pas tort, car plus a eise
Est uns malvés .c.m. tanz
Que n'est uns preuz, uns conbatanz.
Malvestiez est molt aeisiee,
Por ce l'a il an pes beisiee,
S'a pris de li quanque il a.
Onques voir tant ne s'avilla

Bien d'autres chevaliers l'avaient égalé.
Même le Chevalier Rouge
Plut aux dames et aux demoiselles,
Aux plus élégantes, aux plus belles,
Au point qu'elles n'avaient mangé des yeux
Aucun autre chevalier comme lui ;
Car elles avaient vu
Comme il s'était d'abord conduit,
Comme il avait été preux et hardi ;
Puis il était devenu si couard
Qu'il n'osait attendre nul adversaire,
Le pire des chevaliers aurait pu l'abattre
Et faire prisonnier, s'il avait voulu.
Mais tous tombèrent d'accord
Que le lendemain ils retourneraient sans faute
Au tournoi, et les demoiselles
Choisiraient pour maris
Ceux qui remporteraient le prix de la journée ;
Elles en conviennent et c'est là leur plan.
L'on se dirigea lors vers les logis
Et quand ce fut fait,
En divers lieux
On entendit des chevaliers dire :
« Où se trouve le pire des chevaliers,
Celui qui s'est couvert de honte ?
Où est-il allé ? Où s'est-il tapi ?
Où le chercher ? Où pourrons-nous le trouver ?
Peut-être ne le reverrons-nous jamais.
Car Lâcheté est à ses trousses,
Dont il a reçu un tel fardeau
Qu'au monde il n'y a personne de si poltron.
Et il n'a pas tort, car c'est plus confortable,
Bien cent mille fois, d'être un lâche
Que d'être hardi et batailleur.
Lâcheté aime ses aises,
Il l'a donc embrassée avec confiance
Et lui a emprunté tout ce qu'il a.
Jamais Prouesse ne s'est abaissée

Pröesce qu'an lui se meïst
Ne que pres de lui s'aseïst ;
Mes an lui s'est tote reposte
Malvestiez, s'a trové tel oste
Qui tant l'ainme et qui tant la sert
Que por s'enor la soe pert. »
Ensi tote nuit se degenglent
Et cil de mal dire s'estrenglent.
Mes tex dit sovant mal d'autrui
Qui est molt pires de celui
Que il blasme et que il despit.
Chascuns ce que lui plest an dit.
Et quant ce vint a l'anjornee
Refu la genz tote atornee,
Si s'an vindrent a l'anhatine.
Es loges refu la reïne
Et les dames et les puceles,
Si ot chevaliers avoec eles
Assez qui armes ne portoient,
Qui prison ou croisié estoient,
Et cil les armes lor devisent
Des chevaliers que il plus prisent.
Antr'ax dïent : « Veez vos or
Celui a cele bande d'or
Par mi cel escu de bernic ?
C'est Governauz de Roberdic.
Et veez vos celui aprés
Qui an son escu pres a pres
A mise une aigle et un dragon ?
C'est li filz le roi d'Arragon
Qui venuz est an ceste terre
Por pris et por enor conquerre.
Et veez vos celui dejoste
Qui si bien point et si bien joste
A cel escu vert d'une part,

Au point de reposer en lui
Ni de s'installer à ses côtés.
Mais Lâcheté s'est logée en lui
Et l'a trouvé si accueillant,
Si prêt à la servir et à lui faire honneur
Qu'il en perd son propre honneur. »
Ainsi jusque tard dans la nuit clabaudent
Ceux qui s'enrouent à force de médire.
Mais tel bien souvent médit d'autrui
Qui est bien pire que celui
Qu'il critique et méprise.
Chacun dit donc ce qui lui plaît.
Quand le jour reparut,
Tout le monde fut prêt
Et tous revinrent au tournoi.
De nouveau l'estrade reçut la reine,
Les dames et les demoiselles ;
Avec elles se trouvaient de nombreux chevaliers
Qui n'étaient pas armés ; c'était
Des prisonniers sur parole ou des croisés.
Les chevaliers leur expliquent les blasons
De ceux qu'ils estiment le plus.
Ils leur disent : « Voyez-vous
Ce chevalier à la bande couleur d'or
Sur son écu rouge ?
C'est Governaut de Roberdic.
Et puis voyez-vous cet autre
Qui sur son écu a fait peindre,
L'un à côté de l'autre, une aigle et un dragon ?
C'est le fils du roi d'Aragon,
Qui est venu en ce pays
Pour conquérir honneur et renommée.
Et voyez-vous ce chevalier tout près de lui
Qui si bien attaque et joute,
Et qui porte un écu mi-parti vert,

V. 5790 : Les chevaliers qui avaient pris la croix ne devaient plus combattre dans les tournois avant leur retour de Terre Sainte.

S'a sor le vert point un liepart
Et d'azur est l'autre moitiez ?
C'est Ignaures li covoitiez,
Li amoreus et li pleisanz.
Et cil qui porte les feisanz
An son escu poinz bec a bec ?
C'est Coguillanz de Mautirec.
Et veez vos ces deus delez
A ces deus chevax pomelez
As escuz d'or as lyons bis ?
Li uns a non Semiramis
Et li autres est ses conpainz,
S'ont d'un sanblant lor escuz tainz.
Et veez vos celui qui porte
An son escu pointe une porte,
Si sanble qu'il s'an isse uns cers ?
Par foi, ce est li rois Yders.
Ensi devisent cil des loges :
« Cil escuz fu fez a Lymoges,
Si l'an aporta Piladés
Qui an estor vialt estre adés
Et molt le desirre et golose.
Cil autres fu fez a Tolose
Et li lorains et li peitrax,
Si l'en aporta Kex d'Estrax.
Cil vint de Lÿon sor le Rosne :
N'a nul si boen desoz le trosne,
Si fu por une grant desserte
Donez Taulas de la Deserte
Qui bel le porte et bien s'an cuevre.
Et cil autres si est de l'ueuvre
D'Engleterre et fu fez a Londres,

Avec un léopard peint sur le vert,
L'autre moitié azur ?
C'est Ignaure le Désiré,
Qui sait aimer et se faire aimer.
Et celui qui fait figurer sur son écu
Deux faisans peints bec à bec,
C'est Coguillant de Mautirec.
Et voyez-vous ces deux chevaliers non loin de là
Sur ces deux chevaux pommelés,
Dont les écus dorés sont ornés d'un lion noir ?
L'un s'appelle Sémiramis
L'autre c'est son compagnon,
Leurs deux écus ont la même couleur.
Et voyez-vous celui qui sur son écu
A fait représenter une porte
Dont semble sortir un cerf ?
Aucun doute, c'est là le roi Yder. »
Ainsi parlaient ceux qui se trouvent sur l'estrade.
« Cet écu fut fait à Limoges,
Piladés l'en apporta,
Lui qui veut sans cesse batailler
Et désire ardemment les combats.
Cet autre écu provient de Toulouse,
Avec tout le harnais,
C'est Keu d'Estraus qui les apporta.
Et cet écu-là provient de Lyon sur le Rhône :
Il n'y en a pas de meilleur sous le ciel.
Pour un grand service rendu par lui
Il fut donné à Taulas du Désert,
Qui le porte à merveille et bien se protège avec.
Et cet autre écu est de fabrication anglaise,
Fait à Londres,

V. 5808 : Ignaure est le fort galant héros d'un lai qui le montre faisant la cour concurremment à douze dames. (Toute cette liste de noms plus ou moins littéraires ou fantaisistes montre la verve comique de Chrétien de Troyes.)

V. 5816 : Que Chrétien ait donné le nom de Sémiramis à un homme a de quoi surprendre. Marie de France, sa contemporaine, est mieux renseignée (v. « Lanval », v. 82 : la reïne Semiramis).

Ou vos veez ces deus arondres
Qui sanblent que voler s'an doivent,
Mes ne se muevent, ainz reçoivent
Mainz cos des aciers poitevins ;
Sel porte Thoas li meschins. »
Ensi devisent et deboissent
Les armes de ces qu'il conoissent ;
Mes de celui mie n'i voient
Qu'an tel despit eü avoient,
Si cuident qu'il s'an soit anblez
Quant a l'estor n'est assanblez.
Quant la reïne point n'an voit,
Talanz li prist qu'ele i anvoit
Les rans cerchier tant qu'an le truisse.
Ne set cui envoier i puisse
Qui mialz le quiere de celi
Qui hier i ala de par li.
Tot maintenant a li l'apele,
Si li dit : « Alez, dameisele,
Monter sor vostre palefroi.
Au chevalier d'ier vos envoi,
Sel querez tant que vos l'aiez.
Por rien ne vos an delaiez,
Et tant si li redites or
Qu'au noauz le reface ancor.
Et quant vos l'en avroiz semons
S'antandez bien a son respons. »
Cele de rien ne s'en retarde,
Qui bien s'estoit donee garde
Le soir quel part il torneroit,
Por ce que sanz dote savoit
Qu'ele i reseroit anvoiee.
Parmi les ranss'est avoiee
Tant qu'ele vit le chevalier,
Si li vet tantost conseillier
Que ancor *au noauz* le face,
S'avoir vialt l'amor et la grace
La reïne, qu'ele li mande.

Sur lequel vous voyez ces deux hirondelles
Qui paraissent prêtes à prendre leur vol,
Mais sans bouger elles reçoivent
Maints coups des épées en acier poitevin ;
C'est Thoas le Jeune qui le porte. »
Ainsi décrivent-ils
Les blasons de ceux qu'ils connaissent ;
Mais nulle part ils n'aperçoivent
Le Chevalier tant méprisé par eux,
Aussi croient-ils qu'il s'est dérobé,
Puisqu'il n'a pas rejoint la cohue.
Quand la reine ne le voit pas,
L'envie lui prend d'envoyer quelqu'un
Chercher à travers les rangs pour le trouver.
Elle ne sait qui mieux y expédier
Que celle qui y fut
La veille sur son ordre.
Sur-le-champ elle la fait venir près d'elle
Et lui dit : « Partez, demoiselle !
Montez sur votre palefroi.
Je vous envoie auprès du Chevalier d'hier,
Cherchez-le et trouvez-le !
Ne vous attardez pas en route,
Et de nouveau dites-lui
Qu'il se conduise 'au plus mal'.
Quand vous aurez transmis cette injonction,
Écoutez bien sa réponse. »
La demoiselle ne s'attarde point,
Elle avait noté la veille
De quel côté le Chevalier partirait ;
Sans doute savait-elle
Qu'on l'enverrait de nouveau à lui.
À travers les rangs elle s'est avancée,
Tant qu'elle l'aperçut.
Elle s'empresse de lui dire à voix basse
Que de nouveau il se conduise *au plus mal*,
S'il tient à conserver l'amour et les bonnes grâces
De la reine, de qui vient le message.

Et cil : « Des qu'ele le comande,
Li respont, la soe merci ! »
Tantost cele se departi ;
Et lors comancent a hüier
Vaslet, sergent et escüier
Et dïent tuit : « Veez mervoilles
De celui as armes vermoilles ;
Revenuz est, mes que quiert il ?
Ja n'a el monde rien tant vil,
Si despite ne si faillie.
Si l'a malvestiez an baillie
Qu'il ne puet rien contre li faire. »
Et la pucele s'an repaire,
S'est a la reïne venue,
Qui molt l'a corte et pres tenue
Tant que la responsse ot oïe,
Dom ele s'est molt esjoïe
Por ce c'or set ele sanz dote
Que ce est cil cui ele est tote
Et il toz suens sanz nule faille.
A la pucele dit qu'ele aille
Molt tost arriere et si li die
Que ele li comande et prie
Que au mialz face qu'il porra.
Et cele dit qu'ele i ira
Tot maintenant sanz respit querre.
Des loges est venue a terre
La ou ses garçons l'atandoit,
Qui son palefroi li gardoit,
Et ele monte, si s'an va
Tant que le chevalier trova,
Si li ala maintenant dire :
« Or vos mande ma dame, sire,
Que tot 'le mialz' que vos porroiz ! »
Et il respont : « Or li diroiz
Qu'il n'est riens nule qui me griet
A feire des que il li siet,
Que quanque il plest m'atalante. »

Et lui répond : « Du moment qu'elle le commande,
Je vais lui obéir. »
Rapidement la demoiselle s'en va,
Tandis que valets, sergents et écuyers
Se mettent tous à huer
Et à crier : « C'est à ne pas y croire,
L'homme aux armes écarlates
Est de retour, mais que peut-il bien chercher ?
Il n'y a pas d'être plus vil que lui,
De si méprisable et de si poltron.
Lâcheté s'est emparée de lui
Au point qu'il ne sait lui résister. »
La demoiselle retourne à l'estrade
Et s'est approchée de la reine,
Qui l'a pressée de questions
Avant d'entendre la réponse
Qui lui a causé une grande joie,
Parce qu'elle est sûre maintenant
Que le Chevalier est celui à qui elle appartient toute
Et qui est entièrement sien.
La reine commande à la demoiselle
D'aller au plus tôt le retrouver et lui dire
Qu'elle lui mande et le prie
De combattre le mieux qu'il pourra.
Et la demoiselle répond qu'elle s'en ira
Immédiatement, sans chercher un délai.
Elle descend de la tribune jusqu'en bas,
Où son valet l'attendait
Avec son palefroi.
Elle se met en selle et s'en va
Trouver le Chevalier
À qui elle dit :
« Messire, ma dame vous mande maintenant
De combattre le mieux que vous pourrez ! »
Lui répond : « Vous lui direz
Que rien ne me rebute
Du moment que cela lui plaît,
Et que tout ce qui lui plaît me fait plaisir. »

Lors ne fu mie cele lante
De son message reporter,
Que molt an cuide deporter
La reïne et esleescier.
Quanqu'ele se pot adrecier
S'est vers les loges adreciee,
Et la reïne s'est dreciee,
Se li est a l'ancontre alee ;
Mes n'est mie jus avalee
Einz l'atant au chief del degré.
Et cele vient, qui molt a gré
Li sot son message conter ;
Les degrez comance a monter,
Et quant ele est venue a li
Si li dist : « Dame, onques ne vi
Nul chevalier tant deboneire,
Qu'il vialt si otreemant feire
Trestot quanque vos li mandez
Que, se le voir m'an demandez,
Autel chiere tot par igal
Fet il del bien come del mal.
– Par foi, fet ele, bien puet estre. »
Lors s'an retorne a la fenestre
Por les chevaliers esgarder.
Et Lanceloz sanz plus tarder
L'escu par les enarmes prant,
Que volentez l'art et esprant
De mostrer tote sa pröesce.
Le col de son destrier adresce
Et lesse corre antre deus rans.
Tuit seront esbahi par tans
Li deceü, li amusé,
Qui an lui gaber ont usé
Piece del jor et de la nuit ;
Molt s'an sont grant piece deduit
Et deporté et solacié.
Par les enarmes anbracié
Tint son escu li filz le roi

La demoiselle ne fut pas lente
À reporter le message,
Certaine que la reine
En serait ravie.
Aussi vite que possible
Elle se dirige vers l'estrade.
La reine se lève
Et va à sa rencontre,
Mais sans descendre les marches
Elle l'attend au haut de l'escalier.
La demoiselle s'approche,
Porteuse d'un message bien agréable ;
Elle monte les marches
Et, venue devant la reine,
Elle lui dit : « Ma dame, jamais je ne vis
Chevalier si accommodant :
Il tient à vous obéir
En toutes choses.
À vous dire vrai,
Il réagit de même façon quoi qu'on lui demande,
Que cela lui plaise ou non.
– Ma foi, fait la reine, cela se peut. »
Elle retourne alors à la baie
Pour regarder les jouteurs.
Et Lancelot sans plus tarder
Saisit son écu par les courroies.
Désirant ardemment
Faire voir à tous ses qualités guerrières,
Il tourne la tête de son cheval
Et le laisse courir entre deux rangs de combattants.
Bientôt il va étonner
Ceux qu'il a trompés par sa feinte couardise,
Et qui ont passé une grande partie de la veille
À se moquer de lui ;
Ils avaient longtemps ri
Et plaisanté à son sujet.
Tenant son écu par les courroies,
Le fils du roi d'Irlande

D'Irlande, et point a grant desroi
De l'autre part ancontre lui ;
Si s'antrefierent anbedui
Si que li filz le roi d'Irlande
De la joste plus ne demande,
Que sa lance fraint et estrosse ;
Car ne feri mie sor mosse,
Mes sor ais molt dures et seches.
Lanceloz une de ses teches
Li a aprise a cele joste,
Que l'escu au braz li ajoste
Et le braz au costé li serre,
Sel porte del cheval a terre.
Et tantost chevalier descochent,
D'anbedeus parz poingnent et brochent,
Li un por celui desconbrer
Et li autre por l'enconbrer.
Li un lor seignor eidier cuident,
Et des plusors les seles vuident
An la meslee et an l'estor ;
Mes onques an trestot le jor
Gauvains d'armes ne se mesla
Qui ert avoec les autres la ;
Qu'a esgarder tant li pleisoit
Les pröesces que cil feisoit
As armes de sinople taintes
Qu'estre li sanbloient estaintes
Celes que li autre feisoient :
Envers les soes ne paroient.
Et li hyrauz se resbaudist
Tant qu'oiant toz cria et dist :
« Or est venuz qui l'aunera !
Hui mes verroiz que il fera,
Hui mes aparra sa pröesce. »
Et lors li chevaliers s'adresce
Son cheval et fet une pointe
Ancontre un chevalier molt cointe,
Et fiert si qu'il le porte jus

Pique des deux et se précipite
À sa rencontre.
Ils s'entrechoquent
Si violemment que le fils du roi d'Irlande
Perd tout intérêt pour la joute,
Car sa lance est brisée ;
Il n'a pas frappé sur de la mousse,
Mais sur du bois dur et bien sec.
Lancelot lui a appris un de ces tours
Au cours de la joute :
Il lui applique l'écu contre le bras
Et lui serre le bras contre le côté,
Et voilà qu'il le fait rouler à terre.
Aussitôt les chevaliers des deux camps
Arrivent en trombe,
Les uns pour libérer le fils du roi d'Irlande,
Les autres pour l'encombrer.
Les premiers veulent aider leur seigneur,
Mais vident leurs arçons pour la plupart
Au cours de la mêlée.
De toute cette journée
Gauvain ne se mêla de combattre,
Bien qu'il fût là avec les autres.
Il prenait un tel plaisir à regarder
Les prouesses du Chevalier
Aux armes vermeilles,
Que celles des autres combattants
Lui paraissaient manquer d'éclat,
Comparées aux siennes.
Et le héraut, qui se réjouit fort,
S'écrie bien haut pour que tous puissent l'entendre :
« Il est venu celui qui aunera !
Aujourd'hui, vous verrez ce qu'il va faire,
C'est aujourd'hui qu'il va se couvrir de gloire. »
Alors Lancelot dirige
Et éperonne son cheval
À la rencontre d'un chevalier élégamment armé,
Et le frappe si fort qu'il l'envoie rouler

Loing del cheval .c. piez ou plus.
Si bien a faire le comance
Et de l'espee et de la lance
Qu'il n'est riens qui armes ne port
Qu'a lui veoir ne se deport.
Nes maint de ces qui armes portent
S'i redelitent et deportent,
Que granz deporz est de veoir
Con fet trabuchier et cheoir
Chevax et chevaliers ansanble.
Gaires a chevalier n'asanble
Qu'an sele de cheval remaingne,
Et les chevax que il gaaigne
Done a toz ces qui les voloient.
Et cil qui gaber le soloient
Dïent : « Honi somes et mort.
Molt avomes eü grant tort
De lui despire et avillier ;
Certes il valt bien un millier
De tex a en cest champ assez,
Que il a vaincuz et passez
Trestoz les chevaliers del monde,
Qu'il n'i a un qu'a lui s'aponde. »
Et les dameiseles disoient,
Qui a mervoilles l'esgardoient,
Que cil les tolt a marïer ;
Car tant ne s'osoient fïer
En lor biautez n'an lor richeces,
N'an lor pooirs, n'an lor hauteces,
Que por biauté ne por avoir
Deignast nule d'eles avoir
Cil chevalier, que trop est prouz.
Et neporquant si font tex vouz
Les plusors d'eles qu'eles dïent

Loin de son cheval, à plus de cent pas.
Il se met à combattre si bien
De son épée et de sa lance
Qu'il n'y en a aucun parmi ceux qui ne portent pas d'armes
Qui n'éprouve du plaisir rien qu'à le regarder.
Même ceux qui portent des armes
Y trouvent de quoi se réjouir et y prennent plaisir,
Car c'est une joie que de voir
Comment il fait renverser et tomber à terre
À la fois chevaux et chevaliers.
Il n'y a guère de chevalier qui, assailli par lui,
Demeure en selle,
Et les chevaux qu'il gagne,
Il en fait cadeau à qui les voulaient.
Et ceux qui aimaient se moquer de lui
Disent : « Nous voilà honnis et perdus.
Nous avons eu grand tort
De le dénigrer et de le mépriser.
En vérité, à lui seul il vaut bien un millier
De ses nombreux rivaux dans ce champ,
Car il les a tous vaincus et surpassés –
Tous les chevaliers du monde ;
Il n'y en a aucun qui puisse l'égaler. »
Et les demoiselles disaient,
En le regardant avec émerveillement,
Qu'il leur ôte toute possibilité de l'épouser,
Car elles n'osaient point se fier
À leur beauté, à leurs richesses,
Ni à leur pouvoir ni à leur rang dans le monde,
Car ni pour sa beauté ni pour sa fortune
Il ne daignerait en prendre aucune pour femme :
Ce Chevalier était trop parfaitement preux.
Et pourtant de tels vœux sont faits
Par un assez grand nombre d'entre elles qui disent

V. 6015 : Comme le suggère Foerster, le vers gagnerait en clarté si l'on remplaçait *les* par *lor* et *a* par *le* (Que cil lor tolt le marïer) : les demoiselles ne veulent épouser que le seul Lancelot, mais savent bien qu'elles n'y parviendront pas.

Que s'an cestui ne se marïent
Ne seront ouan marïees,
N'a mari n'a seignor donees.
Et la reïne qui antant
Ce dom eles se vont vantant
A soi meïsme an rit et gabe ;
Bien set que por tot l'or d'Arrabe,
Qui trestot devant li metroit,
La meillor d'eles ne prandroit,
La plus bele ne la plus gente,
Cil qui a totes atalante.
Et lor volentez est comune
Si qu'avoir le voldroit chascune ;
Et l'une est de l'autre jalouse
Si con s'ele fust ja s'espouse,
Por ce que si adroit le voient,
Qu'eles ne pansent ne ne croient
Que nus d'armes, tant lor pleisoit,
Poïst ce feire qu'il feisoit.
Si bien le fist qu'au departir
D'andeus parz distrent sanz mantir
Que n'i avoit eü paroil
Cil qui porte l'escu vermoil.
Trestuit le distrent et voirs fu.
Mes au departir son escu
Leissa an la presse cheoir,
La ou greignor la pot veoir,
Et sa lance et sa coverture ;
Puis si s'an va grant aleüre.
Si s'an ala si en anblee
Que nus de tote l'asanblee,
Qui la fust, garde ne s'an prist.
Et cil a la voie se mist,
Si s'an ala molt tost et droit
Cele part don venuz estoit
Por aquiter son sairemant.
Au partir del tornoiemant
Le quierent et demandent tuit ;

Que si elles ne peuvent pas l'avoir pour époux,
Elles ne seront désormais plus à marier dans l'année,
Ni à être données en mariage à qui que ce soit.
Et la reine, qui entend
Ce qu'elles vont proclamant ainsi,
En son for intérieur rit et se moque d'elles ;
Elle sait bien que pour tout l'or de l'Arabie
Que l'on étalerait devant lui,
La meilleure de parmi elles –
La plus belle ou la plus noble – ne serait pas choisie
Par celui qui provoque leur désir.
Et leur volonté est commune à toutes :
Chacune voudrait l'avoir pour elle ;
Et elles sont toutes jalouses les unes des autres,
Tout comme si chacune était déjà son épouse,
Parce qu'elles le voient si adroit
Qu'elles pensent et qu'elles croient
Que nul autre chevalier – il leur plaisait à ce point-là –
Ne saurait faire ce que lui faisait.
Il fit tout si bien qu'au moment où cela se terminait,
Des deux camps on dit sans risque de mentir
Qu'il n'y avait pas eu un autre pour rivaliser
Avec celui qui porte l'écu vermeil.
Tous l'affirmèrent, et ce fut vrai.
Mais au moment de partir, il laissa
Tomber son écu au milieu de la foule –
Là même où il put voir qu'elle était la plus dense –
Et sa lance et la housse de son cheval ;
Puis il s'en alla à toute allure.
Et il s'en alla si discrètement
Que personne de toute l'assemblée
Qui s'y trouvait réunie, ne s'en aperçut.
Et il se mit en route,
En se dirigeant d'un pas rapide et direct
Vers l'endroit d'où il était venu,
Afin de s'acquitter de son serment.
Au moment de quitter le tournoi,
Tous le cherchent et le réclament ;

N'an truevent point, car il s'an fuit,
Qu'il n'a cure qu'an le conoisse.
Grant duel en ont et grant angoisse
Li chevalier, qui an feïssent
Grant joie se il le tenissent.
Et se aus chevaliers pesa
Quant il ensi lessiez les a,
Les dameiseles, quant le sorent,
Asez plus grant pesance en orent
Et dïent que par saint Johan
Ne se marïeront ouan :
Quant celui n'ont qu'eles voloient,
Toz les autres quites clamoient ;
L'anhatine ensi departi
C'onques nule n'an prist mari.

Et Lanceloz pas ne sejorne,
Mes tost an sa prison retorne.
Et li seneschax vint ençois
De Lancelot deus jorz ou trois,
Si demanda ou il estoit.
Et la dame qui li avoit
Ses armes vermoilles bailliees,
Beles et bien apareillies,
Et son hernois et son cheval,
Le voir an dist au seneschal,
Comant ele l'ot anvoié
La ou en avoit tornoié,
A l'ahatine de Noauz.
« Ne poïssiez faire noauz,
Dame, voir, fet li seneschaus ;
Molt m'an vanra, ce cuit, granz maus,
Que mes sire Meleaganz
Me fera pis que li jaianz
Se j'avoie esté perilliez.

Ils ne le trouvent point, car il s'est enfui,
Parce qu'il ne tient pas à ce qu'on le connaisse.
Les chevaliers en éprouvent une grande tristesse et bien du chagrin,
Car ils l'auraient beaucoup fêté
S'ils l'avaient avec eux.
Et si les chevaliers se désolèrent
Du fait qu'il les a ainsi abandonnés,
Les demoiselles, lorsqu'elles l'apprirent,
En ressentirent une douleur encore plus amère,
Et disent que par saint Jean
Elles ne se marieront pas cette année :
Puisqu'elles n'ont pas celui qu'elles voulaient,
Elles en tenaient tous les autres quittes ;
Ainsi le tournoi prit-il fin
Sans qu'une seule eût pris de mari.

Et Lancelot ne s'attarde pas,
Mais retourne vite à sa prison.
Et le sénéchal y arriva deux ou trois jours
Avant Lancelot,
Et il demanda où celui-ci se trouvait.
Et la dame qui lui avait
Offert ses armes vermeilles,
Belles et bien entretenues,
Et son harnois et son cheval,
Dit toute la vérité au sénéchal,
Comment elle l'avait envoyé
Là où l'on tournoyait,
Au tournoi de Noauz.
« Vous n'auriez pas pu faire pire chose,
Madame, en vérité, fait le sénéchal ;
Il m'en arrivera, je pense, un malheur bien grand,
Car Méléagant, mon seigneur,
Agira à mon égard plus mal que ne me traiterait le géant
Si j'étais tombé, naufragé, sous son emprise.

V. 6094 : Mario Roques a cru qu'il s'agit « du géant Dinabuc qui faisait régner la terreur sur tout le pays du Mont Saint-Michel ». Voir son édition de la *Charrette*, p. 225.

Morz an serai et essilliez
Maintenant que il le savra,
Que ja de moi pitié n'avra.
– Biax sire, or ne vos esmaiez,
Fet la dame, mie n'aiez
Tel peor, qu'il ne vos estuet ;
Riens nule retenir nel puet,
Que il le me jura sor sainz
Qu'il vanroit ja ne porroit ainz. »
Li seneschaus maintenant monte,
A son seignor vint, se li conte
Tote la chose et l'avanture ;
Mes ice molt le raseüre
Que il li dit con faitemant
Sa fame an prist le sairemant
Qu'il revandroit an la prison.
« Il n'an fera ja mesprison,
Fet Meleaganz, bien le sai,
Et neporquant grant duel en ai
De ce que vostre fame a fait :
Je nel volsisse por nul plait
Qu'il eüst esté an l'estor.
Mes or vos metez au retor
Et gardez, quant il iert venuz,
Qu'il soit an tel prison tenuz
Qu'il n'isse de la prison fors
Ne n'ait nul pooir de son cors ;
Et maintenant le me mandez.
– Fet iert si con vos comandez, »
Fet li seneschax, si s'an va ;
Et Lancelot venu trova
Qui prison tenoit an sa cort.
Uns messages arriere cort,
Que li seneschax en anvoie
A Meleagant droite voie,
Si li a dit de Lancelot
Qu'il est venuz. Et quant il l'ot,
Si prist maçons et charpantiers

Je serai mort et ruiné
Dès qu'il saura ce qui s'est passé,
Car il n'aura point pitié de moi.
– Beau sire, n'ayez aucune crainte,
Fait la dame, une telle peur,
Vous n'avez nullement besoin de la ressentir ;
Rien au monde n'est capable de l'empêcher de revenir,
Car il m'a juré sur les reliques des saints
Qu'il reviendrait au plus tôt qu'il pourrait. »
Le sénéchal monte aussitôt à cheval,
Il se présenta devant son seigneur et lui raconte
Toute cette affaire chanceuse ;
Mais il le rassure fort,
Car il lui dit comment
Sa femme obtint de Lancelot
Qu'il retournerait dans sa prison.
« Il ne fera point faux bond,
Fait Méléagant, je le sais bien,
Et néanmoins je regrette beaucoup
Ce que votre femme a fait :
Pour rien au monde je n'aurais voulu
Qu'il fît partie du tournoi.
Mais rentrez maintenant vite chez vous,
Et veillez, lorsqu'il sera de retour,
Qu'il soit si bien gardé en prison
Qu'il n'en sorte plus,
Et qu'il ne puisse aucunement disposer de lui-même ;
Et donnez-m'en aussitôt des nouvelles.
– Il en sera fait comme vous l'ordonnez, »
Fait le sénéchal, et il s'en va.
Et il trouva Lancelot de retour,
Prisonnier dans sa cour.
Un messager repart à toute vitesse,
Envoyé par le sénéchal
Par le chemin le plus direct à Méléagant,
Et il lui dit que Lancelot
Est revenu. Et dès qu'il l'eut entendu,
Il convoqua maçons et charpentiers

Qui a enviz ou volantiers
Firent ce qu'il lor comanda.
Les meillors del païs mande,
Si lor a dit qu'il li feïssent
Une tor et poinne i meïssent
An ce que ele fust tost feite.
Sor la mer fu la pierre treite,
Que pres de Gorre iqui de lez
An cort uns braz et granz et lez :
Enmi le braz une isle avoit
Que Meliaganz bien savoit.
La comanda la pierre a traire
Et le merrien por la tor faire.
An moins de cinquante et .vii. jorz
Fu tote parfeite la torz,
Haute et espesse et bien fondee.
Quant ele fu a ce menee,
Lancelot amener i fist
Par nuit et an la tor le mist ;
Puis comanda les huis murer
Et fist toz les maçons jurer
Que ja par aus de cele tor
Ne sera parole a nul jor.
Ensi volt qu'ele fust celee,
Ne n'i remest huis ne antree
Fors c'une petite fenestre.
Leanz covint Lancelot estre,
Si li donoit l'an a mangier,
Molt povrement et a dangier,
Par cele fenestre petite
A ore devisee et dite,
Si con l'ot dit et comandé
Li fel plains de deslëauté.

Or a tot fet quanque il vialt

Qui, soit à contre-cœur soit de bon gré,
Ne manquèrent pas de faire ce qu'il leur ordonna.
Il envoie chercher les meilleurs du pays,
Et il leur a dit de lui construire
Une tour et de faire tout leur possible
Afin qu'elle fût faite rapidement.
La pierre fut extraite au bord de la mer,
Car près de Gorre, de ce côté-ci,
On trouve un bras de mer grand et large :
Au milieu de ce bras de mer se situait une île –
Méléagant le savait bien.
C'est là que Méléagant ordonna d'apporter la pierre
Et le bois de construction pour bâtir la tour.
En moins de cinquante-sept jours
La tour fut achevée,
Haute, aux solides fondations, les murs épais.
Quand elle fut terminée,
Il y fit amener Lancelot
De nuit et il l'enferma dans la tour ;
Puis il ordonna de murer les portes,
Et fit jurer à tous les maçons
Que par eux jamais de cette tour
Il ne serait question.
Ainsi voulut-il qu'elle fût secrète
Et qu'il n'y eût ni porte ni entrée
Sauf une petite fenêtre.
Voilà l'endroit où Lancelot fut obligé de demeurer,
Et on lui donnait à manger,
Mais chichement et péniblement,
Par cette petite fenêtre
Dont il vient d'être question,
Tout comme l'avait dit et ordonné
Le félon débordant de traîtrise.

Méléagant a donc tout fait selon sa volonté ;

V. 6166 : Avec ce vers se termine la partie du roman que nous devons à Chrétien de Troyes. C'est au vers suivant que commence la partie du roman composée par Godefroi de Leigni (voir les v. 7120-34).

Meleaganz ; aprés s'aquialt
Droit a la cort le roi Artu.
Estes le vos ja la venu,
Et quant il vint devant le roi,
Molt plains d'orguel et de desroi
A comanciee sa reison :
« Rois, devant toi an ta meison
Ai une bataille arramie ;
Mes de Lancelot n'i voi mie,
Qui l'a enprise ancontre moi.
Et neporquant, si con je doi,
Ma bataille, oiant toz, presant
Ces que ceanz voi an presant.
Et s'il est ceanz, avant veingne
Et soit tex que covant me teigne
An vostre cort d'ui en un an.
Ne sai s'onques le vos dist l'an
An quel meniere et an quel guise
Ceste bataille fu anprise ;
Mes je voi chevaliers ceanz
Qui furent a noz covenanz,
Et bien dire le vos savroient,
Se voir reconuistre an voloient.
Mes se il le me vialt noier,
Ja n'i loierai soldoier,
Einz le mosterrai vers son cors. »
La reïne, qui seoit lors
Delez le roi, a soi le tire
Et si li encomance a dire :
« Sire, savez vos qui est cist ?
C'est Meliaganz qui me prist
El conduit Keu le seneschal :
Assez li fist et honte et mal. »
Et li rois li a respondu :
« Dame, je l'ai bien antendu :
Je sai molt bien que ce est cil
Qui tenoit ma gent an essil. »
La reïne plus n'an parole ;

Il se rend alors
Tout droit à la cour du roi Artur.
Le voilà déjà arrivé là-bas,
Et quand il vint devant le roi,
Tout plein d'orgueil et de véhémence,
Il a commencé sa harangue :
« Roi, devant toi et dans ta cour
Je me suis engagé à livrer bataille ;
Mais de Lancelot je ne vois même pas l'ombre ici,
Alors qu'il a accepté de s'opposer à moi.
Et cependant, ainsi qu'il se doit,
J'offre ma bataille, au vu et au su de tous,
À ceux que je vois ici à présent.
Et s'il se trouve ici, qu'il vienne donc
Et soit en mesure de me tenir parole
En votre cour au bout d'un an à partir d'aujourd'hui.
Je ne sais si l'on vous a jamais dit
De quelle manière et de quelle façon
Cette bataille fut organisée ;
Mais ici même je vois des chevaliers
Qui assistèrent à nos accords
Et qui sauraient vous le dire
S'ils voulaient reconnaître la vérité.
Mais s'il veut me contester cette chose,
Je n'aurai point recours à un mercenaire ;
Je la prouverai sur son propre corps. »
La reine, assise
Aux côtés du roi, attire celui-ci vers elle
Et se met à lui dire :
« Sire, savez-vous qui est cet homme ?
C'est Méléagant, qui s'empara de moi
Alors que m'escortait Keu le sénéchal :
Il lui causa beaucoup de honte et de peine. »
Et le roi lui a répondu :
« Madame, je l'ai compris parfaitement :
Je sais fort bien que c'est l'homme
Qui gardait mon peuple dans l'exil. »
La reine n'en dit plus un mot ;

Li rois atorne sa parole
Vers Meleagant, si li dit :
« Amis, fet il, se Dex m'aït,
De Lancelot nos ne savons
Noveles, don grant duel avons.
– Sire rois, fet Meleaganz,
Lanceloz me dist que ceanz
Le troveroie je sanz faille ;
Ne je ne doi ceste bataille
Semondre s'an vostre cort non ;
Je vuel que trestuit cist baron
Qui ci sont m'an portent tesmoing
Que d'ui en un an l'en semoing
Par les covanz que nos feïsmes
La ou la bataille anpreïsmes. »
A cest mot an estant se lieve
Messire Gauvains, cui molt grieve
De la parole que il ot,
Et dit : « Sire, de Lancelot
N'a point an tote ceste terre ;
Mes nos l'anvoieromes querre,
Se Deu plest, sel trovera l'an
Ençois que veigne au chief de l'an,
S'il n'est morz ou anprisonez.
Et s'il ne vient, si me donez
La bataille, je la ferai :
Por Lancelot m'an armerai
Au jor, se il ne vient ençois.
– Haï ! Por Deu, biax sire rois,
Fet Meliaganz, donez li :
Il la vialt et je vos an pri,
Qu'el monde chevalier ne sai
A cui si volentiers m'essai,
Fors que Lancelot seulemant.
Mais sachiez bien certainnemant,
S'a l'un d'aus deus ne me conbat,
Nul eschange ne nul rabat
Fors que l'un d'aus deus n'an prandroie. »

Le roi adresse sa parole
À Méléagant, et il lui dit :
« Ami, fait-il, que Dieu me vienne en aide,
De Lancelot nous restons
Sans nouvelle, ce qui nous cause un grand chagrin.
– Sire roi, fait Méléagant,
Lancelot me dit qu'ici
Sans faute je le trouverais ;
Je ne dois aucunement lui réclamer
Cette bataille ailleurs qu'en votre cour.
Je désire que tous ces barons
Qui sont ici présents me soient témoins
Que je le somme de comparaître dans un an,
Selon les accords solennels que nous fîmes,
Là où nous prîmes l'engagement de nous battre. »
Ému par ce discours, Gauvain se met
Debout, car il est navré
Par les paroles qu'il a entendus,
Et il dit : « Sire, de Lancelot
Il n'existe pas de trace en toute cette terre ;
Mais nous le ferons rechercher,
Et, s'il plaît à Dieu, nous le retrouverons
Avant que l'année ne s'achève,
S'il n'est pas mort ou emprisonné.
Et s'il ne se présente pas, accordez-moi alors
La bataille, et je la ferai à sa place :
Au nom de Lancelot je revêtirai les armes
Au jour convenu, s'il ne revient pas à temps.
– Oh ! pour l'amour de Dieu, beau sire roi,
Fait Méléagant, accordez-lui sa demande :
Lui veut la bataille et, moi aussi, je vous en prie,
Car je ne connais pas au monde un chevalier
Avec lequel j'aimerais autant me mesurer,
À la seule exception de Lancelot.
Mais sachez bien
Que si l'un des deux ne combat contre moi,
Nul échange ni nul remplaçant
Ne fera mon affaire – je n'accepterai qu'un de ces deux-là.

Et li rois dit que il l'otroie
Se Lanceloz ne vient dedanz.
A tant s'an part Meleaganz
Et de la cort le roi s'an va ;
Ne fina tant que il trova
Le roi Bademagu son pere.
Devant lui, por ce que il pere
Qu'il est preuz et de grant afeire,
Comança un sanblant a feire
Et une chiere merveilleuse.
Ce jor tenoit cort molt joieuse
Li rois a Bade sa cité.
Jorz fu de sa natevité,
Por ce la tint grant et pleniere ;
Si ot gent de mainte meniere
Avoec lui venu plus qu'assez.
Toz fu li palés antassez
De chevaliers et de puceles ;
Mes une en i ot avoec eles
Qui suer estoit Meleagant,
Don bien vos dirai ça avant
Mon pansser et m'antencion,
Mes n'an vuel feire mancion,
Car n'afiert pas a ma matire
Que ci androit an doie dire,
Ne je ne la vuel boceier
Ne corronpre ne forceier
Mes mener boen chemin et droit.
Et si vos dirai or androit,
Ou Meleaganz est venuz,
Qui, oiant toz gros et menuz,
Dist a son pere molt en haut :
« Pere, fet il, se Dex me saut,
Se vos plest, or me dites voir
Se cil ne doit grant joie avoir
Et se molt n'est de grant vertu

Et le roi dit qu'il accorde tout,
Si Lancelot ne revient pas dans l'année.
Alors, Méléagant quitte les lieux
Et le roi s'en va de la cour ;
Il ne s'arrêta que lorsqu'il eut trouvé
Le roi Bademagu, son père.
Devant celui-ci, afin de se donner des airs
De preux et d'homme important,
Il commença à composer son personnage
Et à faire le glorieux.
Ce jour-là, le roi Bademagu tenait
Une cour fort joyeuse à Bade, sa cité.
Ce fut le jour anniversaire de sa naissance,
Pour cette raison il la tint grande et plénière ;
Y assistèrent des gens de diverses sortes,
Venus auprès de lui en très grand nombre.
Le palais fut plein à craquer
De chevaliers et de demoiselles ;
Mais parmi celles-ci il y en eut une
Qui était la sœur de Méléagant –
Je vous dirai d'ici peu
Ce que je pense et entend faire d'elle,
Mais à présent je ne veux pas en dire davantage,
Car cela m'éloignerait de ma matière
Si j'en parlais en ce moment-ci ;
Je ne veux point l'estropier
Ni la corrompre ou la forcer ;
Je préfère lui faire suivre un bon et droit chemin.
Je vous dirai donc maintenant
Ce qui est advenu de Méléagant,
Lequel, publiquement et devant tout le monde,
Dit à haute voix à son père :
« Père, fait-il, que Dieu m'absolve,
S'il vous plaît, dites-moi la vérité,
Ne doit-on pas se sentir comblé de joie
Et n'est-on pas d'un très grand mérite

V. 6256 : Seuls les souverains, tel le roi Bademagu, célébraient leur anniversaire.

Qui a la cort le roi Artu
Par ses armes se fet doter. »
Li peres, sanz plus escoter,
A sa demande li respont :
« Filz, fet il, tuit cil qui boen sont
Doivent enorer et servir
Celui qui ce puet desservir
Et maintenir sa conpaignie. »
Lors le blandist et si li prie
Et dit c'or ne soit mes teü
Por coi a ce amanteü,
Qu'il quiert, qu'il vialt et dom il vient.
« Sire, ne sai s'il vos sovient,
Ce dit ses filz Meleaganz,
Des esgarz et des covenanz
Qui dit furent et recordé
Quant par vos fumes acordé
Et moi et Lanceloz ansanble.
Bien vos an manbre, ce me sanble,
Que devant plusors nos dist l'an
Que nos fussiens au chief de l'an
An la cort Artu prest andui.
G'i alai quant aler i dui,
Apareilliez et aprestez
De ce por coi g'i ere alez ;
Tot ce que je dui faire fis ;
Lancelot demandai et quis,
Contre cui je devoie ovrer ;
Mes nel pot veoir ne trover ;
Foïz s'an est et destornez.
Or si m'an sui par tel tornez
Que Gauvains m'a sa foi plevie
Que se Lanceloz n'est an vie
Et se dedanz le terme mis
Ne vient, bien m'a dit et promis
Que je respiz pris n'an sera,
Mes il meïsmes la fera
Ancontre moi por Lancelot.

Lorsqu'à la cour d'Artur
On se fait craindre par la force de ses armes ? »
Le père, sans en écouter davantage,
Répond à sa question :
« Fils, fait-il, tous ceux qui sont bons
Doivent honorer et servir
Celui qui peut mériter cette estime-là,
Et ils devraient rechercher sa compagnie. »
Alors le roi le cajole et le prie,
Et lui dit de ne plus garder le silence
Sur la raison de ce rappel, de dire
Ce qu'il cherche, ce qu'il veut et d'où il vient.
« Sire, je ne sais pas si vous vous souvenez –
C'est son fils Méléagant qui parle –
Des termes et du pacte
Qui furent formulés et enregistrés
Lorsque, grâce à vous, nous nous mîmes d'accord,
Moi-même et Lancelot, tous deux ensemble.
Il vous en souvient fort bien, me semble-t-il :
On nous dit devant un certain nombre de personnes
De nous retrouver au bout d'un an
À la cour d'Artur, prêts au combat.
Je m'y présentai au jour convenu,
Tout préparé et disposé à faire
Ce pour quoi j'y étais allé ;
Je fis tout ce que j'étais censé faire ;
Je recherchai et réclamai Lancelot
Contre qui je devais me battre ;
Mais je ne pus ni le voir ni le trouver ;
Il s'en est enfui ou il s'est dérobé.
Eh bien, je n'en suis point revenu les mains vides,
Car Gauvain a engagé son serment
Que si Lancelot n'est plus en vie
Ou s'il ne se présente pas dans les délais prévus,
Il m'a bien dit et promis
Que cette fois-ci aucun sursis ne serait permis,
Mais que lui-même ferait la bataille
Contre moi, à la place de Lancelot.

Artus n'a chevalier qu'an lot
Tant con cestui, c'est bien seü ;
Mes ainz que florissent seü
Verrai ge, s'au ferir venons,
S'au fet s'acorde li renons,
Et mon vuel seroit or androit !
– Filz, fet li peres, or a droit
Te fez ici tenir por sot.
Or set tex qui devant nel sot
Par toi meïsmes ta folie ;
Voirs est que boens cuers s'umilie,
Mes li fos et li descuidiez
N'iert ja de folie vuidiez.
Filz, por toi le di, que tes teches
Par sont si dures et si seches
Qu'il n'i a dolçor n'amitié ;
Li tuens cuers est trop sanz pitié :
Trop es de la folie espris.
C'est ce por coi ge te mespris ;
C'est ce qui molt t'abeissera.
Se tu es preuz, assez sera
Qui le bien an tesmoingnera
A l'ore qui besoingnera ;
N'estuet pas prodome löer
Son cuer por son fet alöer ;
Que li fez meïsmes se loe ;
Neïs la monte d'une aloe
Ne t'aïde a monter an pris
Tes los, mes assez mains t'en pris.
Filz, je te chasti ; mes cui chaut ?
Quanqu'an dit a fol petit vaut,
Que cil ne se fet fors debatre,
Qui de fol vialt folie abatre ;
Et biens qu'an anseigne et descuevre
Ne valt rien s'an nel met a oevre,
Einz est lués alez et perduz. »

Artur n'a pas de chevalier qu'on estime
Autant que celui-là, c'est bien connu ;
Mais avant que ne refleurissent les sureaux,
Je verrai, moi, pourvu qu'on en arrive à échanger des coups,
Si sa renommée correspond à ses capacités réelles –
Et j'aimerais bien que cela se fît tout de suite !
– Fils, fait le père, c'est donc à juste titre
Qu'ici l'on te considère comme un fou.
Que celui qui ne le savait pas encore
Sache par ta propre bouche l'étendue de ta folie ;
Il est indéniable que ceux qui ont bon cœur pratiquent l'humilité,
Mais le fou et l'orgueilleux outrecuidant
Ne seront jamais libérés de leur folie.
Fils – je le dis pour ton propre bien – ton caractère
Est tellement dur et sec
Qu'il ne renferme aucune douceur ni amitié ;
Ton cœur est dépourvu de pitié :
Tu es entièrement pris par la folie.
Voilà pourquoi je te trouve indigne ;
Voilà ce qui finira par t'abattre.
Si tu es vraiment preux, ils seront suffisamment nombreux
Ceux qui sauront en témoigner
Au moment qu'il faudra ;
L'homme de valeur n'a point besoin de vanter
Son courage afin de rendre plus d'éclat à ses exploits ;
C'est de l'acte lui-même qu'il convient de faire l'éloge ;
Même pas la valeur d'une alouette :
Voilà ce que tu gagnes en estime par l'éloge
Que tu fais de toi-même ; au contraire, je t'en estime bien moins.
Fils, je te corrige ; mais à quoi bon ?
Tout ce qu'on peut dire à un fou ne vaut guère,
Car on finit toujours par se faire débouter
Quand on cherche à guérir le fou de sa folie ;
Et le bien que l'on enseigne et révèle
Ne sert à rien s'il n'est pas mis en application –
Il est tout de suite parti et perdu. »

Lors fu duremant esperduz
Meleaganz et forssené ;
Onques home de mere né,
Ce vos puis je bien por voir dire,
Ne veïstes ausi plain d'ire
Com il estoit ; et par corroz
Fu ilueques li festuz roz,
Car de rien nule ne blandist
Son pere, mes itant li dist :
« Est ce songes, ou vos resvez,
Qui dites que je sui desvez
Por ce se je vos cont mon estre ?
Com a mon seignor cuidoie estre
A vos venuz, com a mon pere ;
Mes ne sanble pas qu'il apere,
Car plus vilmant me leidoiez,
Ce m'est avis, que ne doiez ;
Ne reison dire ne savez
Por coi ancomancié l'avez.
– Si faz assez. – Et vos de quoi ?
– Que nule rien an toi ne voi
Fors seulemant forssan et rage.
Je conois molt bien ton corage
Qui ancor grant mal te fera.
Dahait et qui ja cuidera
Que Lanceloz, li bien apris,
Qui de toz fors de toi a pris,
S'an soit por ta crieme foïz ;
Mes espoir qu'il est anfoïz
Ou an tel prison anserrez
Don li huis est si fort serrez
Qu'il n'an puet issir sanz congié.
Certes c'est la chose dont gié
Seroie duremant iriez
S'il estoit morz ou anpiriez.

Alors Méléagant fut frappé de désespoir
Et hors de lui ;
Jamais homme né de femme –
Je peux bien vous l'affirmer –
N'a été vu aussi rempli de colère
Que lui ; et à cause de ce courroux
La paille fut alors rompue,
Car il ne ménagea en rien
Son père, en lui disant plutôt :
« Est-ce un songe ou délirez-vous seulement
Lorsque vous prétendez que je suis atteint de démence
Seulement parce que je vous raconte ma manière d'être ?
C'est comme à mon seigneur que je croyais
Venir à vous, comme à mon père ;
Mais les apparences semblent être tout autres,
Car vous m'insultez plus grossièrement,
D'après moi, que vous ne devriez ;
Vous êtes incapable de dire la raison
Pour laquelle vous avez entrepris cette harangue.
– Non, au contraire ! – Alors, expliquez-vous !
– C'est qu'en toi je ne vois rien
Excepté folie et rage.
Je connais fort bien les opérations de ton cœur ;
Il te réserve de nouveaux malheurs.
Maudit soit celui qui pensera jamais
Que Lancelot, le courtois parfait,
Qui de tous, sauf de toi, est très apprécié,
Ait pris la fuite par peur de toi ;
À mon sens, il n'est plus de ce monde
Ou il est enfermé en une prison
Dont la porte est si solidement fermée
Qu'il ne peut pas en sortir sans autorisation d'autrui.
Sûrement, ce qui me ferait
Le plus durement souffrir serait
Qu'il fût mort ou exposé à de graves périls.

V. 6359-60 : Briser en deux un brin de paille est un geste symbolique qui accompagne une rupture de contrat, comme celui d'un vassal rejetant la suzeraineté de son seigneur.

Certes trop i avroit grant perte,
Se criature si aperte,
Si bele, si preuz, si serie
Estoit ja si par tans perie ;
Mes c'est mançonge, se Deu plest. »

A tant Bademaguz se test,
Mes quanqu'il ot dit et conté
Ot antendu et escouté
Une soe fille pucele ;
Et sachiez bien que ce fu cele
C'orainz amantui an mon conte,
Qui n'est pas liee quant an conte
Tex noveles de Lancelot.
Bien aparçoit qu'an le celot,
Quant an n'an set ne vant ne voie.
« Ja Dex, fet ele, ne me voie,
Quant je ja mes reposerai
Jusque tant que je an savrai
Novele certainne et veraie. »
Maintenant sanz nule delaie,
Sanz noise feire et sanz murmure,
S'an cort monter sor une mure
Molt bele et molt söef portant.
Mes de ma part vos di ge tant,
Qu'ele ne set onques quel part
Torner, quant de la cort se part ;
N'ele nel set n'ele nel rueve,
Mes el premier chemin qu'el trueve
S'an antre et va grant aleüre,
Ne set ou, mes par avanture,
Sanz chevalier et sanz sergent.
Molt se haste, molt est an grant
D'aconsivre ce qu'ele chace.
Molt se porquiert, molt se porchace,
Mes ce n'iert ja mie si tost !
N'estuet pas qu'ele se repost
Ne demort an un leu granmant

Ce serait à coup sûr une trop grande perte
Si un être aussi exceptionnel,
Aussi beau, preux et serein
Devait disparaître avant son temps ;
Mais plaise à Dieu qu'il n'en soit pas question ! »

Alors Bademagu se tait,
Mais tout ce qu'il avait dit et raconté,
Une de ses filles
L'avait écouté et entendu ;
Apprenez qu'il s'agit bien de la demoiselle
Que je mentionnai plus haut dans mon histoire
Et qui n'est pas contente lorsqu'on raconte
Pareilles choses au sujet de Lancelot.
Elle se rend bien compte qu'on l'enferma dans un cachot,
Puisque personne ne sait où il peut bien demeurer.
« Que Dieu cesse de m'aimer, fait-elle,
Si jamais je prends du repos
Avant d'avoir de lui
Des nouvelles précises et exactes. »
Alors sans tarder un instant de plus,
Sans faire de bruit et sans la moindre parole,
Elle court monter sur une mule
Fort belle et à l'allure douce.
Mais, pour ma part, je vous dirai
Qu'elle ne sait point quelle direction
Prendre lorsqu'elle quitte la cour.
Elle n'en sait rien, elle ne cherche point à se renseigner,
Mais elle entre dans le premier chemin
Qu'elle trouve, et elle s'en va bon train
Sans savoir où, à l'aventure,
Sans chevalier et sans serviteur.
Elle se dépêche beaucoup, pressée
D'atteindre ce qu'elle désire.
Elle s'agite et elle se démène,
Mais l'affaire ne sera point terminée de sitôt !
Il ne faut pas qu'elle se repose
Ni qu'elle prolonge son séjour là où elle s'arrête

S'ele vialt feire avenanmant
Ce qu'ele a anpanssé a faire :
C'est Lancelot de prison traire
S'el le trueve et feire le puisse.
Mes je cuit qu'ainçois qu'el le truisse
En avra maint païs cerchié,
Maint alé et maint reverchié,
Ainz que nule novele an oie.
Mes que valdroit se je contoie
Ne ses gistes ne ses jornees ?
Mes tantes voies a tornees
Amont, aval, et sus et jus,
Que passez fu li mois ou plus
C'onques plus aprandre n'an pot
Ne moins qu'ele devant an sot,
Et c'est neanz tot an travers.
Un jor s'an aloit a travers
Un chanp, molt dolante et pansive,
Et vit bien loing lez une rive
Pres d'un braz de mer une tor,
Mes n'avoit d'une liue antor
Meison ne buiron ne repeire.
Meleaganz l'ot feite feire
Qui Lancelot mis i avoit,
Mes cele neant n'an savoit.
Et si tost com el l'ot veüe,
S'i a si mise sa veüe
Qu'aillors ne la torne ne met ;
Et ses cuers tres bien li promet
Que c'est ce qu'ele a tant chacié :
Mes ore an est venue a chié,
Qu'a droite voie l'a menee
Fortune qui tant l'a penee.
La pucele la tor aproche
Et tant a alé qu'ele i toche.
Antor va, oroille et escote,
Et si met s'antencion tote
Savoir mon se ele i oïst

Si elle compte mener à bien
Ce qu'elle a entrepris de faire :
Arracher Lancelot de sa prison,
Si elle le retrouve et si elle peut le faire.
Pourtant je pense qu'avant de le trouver,
Elle aura exploré bien des pays
Et fait maints voyages dans tous les sens
Avant d'entendre nulle nouvelle de lui.
Mais à quoi bon vous raconter
Ses gîtes nocturnes et ses journées ?
Elle a parcouru tant de chemins,
En amont et en aval, ici et là-bas,
Qu'un mois, ou plus, s'écoula
Sans qu'elle ait pu en savoir ni plus
Ni moins qu'elle savait auparavant,
C'est-à-dire rien du tout.
Un jour, en traversant
Un champ, bien triste et pensive,
Elle aperçut dans le lointain, sur un rivage,
Au bord d'un bras de mer, une tour,
Mais il n'y avait aux alentours, à une lieue de distance,
Aucune maison, hutte ou demeure.
C'est Méléagant qui l'avait fait bâtir
Et qui y avait fait mettre Lancelot,
Mais la demoiselle ignorait tout cela.
Et dès qu'elle l'eut vue,
Elle la regarda fixement
Sans en détourner les yeux ;
Son cœur lui fait la promesse ferme
Que c'est bien là que se trouve ce qu'elle a tant cherché.
Elle est enfin arrivée au terme de ses efforts,
Car droit à son but l'a menée
Fortune après l'avoir tellement mise à l'épreuve.
La pucelle se dirige vers la tour
Qu'elle finit par atteindre.
Elle la contourne, tendant l'oreille et aux écoutes,
En concentrant toute son attention
Afin de savoir de façon certaine si elle ne pourrait entendre

Chose dont ele s'esjoïst.
Aval esgarde et amont bee :
La tor voit fort et haute et lee ;
Mervoille soi que ce puet estre
Qu'ele n'i voit huis ne fenestre,
Fors une petite et estroite.
An la tor, qui est haute et droite,
N'avoit eschiele ne degré.
Por ce croit que c'est fet de gré
Et que Lanceloz est dedanz ;
Mes ainz qu'ele manjut des danz
Savra se ce est voirs ou non.
Lors le viaut apeler par non :
Apeler voloit Lancelot,
Mes ce la tarde que ele ot,
Andemantiers que se teisoit,
Une voiz qui un duel feisoit
An la tor merveilleus et fort,
Qui ne queroit el que la mort.
La mort covoite et trop se diaut,
Trop par a mal et morir viaut :
Sa vie et son cors despisoit
A la foiee, si disoit
Foiblement a voiz basse et roe :
« Haï ! Fortune, con ta roe
M'est ore leidemant tornee !
Malemant la m'as bestornee,
Car g'iere el mont, or sui el val ;
Or avoie bien, or ai mal ;
Or me plores, or me rioies.
Las, cheitis, por coi t'i fioies
Quant ele si tost t'a lessié !
An po d'ore m'a abessié :
Voiremant 'de si haut si bas.'
Fortune, quant tu me gabas,
Molt feïs mal, mes toi que chaut ?
A neant t'est comant qu'il aut.
Ha ! sainte Croiz, Sainz Esperiz,

Quelque chose qui ferait sa joie.
Elle regarde en bas, elle observe en haut ;
Elle constate que la tour est solide, haute et massive ;
Elle s'étonne de n'y voir
Ni porte ni fenêtre,
À part une petite ouverture étroite.
Imposante par sa hauteur et bien droite,
La tour n'avait ni échelle ni escalier.
Pour cette raison, elle croit que c'est fait exprès ainsi,
Et que Lancelot s'y trouve enfermé ;
Avant de manger quoi que ce soit,
Elle saura si c'est vrai ou non.
Alors elle veut l'appeler par son nom :
Elle voulait appeler Lancelot,
Mais quand elle est juste sur le point de le faire, elle entendit –
Pendant qu'elle gardait encore le silence –
Une voix qui se lamentait
Dans la tour et qui disait sa peine extraordinaire et cruelle,
En ne réclamant autre chose que la mort.
On réclame la mort et on déplore son sort,
Sa souffrance est insupportable, on veut mourir :
Celui qui parlait déclarait son mépris et de sa vie
Et de son corps, et disait
Faiblement, d'une voix basse et rauque :
« Aïe ! Fortune, comme ta roue
A laidement tourné pour moi !
Tu me l'as fait tourner pour mon plus grand mal,
Car j'étais au sommet, je suis maintenant tombé au plus bas ;
Avant j'étais bien, maintenant je vais mal ;
Maintenant tu me verses des larmes, avant tu me souriais.
Las, misérable, pourquoi te fiais-tu à elle,
Vu qu'elle t'a si vite abandonné !
En si peu de temps tu as provoqué ma chute :
L'expression 'de si haut si bas' s'applique à mon cas.
Fortune, quand tu me jouas ce tour vilain,
Tu fis une bien mauvaise chose, mais que t'importe à toi ?
Le sort des gens ne t'intéresse nullement.
Ah ! Sainte Croix, Saint-Esprit,

Con sui perduz, con sui periz !
Con sui del tot an tot alez !
Ha ! Gauvain, vos qui tant valez,
Qui de bontez n'avez paroil,
Certes, duremant me mervoil
Por coi vos ne me secorez !
Certes, trop i par demorez,
Si ne feites pas corteisie ;
Bien deüst avoir vostre aïe
Cil cui tant soliez amer !
Certes, deça ne dela mer,
Ce puis je bien dire sanz faille,
N'eüst destor ne repostaille
Ou je ne vos eüsse quis
A tot le moins .vii. anz ou dis,
Se je an prison vos seüsse,
Einz que trové ne vos eüsse.
Mes de coi me vois debatant ?
Il ne vos an est mie a tant
Qu'antrer an vuilliez an la poinne.
Li vilains dit bien voir qu'a poinne
Puet an mes un ami trover ;
De legier puet an esprover
Au besoing qui est boens amis.
Las ! Plus a d'un an qu'an m'a mis
Ci an ceste tor an prison.
Certes, jel tieng a mesprison,
Gauvain, quant lessié m'i avez.
Mes espoir que vos nel savez,
Espoir que je vos blasme a tort.
Certes, voirs est, bien m'an recort,
Et grant oltrage et grant mal fis
Quant jel cuidai, car je sui fis
Que por quanque cuevrent les nues
Ne fust que n'i fussent venues
Vos genz et vos por moi fors traire
De cest mal et de cest contraire,
Se vos de voir le seüssiez ;

Comme je suis perdu, comme je suis réduit à néant !
Je ne suis plus rien du tout !
Ah ! Gauvain, vous dont la vaillance n'a pas d'égale,
Vous qui surpassez en bonté tous les autres,
Vraiment je m'étonne et n'arrive pas à comprendre
Pourquoi vous ne m'apportez aucun secours !
Vraiment, vous tardez beaucoup trop,
Votre conduite n'est guère courtoise ;
Il mérite bien d'avoir votre aide,
Celui pour qui jadis vous éprouviez tant d'affection !
Vraiment, de ce côté de la mer ou au-delà
– Je peux l'affirmer sans hésitation –
Il n'existe aucun lieu écarté, aucune cachette
Où je ne serais allé pour vous chercher
Pendant sept ans ou dix,
Si je savais que vous étiez en prison,
Jusqu'au moment de vous retrouver.
Mais à quoi sert ce débat que je mène ?
Mes difficultés ne comptent pas suffisamment pour vous
Pour que vous acceptiez de faire un effort.
Le proverbe du vilain affirme avec raison
Que ce n'est qu'à grand-peine qu'on trouve jamais un ami ;
On peut facilement éprouver
Qui est le vrai ami quand le malheur frappe.
Las ! Cela fait plus d'un an qu'on m'a mis
Ici dans cette tour qui est ma prison.
Vraiment, c'est une chose indigne de vous,
Gauvain, que de m'y avoir laissé languir.
J'ai bien l'espoir que vous n'en savez rien,
J'espère que je vous blâme à tort.
Vraiment, c'est bien le cas, j'en conviens,
Et je vous fis une grande injure et un grand mal
En pensant ainsi, car je suis certain
Que rien dans ce monde sublunaire
N'aurait pu empêcher que fussent venus ici
Vos gens et vous-même pour me libérer
De cette peine et de cette adversité où je suis
Si vous l'aviez su pour de vrai ;

Et faire le redeüssiez
Par amor et par conpaignie,
Qu'autremant nel redi je mie.
Mes c'est neanz, ce ne puet estre.
Ha ! De Deu et de saint Cervestre
Soit maudiz, et Dex le destruie,
Cil qui a tel honte m'estuie !
C'est li pires qui soit an vie,
Meleaganz, qui par envie
M'a fet tot le pis que il pot. »
A tant se coise, a tant se tot
Cil qui a dolor sa vie use.
Mes lors cele qui aval muse
Quanqu'il ot dit et entandu ;
N'a plus longuemant atandu,
C'or set qu'ele est bien assenee,
Si l'apele come senee :
« Lancelot ! », quanqu'el puet et plus,
« Amis, vos qui estes lessus,
Parlez a une vostre amie ! »
Mes cil dedanz ne l'oï mie.
Et cele plus et plus s'esforce,
Tant que cil qui n'a point de force
L'antroï, si s'an merveilla
Que puet estre qui l'apela.
La voiz entant, apeler s'ot,
Mes qui l'apele il ne le sot :
Fantosme cuide que ce soit.
Tot entor soi garde et porvoit
Savoir se il verroit nelui ;
Mes ne voit fors la tor et lui.
« Dex, fet il, qu'est ice que j'oi ?
J'oi parler et neant ne voi !
Par foi, ce est plus que mervoille,
Si ne dor je pas, ençois voille.
Espoir, s'il m'avenist an songe,
Cuidasse que ce fust mançonge ;

Et vous auriez accepté de le faire comme un devoir,
Pour des raisons d'amour et d'amitié –
Je ne dirai plus le contraire.
Mais tout est fini, cela ne se fera pas.
Ah ! Que de Dieu et de saint Sylvestre
Soit maudit – et que Dieu le détruise –
Celui qui me voue à pareille honte !
Nul autre n'est pire que lui,
Méléagant, qui par envie
M'a fait tout le mal qu'il put. »
Alors il cesse de parler, alors se tait
Celui qui se lamente sur son sort.
Mais alors celle qui en bas attend patiemment
Avait entendu tout ce qu'il avait dit ;
Elle n'a plus perdu de temps à attendre,
Car maintenant elle se sait bien arrivée à destination,
Et, sûre de son fait, elle l'appelle :
« Lancelot ! », lui crie-t-elle de toutes ses forces,
« Ami, vous qui êtes là-haut,
Parlez donc à celle qui est une amie ! »
Mais celui qui se trouvait à l'intérieur ne l'entendit point.
Et la demoiselle redouble son effort
Jusqu'à ce que celui qui manque entièrement de force
Parvienne à grand-peine à l'entendre, et il se demanda
Avec étonnement qui peut bien être la personne qui l'interpella.
Il entend la voix, il s'entend appeler,
Mais il ignore qui l'appelle :
Il pense que ce doit être un fantôme.
Il regarde tout autour de lui,
Pour voir s'il verrait quelqu'un ;
Mais il ne voit que la tour et lui-même.
« Dieu, fait-il, qu'est-ce que j'entends ?
J'entends parler et ne vois personne !
Certes, c'est plus que merveilleux,
Je ne dors pas, mais suis complètement éveillé.
Peut-être, si cela m'arrivait en dormant,
Je saurais qu'il s'agit d'une illusion,

Mes je voil, et por ce me grieve. »
Lors a quelque poinne se lieve
Et va vers le pertuis petit,
Foiblemant, petit et petit ;
Et quant il i fu, si s'acoste
Sus et jus, de lonc et de coste.
Quant sa veüe a mise fors,
Si com il puet esgarde, lors
Vit celi qui huchié l'avoit ;
Ne la conut quant il la voit,
Mes cele tantost conut lui,
Si li dit : « Lancelot, je sui
Por vos querre de loing venue.
Or est si la chose avenue,
Deu merci, c'or vos ai trové.
Je sui cele qui vos rové
Quant au Pont de l'Espee alastes
Un don, et vos le me donastes
Molt volantiers quant jel vos quis :
Ce fu del chevalier conquis
Le chief, que je vos fis tranchier,
Que je nes point n'avoie chier.
Por ce don et por ce servise
Me sui an ceste poinne mise :
Por ce vos metrai fors de ci.
– Pucele, la vostre merci,
Fet donques li anprisonez ;
Bien me sera guerredonez
Li servises que je vos fis,
Se je fors de ceanz sui mis.
Se fors de ci me pöez metre,
Por voir vos puis dire et prometre
Que je toz jorz mes serai vostres,
Si m'aïst sainz Pos li Apostres !
Et se je Deu voie an la face,
Ja mes n'iert jorz que je ne face

Mais je suis éveillé et ce mystère me bouleverse. »
Il se lève alors non sans peine
Et se dirige vers la lucarne
En traînant la jambe.
Arrivé près d'elle, il s'y appuie
Et s'arrange à grande peine pour y engager la tête.
Après avoir promené ses yeux au-dehors
Le mieux qu'il put,
Il aperçut celle qui l'avait appelé,
Sans arriver à la reconnaître ;
Mais elle a vite fait de le reconnaître, lui.
« Lancelot, lui dit-elle,
Je suis venue de bien loin vous retrouver.
Maintenant c'est chose faite,
Dieu merci, je vous ai découvert.
Je suis celle qui a requis de vous,
Quand vous vous en alliez vers le Pont de l'Épée,
Un don, que vous m'avez accordé
Très volontiers, à ma demande :
Ce fut la tête du chevalier vaincu par vous
Et que je détestais ;
Je vous la fis trancher.
En reconnaissance de ce don
Je me suis mise en route :
Je vais vous sortir de prison.
– Demoiselle, je vous remercie,
Dit l'emprisonné ;
Je serai bien récompensé
Du service que je vous ai rendu,
Si je sors d'ici.
Si vous arrivez à me libérer,
Je puis vous assurer et promettre
Que je serai désormais votre vassal,
Et je vous le jure par saint Paul l'apôtre !
Et aussi vrai que je souhaite un jour voir Dieu de mes yeux,
Il ne se passera pas de jour que je ne fasse

V. 6592 : Voir les v. 2948-51.

Quanque vos pleira comander.
Ne me savroiz ja demander
Chose nule, por que je l'aie,
Que vos ne l'aiez sanz delaie.
– Amis, ja de ce ne dotez
Que bien n'an soiez fors botez.
Hui seroiz desclos et delivres :
Je nel leiroie por mil livres
Que fors n'an soiez ainz le jor.
Lors vos metrai a boen sejor,
A grant repos et a grant aise.
Ja n'avrai chose qui vos plaise,
Se vos la volez, ne l'aiez.
Ja de rien ne vos esmaiez :
Mes ençois me covient porquerre,
Ou que soit ci an ceste terre,
Aucun engin, se je le truis,
Don puissiez croistre cest pertuis
Tant que vos issir an puissiez.
– Et Dex doint que vos le truissiez !
Fet se cil qui bien s'i acorde ;
Et j'ai ceanz a planté corde
Que li sergent bailliee m'ont
Por traire le mangier amont,
Pain d'orge dur et eve troble
Qui le cuer et le cors me troble. »
Lors la fille Bademagu
Un pic fort, quarré, et agu,
Porquiert, et tantost si le baille
Celui qui tant an hurte et maille,
Et tant a feru et chevé,
Neporquant s'il li a grevé,
Qu'issuz s'an est legieremant.
Or est a grant alegemant,
Or a grant joie, ce sachiez,
Quant il est de prison sachiez,
Et quant il d'iluec se remue
Ou tel piece a esté an mue.

Tout ce qu'il vous plaira de me commander.
Vous ne saurez demander
Quoi que ce soit, si j'en ai le pouvoir,
Que vous ne l'obteniez sans délai.
– Ami, soyez sans crainte,
On vous sortira d'ici.
Aujourd'hui même vous serez libéré :
On aurait beau me donner mille livres,
Rien n'empêchera votre sortie de la tour avant demain.
Puis je vous trouverai un bon asile,
Où vous connaîtrez repos et confort.
Tout ce qui m'appartient
Est à votre disposition.
Ne craignez rien ;
Mais d'abord il va falloir chercher,
Où que ce soit dans ces parages,
Quelque outil dont vous puissiez,
À condition que je le trouve, élargir cette lucarne
Suffisamment pour pouvoir sortir par elle.
– Dieu permette que vous le trouviez !, »
Fait Lancelot, qui est tout à fait de cet avis ;
« Et j'ai ici de la corde en quantité
Que mes geôliers m'ont laissée
Pour hisser mon manger,
Un dur pain d'orge et de l'eau croupie
Qui me soulève le cœur et me rend malade. »
Alors la fille de Bademagu
Se met en quête et trouve un pic solide,
Aussi massif qu'aigu qu'elle fait parvenir en haut ;
Lancelot en heurte et frappe la pierre,
Et tant la martèle et creuse,
Malgré sa fatigue,
Que le voilà sorti.
Maintenant l'allégresse s'empare de lui,
Sachez que sa joie est grande,
Quand enfin il s'est échappé de prison
Et qu'il se trouve hors de la tour
Où il a été si longtemps enfermé.

Or est au large et a l'essor :
Et sachiez bien que por tot l'or
Qui est espanduz par le mont,
Qui tot le meïst an un mont
Et tot li donast et solsist,
Arrieres estre ne volsist.
Ez vos desserré Lancelot,
Qui si ert vains qu'il chancelot
De vanité et de feblece.
Cele si söef que nel blece
Le met devant soi sor sa mure,
Puis si s'an vont grant aleüre.
Mes la pucele se desvoie
Tot de gré por ce qu'an nes voie ;
Et chevalchent celeemant,
Car s'ele alast apertemant
Espoir assez tost lor neüst
Aucuns s'il les reconeüst ;
Et ce ne volsist ele pas.
Por ce eschive les max pas
Et est venue a un repeire
Ou sovant sejorne et repeire,
Por ce que biax estoit et genz.
Et li repeires et les genz
Erent an son comant del tot,
Si estoit planteïs de tot
Li leus, et sains et molt privez.
La est Lanceloz arivez :
Et si tost com il fu venuz,
Quant il fu de sa robe nuz,
En une haute et bele couche
La pucele söef le couche,
Puis le baigne, puis le conroie
Si tres bien que je n'an porroie
La mitié deviser ne dire.
Söef le menoie et atire
Si com ele feïst son pere :
Tot le renovele et repere,

Élargi de sa geôle, il respire au grand air ;
Je peux vous dire que pour tout l'or
Répandu à travers le monde,
Si on l'avait rassemblé en une pile
Et qu'on le lui eût donné en paiement,
Il ne serait pas retourné en prison.
Voici Lancelot en liberté,
Mais si faible qu'il chancelait
D'épuisement et de faiblesse.
La demoiselle le hisse devant elle
Sur sa mule avec douceur, sans lui faire de mal,
Puis ils s'éloignent rapidement.
Elle prend exprès des chemins détournés
Pour qu'on ne les voie pas.
Ils chevauchent secrètement,
Car s'ils l'avaient fait ouvertement,
Quelqu'un aurait bien pu
Les reconnaître et les mettre en péril,
Ce qu'elle n'aurait voulu à aucun prix.
Elle évite donc les endroits dangereux
Et arrive à une demeure
Où elle séjourne souvent
À cause de son installation somptueuse.
Logis et serviteurs
Lui appartiennent entièrement.
Le lieu était salubre et secret
Et il y avait là de tout en abondance.
Lancelot est arrivé là avec elle :
Dès sa venue au manoir,
Après l'avoir débarrassé de sa robe,
La demoiselle l'étend
Sur une belle et haute couche,
Ensuite elle le lave et le soigne
Si bien que je ne saurais raconter
Même la moitié de ce qu'elle fit.
Doucement elle le manie et le masse
Comme s'il se fût agi de son propre père :
Elle le restaure et le remet en état,

Tot le remue, tot le change.
Or n'est mie moins biax d'un ange,
Or est plus tornanz et plus vistes
Qu'onques rien aussi ne veïstes.
N'est mes roigneus n'esgeünez,
Mes forz et biax, si s'est levez.
Et la pucele quis li ot
Robe plus bele qu'ele pot,
Dom au lever le revesti ;
Et cil lieemant la vesti
Plus legiers que oisiax qui vole.
La pucele beise et acole,
Puis le dist amiablemant :
« Amie, fet il, seulemant
A Deu et a vos rant merciz
De ce que sains sui et gariz.
Par vos sui de prison estors,
Por ce pöez mon cuer, mon cors,
Et mon servise et mon avoir,
Quant vos pleira, prandre et avoir.
Tant m'avez fet que vostres sui,
Mes grant piece a que je ne fui
A la cort Artu mon seignor,
Qui m'a portee grant enor ;
Et g'i avroie assez a feire.
Or, douce amie deboneire,
Par Amors si vos prieroie
Congié d'aler, et g'i iroie,
S'il vos pleisoit, molt volantiers.
– Lancelot, biax dolz amis chiers,
Fet la pucele, jel vuel bien ;
Que vostre enor et vostre bien
Vuel je par tot et ci et la. »
Un merveilleus cheval qu'ele a,
Le meillor c'onques veïst nus,
Li done cele, et cil saut sus,
Qu'as estriés congié n'an rova.
N'an sot mot quant sus se trova.

C'est entièrement qu'elle le transforme et le change.
Maintenant il est devenu beau comme un ange,
Plus souple et plus agile
Que personne que vous ayez jamais vu.
Il n'a plus l'air famélique ou galeux,
Il est redevenu beau et fort. Le voilà levé.
La demoiselle lui a trouvé
La plus belle robe qu'elle put,
Dont elle l'a revêtu à son lever,
Et lui l'a endossée avec plaisir,
Plus léger qu'un oiseau qui s'envole.
Il embrasse la demoiselle
Et lui dit amicalement :
« Amie, c'est à vous seule
Et à Dieu que je rends grâces
D'avoir retrouvé ma santé.
Je vous dois d'être sorti de prison.
En retour, mon cœur, mon corps,
Mes biens et mon service vous appartiennent.
Vous pouvez en disposer à votre gré.
Vous avez tant fait pour moi que je suis tout vôtre,
Mais il y a longtemps que je ne suis allé
À la cour d'Artur, mon seigneur,
Lui qui m'a toujours grandement honoré,
Et où j'ai pas mal de choses à faire.
Or donc très douce amie,
Je vais vous prier de bien vouloir
Me permettre d'y aller. C'est bien volontiers
Que j'irais, si cela vous plaisait.
– Lancelot, très cher ami,
Fait la demoiselle, je le veux bien,
Car je désire, où que ce soit,
Votre honneur et votre bien. »
Elle lui fait cadeau d'un destrier superbe,
Le meilleur qu'on vit jamais ;
Lui saute en selle
Sans demander d'aide aux étriers :
En un clin d'œil il fut à cheval.

Lors a Deu qui onques ne mant
S'antrecomandent boenemant.

Lanceloz s'est mis a la voie
Si liez que, se juré l'avoie,
Ne porroie por nule painne
Dire la joie qu'il demainne
De ce qu'ainsi est eschapez
De la ou il fu antrapez.
Mes or dit sovant et menu
Que mar l'a en prison tenu
Li traïtres, le forsligniez,
Qui est gabez et angigniez,
« Et maugré suen an sui je fors. »
Donc jure le cuer et le cors
Celui qui tot le mont cria
Qu'avoir ne richesce nen a
Des Babiloine jusqu'a Gant,
Por qu'il leissast Meleagant
Eschaper, se il le tenoit
Et de lui au desus venoit ;
Que trop li a fet leit et honte.
Mes li afeires a ce monte
Que par tans en iert a meïsmes ;
Car cil Meleaganz meïsmes
Qu'il menace et tient ja si cort
Estoit ce jor venuz a cort
Sanz ce que nus ne le manda.
Quant il i fu, si demanda
Tant monseignor Gauvain qu'il l'ot.
Puis li enquiert de Lancelot,
Li mauvés traïtres provez,
Se puis fu veüz ne trovez,
Ausi con s'il n'en seüst rien ;
Nel feisoit il, nel sot pas bien,
Mes il le cuidoit bien savoir.
Et Gauvains li a dit por voir
Qu'il nel vit ne il ne vint puis.

Alors ils prennent congé l'un de l'autre
Et se recommandent mutuellement à Dieu.

Lancelot s'est mis en route,
Si transporté de joie que, même si j'essayais,
Je ne saurais dire
Son bonheur
De s'être échappé du lieu
Où il était pris comme dans une trappe,
Mais il s'en va répétant
Qu'il se vengera du traître indigne de sa race,
Qui a été bien mal avisé de le tenir en prison
Et dont il vient de déjouer l'astuce.
« Bien malgré lui je m'en suis tiré ! »
Là-dessus il jure par le cœur et le corps
De Celui qui créa le monde
Qu'il n'y a ni avoir ni richesse
De Babylone jusqu'à Gand
Qui permettrait à Méléagant
D'échapper à la mort, s'il le tenait
Et remportait sur lui la victoire,
Car celui-ci lui a joué trop de tours méchants.
Mais les choses se présentent de telle façon
Qu'il sera bientôt à même de se venger ;
En effet ce même Méléagant
Qu'il menace et croit déjà tenir
Était ce jour-là venu à la cour d'Artur,
Sans d'ailleurs y avoir été convoqué.
Dès qu'il y fut il demanda Gauvain
Et obtint de le voir.
Alors le traître, le félon
S'enquit auprès de lui de Lancelot,
Si on l'avait vu ou retrouvé,
Comme s'il n'en savait rien.
Mais justement il n'était pas au courant,
Bien qu'il crût être bien informé.
Et Gauvain lui affirma qu'il ne l'avait vu
Et qu'il n'était pas revenu.

« Des qu'ainsi est que je nel truis,
Fet Meleaganz, donc venez
Et mon covenant me tenez ;
Car plus ne vos en atandrai. »
Ce fet Gauvains : « Bien vos tandrai,
Se Deu plest, ou j'ai ma creance,
Jusqu'a po vostre convenance.
Bien me cuit a vos aquiter ;
Mes se vient a plus poinz giter
Et g'en giet plus que ne façoiz,
Si m'aïst Dex et sainte Foiz,
Quanqu'avra el geu tot an tasche
Prendrai, ja n'en avrai relasche. »
Et lors Gauvains sanz plus atandre
Comande gitier et estandre
Iluec devant soi un tapi,
Ne se sont mucié ne tapi
A son comant li escüier,
Mes sanz grondre et sanz enüier
De ce qu'il rueve s'antremetent.
Le tapiz prenent, si le metent
Cele part ou il comanda ;
Lors s'assiet cil qui le manda
Et dedesore armer se rueve
Aus vaslez que devant soi trueve,
Qui an cors desfublé estoient.
Trois en i ot, qui li estoient
Ne sai ou cosin ou neveu,
Por voir bien anseignié et preu :
Cil l'armerent bel et si bien
Qu'il n'a el monde nule rien
Dont nus hom reprendre les puisse
Por nule rien que il·i truisse
En chose qu'il en aient fait.
Quant l'ont armé, li uns d'ax vait
Amener un destrier d'Espaigne
Tel qui plus tost cort par chanpaigne,
Par bois, par tertres et par vax

« Du moment que je ne le trouve pas,
Fait Méléagant, venez donc
Me tenir la promesse que vous m'avez faite,
Car je ne vous attendrai pas davantage.
– Je vous tiendrai, répond Gauvain,
Ce dont nous sommes convenus ;
S'il plaît à Dieu en qui je crois,
Je compte bien m'acquitter envers vous.
Mais si comme aux dés
Je jette plus de points que vous,
Par Dieu et sainte Foi,
Je saisirai l'enjeu tout entier,
Sans rien en abandonner. »
Alors Gauvain sur-le-champ
Fait étendre à terre
Un tapis devant lui.
À son commandement ses écuyers
Ne se sont pas esquivés,
Mais sans maugréer ni protester
Ils exécutent son ordre.
Ils apportent le tapis et l'étendent
Là où Gauvain le désire.
Alors celui-ci s'assied dessus
Et se fait armer
Par les valets qu'il trouve devant lui,
Et qui ont enlevé leurs manteaux.
Il y en avait trois, je ne sais
S'ils étaient ses cousins ou ses neveux,
En tout cas ils connaissaient bien leur métier.
Ceux-ci l'arment avec une telle précision
Qu'il n'y a rien en ce monde
Qu'on aurait pu leur reprocher,
En alléguant quelque faute
Commise par eux.
Après avoir armé Gauvain
L'un d'eux lui amène un destrier d'Espagne
Capable de courir plus vite à travers
Campagne, bois, monts et vaux

Que ne fist li boens Bucifax.
El cheval tel con vos öez
Monta li chevaliers löez,
Gauvains, li plus bien anseigniez
Qui onques fust de main seigniez.
Et ja voloit son escu prandre,
Quant il vit devant lui descendre
Lancelot, don ne se gardoit.
A grant mervoille l'esgardoit
Por ce que si soudainnemant
Est venuz ; et, se je n'an mant,
Mervoilles li sont avenues
Ausins granz con s'il fust des nues
Devant lui cheüz maintenant ;
Mes nel va lors riens detenant
Ne besoinz qu'il poïst avoir,
Quant il voit que c'est il por voir,
Qu'a terre ne soit descenduz ;
Lors li vet ses braz estanduz,
Si l'acole et salue et beise.
Or a grant joie, or est a eise,
Quant son conpaignon a trové.
Et je vos dirai voir prové,
Si ne m'an mescreez vos pas,
Que Gauvains tot eneslepas
Ne volsist pas qu'an l'esleüst
A roi por ce qu'il ne l'eüst.
Ja set li rois, ja sevent tuit
Que Lanceloz, cui qu'il enuit,
Qui tel piece a esté gaitiez,
Est venuz toz sains et haitiez ;
S'an font grant joie tuit ansanble,
Et por lui festoier s'asanble
La corz, qui lonc tans l'a bahé.
N'i a nul tant de grant ahé
Ou de petit, joie n'an face.
Joie depiece et si esface
La dolor qui ençois i ert ;

Que le célèbre Bucéphale.
Sur le cheval dont je vous parle
Grimpe ce chevalier d'élite,
Gauvain, le plus expert
De tous les chevaliers chrétiens.
Déjà il allait saisir son écu,
Quand il vit descendre en face de lui
Lancelot qu'il ne s'attendait guère à voir.
Qu'il lui soit apparu si soudain
Lui semblait miraculeux,
Et je ne crois pas mentir
En disant qu'un miracle s'est produit
Aussi grand que si Lancelot était tombé du ciel
Devant lui en ce moment.
Mais maintenant rien n'arrête Gauvain,
Nulle tâche d'aucune sorte,
Dès qu'il voit que c'est vraiment Lancelot :
Il descend au plus vite de son cheval,
Va vers lui les bras ouverts,
Le salue et l'embrasse.
Il se réjouit fort
D'avoir retrouvé son compagnon.
Je ne mentirai pas,
Vous pouvez m'en croire,
En vous disant que sur-le-champ Gauvain
Aurait refusé une couronne
Plutôt que de ne pas revoir Lancelot.
Déjà Artur sait, déjà tous savent
Que Lancelot, si longtemps attendu,
Est revenu sain et sauf,
S'en fâche qui voudra.
Tous se réjouissent
Et pour le fêter la cour s'assemble :
Pendant si longtemps on a souhaité son retour !
Il n'y a personne, jeune ou vieux,
Qui ne se livre à la joie.
La joie efface et anéantit
La tristesse qui régnait auparavant à la cour :

Li diaus s'an fuit, si i apert
Joie, qui formant les revele.
Et la reïne n'i est ele
A cele joie qu'an demainne ?
Oïl voir, tote premerainne.
Comant ? Dex, ou fust ele donques ?
Ele n'ot mes si grant joie onques
Com or a de sa revenue
Et ele a lui ne fust venue ?
Si est voir, ele an est si pres
Qu'a po se tient, molt s'an va pres,
Que li cors le cuer ne sivoit.
Ou est donc li cuers ? Il beisoit
Et conjoïssoit Lancelot.
Et li cors por coi se celot ?
N'estoit bien la joie anterine ?
A y donc corroz ne haïne ?
Nenil certes, ne tant ne quant,
Mes puet cel estre, li auquant,
Li rois, li autre qui la sont,
Qui lor ialz espanduz i ont,
Aparceüssent tost l'afeire
S'ainsi veant toz volsist feire
Tot si con li cuers le volsist.
Et se Reisons ne li tolsist
Ce fol panser et cele rage,
Si veïssent tot son corage ;
Lors si fust trop granz la folie.
Por ce Reisons anferme et lie
Son fol cuer et son fol pansé,
Si l'a un petit racenssé
Et a mis la chose an respit

Le chagrin s'enfuit, et paraît
La joie qui si fort les anime.
« Et la reine, est-ce qu'elle ne participe pas
À toutes ces réjouissances ?
– Bien sûr qu'elle y participe, et toute la première.
– Comment ça ? – Mais où voulez-vous qu'elle soit ?
Elle ne connut jamais joie si grande
Comme elle en a du retour de Lancelot,
Comment pourrait-elle l'accueillir autrement ?
Elle se tient si près de lui
Que peu s'en faut
Que son corps ne suive son cœur.
– Où se trouve donc le cœur ?
– Il couvre Lancelot de baisers.
– Et le corps pourquoi marque-t-il de la réserve ?
Pourquoi sa joie n'est-elle pas entière ?
Est-ce par colère ou haine ?
– Certes non, pas du tout,
Mais peut-être que nombre de gens,
Le roi, les autres qui l'entourent,
Qui n'ont pas les yeux fermés,
Auraient tôt fait de découvrir l'affaire,
Si à la vue de tous la reine avait voulu faire
Tout ce que lui dictait son cœur ;
Et si sa raison ne lui avait retiré
Cette folle pensée et ce désir insensé,
Tous auraient pu voir ses sentiments profonds
Et mesurer l'étendue de sa folie.
C'est pourquoi sa raison maîtrise
Son cœur brûlant et sa pensée ardente,
Et les a quelque peu calmés.
La reine a remis les choses à plus tard,

V. 6842-75 : On doit interpréter tout ce passage comme constituant un dialogue entre le lecteur et le narrateur de Godefroi de Leigni. Le lecteur pose quatre questions et reçoit quatre réponses. Le malheur, c'est que la deuxième réponse (v. 6845-51) contient elle-même deux questions et deux réponses. Il est intéressant de remarquer (v. 6868-70) que c'est la raison qui l'emporte sur le cœur chez Guenièvre ; ce triomphe se fait cependant au service de l'amour. Si elle avait révélé la profondeur de sa passion, elle aurait trahi son amour et celui de Lancelot.

Jusque tant que voie et espit
Un boen leu et un plus privé
Ou il soient mialz arivé
Que il or ne sont a ceste ore.
Li rois Lancelot molt enore
Et, quant assez l'ot conjoï,
Se li dist : « Amis, je n'oï
Certes de nul home noveles
Piece a qui si me fussent beles
Con de vos, mes molt m'esbaïs
An quel terre et an quel païs
Vos avez si grant piece esté.
Et tot iver et tot esté
Vos ai fet querre et sus et jus,
N'onques trover ne vos pot nus.
– Certes, fet Lanceloz, biax sire,
A briés paroles vos puis dire
Tot si com il m'est avenu.
Meleaganz si m'a tenu,
Li fel traïtres, an prison
Des cele ore que li prison
De sa terre furent delivre,
Si m'a fet a grant honte vivre
En une tor qui est sor mer.
La me fist metre et anfermer,
La menasse ancor dure vie
Se ne fust une moie amie,
Une pucele cui ge fis
Un petit servise jadis.
Cele por assez petit don
M'a rendu large guerredon :
Grant enor m'a feite et grant bien.
Mes celui cui je n'aim de rien,
Qui cele honte et cest mesfet
M'a porchacié, porquis et fet,
Voldrai randre son paiemant
Or androit sanz delaiemant.
Il l'est venuz querre et il l'ait.

Jusqu'à ce qu'elle voie et trouve
Un lieu plus favorable et moins public,
Où elle et Lancelot seront plus à l'aise
Qu'ils ne sont à l'heure présente. »
Artur est plein de prévenances pour Lancelot
Et, après lui avoir témoigné toute son estime,
Il lui dit : « Ami, depuis longtemps
Je ne me suis à ce point réjoui
D'apprendre des nouvelles de quelqu'un
Mais je me demande en vain
En quelle terre, en quel pays
Vous êtes resté si longtemps.
Tout un hiver et tout un été
Je vous ai fait chercher un peu partout,
Sans que personne ait pu vous trouver.
– Certes, sire, fait Lancelot,
En peu de mots je puis vous dire
Tout ce qui m'est advenu.
Méléagant, ce traître félon,
M'a tenu en prison
Dès le moment que les emprisonnés
En sa terre ont été libérés.
Il m'a fait vivre de façon abjecte
Dans une tour près de la mer.
C'est là qu'il m'a fait enfermer
Et là j'en serais encore à vivre dans la détresse
Si ce n'était pour une amie à moi,
Une demoiselle à qui je rendis
Jadis un service minime.
En échange d'un bien petit don
Elle m'a fait un magnifique cadeau :
Elle m'a grandement honoré et récompensé.
Quant à celui pour qui je ne ressens nulle amitié
Et qui m'a procuré
Honte et malheur,
J'entends sans le moindre délai
Lui rendre la monnaie de sa pièce.
Il est venu se faire payer et il le sera.

N'estuet pas que il se delait
Por l'atandre, car toz est prez
Li gaainz, la monte et li prez ;
Mes ja Dex ne doint qu'il s'an lot. »
Lors dit Gauvains a Lancelot :
« Amis, fet il, iceste paie
Se je vostre deteur la paie,
C'iert assez petite bontez.
Et ausi sui je ja montez
Et toz prez si con vos veez.
Biax dolz amis, ne me veez
Cest don, que je requier et vuel. »
Cil dit qu'il se leiroit ainz l'uel,
Voire andeus, de la teste traire
Einz qu'a ce le poïst atraire.
Bien jure que ja n'avandra ;
Il li doit et il li randra,
Car de sa main li afia.
Gauvains voit bien mestier n'i a
Riens nule que dire li sache ;
Si desvest son hauberc et sache
De son dos, et toz se desarme.
Lanceloz de ces armes s'arme
Tot sanz delai et sanz demore,
Car molt li delaie et demore
Qu'aquitez se soit et paiez.
N'avra mes bien s'iert apaiez
Meliaganz, qui se mervoille
Oltre reison de la mervoille
Qu'il a ses ialz esgarde et voit ;
A bien petit qu'il ne desvoit
Et par po n'a le san changié.
« Certes, fet il, fos fui quant gié
N'alai, ençois que ça venisse,
Veoir s'ancore le tenisse
An ma prison et an ma tor
Celui qui or m'a fet un tor.
Ha ! Dex, je por coi i alasse ?

Il ne faut pas qu'il se morfonde
À attendre le paiement, car tout est prêt –
La somme prêtée, principal et intérêt ;
Mais à Dieu ne plaise qu'il ait à s'en louer. »
Alors Gauvain dit à Lancelot :
« Ami, ce paiement,
Si je le rembourse à votre créancier,
Ce sera un bien petit service que je vous rendrai,
Et puis je suis déjà à cheval
Et fin prêt, comme vous le voyez.
Très cher ami, ne me refusez pas
Ce don que je requiers. »
Lancelot déclare qu'il se laisserait
Arracher un œil, ou même les deux yeux,
Plutôt que d'accéder à la requête de Gauvain.
Il jure que cela n'arrivera jamais.
En tant que débiteur, il faut qu'il repaie Méléagant,
Il en a prêté serment.
Gauvain voit bien que tout
Ce qu'il saura dire est complètement inutile.
Il enlève son haubert
Et se désarme entièrement.
Lancelot revêt l'armure de Gauvain
Sans tarder davantage,
Car le temps lui semble long
En attendant de repayer sa dette.
Il ne sera pas content avant d'avoir remboursé
Méléagant, qui s'étonne
Outre mesure du prodige
Qu'il voit et contemple de ses yeux ;
Pour un peu il sortirait de ses gonds
Et en perdrait la raison.
« Certes, se dit-il, j'eus bien tort,
Avant de venir ici,
De ne pas aller voir si je tenais toujours
Prisonnier en ma tour
Celui qui vient de me jouer un tel tour.
Mais, mon Dieu, pourquoi serais-je allé vérifier ?

Comant, por quel reison cuidasse
Que il s'an poïst estre issuz ?
N'est li murs assez fort tissuz
Et la torz assez forz et haute ?
N'il n'i avoit pertuis ne faute,
Par ou il issir an peüst
S'aïde par defors n'eüst.
Espoir qu'il i fu ancusez.
Or soit que li murs soit usez
Et tot cheoiz et tot fonduz,
Ne fust il avoec confonduz
Et morz et desmanbrez et roz ?
Oïl, si m'aïst Dex, trestoz !
S'il fust cheüz, morz fust sanz faille ;
Mes je cuit qu'ainz que li murs faille,
Faudra la mers et l'eve tote
Si qu'il n'en i remandra gote,
Ne li monz ne durera plus
S'a force n'est abatuz jus.
Autremant va, n'est pas issi :
Aïde ot quant il en issi,
Ne s'an est autremant volez ;
Bien sui par consant afolez.
Comant qu'il fust, il an est fors ;
Mes se m'an gardasse bien lors,
Ja ne fust ne ja n'avenist,
Ne ja mes a cort ne venist.
Mes tart an sui au repantir :
Cil qui n'a talant de mantir,
Li vilains, dit bien chose estable,
Que trop a tart ferme an l'estable
Quant li chevax an est menez.
Bien sai c'or serai demenez
A grant honte et a grant laidure,

Comment, pour quelle raison aurais-je cru
Qu'il puisse échapper de là ?
Est-ce que les murs ne sont pas puissamment bâtis,
Et la tour suffisamment solide et haute ?
Il n'y avait ouverture ni faille
Par où l'on pût s'évader,
À moins d'une aide venue de l'extérieur.
Peut-être le secret ne fut-il pas gardé.
Admettons que la tour n'ait pas tenu ensemble
Et se soit écroulée,
Lancelot n'aurait-il pas été écrasé,
Mutilé et mort en même temps ?
Bien sûr, que Dieu me soit en aide,
Si le mur s'était écroulé, il n'aurait pu échapper à la mort.
Mais je crois qu'avant que le mur ne s'écroule,
Toute l'eau de la mer disparaîtra
Sans laisser de trace,
Et le monde cessera d'exister,
Ou bien le mur sera détruit de force.
Mais la situation est tout autre :
On a aidé Lancelot à s'échapper,
Il ne s'est pas envolé autrement.
On s'est mis d'accord pour me trahir.
Qu'importe le moyen employé, il s'est bel et bien évadé ;
Mais si j'avais mieux pris mes précautions,
Tout cela ne serait pas arrivé,
Et il ne serait jamais revenu à cette cour.
Mais il est trop tard pour des regrets :
Comme le disent si bien les paysans,
Parlant proverbialement,
À quoi bon fermer la porte de l'écurie
Quand votre cheval a été emmené ?
Je sais trop bien que je serai
Honni et vilipendé

V. 6970 : Méléagant est forcé de conclure que ses ennemis se sont entendus pour libérer Lancelot.

V. 6976-79 : Cf. Morawski, *Proverbes français*, n° 151 : A tart ferme on l'estable quant li chevaus est perdus.

Se assez ne suefre et andure.
Quel sosfrir et quel andurer ?
Mes tant con je porrai durer
Li donrai je assez antante,
Se Deu plest, a cui j'ai m'atante. »
Ensi se va reconfortant
Ne ne demande mes fors tant
Qu'il an chanp soient mis ansanble.
Et c'iert par tans, si con moi sanble,
Car Lanceloz le va requerre
Qui molt tost le cuide conquerre.
Mes, ainz que li uns l'autre assaille,
Lor dit li rois que chascuns aille
Aval soz la tor an la lande ;
N'a si bele jusqu'an Irlande.
Et il si font : la sont alé,
Molt furent tost jus avalé.
Li rois i va et tuit et totes
A granz tropiax et a granz rotes.
La s'an vont tuit, nus n'i remaint ;
Et as fenestres revont maint,
La reïne, dames, puceles
Dom avoec li avoit de beles.
En la lande un sagremor ot
Si bel que plus estre ne pot :
Molt tenoit place, molt est lez,
S'est tot antor selonc orlez
De menue erbe fresche et bele,
Qui an toz tans estoit novele.
Soz le sagremor gent et bel,
Qui fu plantez del tans Abel,
Sort une clere fontenele
Qui de corre est assez isnele.
Li graviers est et biax et genz
Et clers con se ce fust argenz,
Et li tuiax, si con ge cuit,
De fin or esmeré et cuit ;
Et cort parmi la lande aval,

Si je ne souffre et endure mon sort.
Mais pourquoi parler de souffrir et d'endurer ?
Tant que je pourrai durer,
Je lui donnerai de quoi l'occuper,
Si cela plaît à Dieu, en qui repose ma confiance. »
Méléagant, qui cherche ainsi à se rassurer,
Réclame qu'on les mène,
Lui et Lancelot, au lieu du combat.
Et cela se fera sous peu, me semble-t-il,
Car Lancelot a hâte de l'attaquer
Et se dispose à triompher rapidement de lui.
Mais avant qu'ils ne foncent l'un sur l'autre
Le roi Artur leur dit de se rendre
En bas sur le pré au pied de la tour –
De là jusqu'en Irlande il n'y en a pas de plus beau.
Tous deux s'y rendent,
Vite ils ont dévalé la pente.
Le roi y va et toute sa cour,
En groupes nombreux on s'attroupe,
Personne ne demeure en arrière.
Aux fenêtres parmi les spectateurs s'installent
La reine et mainte dame et demoiselle,
Dont il y avait de fort belles.
Dans le pré s'élevait un sycomore,
Un arbre de toute beauté,
Au feuillage spacieux.
Il était entouré
D'herbe fine et drue
Qui en tout temps était fraîche.
Sous ce superbe sycomore,
Qui datait du temps d'Abel,
Jaillissait une claire fontaine
Qui s'écoule rapidement.
Le gravier étincelle
Comme si c'était de l'argent,
Et le conduit, à ce que je crois,
Était fait de l'or le plus pur.
L'eau coule en bas dans le pré

Antre deus bois parmi un val.
Iluec plest le roi qu'il se siee,
Qu'il n'i voit rien qui li dessiee.
Les genz fet treire bien an sus ;
Et Lanceloz molt tost cort sus
Meliagant de grant aïr,
Con celui cui molt puet haïr.
Mes avant, einz que il le fiere,
Li dist a haute voiz et fiere :
« Traiez vos la, je vos desfi !
Et sachiez bien trestot de fi
Que ne vos espargnerai point. »
Lors broche son cheval et point
Et arriers un petit se trait
Tant de place con uns ars trait ;
Puis lessent l'uns vers l'autre corre
Quanque cheval lor porent corre,
Si s'antrefierent maintenant
Es escuz qui bien sont tenant,
Qu'il les ont tröez et perciez,
Mes l'uns ne l'autres n'est bleciez
N'an char conseüz a cele ore.
Lors passent oltre sanz demore,
Puis se revont granz cos doner,
Quanque chevax puet randoner,
Et escuz qui boen sont et fort ;
Et il resont de grant esfort,
Et chevalier preu et vassal,
Et fort et isnel li cheval.
Et a ce qu'il fierent granz cos
Sor les escuz qu'il ont as cos,
Les lances sont oltre passees
Qui fraites ne sont ne quassees,
Et sont a force parvenues
Desi qu'a lor charz totes nues.
Par grant vertu l'uns l'autre anpaint,
Qu'a terre se sont jus anpaint,
Ne peitrax ne cengle n'estriers

Entre deux plantations d'arbres au milieu d'un vallon.
C'est là qu'il plaît au roi de s'asseoir,
Car il n'y voit rien qui lui paraisse laid.
Il fait reculer les spectateurs,
Et Lancelot fonce
Impétueusement sur Méléagant,
Comme sur quelqu'un qu'il hait de toute sa haine.
Mais avant de le frapper,
Il lui dit à voix très haute et menaçante :
« Venez par là, je vous défie !
Et sachez bien, je vous le promets,
Que je ne vous épargnerai point. »
Alors il éperonne son destrier,
Mais d'abord il s'éloigne
La distance d'une portée d'arc.
Puis tous deux laissent courir leurs chevaux
De toute leur force.
Ils se frappent maintenant l'un l'autre
Sur leurs écus aux ais solidement assemblés
Et réussissent à les transpercer,
Mais pour l'instant ni l'un ni l'autre
N'est blessé en sa chair.
Sans s'arrêter ils continuent leur chevauchée,
Puis reviennent s'asséner de grands coups,
Emportés qu'ils sont par leurs montures,
Contre leurs solides écus.
Leur ardeur redouble,
Les deux combattants sont preux et vaillants,
Leurs destriers vigoureux et rapides,
Et comme ils ont frappé très fort
Sur les écus attachés à leur cou,
Leurs lances les ont transpercés
Sans se briser en tronçons,
Et sont parvenues de force
Jusqu'à la chair nue.
Ils s'entrechoquent si vigoureusement
Qu'ils se retrouvent tous deux à terre.
Ni poitrail, ni sangles, ni étriers

N'i pot eidier, que par derriers
Chascuns d'ax la sele ne vuide
Que de seignor fu tote vuide.
Estraier an sont li cheval
Qui s'an vont amont et aval ;
Li uns regibe, l'autres mort,
Que l'uns volsist l'autre avoir mort.
Et li chevalier qui cheïrent
Plus tost qu'il porent sus saillirent
Et ont tost les espees traites.
Qui de letres erent portraites,
Les escuz devant lor vis metent
Et des ore mes s'antremetent
Comant se puissent domagier
As espees tranchanz d'acier.
Lanceloz nel redote mie,
Car il savoit plus d'escremie
La mitié que cil n'an savoit ;
Car an s'anfance apris l'avoit.
Andui s'antrefierent granz cos
Sor les escuz qu'il ont as cos
Et sor les hiaumes d'or barrez,
Que fraiz les ont et anbarrez ;
Mes Lanceloz le haste fort :
Si li done un grant cop et fort
Devant l'escu a descovert
El braz destre de fer covert,
Si li a colpé et tranchié.
Et quant cil se sant domagié
De sa destre qu'il a perdue
Dist que chier li sera vandue.
S'il an puet leu ne aise avoir,
Ne remanra por nul avoir ;
Car tant a duel et ire et rage
Qu'a bien petit que il n'anrage,
Et molt po prise son afeire
S'un malvés geu ne li puet feire.
Vers lui cort, que prendre le cuide,

Ne peuvent empêcher qu'en arrière
Chacun d'eux ne bascule hors de sa selle,
7060 Qui ainsi reste vide de cavalier.
Les deux destriers qui ne sont plus montés
Courent à droite et à gauche,
L'un rue, l'autre mord,
7064 Prêts tous deux à s'entretuer.
Les deux chevaliers une fois à terre
Se relèvent au plus vite,
Ils ont vite fait de tirer l'épée
7068 À la lame gravée.
Ils placent l'écu devant leur visage
Et vont s'efforcer de trouver
Comment se faire du mal
7072 Avec leurs bonnes épées tranchantes d'acier.
Lancelot ne redoute pas Méléagant,
Car il savait deux fois plus d'escrime
Que son adversaire,
7076 L'ayant apprise dès son plus jeune âge.
Ils échangent donc de si rudes coups
Sur les écus attachés à leurs cous
Et sur les heaumes lamés d'or,
7080 Qu'ils les ont bosselés et fendus.
Maintenant Lancelot serre Méléagant de près,
Il lui administre un coup si violent
Sur le bras droit bardé de fer,
7084 Mais non protégé par l'écu,
Qu'il l'a coupé et tranché.
Et quand Méléagant se sent
Amputé de la main qu'il a perdue,
7086 Il dit que Lancelot payera cher ce coup.
S'il peut en trouver le moyen,
Rien ne le retiendra,
Car il est si furieux et hors de lui
7092 Que pour bien peu il en perdrait la raison,
Et il s'estimerait mal loti
S'il ne pouvait jouer un mauvais tour à son adversaire.
Il fonce sur lui, croyant le prendre au dépourvu,

Mes Lanceloz bien se porcuide ;
Car a s'espee qui bien taille
Li a fet tele osche an sa taille
Dom il ne respassera mais,
Einz iert passez avrix et mais ;
Que le nasal li hurte as danz
Que trois l'en a brisiez dedanz.
Et Meliaganz a tele ire
Qu'il ne puet parler ne mot dire,
Ne merci demander ne daingne,
Car ses fos cuers li desansaingne,
Qui trop l'enprisone et anlace.
Lanceloz vient, si li deslace
Le hiaume et la teste li tranche.
Ja mes cist ne li fera ganche :
Morz et cheüz, fet est de lui.
Mes or vos di, n'i a celui
Qu'ilueques fust, qui ce veïst,
Cui nule pitiez an preïst.
Li rois et tuit cil qui i sont
Grant joie an demainnent et font.
Lancelot desarment adonques
Cil qui plus lié ne furent onques,
Si l'en ont mené a grant joie.

Seignor, se j'avant an disoie,
Ce seroit oltre la matire,
Por ce au definer m'atire :
Ci faut li romanz an travers.
Godefroiz de Leigni, li clers,
A parfinee LA CHARRETE ;
Mes nus hom blasme ne l'an mete
Se sor Crestïen a ovré,
Car ç'a il fet par le boen gré

Mais Lancelot sut se protéger ;
Avec son épée tranchante
Il l'a si bien entaillé
Que Méléagant aura grand-peine à s'en remettre,
Même passé avril ou mai,
Car il lui rembarre le nasal dans les dents,
Lui en brisant trois.
Méléagant ressent une telle colère
Qu'il n'arrive pas à prononcer un seul mot,
Et il ne daigne pas implorer merci,
Car son orgueil s'y oppose,
Un orgueil qui le maîtrise et domine.
Lancelot vient à lui, délace son heaume
Et lui tranche la tête.
Jamais plus il ne lui jouera de mauvais tour ;
Méléagant est tombé mort, c'en est fait de lui.
Mais je peux vous dire, aucun spectateur
Témoin de sa mort
N'éprouva la moindre pitié pour lui.
Le roi Artur et tous ceux qui l'entourent
Se livrent à la joie.
On désarme Lancelot,
Au milieu de la liesse générale,
Et on l'emmène de là.

Seigneurs, si j'en disais davantage,
Je dépasserais l'étendue de mon sujet,
C'est pourquoi je vais mettre un terme à mon travail ;
Ici même s'arrête le récit.
Godefroi de Leigni, le clerc,
A terminé *LA CHARRETTE* ;
Que nul ne songe à le blâmer
S'il a continué Chrétien,
Car il l'a fait avec l'approbation

V. 7120 : Le *Seignor* de ce vers se réfère-t-il au public réel de Godefrei de Leigni, ou ne s'agirait-il que d'une simple formule narrative ? En tous cas, il n'est plus question de Marie de Champagne ni d'un public féminin.

Crestïen, qui le comança :
Tant en a fet des lors an ça
Ou Lanceloz fu anmurez,
Tant con li contes est durez.
Tant en a fet, n'i vialt plus metre
Ne moins, por le conte malmetre.

Ci faut li ROMANS DE LANCELOT
DE LA CHARRETE

De Chrétien, qui commença l'œuvre :
Lui est responsable de tout ce qui suit
Le moment où Lancelot fut emmuré,
C'est-à-dire jusqu'à la fin du conte.
Voilà son œuvre à lui ; il ne veut rien y ajouter,
Ni retrancher, par crainte d'endommager le conte.

Ici se termine le *ROMAN DE LANCELOT DE LA CHARRETTE*

V. 7130-31 : Godefroi de Leigni renvoie aux v. 6166 et suiv., l'endroit précis où il remplace Chrétien en tant que narrateur du poème.
V. 7134 : Comparer cet épilogue à celui d'*Yvain*. Là, comme ici, un narrateur « autre que » Chrétien fait appel à l'autorité de l'auteur du roman et proclame que quiconque ajouterait ou retrancherait quoi que ce soit au texte ne ferait que dénaturer celui-ci : tout changement serait par définition mensonger.

LEÇONS REJETÉES

Sauf contre-indication (notée entre crochets []), les leçons retenues se trouvent dans le ms. *T* (B.N. f. fr. 12560), notre ms. de contrôle. Pour les sigles voir l'Introduction.

Sic suit le mot à la rime et indique une rime du même au même.

1. Puis - **8.** Qu'il - **12.** Si c. li f. p. les v. [*G* le fu p. li vens ; voir notre note] - **17.** pailes - **19.** N. voir je n'en d. r. - **28.** De p. q. gueres n'i met - **30.** *manque* - **31.** Et dit qu'a u. A. - **32.** *manque* - **33.** cort tenue ot - **34.** R. et bele tant con lui plot - **35.** Si r. c. a roi e. - **40.** aus [*AEG* li] - **60.** avoir [*G* ravoir] - **71.** des la - **79.** Q. s. an prison - **89.** bonemant - **111.** demorance - **112.** porloignance - **113.** f. il - **114.** setier - **178.** La reïne q. je voi ci - **211.** Ha rois - **212.** ne l'otroiesiez - **213.** Que Kex me menast un seul p. - **218.** q. l'oïrent [*AEG* la virent] - **235.** isnelemant - **275.** Apantoisant - **289.** baillesiez [*AEG* baillis(s)iet] - **292.** n'est [*AE* ert] - **295.** monta tantost - **302.** v. armez [*AE* poignant] - **330.** A ces q. m. et larron sont (*sic*) - **338.** S'a. t. enors p. [*A* lois ; *T* lais (?)] - **344.** l'ancontreras - **363-64.** *manquent* [*AE* .ii. pas] - **372.** n' *manque* - **386.** P. li dit Nains - **398.** voldras (*sic*) - **408.** nel [*T* en ; *A* nel ; *E* en] - **426.** q. ert [*A* tote a p.] - **427.** Qui delez - **429.** Et d'autre part - **463.** mangié - **465.** En une s. - **477.** M. an cest lit q. e. deça - **479.** a voz cors - **480.** r. lors - **496.** Ne ge ne l'ai pas f. p. - **510.** Se c. sor [*E* soz] - **569.** Et q. il ne - **581.** la m. [*AE* sa] - **582.** Qu'il a en la c. e. - **638.** toz - **647.** servitune [voir le v. 2107] - **648.** redemande - **662** des le pont - **680.** redemande - **690.** deus *manque* (*1*) - **753.** Lai le g. si feras q. s. - **757-62.** *manquent* - **802.** me feristes [*T* le feïtes ; *E* feïstes] - **803.** Se ge au f. u. d. m. [*AE* Se au f. a] - **837.** Se [*A* Si] - **841.** verras - **869.** s'antrevient - **883.** T. set - **970.** tristesce - **971.** orguel et p. - **976.** S. voloir - **980.** hauz murs - **982.** que e. atendoit - **1038.** Car lavez s'alez asseoir [*T* lave ; *AV* leve] - **1039.** M. v. et cil s'asiet - **1040.** Et c. lez lui cui molt siet [*AG* dalés lui s'asist ; *T* s'asiet] - **1083-84.** *manquent* - **1097.** Si n'en e. m. talentos - **1098.** Ne tant ne quant n'an ert jalos - **1140.** Et garde a. par la fenestre [*GV* esgarde a.

vers le feste ; *T* vers le feste ; *A* Esgarde] - **1141**. Si v. les espees v. - **1142**. Adonc se prist a r. - **1144**. Detenir qu'esmeüz l. o. [*AEG* De tel aïr m.] - **1145**. An t. [*AV* Qu'an ; *G* C'a] - **1147**. Quant eles furent peçoiees [*A(EGV)* Quand cil voit qu'eles sont brisies] - **1150**. Puis saut entr'ax - **1160**. Se - **1166**. porra l. p. - **1198**. tuit c. de l. [*GVA* hors de l.] - **1205**. Et - **1227**. feite - **1230**. convert [*AEGV* convers] - **1237**. Qu'aillors a mis del tot s'antante - **1238**. M. ne p. mie n'a. - **1284**. fors c. - **1295**. si r. - **1310**. Et conduire m'i deviez - **1358**. Que il voient u. f. - **1371**. Se - **1376**. de *manque* (*1*) - **1398**. moi - **1426**. les chevox - **1479**. liez [*AG* lié] - **1480**. soing [*T* sein] - **1498**. Si n'e. - **1507**. Et que f. ge l. c. - **1526**. vos (*sic*) - **1556**. les granz galos [*V* Le grant cors vint ; *T* venoit] - **1558**. Qu'il ne c. mie g. - **1559**. boens eürez [*E* benüeré ; *G* boin eüré ; *V* boneüré] - **1574**. tres bien j. [*V* tot hors] - **1575**. C. o. a un t. [*AEG* A cele (h)ore u.] - **1601**. ci *manque* (*1*) - **1673**. .xxiij. - **1742**. r. itant - **1750**. Je t'acreant [*AEV* Je te creant] - **1755**. Honte feroie - **1766**. meüst - **1805**. conuis [*AEV* conois] - **1810**. Ce qu'il [*EV* C(h)e qui] - **1824**. Et - **1833**. s. siudra - **1851**. murs - **1863**. Q. par dedanz ces murs avoit (*sic*) [*AEV* ce estoit qu'il ne savoit] - **1867**. l'en mainne - **1868**. El cemetire a. le mainne (*sic*) - **1869**. A. l. tres p. b. t. - **1883**. autre - **1884**. et s. e. de l'uevre [*AEV* si s. e. no(e)ve] - **1885**. S. t. les a. plus b. - **1900**. B. e. dedanz et defors p. - **1916**. ne clers ne g. h. - **1917**. Des l'ore qu'il i est antrez [*A* Qui ne soit de la entor nés] - **1940**. Dom [*EV* Qui] - **1946**. delivrera - **1984**. secorre [*AEV* rescorre] - **1985**. secorra - **2052**. lëaumant - **2086**. dongier - **2198**. amoit - **2224**. C. q. l'esgarde [*AEV* le garde] - **2238**. p. desoz [*A* p. desus] - **2282**. a e. tel c. - **2339**. T. que il v. a l'i. - **2341**. qu'il furent f. - **2342**. Lor l. a. les c. - **2373**. defors la t. - **2390**. Il [*AEGV* Cill] - **2405**. granz et r. 2412. Qu'il r. et f. et si d. - **2413**. lances et h. - **2423**. au fil [*TV* au filz] - **2435-36**. *manquent* - **2454**. pristrent [*voir l'Introduction, p. XXXIV*] - **2551**. deus [*EV* .iii.] - **2564**. deus - **2567**. oste - **2569**. li miaudres - **2572**. C. l. ch. alumer - **2611**. montez - **2633**. Q. cest chevalier r. - **2649**. Ou ce n. [*GV* se] - **2656**. C. s. l. h. ne l. [*AV* h. et l.] - **2669**. ses li [*AG* se] - **2696**. a bandon (*sic*) - **2709**. jusque [*AGV* jusques] - **2731**. L. c. a la c. - **2743**. et *manque* - **2788.** e. je cuit m. - **2789.** cest m. - **2799.** grant - **2812.** besoig [*AEG* besoing] - **2827.** E. feras a. et bien - **2828.** rien - **2867.** M. d. ne l'a. il donques [*A* M. ne l'a. i. adonques] - **2874.** baast - **2877.** le vialt (*sic*) [*AEGV* seut] - **2924.** Et c. se haste ne puet p. [*AE* Et c. li crie et plus et plus] - **2945.** haoie - **2963.** asseoir - **2975.** Et au moins autrui p. s. - **2977.** An cest païs - **2978.** Dex vos en oie - **2980.** et l'ot abessiee [*AEG* sa vois baissie] - **2985.** Boen m. avrïez d. p. - **2987.** v. le demandesiez - **2993.** bien v. e. m. - **2996.** anjorner - **3030.** la m. betee - **3044.** Si ne sanble il pas qui la voit [*V* Que tant i avoit il d'esploit] - **3045.** puisse - **3054.** Que il t. tuit de p. - **3060.** S'a tant ne v. an retornez - **3073.** voidier - **3111.** p. desire - **3122.** el p. - **3124.** A la g. d. c'on li fist - **3142.** Si cuida estre d. [*V* Qu'anchantez fust et d.] - **3143.** Mes - **3169.** des - **3174.** chalongiee [*AEV* calengie] - **3188.** A c. dedanz soi r. [*V* dormist et r.] - **3190.** as suens (*sic*) - **3219.** done ; l. te d. [*T* Li doignes einz qu'il le demant] - **3234.** Dex le c. - **3243-44.** *manquent* - **3248.** querir - **3253.** q. hontes i. - **3254.** s'il ne c. - **3264.** Je te lo et pri qu'an pes soies (*cf. v. 3252*) - **3265.** Et - **3289-3290.** (*l'ordre des vers est renversé*) - **3293.** Si prodon - **3301.** nel vos consantiromes - **3310.** prodon - **3332.** garnir - **3335.** plaiez - **3372.** f. sener - **3406.** M. je g. trop le t. ici - **3448.** E. est venuz p. p. - **3497.** u. hom ancïens - **3524.** Se - **3558.** De bras de janbes et de piez - **3616.** varengle - **3649.** Si an parloient [*AEGV* murmuroient] - **3691.** s'a. - **3717-18.** *manquent* - **3726.** Se - **3736.** chanceler - **3801.** M. p. m. la vostre merci - **3802.** Li d. car je vos an pri - **3810.** Se - **3864.** ainçois qu'il t. l. - **3899.** semont [*AGV* semons] - **3905.** Artus - **3908.** S'e. la r. l'o [*AGV* S'e. que l. r. o.] - **3909.** l'a. [*G* acreant] - **3931.** g. feste - **3948.** Quex - **3979.** belemant - **4042.** Rien [*V* Riens] - **4120.** qu'a s. - **4133.** c. ne sont pas irié - **4135.** Se [*AEV* Si] - **4175.** vait [*AEV* va] - **4176.** A la r. fu retrait [*AEV* Tant que l. r. trova] - **4205.** Qui [*AEV* Que] - **4210.** L'a - **4225.** Se [*AEV* Si] - **4250.** Don ne me doit ma vie n. [*AE* Por coi doit donc mon ami n.] - **4293.** m'occirai - **4294.** Comant N'autremant n'en porrai (*cf. v. 4288*) - **4318.** redrecié - **4336.** Se - **4342.** P. f. le lessas - **4358.** acheson [*E* acheison] - **4375.** Riens

- **4389**. Nes s. la c. m. [*A* Neïs s. c. m.] - **4393**. conuist - **4401**. m'anertume - **4430**. Se - **4461**. pristrent [*voir l'Introduction, p. XXXIV*] - **4483**. a lor plaisir (*sic*) - **4536**. Et - **4572**. tant [*AEV* molt] - **4588**. Que conpaignie n'i trova - **4604**. l'a salüee [*AEV* eneree] - **4637**. Que an m. l. s. couchiee - **4659**. La p. ongle s'an crena - **4662**. Et [*AEV* Mais] - **4668**. Kex - **4717**. de s. sanc - **4732**. qu'an an - **4733**. Nus [*AV* Nul] - **4770**. Kex - **4781-82**. *manquent* - **4845**. Kex - **4853**. Kex - **4874**. Artus - **4897**. et *manque* - **4905**. Que - **4911**. m'amez - **4928**. Nus chevaliers - **4941**. l'osent - **4943**. Kex - **4975**. Quex - **4977**. M. l. armes d. - **4978**. L. chevax amener c. - **4979**. L'an l. amaine armé se sont (*sic*) - **4987**. et li s. - **5029**. lor *répété* - **5052**. hontes - **5092**. Ha Lancelot - **5097**. vos [vos *et* nos *dans les mss.*] - **5111**. Folie - **5114**. Ne quele part - **5124**. S. b. q. de r. ne se tordent - **5132**. Il vienent la et si l'a. [*V* Et dou cuer delivre e la vois] - **5150**. Rot son c. d. et sa d. - **5163**. Et il respondirent - **5164**. L. d. L. f. se il - **5167**. Et a. n. a. trestoz - **5172**. qu'il a mesfet - **5198**. Des ore se [*V* si p.] - **5200**. *suit 5202* - **5201**. aprocherent [*EV* aprochierent] - **5202**. erent [*E* ierent] - **5223-5224**. (*l'ordre des vers est renversé*) - **5240**. Que j'en preiez g. p. a. (*1*) [*T* je en s. ; *EV* jen s.] - **5271**. Queus - **5324**. Artus - **5344**. fet - **5369**. si p. - **5382**. Li damoisel l. d. [*V* Les dames et les damoiseles] - **5393**. amer - **5394**. S. f. s. et c. - **5407**. dun l. d. - **5414**. Venir v. - **5503**. V. d. je voir au r. [*AEV* et jur le r.] - **5574**. vaudroit - **5595**. La - **5671**. Qu'il - **5711**. Se [*EFV* Si] - **5719**. si mespoise - **5720**. A la r. pas n'an poise - **5721**. Einz an e. l. - **5724**. E. t. nuit [*T* t. le j.] - **5757**. Et li neanz - **5759**. Ou est alez - **5789**. porterent - **5790**. se erent - **5791**. Et c. lor a. lor d. 5807. mitiez - **5823**. E. d. des les l. [*AF* cil des l.] - **5830**. cuens d'E. - **5833**. par [*F* por] - **5850**. qu'e. l'a. - **5881**. vermoilles (*sic*) - **5883**. fet - **5896**. pucel (*1*) - **5944**. esbaudi - **5967**. Li uns p. l'autre d. - **5968**. Et li autres p. l'e. - **5969**. seignors - **5993**. Que il n'e. hom q. a. p. [*TV* Qui ; *V* Qu'il] - **6004**. Et c. chevalier le suioient - **6022**. se - **6064**. G. d. en a - **6084**. Bien et beles a. - **6090**. noaus - **6091**. seneschauz (*l'ordre des vers est renversé*) - **6139**. Einçois qu'e. f. tote f.

- **6140.** et la p. t. - **6149.** Fors et e. et longue et lee - **6150.** fu ensi fondee [*F* a ce menee] - **6152.** Et an la t. ensi le m. - **6153.** barrer - **6162.** dongier - **6199.** Kex - **6263.** Cele e. s. M. (*l'ordre des vers est renversé*) - **6276.** vos - **6297.** Lancelot [*V* Lanceloz] - **6301.** Artus - **6324.** en - **6340.** A l'uevre - **6363.** resbez - **6376.** conuis - **6378.** Et d. q. ja c. - **6392.** E. si a p. t. p. - **6402.** quant le c. - **6415.** trueve (*sic*) - **6458.** menee (*sic*) - **6466.** Si v. la t. et longue et l. - **6467.** Mes m. a ce que p. e. - **6476.** L. le vet - **6481.** merveilleuse [*FV* mervellous] - **6494.** p. c. le feisoies - **6500.** A n. e. - **6528.** Gauvain - **6529.** Certes - **6530.** quant v. n. s. [*FV* que] - **6542.** je *manque* (*1*) - **6545.** le destine - **6546.** Q. a tel h. me define - **6553.** entandi - **6580.** Belemant - **6586.** mes il la v. - **6588.** Lanceloz - **6609.** jorz *manque* (*1*) - **6622.** a grant s. - **6630.** Com puisse - **6634.** a p. de c. (+*1*) - **6643.** boté - **6655.** ofrist 6668. A. que ele coneüst - **6690.** mie *manque* (*2*) - **6691-92.** *manquent* [*l'ordre des vers est renversé dans le ms. T*] - **6711.** Artus [*FV* Artu] - **6726.** Ne - **6756.** requiert - **6764.** q. je vos t. - **6768.** randrai - **6779.** I. un tapiz d. s. [*V* I. devant soi un tapi] - **6780.** Isnelemant font sanz esfroi - **6781.** Tot s. c. li e. - **6786.** Cil saut suz einz n'i aresta - **6816.** decevant - **6829.** Va s'an li r. - **6841.** rapele - **6847.** bienvenue - **6911.** c. trop e. p. [*F* toz] - **6912.** Et je meïsmes resui prez (*sic*) [*F* et li pres] - **6913.** s'an *manque* (*1*) - **6934.** Il ne cuide ja veoir l'ore - **6962.** quanque li m. f. [*F* ains que li] - **6963.** F. ce cuit la m. trestote - **7003.** Chevalier d. et p. [*EV* la roïne d. p.] - **7004.** Por Lancelot gentes et b. [*T* a. lui] - **7038.** s. taingnant - **7057.** n'estriés - **7060.** Et chieent a la terre v. - **7061.** Esfreé - **7063.** l'autre et m. - **7086.** Et q. il - **7098.** an s'antraille - **7118.** an f. o.

TABLE DES NOMS PROPRES

N.B. : La référence numérique renvoie à la première apparition du nom propre.

TABLE DES MATIÈRES

IMPRIM'VERT®

Achevé d'imprimer par Corlet Numéric,
Z.A. Charles Tellier, Condé-en-Normandie (Calvados),
en octobre 2020
N° d'impression : 168840 - dépôt légal : octobre 2020
Imprimé en France